权威・前沿・原创

皮书系列为
"十二五""十三五""十四五"时期国家重点出版物出版专项规划项目

对外传播蓝皮书

BLUE BOOK OF OVERSEAS COMMUNICATION

中国数字文化出海发展报告
（2024~2025）

CHINA'S DIGITAL CULTURE GLOBAL DISSEMINATION
DEVELOPMENT REPORT (2024-2025)

主　编／林仲轩　支庭荣

社会科学文献出版社
SOCIAL SCIENCES ACADEMIC PRESS (CHINA)

图书在版编目(CIP)数据

中国数字文化出海发展报告.2024~2025/林仲轩,
支庭荣主编.--北京：社会科学文献出版社,2025.5.
(对外传播蓝皮书).--ISBN 978-7-5228-5271-3

Ⅰ.G124

中国国家版本馆CIP数据核字第2025F75C47号

对外传播蓝皮书
中国数字文化出海发展报告（2024~2025）

主　　编／林仲轩　支庭荣

出　版　人／冀祥德
责任编辑／陈　雪
责任印制／岳　阳

出　　　版／社会科学文献出版社·皮书分社（010）59367127
　　　　　　地址：北京市北三环中路甲29号院华龙大厦　邮编：100029
　　　　　　网址：www.ssap.com.cn
发　　　行／社会科学文献出版社（010）59367028
印　　　装／天津千鹤文化传播有限公司

规　　　格／开　本：787mm×1092mm　1/16
　　　　　　印　张：23.5　字　数：349千字
版　　　次／2025年5月第1版　2025年5月第1次印刷
书　　　号／ISBN 978-7-5228-5271-3
定　　　价／158.00元

读者服务电话：4008918866

▲▲版权所有 翻印必究

本书为教育部哲学社会科学研究重大课题攻关项目"粤港澳大湾区国际传播话语体系建构研究"(项目编号:23JZC036)阶段性成果。

《中国数字文化出海发展报告（2024~2025）》
编委会

编委会主任 林仲轩　支庭荣

成　　员（*以姓氏笔画为序*）

　　　　　　史安斌　刘　涛　张　昆　张涛甫　林如鹏
　　　　　　林爱珺　罗　昕　周　勇　郑　亮　胡正荣
　　　　　　姜　飞　唐润华　隋　岩　曾一果

主要编撰者简介

林仲轩 暨南大学新闻与传播学院副院长、教授、博士生导师，暨南大学计算传播研究中心主任，广东省哲学社会科学重点实验室主任，国家社科基金重大项目首席专家，入选中宣部、教育部国家级重大人才工程项目。受聘广州市人民政府决策咨询专家等。主要研究方向为国际传播、港澳传播、媒介文化等。2017 年以来以第一署名作者身份在 SSCI 和 CSSCI 等核心期刊发文 70 余篇，出版教材和专著 8 部。主持国家社科基金重大项目和教育部哲学社会科学研究重大课题攻关项目各 1 项，国家社科基金项目 2 项，国家社科基金重大项目子课题 2 项，教育部等省部级项目 10 余项。

支庭荣 暨南大学新闻与传播学院院长、教授、博士生导师。入选教育部新世纪优秀人才支持计划、广东特支计划宣传思想文化领军人才等人才计划。系国家社科基金重大招标项目首席专家、教育部"马克思主义理论研究和建设工程"专家。获教育部高校人文社科优秀成果二等奖（2020）和三等奖（2015）、广东省哲学社科优秀成果二等奖（2013/2017）、中国传媒经济年度观点奖（2016/2017）、教育部全国普通高校优秀教材二等奖（集体，2002）等。兼任全国新闻与传播专业学位研究生教育指导委员会委员、中国高等教育学会新闻学与传播学专业委员会常务理事。主要研究方向为媒体融合研究、新闻事业经营管理研究等。

摘　要

数字文化是当代文化发展的主流趋势，而推动数字文化出海则是建设社会主义文化强国、推进中华民族伟大复兴的重要内容。本书从网文、微短剧、游戏、平台、数字技术等角度梳理和概括了2023年以来我国数字文化出海的发展成就、趋势特征、存在问题与未来路径。在政策支持与产业创新的双重引擎驱动下，2023~2024年，我国数字文化出海领域迎来了蓬勃发展。其中，"出海平台"为数字文化内容的全球传播提供了坚实支撑；"出海网文"已成为我国数字文化IP的宝贵源泉；"出海游戏"则以其高度的互动性与娱乐性，吸引了大量的海外玩家；"出海动漫"作为热门内容，对我国的数字文化传播具有助推作用；"出海影视"以精彩的剧情、精湛的制作以及独特的文化魅力不断深化国际观众对中国文化的理解与认识；"出海视听"凭借创新的节目模式与高质量的原创内容，成为我国数字文化创意展示的重要窗口。此外，数字文化遗产的国际传播也呈现蓬勃态势。

然而，我国数字文化出海发展也并非一帆风顺，仍面临着全球地缘政治带来的不确定性风险、国际数字文化贸易规则的不完善、AIGC技术浪潮对数字文化产品生产流程的冲击与颠覆，以及我国数字文化出海企业国际综合竞争力相对不强等现实问题。未来，我国需要积极投身国际文化贸易新秩序的构建，构建完善的数字文化对外贸易治理体系，布局和建设紧密协同的数字文化出海产业生态链，深化实施海外本土化战略，合理利用前沿媒介技术推动中国现当代文化繁荣兴盛，实现中华优秀传统文化的创造性转化与创新性发展。

关键词： 数字文化出海　文化贸易　媒介技术　国际传播

目　录

Ⅰ　总报告

B.1 2023~2024年中国数字文化的出海形势与展望
　　…………………………………………… 林仲轩　荆高宏 / 001

Ⅱ　网文篇

B.2 中国网络文学对外传播的现状及建议
　　………………………… 凡婷婷　韦榕蓉　许小可　吴　晔 / 056

B.3 中国网文出海发展报告（2023~2024）
　　………………………………… 黄斐然　陈瑞琦　刘志全 / 071

B.4 中国网络文学出海的现状分析与未来展望
　　………………………………………… 刘佳炜　王诗语 / 087

Ⅲ　短剧篇

B.5 中国网络微短剧出海的现状与发展路径……… 王玉玮　周志博 / 109

B.6 中国微短剧出海的现状分析与未来展望
.... 林嘉琳　侯少杰　刘　伴 / 125

B.7 中国动漫、游戏与微短剧的出海与海外影响力
.... 陈曦子 等 / 141

Ⅳ 游戏篇

B.8 中国"游戏出海"的现状、问题与对策......... 罗　昕　许嘉馨 / 182

B.9 我国"游戏出海"的PEST-SWOT框架分析和建议
.... 许馨芷 / 204

B.10 从"借船出海"到精品角逐
——中国游戏出海发展剖析 .... 蔡心仪　刘芸丽 / 220

Ⅴ 平台篇

B.11 海外短视频平台上的中国功夫文化传播：中华优秀传统文化
海外传播案例分析 .... 姬德强　周鑫鑫 / 233

B.12 海外短视频平台上的中国民间文化传播：基于民间舞蹈
"科目三"的案例分析 .... 课题组 / 247

B.13 海外平台上的文化传播使者：新一代民间网红的
跨文化传播行为特征及其风险研判 .... 蔡心仪　汤君妍 / 267

Ⅵ 数字篇

B.14 数字赋能：传统文化对外传播的创新范式
.... 林爱珺　徐佳惠 / 285

目 录

B.15 数字化矩阵与多媒介叙事：泉州"海丝文化"对外传播的
创新实践案例分析 ………………………………… 课题组 / 298
B.16 数字化与符号化：共建"一带一路"背景下中国文化遗产的
国际传播策略 ……………………………………… 陈　平 / 324

Abstract ……………………………………………………………… / 337
Contents ……………………………………………………………… / 339

皮书数据库阅读使用指南

总报告

B.1 2023~2024年中国数字文化的出海形势与展望[*]

林仲轩　荆高宏[**]

摘　要： 在政策支持与产业创新双重引擎驱动下，2023~2024年，我国数字文化的"出海"发展呈现蓬勃的态势。其中，"出海平台"为数字文化内容的全球传播提供了坚实支撑；"出海网文"已成为我国数字文化IP的宝贵源泉；"出海游戏"则以其高度的互动性与娱乐性，吸引了大量的海外玩家；"出海动漫"作为热门内容，对我国的数字文化传播具有助推作用；"出海影视"以精彩的剧情、精湛的制作以及独特的文化魅力不断深化国际观众对中国文化的理解与认识；"出海视听"凭借创新的节目模式与高质量的原创内容，成为我国数字文化创意展示的重要窗口。此外，数字文化遗产的国际传

---

[*] 本报告为2023年度暨南大学博士研究生拔尖创新人才培养项目（项目编号：2023CXB008）的阶段性研究成果。

[**] 林仲轩，暨南大学新闻与传播学院副院长、教授、博士生导师，主要研究方向为国际传播、港澳传播、媒介文化、数码残障等；荆高宏，暨南大学新闻与传播学院，主要研究方向为国际传播、新闻创新。

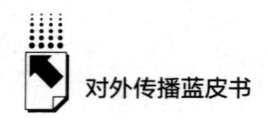

播也呈现蓬勃态势。然而，我国数字文化出海发展仍面临着全球地缘政治带来的不确定性风险、国际数字文化贸易规则的不完善、AIGC 技术浪潮对数字文化产品生产流程的冲击与颠覆，以及我国数字文化出海企业国际综合竞争力相对较低等现实问题。未来，我国数字文化出海的持续发展需从多方面着力：一是要构建完善的数字文化对外贸易治理体系；二是要布局和建设紧密协同、高效运转的数字文化出海产业生态链；三是要深化实施海外本土化战略；四是要加强 AI 技术等前沿科技与中国深厚的文化资源深度融合；五是要构建国际文化贸易新秩序为我国数字文化出海创造更加有利的国际环境。

关键词： 数字文化出海　数字文化　对外贸易

一　引言

所谓"数字文化"是文化与数字媒介技术深度融合的新型文化形态。作为一种新的社会人类学现实（a new socio-anthropological reality），它催生于数字化时代背景下的人们在日常生活中的分享、生产、构建、参与、消费等实践行为。[①] 近年来，随着数字技术溢出效应的持续增强，国内不仅催生了规模庞大的数字文化产业，更展现了业态深度融合、数字场景不断拓展等鲜明的数字文化产业特征。[②]《中国数字文化出海年度研究报告（2022 年）》《全球数字文化产业出海研究报告》等报告显示[③]，网络文学、网络动漫、在线影视

---

① Svyrydenko, Denys, and Olena Yatsenko. "Ontology of The Digital Culture: World Trends And Chinese Advanced Experience." *Philosophy*（0861-6302）30, 4（2021）.
② 宋洋洋、刘一琳、陈璐等：《国家文化数字化战略背景下数字文化产业的生态系统、技术路线与价值链条思考》，《西安交通大学学报》（社会科学版）2024 年第 5 期。
③ 《〈中国数字文化出海年度研究报告（2022 年）〉的四大发现》，https://mp.weixin.qq.com/s/ZiDysotfEYFhHTNQd_JmMg，2023 年 2 月 16 日；《国内首部〈全球数字文化产业出海研究报告〉正式发布》，https://mp.weixin.qq.com/s/kdeudI-iNLat6qEqCglKMA，2024 年 11 月 23 日。

剧、电子游戏（网络游戏与单机游戏）、网络音乐、短视频（微短剧）及直播，构成了当前我国数字文化的主要形态并形成了庞大的产业规模。

当前，我国高度重视数字文化的发展。2022年5月，中共中央办公厅、国务院办公厅印发了《关于推进实施国家文化数字化战略的意见》，促进我国数字文化的发展。2024年7月，党的二十届三中全会审议通过的《中共中央关于进一步全面深化改革、推进中国式现代化的决定》提出"探索文化和科技融合的有效机制，加快发展新型文化业态"及"构建更有效力的国际传播体系"等内容。

在不断完善国际传播体系、着力提升国际传播效能的时代背景下，我国的数字文化产业已逐步在国际市场上崭露头角，取得了显著的出海成效。然而，与中国数字文化出海的兴盛业态相比，目前多数研究与报告仅梳理和讨论了"中国数字文化出海"背后的文化产业规模及国际化传播特征，鲜有对"中国数字文化出海"进行全面盘点与整体分析。

根据《商务部等27部门关于推进对外文化贸易高质量发展的意见》等一系列政策文件的指导精神，并结合《中国数字文化出海年度研究报告（2022年）》与《全球数字文化产业出海研究报告》等，本报告提炼出当前中国数字文化出海发展的七个核心领域，分别为平台出海、网文出海、游戏出海、动漫出海、影视出海①、视听出海②、文化遗产的数字化转化与出海。

在此基础上，本报告选定2023年1月至2024年12月为研究时段，综合运用了中国知网（CNKI）数据库、Web of Science 数据库、国家权威搜索引擎"中国搜索"、微信"搜一搜"、X（Twitter）、YouTube 及 Sensor Tower 等数据检索平台。通过系统性文献与资料分析的方法，全面而系统地梳理并分析了2023年以来中国数字文化出海相关的学术文献、新闻报道、行业报告以及社交媒体数据等资料，旨在全面梳理和总结当前环境下我国数字文化

---

① 影视出海主要指电影、电视剧、微短剧等数字文化内容（产品）的出海实践。
② 视听出海主要指综艺节目、音乐内容等数字文化内容（产品）的出海实践。

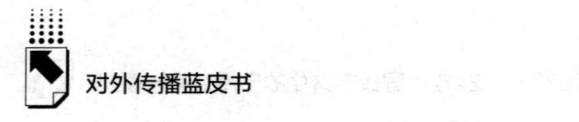

出海的发展成就与主要特征，并深入讨论我国数字文化出海当下面临的现实问题与未来发展的路径与方向。

二 2023~2024年中国数字文化出海的发展成就与主要特征

2023年以来，我国的数字文化出海实践整体展现了蓬勃的生机。首先，"出海平台"作为数字文化出海的基石，为内容的全球传播提供了坚实支撑，成为连接国内外市场的桥梁。其次，"出海网文"以其丰富的想象力和深厚的文化底蕴，构成了当前我国数字文化IP的重要来源。再次，"出海游戏"以其高度的互动性和娱乐性，在全球范围内收获到了庞大的玩家群体，成为数字文化出海的主要类型。"出海动漫"凭借其独特的艺术魅力和广泛的受众基础，成为我国数字文化出海的热门内容。"出海影视"作为中坚力量，通过高质量的剧集和电影作品，持续深化着国际观众对中国文化的认知与理解。而"出海视听"（综艺节目、音乐内容等）则以创新的节目模式与优质的原创内容，成为当前我国数字文化出海的创意旗舰。最后，数字文化遗产的国际传播是当前我国数字文化出海的全新类型。在现代科技手段的加持下，我国的优秀传统文化不仅正在规模化地转化为数字形态，还在全球化的舞台上开始散发出全新的光芒。

（一）"出海平台"已成为我国数字文化出海的主要基石

本报告所提及的平台出海，主要指国内互联网企业及其自主研发的平台型移动数字应用软件（游戏类别除外）积极拓展海外市场的商业行为。这种类型的平台出海与我国的数字文化出海紧密相关。尽管部分企业及其平台可能在国际化进程中逐步实现了商业运营和经营管理等方面的独立，但其底色仍然带有着相当程度的"国产"的文化基因。本报告将这些应用（平台）一并称为"出海平台"。

近年来，随着国内互联网市场逐渐从"蓝海"转为"红海"，众多平台与企业纷纷将目光投向海外市场，寻求新的增长点。Grand View Research 的数据显示，2023 年全球社交应用市场规模约为 608.1 亿美元；到 2030 年，全球社交应用市场或将增长至 3100 亿美元①。国际市场依然广阔。

自 2022 年下半年以来，"海外版拼多多"Temu、"海外版淘宝"AliExpress、"小黄书"Lemon 8 等平台相继崛起，海外市场掀起了一股强劲的"中国风"，国内互联网企业及其旗下平台纷纷出海。众多具有"中国基因"的互联网数字平台与应用，通过国际化布局，开始在全球市场崭露头角。这些平台不仅丰富了海外用户的数字生活，也为中国互联网企业开辟了新的发展空间。

2023~2024 年我国互联网企业平台出海的发展呈现三方面的特征：一是"出海平台"境外业务收入显著提升；二是"出海平台"引领短视频、直播与跨境电商等核心领域；三是"出海平台"在泛娱乐细分赛道蓬勃发展。整体来看，平台出海是当前我国数字文化出海的关键与核心。

1. "出海平台"境外业务收入显著提升

据中国互联网协会 2024 年 10 月发布的《中国互联网企业综合实力指数（2024）》及中国信息通信研究院《2024 年一季度我国互联网上市企业运行情况》等报告，2023 年度，在中国互联网实力排名前 100 名的企业中，已有 54 家互联网企业积极布局境外互联网业务，相关企业的境外业务收入总额达 1401 亿元，同比增长 22.8%②，实现了显著的国际化进展。然而，这些企业的境外业务收入总额仅占国内互联网业务收入总规模的 4%；而在全球互联网市值榜的前 30 名中，我国上榜的 8 家企业市值占比仅为全球的 12.54%③。

---

① "Social Media Analytics Market Size, Share & Trends Analysis Report By Component (Software, Services), By Function (Sentiment Analysis), By Application, By Analytics Type, By Vertical, By Region, And Segment Forecasts, 2023–2030," Grand View Research, www.grandviewresearch.com/industry-analysis/social-media-analytics-market-report, Accessed 1 December 2024.

② 中国互联网协会：《中国互联网企业综合实力指数（2024）》，https://www.isc.org.cn/profile/2024/10/18/8a3e9480-65fc-4498-aedc-ceae5a3ca233.pdf，2024 年 10 月。

③ 中国信息通信研究院政策与经济研究所互联网团队：《2024 年一季度我国互联网上市企业运行情况》，http://www.caict.ac.cn/kxyj/qwfb/qwsj/202405/P020240513583542621148.pdf，2024 年 5 月。

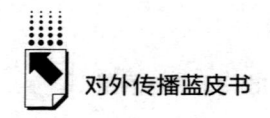

总体来看，尽管中国互联网企业的平台出海已形成了一定的规模，但是相关企业在全球互联网的总体格局中仍有巨大的可提升空间，我国互联网企业与数字应用平台的出海发展仍面临挑战与机遇并存的局面。

2. "出海平台"引领短视频、直播与跨境电商等核心领域

data.ai 数据显示，2023 年中国应用发行商出海营收接近 52 亿美元，占全球总用户支出的 12.2%，同比提高 0.8%。其中，字节跳动以超过 36 亿美元的应用内购买营收成为全球移动用户支出第二的非游戏发行商，仅次于 Google。① 而其旗下的 TikTok 已经成为全球营收的最大动力源。2024 年，TikTok 在全球创造了 230 亿美元的收入，同比 2023 年增长 43%，其中广告收入占据大头，其次为商业（电商）和 App 内购买。② 其在全球移动短视频、直播赛道上的引领优势十分突出。

此外，由于在商业模式上跨境电商与短视频、直播等平台深度互嵌，我国跨境电商企业海外影响力也在不断增强。《2023 年度中国跨境电商市场数据报告》显示，2023 年中国跨境电商市场规模达到了 16.85 万亿元，同比增长 7.32%。③ 拼多多旗下 Temu、快时尚零售商 SHEIN、阿里巴巴旗下速卖通（AliExpress）和 TikTok 的电商业务 TikTok Shop 被誉为"电商出海四小龙"。其相关的应用下载量和月活用户数也居世界前列。④

可以说，当前我国出海的数字平台在短视频、直播与跨境电商等核心领域，已彰显强大的全球影响力与市场竞争力。以 2023 年度我国出海实力应用榜单（见表 1）为例，一方面，TikTok 与 BIGO LIVE 等短视频及直播平台凭借其卓越的内容创新与用户互动性，稳居榜单前列。它们不仅为用户提供了丰富多彩的娱乐内容，更成为中外文化交流的重要桥梁。通过这些短视

---

① 《2023 年中国应用厂商及应用出海收入 30 强》，https://mp.weixin.qq.com/s/PfY2ioh0yCBwQQma7Oa-Dg，2024 年 2 月 29 日。
② 《TikTok 重返北美，再登全球第一，背后藏着哪些"暴富"密码》，https://mp.weixin.qq.com/s/mXqFygoSivGwuEU-M6oxIg，2025 年 3 月 18 日。
③ 网经社电子商务研究中心：《2023 年度中国跨境电商市场数据报告》，https://www.100ec.cn/zt/2023kjdsscbg/，2024 年 5 月 15 日。
④ 张娟、杜国臣：《我国"跨境电商+产业带"发展展望》，《服务外包》2024 年第 7 期。

频内容与在线直播内容的连接，世界各地的用户能够轻松分享生活点滴、展示才艺、交流思想，共同构建起一个多元化的全球文化社区。另一方面，SHEIN、Temu、Alibaba.com 和 AliExpress 等跨境电商平台，以流畅交易、丰富商品和高效物流，为全球消费者提供了无界购物体验。这些平台打破了原本的地理限制，不仅让中国商品遍布全球，而且推动了全球贸易数字化转型的浪潮。同时，这些平台作为传播文化的媒介载体，在商品的消费与传播过程中，不仅将中国产品里各种潜藏着的文化元素带给世界各地的消费者，更通过积极引入全球各地的特色商品的方式，为不同文明间的交流互鉴搭建了一个广阔的舞台。

表1 2023年度我国出海实力应用榜单（前十名）

排名	应用名称	对应的国内版应用	应用类型	关联企业	指标得分
1	TikTok	抖音	短视频、直播平台	字节跳动	98.02
2	CapCut	剪映	视频编辑工具	字节跳动	96.65
3	SHEIN	—	跨境电商平台	希音	95.33
4	Temu	拼多多	跨境电商平台	寻梦信息	99.81
5	BIGO LIVE	—	直播平台	欢聚时代	97.23
6	InShot		视频编辑工具	影笑科技	94.84
7	Alibaba.com	1688	跨境电商平台	阿里巴巴	93.53
8	Remini	你我当年	照片编辑工具	大鱿科技	85.06
9	AliExpress	淘宝	跨境电商平台	阿里巴巴	93.36
10	SHAREit	茄子快传	数字内容跨平台资源分享	茄子科技	91.64

资料来源：七麦数据，《2023年度出海实力应用榜单Top50》，https://mp.weixin.qq.com/s/V9uCPKjIoSy0ea1uyfEPfA，2024年1月10日。

值得注意的是，CapCut、InShot 等视频编辑工具，以及 Remini 照片编辑工具和 SHAREit 数字内容跨平台资源分享应用，也以其独特的功能定位和出色的用户体验，在出海应用中脱颖而出，为全球用户提供了更加多元化、便捷化的数字生活解决方案。这些工具型应用的崛起，不仅进一步丰富了我国"出海平台"的产品矩阵，也彰显了我国在数字技术领域的创新实力与

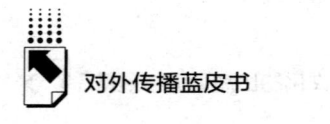

全球影响力。

3. "出海平台"在泛娱乐细分赛道蓬勃发展

除头部企业及旗下平台在短视频、直播与跨境电商等核心领域所取得的显著成就外，2023~2024年，泛娱乐赛道上的"出海平台"也同样热闹非凡。如2023年11月以来，微短剧平台ReelShort在美国逐步走红。同年11月12日，ReelShort在美国iOS应用免费榜中，从月初的第402名跃升至第2名，娱乐榜第1名。2024年2月底，DramaBox、ShortMax等40多款微短剧应用试水海外市场，累计下载量约5500万次，内购收入达到1.7亿美元。① 2024年9月以来，字节跳动开发的主打美妆、时尚、美食、旅游等用户分享的海外版"小红书"——Lemon 8飙升为下载量最大的生活类App，甚至一度飙升至美国App Store排行榜首位。② 此外，"线上社交+休闲游戏"的泛娱乐平台Weplay、Yalla Ludo、Hoga等应用在东南亚和中东市场表现突出③；"线上社交+线下约会"的泛娱乐平台Soul、TanTan、MOMO、Omi、SUGO等也在全球市场开辟着新的商业道路。④

总结而言，"出海平台"的蓬勃发展，不仅为中国互联网企业带来了广阔的市场空间和商业机遇，也推动了数字文化产业的整体发展，更为中国文化的海外传播提供了重要的渠道和载体。一方面，"出海平台"通过不断创新和优化服务，提升了中国数字文化产品的国际竞争力，为文化产业的全球化发展奠定了坚实基础。另一方面，"出海平台"在国际市场上的优异表现，不仅展示了中国互联网企业的创新能力和技术实力，更提升了中国在数字文化领域的国际话语权和地位。

---

① 《机构：40多款出海短剧近一年内购收入达1.7亿美元》，https：//www.jiemian.com/article/10919588.html，2024年3月15日。
② 张书乐：《突然霸榜美国，中国风范引爆世界潮》，https：//baijiahao.baidu.com/s？id=1812577141362830561&wfr=baike，2024年10月11日。
③ CMCOM：《2024泛娱乐App出海：蓝海仍在，如何布局未来？》，https：//mp.weixin.qq.com/s/HQoVaY8wMEwksRG8CoI0zw，2024年11月7日。
④ 扬帆出海 & 火山引擎：《2024泛娱乐出海白皮书》，https：//www.yfchuhai.com/report/10222100.html，2024年10月24日。

（二）"出海网文"构成当前我国数字文化IP的重要来源

本报告中的"出海网文"，主要指中国网络文学的海外传播。2023年以来，我国网络文学在AIGC的技术赋能背景下，主要出现了机器翻译、辅助创作、同人联动等新的创作形式，而整体"出海网文"产业也在规模化、精品化、生态化的方向取得了显著成效。

1. "出海网文"的产业规模化程度进一步提升

根据中国社会科学院文学研究所在2024年2月发布的《2023中国网络文学发展研究报告》，2023年中国网络文学海外市场营收规模约为43.5亿元，2023年出海作品总量约为69.58万部（种）。目前，中国网络文学在行业规模、作品内容、营业收入、运作模式、技术支持、赛道布局等方面都彰显出了强大的国际化影响力和规模化的市场活力。[①]

据统计，截至2024年4月，阅文集团已在全球范围授权超过1000部网络小说，涵盖英语、法语等十种语言版本，实现了数字与实体出版的双重飞跃。同时，其海外有声书阵容也颇具规模，超过100部作品问世，部分作品播放量更是突破1亿次，彰显了强大的国际吸引力。起点国际同样不甘示弱，已在海外推出超1500部网文改编漫画，其中百余部作品浏览量破千万，如《全职高手》日文版，长期位居日本漫画网站人气榜前三，成为中国网络文学海外输出的闪亮名片。[②]

资本逻辑下的商业运作是"出海网文"的产业规模化程度提升的重要因素。有研究者已经指出，现阶段，中国网络文学的海外传播已迈入一个全新的发展阶段，即从早期的"实体版权输出"转变为如今以产业布局为核心的"生态出海"模式。在这一全新阶段，中国网络文学产业在海外拓展的每一步都深深植根于以资本为引领的商业逻辑之中，并形成了

---

① 《2023中国网络文学发展研究报告》，https：//www.cssn.cn/wx/wx_ttxw/202402/t20240226_5734785.shtml，2024年2月26日。

② 《网络文学出海市场规模超40亿元，AI翻译加速"出海"进程》，https：//mp.weixin.qq.com/s/_PDFaWIOa6XPc_TuNvYw2g，2024年4月17日。

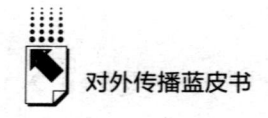

成熟且高效的运作链条。①

除商业运作方面的因素外，2023年以来，AI技术在创作辅助与机器翻译领域的深度应用上，为中国"出海网文"产业规模化程度的提升注入了强劲的动力。AI辅助网文创作方面，"阅文妙笔"与"中文逍遥"等网文大模型的横空出世，为网络文学创作者从故事创意孵化、情节精心编排、内容高效撰写，到人物对话精雕细琢、插画创意生成，乃至内容质量评估的各个环节都提供了强有力的支持，有力推动了网文产业在产量与质量上的双重飞跃。②而就AI赋能网文翻译方面来说，Webnovels AI、YesChat以及专为网文翻译定制的ChatGPT特别版等一批以大模型为基础的智能网文翻译工具，则以其强大的语言处理能力和对文化差异的深刻理解，引领中国网络文学步入"一键出海"的新纪元。③

可以说，当前中国网络文学出海已呈现显著的规模化与国际化发展趋势。随着海外市场营收的持续增长、作品数量的不断攀升以及国际影响力的日益扩大，中国网络文学在全球文化市场中进一步稳固了自身的重要地位。

2. "出海网文"开启内容与IP的深度精品化进程

随着国际文化交流的不断深入与拓展，中国网络文学的合作伙伴已遍及世界各地，其国际影响力亦在持续攀升。有评论指出，中国网络文学的海外传播历程，已从早期的"自然作品输出"阶段，逐步演进至"策略性版权国际化"阶段，并且在资本的强力驱动下，通过产业化的深度整合，现已迈入"自主生态全球化"的全新发展阶段。④

近年来，得益于AI技术的蓬勃发展，我国网文产业正积极推进内容与

---

① 夏烈、于经纬：《从"后起之秀"到"青出于蓝"：网文出海与世界通俗文化格局的重构》，https://mp.weixin.qq.com/s/71u_Q_pJi0sLFwgKPPl9Mg，2024年10月12日。
② 《大模型进入网文行业，最终会替代作家吗?》，https://mp.weixin.qq.com/s/GGbMCf6ReoDT2NWpoYmt7g，2024年6月19日。
③ 《AI翻译助力网文"一键出海"》，https://mp.weixin.qq.com/s/-1Kc-tWir6bZzr-HQmUqng，2024年1月12日。
④ 陈定家：《"网文出海"：谱写"中国故事"新篇章》，《中国艺术报》2024年9月9日，第3版；陈定家：《"网文出海"，储蓄全球IP潜能》，《中外企业文化》2024年第10期。

IP的深度精品化进程。早在2019年，阅文集团便与微软（亚洲）互联网工程院携手合作，共同启动了旨在通过AI技术赋能网络文学的"IP唤醒计划"。该计划以阅文集团旗下众多原著及主人公IP为核心分析对象，借助AI新科技的强大力量，构建出交互性极强的虚拟世界。[①]

《2023中国网络文学发展研究报告》明确指出，IP前置开发模式在当年已逐渐走向成熟。内容平台通过定制化打造的有效互动、二次创作等创新模式，成为IP孵化的"撒手锏"。以《宿命之环》为例，该作品在起点读书平台上，2023年的"本章说"字数累计超过7000万，单个用户为作品配音的次数更是高达2800余次。同时，平台为《诡秘之主》精心打造的官方主题站"卷毛狒狒研究会"，凭借全新的互动方式，在上线首月便吸引了超过60万粉丝的关注，用户日活跃度环比提升超过200%。这一创新举措不仅为"诡秘"系列的有声读物、盲盒、改编动画等多品类创作开辟了新路径，也为其带来了显著的流量提升。

进入2024年，中国网络文学IP的国际化进程更是捷报频传。《庆余年》第二季以破千万的预约量，成为国产剧的新标杆。其海外发行权被迪士尼成功竞得，为中国网络文学的国际化进程再添强劲动力。同时，《赘婿》《开端》等剧集也成功将影视翻拍版权出售至海外，这标志着中国网络小说IP影视作品已成为海外剧集市场不可或缺的重要内容来源。此外，阅文集团自主研发的海外IP改编游戏《斗破苍穹：怒火云岚》也成功进军马来西亚、印尼、泰国等东南亚市场，2023年第四季度新用户环比增长高达118%。这一系列成就不仅充分展示了中国网络文学IP国际化改编的强大能力，也进一步证明了中国网络文学在内容与IP的深度精品化进程下，逐渐在全球范围内显露出广泛影响力和巨大市场潜力。[②]

3."出海网文"步入全链条、生态化的全新发展阶段

在新时代的浪潮下，网络文学的影响力已远远跨越传统边界，不仅深植

---

① 郭景华：《"AI+IP"：助推中国网文出海辐射力》，https://mp.weixin.qq.com/s/F5qDkXlmOCTnzEZlPGnp5g，2024年10月5日。
② 夏烈、于经纬：《从"后起之秀"到"青出于蓝"：网文出海与世界通俗文化格局的重构》，https://mp.weixin.qq.com/s/71u_Q_pJi0sLFwgKPPl9Mg，2024年10月12日。

于出版物、电视剧、电影、动漫等传统衍生领域，更勇敢地开拓了广播剧、有声书、微短剧、剧情交互游戏等新兴阵地。这些创新形式的网文衍生作品在全球范围内正逐渐绽放光彩，展示了网络文学无限的生命力和创造力。与此同时，各大阅读平台与 App 积极布局海外市场，通过实施本土化策略，不仅大幅提升了国际读者的阅读体验与黏性，还着力发掘与培养海外本土创作者，共同构建了一个繁荣的海外创作生态。

以起点国际（WebNovel）为例，其海外业务的迅猛发展就是中国网络文学出海规模化的一个缩影。截至2023年10月，起点国际的海外访问用户数已突破2.2亿人次，上线了中国网文翻译作品3600部，并培养了40万名海外网络作家，上线海外原创作品61万部。其海外官网的月访问量、社交媒体粉丝数等数据也均显示出强劲的增长势头。[1]

回顾来看，我国网络文学出海已经历经了翻译社区、自建平台、资源联动三个阶段，从基于粉丝经济的自发翻译社区到平台经济下的作者、作品、粉丝和平台众包的共创共营模式，基本实现了从"Copy to China"到"Copy From China"的模式升维。当前，我国"出海网文"产业不仅吸引了中国平台企业和资本的参与，还通过 IP 合伙人模式进一步推动了全球化 IP 共建的新常态。这一模式通过数智平台整合了作者、出版方和投资方等处于网文传播链条上下游的利益相关方，将其纳入合伙人体系，从而在 IP 开发前期就可以围绕不同阶段和形态的传播发展进行统筹协同合作。[2] 这种创新模式不仅促进了跨国资本和技术的参与，还提高了 IP 开发和利益分配的透明度与效率，美国、英国、印度、日本、韩国、泰国等国家和地区也广泛参与进来，共同推动了中国网络文学出海迈向一个全链条、生态化的全新发展阶段。

（三）"出海游戏"为当前我国数字文化出海的主要类型

所谓游戏出海，即指电子游戏产品及其企业的出海实践活动。近年来，

---

[1] 周宇瑶：《破浪出海：中国"网文"的海外出版征途》，https://mp.weixin.qq.com/s/bXVFZoyvILLk4j344idqAg，2024年5月27日。

[2] 戴润韬、史安斌：《数智时代中国网络文学国际传播的发展趋势与创新路径》，《出版广角》2024年第11期。

中国游戏发行商出海如火如荼。第三方分析机构 data.ai 数据显示，2023 年海外移动游戏市场用户支出约 24%来自中国发行商旗下产业。全球 Top100 发行商海外收入排名中，29 家为中国发行商。27 家移动游戏发行商海外营收成功突破 1 亿美元。其中，米哈游与腾讯海外营收突破 10 亿美元大关。①

2023 年以来，由于海外本土游戏的强劲发展与整体市场的波动，我国游戏出海实际上经历了一个先低迷再复苏的过程②（见图 1）。但从整体上看，当前我国游戏出海的总体趋势依然乐观。根据中国音数协游戏工委每月发布的月度数据汇总，2024 年 1~10 月中国自主研发游戏海外市场实际销售收入达 153.3 亿美元，其中第三季度海外市场实际销售收入达 51.69 亿美元，环比增长 15.40%，同比增长 20.75%。③ 此外，2024 年 8 月 20 日以来，国产首款自研 3A 级别单机游戏《黑神话：悟空》发售，更是直接带动了 2024 年 8 月、9 月国产自研游戏海外收入的增长。据统计，8 月、9 月国产自研游戏海外收入分别同比增长 25%、34%。④

目前，中国游戏厂商已经形成四种主要的出海方式：一是直接将国内产品向海外市场进行投放推广；二是独立推出国际化的游戏品牌；三是与其他国家厂商进行合作开发；四是通过投资获得海外游戏版权。⑤ 而离开产业发展的视角，回到中国数字文化出海的视角来看，2023 年以来，我国游戏出海的发展成就主要体现在以下四个方面：一是中国游戏依靠优秀传统文化资源逐步迈出海外市场"深水区"；二是中国游戏出海开始着力向产品多元化、区域多元化的方向发展；三是中国游戏出海开始向品牌化、轻量化、长

---

① 《2023 年中国游戏厂商及应用出海收入 30 强》，https://mp.weixin.qq.com/s/v6N0YA-E4wRUfxV6wCpQdw，2024 年 2 月 28 日。
② 伽马数据：《Q3 完整版报告：独家分析游戏收入为何创新高》，https://mp.weixin.qq.com/s/eArLFE8AKdBue_97IBMeWQ，2024 年 10 月 27 日。
③ 《H5、小游戏、中东市场、副玩法…2024 游戏出海年度回顾：增长点都在这了！》，https://mp.weixin.qq.com/s/VislBCwxDQl0m7SZ11-DBQ，2024 年 11 月 29 日。
④ 《2024 年游戏出海专题报告：文化出海大势所趋，游戏出海争做扛旗者》，https://mp.weixin.qq.com/s/Dsgi-m1Pbia0jEvkiAlwRQ，2024 年 11 月 24 日。
⑤ 《洞察报告：2024 中国游戏出海——"黑神话效应"（下篇）》，https://mp.weixin.qq.com/s/TFIY7Mq25Hv1rlfbe1-BCw，2024 年 10 月 30 日。

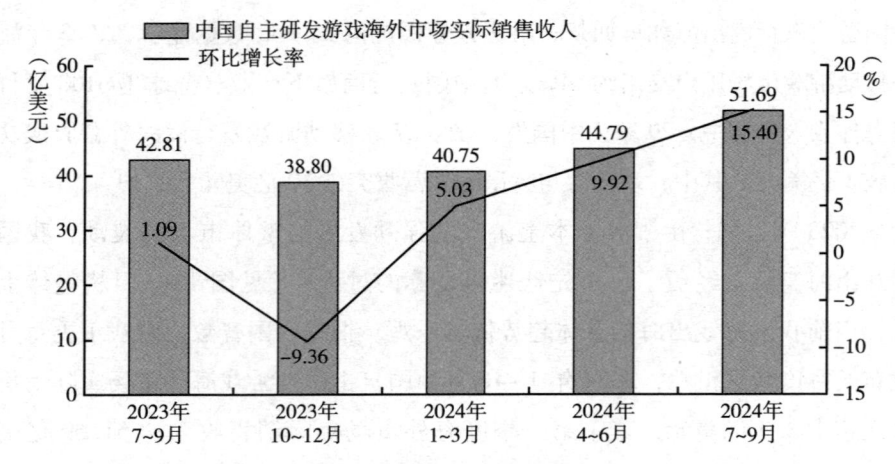

图 1　中国自主研发游戏海外市场实际销售收入与环比增长率

资料来源：中国游戏产业研究专家委员会、伽马数据。https：//mp.weixin.qq.com/s/eArLFE8AKdBue_97IBMeWQ。

线化的运营模式转型；四是电竞产业全球影响力不断提升。

1. 借力优秀传统文化资源实现游戏出海"深水区"突破

2023年以来，中国游戏产业在全球化进程中不断探索与深化。其中，米哈游的《崩坏：星穹铁道》（Hongkai：Star Rail）成为文化融合与创新的典范。这款游戏在其精心构建的"仙舟"幻想世界中，不仅巧妙融入太卜、地衡、丹鼎等富含华夏韵味的文化符号，更通过《仙舟通鉴·五龙远徙》等丰富的游戏内容，对中华优秀传统文化进行了深度挖掘与创造性转化。① 这种将传统文化元素与现代游戏机制相结合的方式，不仅增强了游戏的文化底蕴，而且为中国游戏出海提供了强有力的文化支撑。

2023年9月末，雷霆网络的移动游戏《一念逍遥》（Overmortal-Idle RPG）也成功踏上了海外征程。该游戏以修仙类题材为核心，精准定位了美国、加拿大、法国等网文出海较为成功的市场，通过"逆袭""扮猪吃虎"等富有中国特色的修仙情节，有效吸引了海外玩家的目光。这种策略

---

① 触乐：《抓住锚点：中国游戏文化出海之道》，https：//baijiahao.baidu.com/s?id=1807817779995038532&wfr=spider&for=pc，2024年8月19日。

不仅展现了中国修仙文化的魅力，也为中国游戏在国际市场上的差异化竞争开辟了新路径。与之相类似，《寻道大千》的海外版本《小妖问道》（Nobodys Adventure Chop-Chop）同样以中华优秀传统文化为背景，巧妙地将《西游记》的经典元素融入游戏设计中。通过冒险、镇妖塔、渡劫等富有创意的玩法，该游戏在海外游戏市场赢得了广泛的关注与好评，进一步证明了中华优秀传统文化在游戏领域的巨大潜力。

此外，在2024年8月20日全球上线的《黑神话：悟空》，更是将文化锚点牢牢锁定在了中国古典小说《西游记》这一文化瑰宝上。这款游戏不仅是对《西游记》故事的现代演绎，更是对中华优秀传统文化的一次深度致敬与传承。通过精美的画面、丰富的剧情以及独特的游戏机制，《黑神话：悟空》有望在全球范围内掀起一股中国风游戏的热潮，进一步推动中国游戏产业在全球市场的深入发展。

2. 迈向产品与区域多元化发展的游戏出海新阶段

2023年以来，面对全球游戏市场存量竞争加剧、整体市场趋于饱和的挑战，国产游戏在跨越出海"深水区"的征途中，展现非凡的应变与创新能力。在这一背景下，游戏产品多元化与出海区域多元化成为国产游戏应对复杂多变国际市场环境的两大策略（见图2）。

游戏产品的多元化方面，国产游戏企业不再局限于单一的游戏类型或平台，而是积极探索并发展单机、主机游戏，丰富玩家的游戏体验层次。如2023年以来，尽管Genshin Impact（《原神》）、PUBG MOBILE、Honkai：Star Rail、Honor of Kings等团队战斗RPG、MOBA、FPS、SLG等长期优势游戏依然稳居出海收入排行榜的前列，但点点互动旗下的Whiteout Survival、网易旗下的Eggy Party（《蛋仔派对》）、柠檬微趣旗下的Gossip Harbor与Seaside Escape等新类型、轻娱乐移动游戏却以其独特的创意与魅力，在2024年迎来了巨幅的增长。① 从引人入胜的角色扮演到策略烧脑的战争游

---

① 《月收入超过1.1亿，这款上线两年的合成游戏再创新高》，https：//mp.weixin.qq.com/s/awC6EHKj_ VB-AhRAqXGQZA，2024年10月10日。

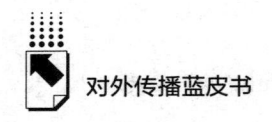

戏，从轻松休闲的益智解谜到刺激惊险的动作冒险，各类手游如雨后春笋般涌现，满足了不同玩家群体的多样化需求。①

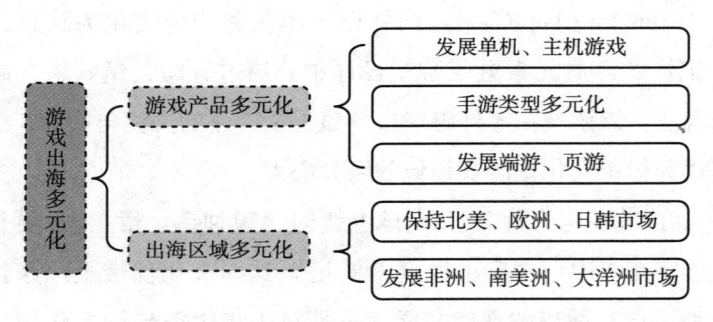

图2　当前我国游戏出海的多元化路径

```
游戏出海多元化 ─┬─ 游戏产品多元化 ─┬─ 发展单机、主机游戏
                │                    ├─ 手游类型多元化
                │                    └─ 发展端游、页游
                └─ 出海区域多元化 ─┬─ 保持北美、欧洲、日韩市场
                                     └─ 发展非洲、南美洲、大洋洲市场
```

资料来源：大象研究院。

出海区域的多元化方面，国产游戏企业不仅稳固了北美、欧洲、日韩等传统市场的地位，更将目光投向了潜力巨大的新兴市场。非洲、南美洲、大洋洲等地，正成为国产游戏出海的新热土。Meetgames等游戏全球发行服务平台也已提供了游戏内容本地化、商业模式本地化、发行渠道本地化、发行创意本地化等全链条的游戏出海咨询服务。② 总体来看，2023年以来，游戏出海企业在持续提升自身国际化运营能力的过程中，不断优化产品本地化策略，深化对各地文化习俗的理解，以更加精准地满足全球玩家的多元化需求。同时，企业加强与国际合作伙伴的协作，共同拓展新兴市场，实现资源共享与互利共赢，为国产游戏在全球范围内的广泛传播与深入影响奠定了坚实基础。

3. 转向品牌化、轻量化、长线化的"出海游戏"运营模式

事实上，中国自主研发游戏海外市场实际收入在2022年与2023年的连续下降，与全球市场的"去全球化"和"碎片化"趋势高度相关。就宏观的市场环境来说，2023年以来，以"俄乌冲突""巴以冲突"为代表的全

---

① 《中国游戏出海研究报告》，https://mp.weixin.qq.com/s/SW8m09V0u78EtoItWbzLYw，2024年10月15日。
② 《从市场洞察到本地化创新的全攻略》，https://mp.weixin.qq.com/s/1mkouj9HKYIi_Y_K_A-MCA，2024年8月14日。

球地缘政治动荡进一步加剧，国际金融环境与科技产业都进入下行周期，世界贸易中的"去全球化"与"逆全球化"趋势明显。世界各国经济数据普遍出现了增速放缓的迹象。这为游戏出海带来了不小的挑战。此外，苹果App Store与谷歌Google Play等移动应用商店平台在"入口"资源上展开了激烈的争夺，同时它们与各游戏企业之间在游戏营收分成上也存在着复杂的博弈关系。这种"碎片化"的平台生态使游戏出海的发展环境变得更加复杂和严峻。面对如此不容乐观的游戏出海发展环境，出海游戏企业开始积极转变策略，转向品牌化、轻量化、长线化的运营模式。

首先是品牌化。在2023年X全球游戏榜单的前50名中，共有28款与IP相关的游戏，其中一部分是基于已有知名IP进行创作，另一部分则已成功塑造并拓展了自身独特的游戏IP。在中国游戏出海的征途中，IP同样扮演着举足轻重的角色。网易旗下的手游《第五人格》便是中国游戏出海IP联动策略的一个杰出代表。该游戏通过与众多知名游戏及动画IP的深度合作，不仅丰富了游戏内容，提升了游戏的可玩性和吸引力，更在海外市场树立了良好的品牌形象，实现了从本土到国际的华丽转身。这一成功案例充分证明了IP联动对于游戏出海的重要性，也为其他游戏企业提供了宝贵的经验和启示。

其次是轻量化。2024年第一季度，全球移动游戏市场见证了休闲与益智解谜类轻量游戏的爆发式增长。Merge Mansion、Mini Soul Land等轻量级作品，凭借其直观明了的操作界面、轻松有趣的玩法设计以及低门槛的进入方式，迅速吸引了全球范围内的大量玩家。此外，微信作为全球范围内广泛使用的社交应用，其小程序平台上的小游戏以其便捷性、即时性和社交性，迅速在海外玩家中积累了高人气。这些轻量化的游戏产品由于其短小精悍的游戏设计和即时性的娱乐体验，具备较低的流量成本和较高的用户留存率。在全球化竞争加剧的当下，这些轻量化的游戏也助力了中国"出海游戏"的逆势增长。①

---

① X出海营销：《畅"游"全球 增长不已：2024年X游戏出海白皮书》，https://mp.weixin.qq.com/s/Egr8T3iO3OMHCh-ZVi7mew，2024年7月27日。

最后是长线化。DataEye 数据显示，2023 年中国厂商出海买量投放游戏接近 4000 款，同比增长 8%，新增参投游戏 1661 款，同比增长 4%。同时，2023 年出海参投总公司数、新增参投公司数双双增长，参投总公司数同比增长 3%，新增参投公司数同比增长 11%。而 2024 年上半年，中国大陆厂商出海总参投游戏超过了 4000 款，同比增长 13%。其中，参投的新游戏数量同比减少 20%，但参投的老游戏数量大幅增加了 24%。这表明，出海游戏企业在传统玩法的基础上不断焕新"老游戏"，通过"二次出海""三次出海"等长线化的商业运作手法，试图不断找到新的市场空间。①

4. 电竞产业全球影响力不断提升

当前我国电竞产业的全球影响力正在不断提升。以杭州亚运会期间的数据为例，2023 年全球电竞观众规模达到 5.7 亿人次，而杭州亚运会的电竞项目总观看人数就高达 3.7 亿人次。② 2023 年以来，伴随着全球电竞市场的不断扩张，我国电竞产业的影响力也在不断提升（见表 2）。

表 2　2023~2024 年中国电竞出海赛事情况（部分）

赛事名称	企业	游戏	区域	举办时间
KNIVES OUT PRO LEAGUE	网易	荒野行动	日本	2023 年 1 月
2023PML 春季赛	腾讯	PUBG MOBILE	印度尼西亚	2023 年 3 月
2023 欧美 IVT	网易	第五人格	欧美	2023 年 6 月
MLBB Southeast Asia Cup 2023	沐瞳	决胜巅峰（无尽对决）	东南亚	2023 年 6 月
2023IVL 夏季赛	网易	第五人格	日本	2023 年 6 月
Arena of Valor Premier League 2023	腾讯	Arena of Valor（传说对决）	泰国	2023 年 6~7 月
2023《香肠派对》海外交流赛	心动网络	香肠派对	港澳台＆日本	2023 年 8 月
Arena of Valor International Championship 2023	腾讯	Arena of Valor（传说对决）	全球	2023 年 11~12 月

---

① 招商传媒研究：《游戏出海专题深度报告：文化出海大势所趋，游戏出海争做扛旗者》，https://mp.weixin.qq.com/s/JvM7EhaltgPsSERRn-8TnQ，2024 年 11 月 19 日。
② 《刘扶民：关于中国电竞发展的思考》，https://mp.weixin.qq.com/s/k7WiZr5efHzh5-2vloDJPA，2024 年 9 月 14 日。

续表

赛事名称	企业	游戏	区域	举办时间
MS World Championship	沐瞳	决胜巅峰（无尽对决）	全球	2023年11~12月
2024荒野CHAMPIONSHIP・熾烈な戰場	网易	荒野行动	日本	2024年3月
CODM骁龙电竞先锋赛全球总决赛	腾讯	使命召唤手游	巴西	2024年4月
Honor of Kings Brazil Championship 2024	腾讯	王者荣耀	巴西	2024年5月
2024 IJL夏季赛	网易	第五人格	日本	2024年5月
MLBB Women's Invitational 2024	沐瞳	决胜巅峰（无尽对决）	沙特	2024年7月
MPL Indonesia Season 14	沐瞳	决胜巅峰（无尽对决）	印度尼西亚	2024年8月
PUBG Mobile Global Championship 2024	腾讯	PUBG MOBILE	英国	2024年10月
M6 World Championship	沐瞳	决胜巅峰（无尽对决）	马来西亚	2024年11月

资料来源：中国音像与数字出版协会游戏出版工作委员会。

根据中国音像与数字出版协会发布的《2024年中国电子竞技产业报告》，2024年我国电竞产业在海外市场持续发力，主要呈现以下几方面的特征。一是东南亚已成为我国电竞产业的重要海外市场。以Mobile Legends：Bang Bang（《决胜巅峰》海外版，简称"MLBB"）为代表的多款国产电竞游戏，在东南亚广受欢迎，相关比赛更是成为当地电竞爱好者竞相追捧的热门赛事。二是国产电竞游戏产品的海外认可度正在不断提升。MLBB、《王者荣耀》等多款头部国产电竞游戏产品也成功入选了沙特电竞世界杯的正式比赛项目。三是自研电竞项目的国际化赛事运营正逐步走向成熟。《王者荣耀》《荒野行动》《传说对决》《第五人格》《使命召唤》等手游出海赛事吸引了超千万海外观众观赛，而头部赛事单场观赛人数峰值则超过了400万人次[①]，充分展示了我国电竞产业在国际化赛事运营方面的强大实力和潜力。

---

① 中国音数协游戏工委：《〈2024年中国电子竞技产业报告〉发布》，https://mp.weixin.qq.com/s/Dmu5bASI4DdXK9ZCI_5AJQ，2024年12月11日。

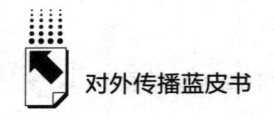

（四）"出海动漫"为当前我国数字文化出海的热门内容

与电子游戏、数字平台等类型的出海实践相比，2023年以来，我国的动漫出海呈相对弱势。总体来看，其发展特征主要呈现为以下三个方面：一是精品动漫内容成为影响力扩张的主要突破口；二是低幼动画和少儿动画成为中国动漫出海的中流砥柱；三是多元化的IP开发策略助力动漫出海长远发展。

1. 精品动漫内容成为影响力扩张的主要突破口

近年来，我国动漫产业保持了高速增长的态势，展现强大的发展潜力。根据第三方研究团队发布的《2025—2030年全球及中国网络动漫行业市场现状调研及发展前景分析报告》，截至2023年底，中国动漫产业规模已成功攀升至2525亿元的新高度，其中，网络动漫以其独特的魅力和广泛的受众基础，占据了总规模的15.79%；动漫电影则凭借精良的制作和深刻的内涵，占比达到了3.16%；而衍生品及其他相关领域更是异军突起，占据了整个产业的81.05%，彰显了动漫IP强大的跨界融合能力。[1]

然而，动漫出海的国际竞争依然保持着激烈的态势。《动漫游国际传播影响力研究报告（上篇）》数据显示，2022~2023年，全球动漫市场规模持续扩大，已从3912亿美元增长至4110亿美元。其中，美国由于发达的IP产业链和完善的版权保护制度等先发优势，依然占据着全球约40%的市场份额；日本则供应了全球超过60%的动漫作品，依然占据亚洲动漫市场45%左右的份额。[2] 除欧美、日韩市场外，近年来，因与中国文化辐射圈在地缘上相近，东南亚地区对中国动漫产品的接受度和认可度极高，成为了我国动漫出海的热门区域。不过，东南亚用户的购买率和留存率仍然相对较低，中国动漫在该区域的进一步发展仍有较大的可提升空间。

---

[1] 《2025年网络动漫行业现状分析：AI技术推动网络动漫工业化发展》，https://www.chinabgao.com/freereport/99578.html，2025年3月12日。

[2] 环球时报舆情中心：《动漫游国际传播影响力研究报告（上篇）》，https://mp.weixin.qq.com/s/NhxJc_YdxGJvne6efmemEA，2024年3月27日。

尽管面对如此激烈的国际竞争环境，中国动漫出海依然取得了一些亮眼的成就。有数据显示，截至2023年11月，在TikTok播放量破亿的中国动画IP相关话题有11个，超过3000万次播放量的则有30个。其中，前三名分别是24亿次播放量的《会说话的汤姆猫》、播放量8.32亿次的《喜羊羊与灰太狼》及播放量7.85亿次的《刺客伍六七》。此外，《魔道祖师》《天官赐福》《一人之下》《时光代理人》等精品动漫同样收获了不俗的播放量，而《中国奇谭》《雾山五行》在YouTube上的讨论度也很可观。① 而根据环球时报舆情中心2023年在海外十国开展的"中国动画国际传播影响力调查"，《西游记之大圣归来》《全职高手》《白蛇：缘起》《罗小黑战记》等7部国产动画作品海外知晓率均超过了25%（见图3）。② 制作精良、寓意丰富的国产动漫精品已成为当前中国动漫出海影响力扩张的主要突破口。

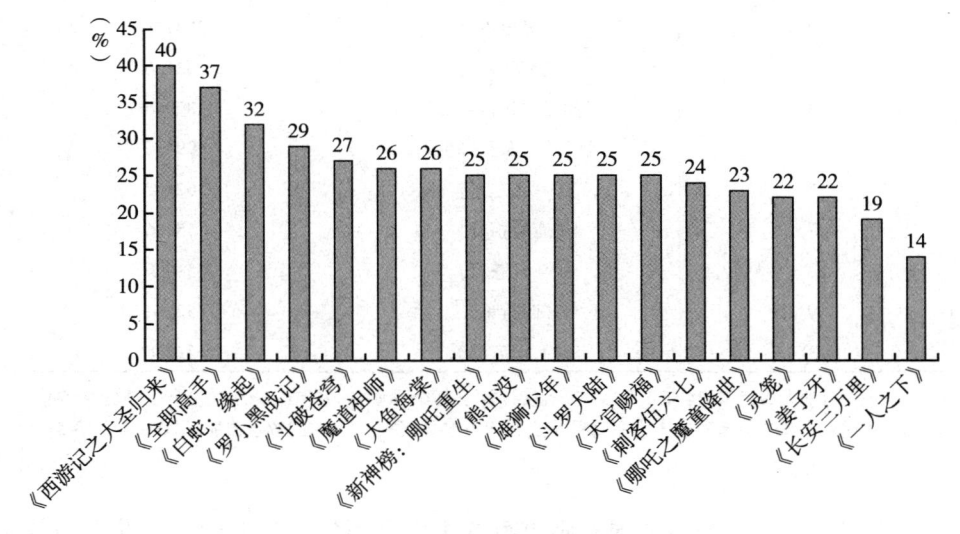

图3 中国动画海外知晓率

资料来源：环球时报舆情中心。

---

① 惊蛰研究所：《国产动画，在海外悄悄支棱起来了》，https://mp.weixin.qq.com/s/sRo7759MlK2pZcKbeJr0Sg，2023年11月29日。
② 环球时报舆情中心：《动漫游国际传播影响力研究报告（上篇）》，https://mp.weixin.qq.com/s/lkTyk4NZIJphfnRBwUKs6w，2024年3月27日。

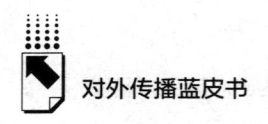

2. 低幼动画和少儿动画成为中国动漫出海的中流砥柱

2024年3月，国家广播电视总局发展研究中心发布《中国动画国际传播报告（2023）》。该报告显示，2023年我国电视动画出口额仅次于电视剧和网络视听节目，占各类节目出口总额的6.14%。时长上，我国电视动画出口时长占中国出口节目总时长的12.15%。其中，亚洲是我国对外出口的第一大市场，占我国动画出海总额的62.40%。美西欧市场则是我国动画出海的第二大海外市场，占我国动画出海总额的29.49%。①

表3 中国动画作品YouTube播放量前十名*

单位：万次

排名	名称	平均播放量
1	《宝宝巴士》	31034.4
2	《熊出没》	2747.8
3	《刺客伍六七》	1331.0
4	《仙王的日常生活》	1329.6
5	《哪吒之魔童降世》	994.6
6	《一人之下》	621.2
7	《魔道祖师》	555.6
8	《斗破苍穹》	530.0
9	《西行记》	525.4
10	《武动乾坤》	522.8

* 数据计算日期为2024年1月17日，仅计算了每个动画播放量最多的前五个视频的平均值。
温馨、张婧：《2023年新质生产力驱动数字文化出海整体观察》，《中国数字出版》2024年第3期。

就题材而言，当前中国动画出海的主要类型集中在低幼与少儿动画领域。《喜羊羊与灰太狼》《熊出没》《海豚帮帮号》等寓教于乐的科普益智动画已成功实现IP化运作与系列化拓展。同时，《愚公移山》《大禹治水》等传统文化主题的动画作品，借助"走出去"工程项目，在共建"一带一

---

① 国家广播电视总局发展研究中心课题组：《中国动画国际传播报告（2023）》，https://mp.weixin.qq.com/s/lrJ9Jyi-Nu3WIBkz_5BQdw，2024年3月30日。

路"国家及非洲多国成功播出。

而就主体而言，华强方特、原创动力、咏声动漫、熊小米等一众民营动画制作企业构成了中国动画产业的中流砥柱。爱奇艺、优酷、腾讯视频、哔哩哔哩等网络视频平台则成为推动国产原创动画走向海外的重要力量。此外，中央广播电视总台、CGTN等广电媒体也积极投身动画品牌孵化的工作中。如央视动漫通过实施"熊猫+"国际品牌计划，携手各国代表性动物或卡通形象，共同讲述中国故事，传播中国文化。北京广播电视台卡酷少儿频道推出的原创动画片《锡兰王子东行记》，聚焦"海上丝绸之路"主题，已在印尼、俄罗斯及非洲多国主流媒体播出，获得广泛好评。而湖南金鹰卡通的原创动画《小小守艺人》《23号牛乃唐》《麦咭和他的朋友们》三部少儿向作品也积极以国际化的表达方式，持续在海外打开市场，受到国际观众的喜爱。[1]

3. 多元化的IP开发策略助力动漫出海长远发展

近年来，以优酷为代表的国产动漫企业积极推动全产业链的多元化IP开发，助力国漫出海。2024年10月3日，优酷动漫年度发布会的举办，进一步彰显其在IP开发方面的实力与决心。发布会上，优酷公布了"传家""朝阳""星辰大海"等精彩片单。[2] 其中，"传家"片单聚焦青少年热血题材，通过系列化与矩阵化的IP构建，如"少歌宇宙"等，为优酷动漫进军国际市场提供了强劲动力。而"朝阳"片单则展示了优酷在IP内容开发上的不断创新与突破，致力于为观众带来全新的视觉体验。此外，"星辰大海"片单则进一步拓宽了IP题材的边界，展现了优酷动漫在题材探索上的多元化与包容性。[3] 值得一提的是，优酷动漫不仅在动漫内容本身上下功夫，还积极拓展产业链上下游，产出了如《少年歌行》《少年白马醉春风》《师兄啊师兄》等一系列集动漫、影视、游戏、授权、文旅于一体的行业

---

[1] 《金鹰卡通参展世界顶级动画节引发行业再思考：国漫出海路径何在？》，https：//mp.weixin.qq.com/s/p7I-j9ppD6IQhclyU-VO8Q，2024年6月14日。

[2] 吴晓宇：《传承与探索：优酷全球化战略描绘国漫出海新蓝图》，https：//mp.weixin.qq.com/s/1sWjSBzm7xftaZ34TDRYvQ，2024年10月4日。

[3] 北青网：《2024优酷动漫年度发布会片单官宣，多元IP开发共探国漫全球化之路》，https：//ent.ynet.com/2024/10/15/3821725t1254.html，2024年10月15日。

案例。

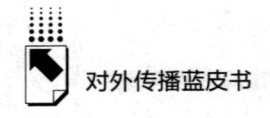

在动漫国际化与中华文化国际传播的实践探索中，2024年初，优酷动漫凭借其知名动画IP《少年歌行》，巧妙融合地方城市文化，成功举办了"漫画泉州"活动，生动讲述泉州作为"世界遗产"城市的独特魅力。该活动通过国内外多渠道发布，得到各国主流媒体首页推荐，在海外落地超30篇次，相关稿件被海外华文媒体如意大利侨网、《国际日报》、《日本中文导报》等平台推发，合计国内外曝光量突破8亿次，用国漫形式强化中国声音向海外传播。此外，优酷动漫还通过热门IP破次元空降杭州第二十届国际动漫节、《少年白马醉春风》剧漫IP联动"青岛国际啤酒节"等活动，不断完成动漫产业升级与"新国风"生态延展，为国产动漫成为全球动漫中的新势力积蓄起新能量。①

（五）"出海影视"是当前我国数字文化出海的中坚力量

本报告中的影视出海专指电影、电视剧、纪录片的出海实践，动漫、综艺、微短剧等视听综艺节目内容不包含在内。2023年以来，"出海影视"已经成为我国数字文化出海的中坚力量。总体上看，我国目前的影视出海主要有如下特征：一是国产电影加快出海步伐，海外票房与口碑双提升；二是多元题材齐头并进，中国剧集影响力持续提升；三是持续深化国际合作，国产纪录片影响力不断提升。

1. 国产电影加快出海步伐，海外票房与口碑双提升

近年来，国产电影以更加坚定的步伐踏上了国际舞台，积极响应国家电影局在《"十四五"中国电影发展规划》中提出的"中国电影国际推广专项"，以及通过"丝绸之路影视桥工程"与"中非影视合作创新提升工程"等举措，全面加速其海外布局与影响力扩展。

2023年，国产电影的出海实践取得了显著突破。2023年1月《流浪地

---

① 广电独家：《从2024优酷动漫年度片单，看国漫如何寻求国际化发展路径》，https://mp.weixin.qq.com/s/EX4CCN7izgPXpUke8AAdqA，2024年10月8日。

球2》在美国、加拿大、英国、澳大利亚、新西兰等8个国家同步上映，随后陆续登陆39个国家和地区。截至2023年11月，《流浪地球2》海外票房超1亿元人民币，其中北美票房超过500万美元，全球票房突破6.03亿美元。在北美烂番茄平台上，该片不仅拿到80%的烂番茄指数，爆米花指数更是达到97%。① 同年，索尼影业收购《你好，李焕英》英文版的翻拍权，并邀请导演贾玲担任监制，中国电影故事和情感共鸣的跨国界魅力逐步彰显。2023年5月26日，讲述广东舞狮少年故事的中国动画电影《雄狮少年》在日本近100家影院上映，虽然票房表现平平，但在日本社交网络和日本动画界赢得了高度评价，为中国动画电影的国际推广打开了新的天地。②

2024年，国产电影的海外发行势头更为猛烈。春节档期间，《封神第一部：朝歌风云》在法国的400余场放映中，仅凭两天限定上映便吸引了大量法国观众，首映日场次更是全部售罄。《飞驰人生2》在全球多国同步上映，成功摘得美、加、澳、新市场2024春节档华语电影票房桂冠。《第二十条》在北美上映的首周末即登顶全球周末票房榜，其海外预售的上座率高达80%，显示了强大的国际市场潜力。此外，由索尼全球发行的《热辣滚烫》在北美首映也表现不俗，200块银幕上收获了84万美元票房，首日即跻身前五名。动画电影《深海》在法国上映三周，观影人次超过16万，打破了当地近三年华语片的观影人次纪录，再次证明了中国动画电影的国际吸引力。③ 5月，在中法建交60周年的特殊背景下，中国电影在戛纳电影节上大放异彩。一方面，《风流一代》《狗阵》等作品入围了戛纳主竞赛单元；另一方面，《射雕英雄传》《封神》《走走停停》《人生大事》等180多部影片在中国电影联合展台上吸引了不少海外业内人士的驻足咨询。④ 2024年暑

---

① 《国产电影海外破圈》，https://baijiahao.baidu.com/s？id=1783579953327855732&wfr=spider&for=pc，2023年11月26日。
② 刘佳璇、李艳、覃柳笛：《乘风破浪勇出海》，《瞭望东方周刊》2024年第8期。
③ 1905电影网编辑部：《〈深海〉〈封神第一部〉海外破纪录！中国电影"出海"走出新步伐》，https://mp.weixin.qq.com/s/DC7VHlLLuBi08zTPMMPe2A，2024年3月20日。
④ 毒眸编辑部：《中国电影出海的最佳契机，来了》，https://mp.weixin.qq.com/s/tVyizbdTCqN0busenRy9Ow，2024年5月27日。

期档，国产电影更是"组团出海"。8月，由广东动漫公司出品的国产动画电影《落凡尘》，在新加坡、澳大利亚、南非等十余个国家的院线上映。讲述数学天才容金珍成长为党的隐蔽战线英雄的电影《解密》也登陆了澳大利亚、新西兰、美国、加拿大、英国等国院线[1]，进一步扩大了中国电影的国际影响力。2025年2月8日以来，国产动画电影《哪吒之魔童闹海》（以下简称《哪吒2》）开始全球播映之旅，先后在20多个国家和地区上映，以"现象级"的姿态席卷全球市场。截至4月4日，《哪吒2》海外票房收入超过3亿元人民币，全球票房超过155亿元人民币，位居全球影史票房榜第5。[2] 总体来看，《哪吒2》不仅在国内市场取得成功，还通过全球化的发行战略，将中国故事推向世界。影片利用跨媒介叙事和全球平台，传播中国传统文化的同时，融入了普遍适用的价值，如身份认同和代际冲突等，使影片在国际市场上同样引起共鸣，展现了国潮文化的全球影响力[3]。

当下，国产电影在国际舞台上的崛起已成不争事实，其出海步伐之坚定、成果之显著，不仅体现在海外票房的节节攀升和口碑的广泛认可上，更在于中国电影文化的全球传播力和影响力的深度拓展。通过精准布局与多元策略，国产电影成功跨越文化和语言的界限，与世界观众产生共鸣。《流浪地球2》等科幻大片的全球热映，不仅展示了中国电影工业的高水准制作能力，更传递了中国文化的创新精神和深厚底蕴。而《封神第一部：朝歌风云》等历史题材影片的国际受欢迎程度，则证明了中华优秀传统文化在全球范围内的广泛吸引力。此外，中国电影在戛纳等国际电影节上的频繁亮相和获奖，不仅提升了中国电影的国际地位，更为中国电影文化的全球传播开辟了新路径。随着国产电影国际化战略的持续深化，中国电影将在全球电影市场中占据更加重要的地位，成为连接不同文化、促进文明交流互鉴的重要桥梁。

---

[1] 大湾区之声：《暑期档高分国产片将组团"出海"》，https：//mp.weixin.qq.com/s/Frh_x9v8H7JVNihvIRnwlw，2024年8月25日。
[2] 朱新梅：《〈哪吒2〉何以"全球狂飙"》，https：//mp.weixin.qq.com/s/cHlV9zijqgYYQ_Z36qmeCw，2025年4月8日。
[3] 暨南大学新闻与传播学院：《全球动画电影票房冠军！看国潮文化如何席卷全球》，https：//mp.weixin.qq.com/s/cbY494J5WUeDbX7xOKdxSw，2025年2月27日。

2. 多元题材齐头并进，中国剧集影响力持续提升

近年来，承载着深厚东方文化底蕴的中国电视剧，已日益成为文化出海的重要力量。根据国家广播电视总局发展研究中心发布的《2023中国剧集发展报告》，2023年中国电视剧出口额较2022年同比增长四成，出口时长占比达到八成。发行区域仍以亚洲为核心，非洲、阿拉伯、东欧、拉美等国家和地区新兴市场正在孕育。其中发行到东南亚的剧集占出口剧集的86.3%，非洲、中亚、中东和拉美地区的市场逐渐开拓，占比分别达到20.55%、15.07%、10.96%和10.96%。影视制作公司在进行海外剧集的发行时，超过四成的公司选择与外国本土电视台或者传媒机构合作，近三成的公司是通过WeTV（腾讯海外版）、iQIYI（爱奇艺海外版）等国内视频平台的国际版实现海外传播，此外，与Netflix、Disney+等国际流媒体平台合作，或在YouTube等视频分享平台上发布剧目内容，也是备受影视公司欢迎的选择。①

2024年，我国电视剧又迎来了一波新的出海高峰。3月，国家广电总局启动的"视听中国 全球播映"活动，极大地推动了中国视听作品的海外传播。截至2024年10月，该活动已成功助力约300部多语种视听作品在100余个海外主流媒体和新媒体平台上播出，引发了海外观众对中国剧集的热烈追捧。

科幻题材电视剧出海方面，《三体》目前是我国影视剧集领域的"头部出海IP"。2023年1月腾讯版《三体》开播不仅受到国内观众广泛关注，在北美、欧洲等多个国家和地区的播放量也名列前茅，海外主流视频平台Viki上《三体》评分高达9.2。目前，《三体》已在YouTube播放次数超千万，观看时长超1亿分钟，已发行至全球20多个主流媒体平台。2024年初，Netflix针对全球市场改编拍摄的《三体》，以全八集一次性放出，更是引发了全球观众的关注和热议。②

---

① 国家广电智库：《打造"视听中国 全球播映"品牌 中国剧集创造海外收视热潮》，https：//mp.weixin.qq.com/s/FE4V58ppDJK43zJLF83jVA，2024年10月8日。
② 白桦：《〈三体〉海外热播：科幻题材拓展中国故事"走出去"样本》，https：//mp.weixin.qq.com/s/bUdlSqY6MKItekpLk0-00g，2023年2月12日。

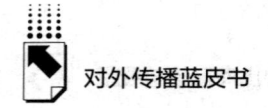

古装题材电视剧出海方面，据Netflix官方统计，2022~2023年华语剧集热度前十中，古装剧占据半壁江山。优酷发布的《古装剧出海报告》则指出，中国古装剧已译制成16种外语，在全球超过200个国家和地区播出，尤其受到年轻世代的喜爱。[①] 2024年上半年，《庆余年第二季》《与凤行》《墨雨云间》等古装剧接连登陆海外电视台和主流视频平台。《庆余年第二季》在国内热播的同时，同步上线迪士尼流媒体平台Disney+，在新加坡、美洲、澳大利亚、欧洲等地也颇受欢迎；《与凤行》在海外YouTube、Facebook、TikTok等平台同步上线宣发，触达超过180个国家和地区，翻译语种超过16种，在新加坡、越南等国家同期剧集中热度登顶；《墨雨云间》继上线Netflix后，又在泰国TrueID、韩国MOA等平台热播。[②]

此外，现当代现实主义题材的国产电视剧在国际社会的影响力也在不断提升。其中，《漫长的季节》在第18届首尔国际电视剧大赏上获最佳迷你剧奖，《去有风的地方》获最佳电视剧奖，《狂飙》入围第28届釜山国际电影节最佳流媒体原创剧集。迷你剧《我的阿勒泰》入围2024年法国戛纳电视节主竞赛单元并成功展映，剧中治愈人心的边疆之美、松弛烂漫的生活方式、细腻质朴的生命探索过程，获得海外专业媒体和观众的诸多好评。当代悬疑剧《边水往事》在优酷国际版和YouTube频道以英、西、葡、泰、印尼、马来、越南语等多语种字幕同步播出，受到海外观众的高度评价。

总结而言，2023年以来的我国电视剧的出海发展成就，主要呈现以下三个方面的特征。一是多元题材并进，古装剧引领风骚。古装剧以其独特的文化魅力和精美的制作水准，成为出海的主力军；现当代剧和科幻剧等其他题材也在不断探索和突破，形成了百花齐放的格局。二是国剧出海的合作模式朝多元化方向发展。[③] 影视制作公司在海外剧集的发行中，通过多语种译

[①] 中工网：《〈古装剧出海报告〉发布：融入古典文化和东方美学，30万条评论点赞中华文化》，https://baijiahao.baidu.com/s?id=1773739395206647946&wfr=spider&for=pc，2023年8月9日。

[②] 杜迈南：《古装剧出海迈向新纪元》，https://mp.weixin.qq.com/，2024年7月29日。

[③] 郭镇之、张晓敏：《中国影视剧出海：创新中国影视的全球传播》，《对外传播》2024年第5期。

制、与海外媒体合作、在国际流媒体平台上线、国际合作IP开发等多种方式,逐步有效地打破了语言与文化间的隔阂,在巩固亚洲市场的同时,逐步开拓了非洲、阿拉伯、东欧、拉美等新兴市场,实现了全球范围内的广泛传播。①

3. 持续深化国际合作,国产纪录片影响力不断提升

CMG观察数据显示,2023年中国国际电视总公司共向海外发行国产纪录片60部次,落地覆盖美国、加拿大、俄罗斯、波兰、塞尔维亚、捷克、日本、韩国、马来西亚、新加坡、越南、缅甸等国家和地区,面向全球受众不断擦亮中国纪录片的品牌形象。其中,《山海经奇》《国家公园·万物共生之境》《中国秦岭:一只金丝猴的记忆》《了不起的工程》《下一站出口》等重点节目均同步实现海外发行。截至2024年1月,由中央广播电视总台出品的《国家公园:野生动物王国》《国家公园·万物共生之境》两部共八集的纪录片电视观众规模已过2亿人次,境外落地播出超过300轮次,海外发行已覆盖120多个国家和地区,仅此两片已创汇110万美元,跨媒体触达超过20亿人次,国际传播继续取得重大突破。②

总体来看,国产纪录片通过持续深化国际合作、积极举办与参与国际节展、拓展国际拍摄合作以及强化海外新媒体传播等多措并举,不断提升其国际影响力,为中国文化的国际传播贡献了重要力量。

第一,积极举办与参加国际节展。2023年12月4日,第20届中国(广州)国际纪录片节开幕,英国BBC Studios、日本广播协会NHK、韩国广播公司KBS等多个纪录片制作平台的资深业内人士,英国谢菲尔德纪录片电影节、新西兰边锋纪录片节、地中海欧洲纪录片市场等代表纷纷到场。③ 2024年3月11日,第21届中国(广州)国际纪录片节全球征集

---

① 广州国际交流合作基金会:《国产电视剧"出海记"》,https://mp.weixin.qq.com/s/Drm8cKQK5lEGqzEks_ Jg6g,2023年5月24日。
② CMG观察:《大片还得看总台!出圈又出海,赚了吆喝赚口袋!》,https://mp.weixin.qq.com/s/EiuihnjZXWCqq1IyvlY_ 1Q,2024年1月25日。
③ 《中国纪录片出海:除了熊猫,有新故事》,https://mp.weixin.qq.com/s/MqELTmGzlvshYfnc_ 841mg,2024年1月16日。

发布会借势第 28 届香港国际影视展广东馆的平台成功举办，进一步扩大了国产纪录片的国际影响力。① 2024 年 4 月 8 日，江苏省广播电视总台和东台市委宣传部、东台沿海经济区联合拍摄的精品纪录片《连接世界的中国湿地》亮相 MIPTV（春季戛纳电视节）。该纪录片通过聚焦湿地保护与修复，展现中国践行习近平生态文明思想的生动实践，宣介共建地球生命共同体的中国主张。② 类似高规格的节展活动不仅为国产纪录片提供了宝贵的交流平台，更促进了国际合作与资源共享，为国产纪录片拓宽国际视野、提升国际竞争力奠定了坚实基础。

第二，拓展国际拍摄合作，促进文化交流。2023 年 4 月，随着法国总统马克龙对中国进行国事访问，"合拍·以影像为桥"中法合拍纪实影像作品发布会在北京成功举办，发布了《月背之上：太空变革的黎明》等多部中法合拍作品，为两国文化交流与影视合作注入了新活力。③ 同年 12 月，鹿鸣影业与美霖文化携手公布了 2024 年国际合拍片单，涵盖《唐人街》、《神奇动物在中国》等多部题材丰富的作品，展现了中外文化交流的广阔前景。④ 2024 年 6 月，上海广播电视台与 BBC Studios 就 8K 纪录片《亚洲》达成合作意向，不仅标志着双方在内容创作上的深度交融，更将推动该片在全球范围内的英文版同步首播，实现中外纪录片资源的高清共享与国际化传播。⑤ 此外，中越合拍纪录片《发展之路》的杀青仪式暨越南"电视中国剧场"签约仪式在越南河内成功举办，为两国文化交流与合作添上了亮眼的

---

① 《广东电影出海观察：让广东制作抵达更远的异乡》，https：//mp.weixin.qq.com/s/6mEWvFFoFGQjYvexuphjpA，2024 年 3 月 14 日。
② 《扬帆再"出海"〈连接世界的中国湿地〉纪录片亮相春季戛纳国际电视节》，https：//mp.weixin.qq.com/s/hhQBIIcsoEYEWttbhSVFcA，2024 年 4 月 9 日。
③ 《以影像为桥！中法合拍系列纪实影像作品在京发布》，https：//mp.weixin.qq.com/s/RUpr3LxkCAe4JsfjJBkD9g，2023 年 4 月 4 日。
④ 《鹿鸣影业发布 2024【出海纪】国际合拍纪录片片单》，https：//mp.weixin.qq.com/s/vgJJTy0uKOUP8KwMjrTBhA，2023 年 12 月 7 日。
⑤ 《精品化、多元化、"纪实+"，这家头部纪录片创制机构擦亮国产纪录片国际化名片》，https：//mp.weixin.qq.com/s/QPw3ZHWaP_cMagiuqwOB_Q，2024 年 7 月 5 日。

一笔。①

第三，强化海外新媒体传播，提升国际影响力。上海电视台纪实人文官方频道在YouTube平台的表现尤为突出，不仅总订阅数与观看数持续领先，2023年的新增订阅与观看数更是实现了快速增长。上海电视台纪录片中心在此基础上建立了"Doculife"国际传播新媒体矩阵，与官方频道形成互补，通过精准定位海外不同圈层观众的需求，推送定制化内容，进一步优化了传播效果。② 2024年11月，中国中央广播电视总台纪录片《从长城到马丘比丘》在秘鲁首都利马举行首映暨克丘亚语社交媒体专页上线仪式。③ 这一举措不仅实现了内容与语言的双重贴近，更通过社交媒体平台直接触达秘鲁及更广泛的南美洲观众，极大地增强了纪录片的吸引力和影响力。这不仅是国产纪录片在国际市场上品牌塑造和影响力提升的新路径，更是中国文化走向世界、增强国际话语权和文化软实力的重要里程碑。

（六）"出海视听"成为当前我国数字文化创意展示的重要窗口

本报告中的视听出海主要指的是综艺节目、微短剧、音频音乐等数字视听文化内容（产品）的出海实践，动漫、电影、电视剧等广义上的视听内容并不包含在内。2023年以来，视听出海成为当前我国数字文化出海最具创意的领域。整体来看，主要呈现两大特点：一是出海微短剧迎来海外爆发式增长，本土化制作引领全球热潮；二是中国原创综艺出海蔚然成风，优质节目模式彰显娱乐创意实力。

1. 出海微短剧迎来海外爆发式增长，本土化制作引领全球热潮

2023年下半年以来，海外微短剧迅速发展。截至2024年2月底，已有

---

① 《中越合拍纪录片〈发展之路〉杀青仪式暨越南"电视中国剧场"签约仪式在越南河内举行》，https://mp.weixin.qq.com/s/tr2WudpCOgVEmKrVamP3cA，2024年11月27日。
② 第一财经研究院：《影像中国｜中国纪录片海外传播报告》，https://mp.weixin.qq.com/s/yJ5QGdYheOlZ448GHp23tQ，2023年6月21日。
③ 《跨越山海！中央广播电视总台纪录片〈从长城到马丘比丘〉首映暨克丘亚语社交媒体专页上线仪式在利马举行》，https://mp.weixin.qq.com/s/ReOigH31ww4wjrDRn6f5uw，2024年11月17日。

40多款微短剧应用试水海外市场，累计下载量5500万次，内购收入达1.7亿美元。2024年第一季度，海外热门微短剧App下载总量超过3766万次，环比2023年第四季度上涨超过92.3%。2024年上半年，出海微短剧平台总流水已突破2.3亿美元，预计全年将达到4亿美元以上。发展至2024年11月，已经有超过100款微短剧App试水海外应用市场，累计下载量超过1.48亿次。①

根据大数跨境《2024短剧出海市场洞察报告》，当前国产出海网络微短剧产业主要呈现以下几个方面的特征。一是出海地区范围广：主要以北美地区为首要目标，同时注重在欧洲、东南亚、澳大利亚等市场的发展。二是剧集总数多：普遍以70~100集的体量为主。三是内容反转多：每集至少出现1~2个反转，并往往会在结尾处留下悬念或重要的剧情线索。四是微短剧内容多以豪门、狼人等女性向题材为主，观看受众中女性占比约为六成。五是剧本多改编自国产网文，但出海微短剧的本地化制作程度高，多由海外本土团队进行拍摄和制作。六是以方便移动设备观看的竖版视频为主。②

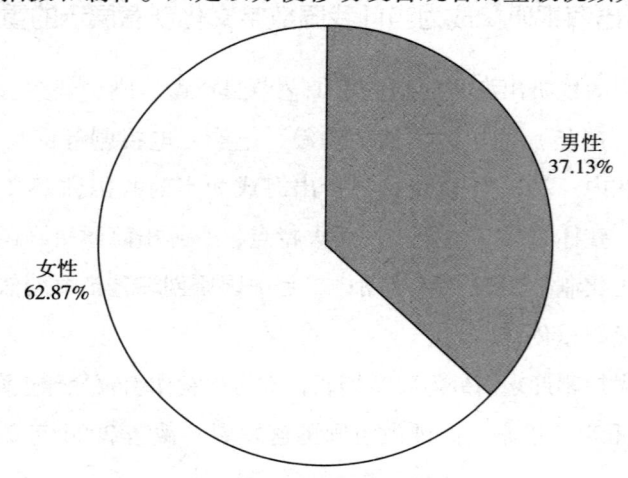

图4　微短剧海外受众性别占比情况

资料来源：大数跨境。

---

① 《中国短剧出海：2024营收爆发背后的密码与2025新征途展望》，https：//mp.weixin.qq.com/s/gYr2GaPWpbXU7O-LYVnE7Q，2024年11月28日。
② 《大数跨境：2024短剧出海市场洞察报告》，https：//mp.weixin.qq.com/s/PEYxV_sGdxYIcGGA3U6snA，2024年8月30日。

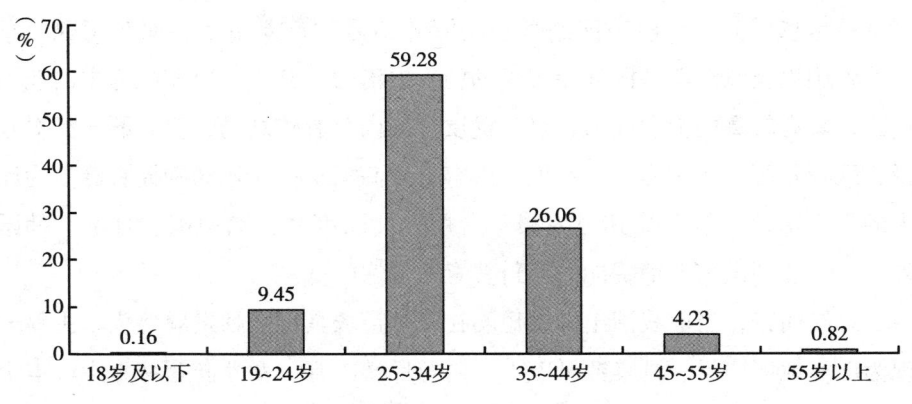

2023~2024年中国数字文化的出海形势与展望

图5 微短剧海外受众年龄占比情况

资料来源：大数跨境。

根据图4和图5所示，微短剧海外受众目前具有以下特征。首先，在性别方面，女性受众占据了62.87%，明显高于男性受众的37.13%。这说明微短剧在女性中更具吸引力或受欢迎程度更高。而在年龄分布方面，微短剧受众主要集中在25~34岁这一年龄段，占比高达59.28%；其次，35~44岁的人群，占26.06%。19~24岁和45~55岁的受众占比较少，分别为9.45%和4.23%。这表明微短剧在年轻成年人中特别流行，随着年龄的增长，受众比例逐渐减少。综合来看，微短剧海外受众以年轻女性为主。

在内容层面，目前微短剧的热门题材涵盖爱情、悬疑、科幻、家庭、喜剧和历史等多个领域，大部分爆款微短剧为高阅读量改编的女频大IP为主（见表4）。每种题材都有其独特的魅力和受众群体。随着观众需求的变化和创作者的不断创新，微短剧题材将会更加丰富多样，满足不同观众的娱乐需求。

表4 出海微短剧海外市场各地区热门题材

海外地区	热门题材
欧美	超自然、复仇
东南亚	爱情、皇室、总裁
南美	黑手党、复仇

资料来源：大数跨境。

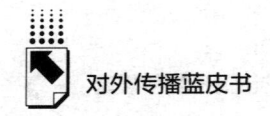

在市场层面，目前美国是微短剧海外拓展的首要市场，而东南亚、日本、韩国以及欧洲等地同样展现强劲的发展潜力。其中，以美国为主的北美用户，具有较高的消费能力，对于优质订阅内容有较高的付费意愿。相对来说，欧洲各国文化多样，对本地化内容有较高需求。而亚洲则拥有着更为庞大的用户基数，但尽管其短视频平台用户活跃度高，除中国、日本、韩国外，其他亚洲国家的消费能力与付费意愿普遍较低。

总结而言，当前我国出海微短剧在海外市场具有强劲发展势头，主要表现为出海地区广泛、剧集数量庞大、内容反转丰富、女性向题材为主、本土化制作、竖版视频为主、题材多样化、市场潜力巨大等发展特征。

2. 中国原创综艺出海蔚然成风，优质节目模式彰显娱乐创意实力

2023年以来，国产综艺节目的出海步伐稳步加快，通过深耕传统文化、创新节目形式和多元传播渠道，在国际舞台上赢得了广泛认可，成为传播中华文化、促进文明互鉴与民心相通的重要力量。[1]

在选秀类综艺方面，近年来，中国相关节目的出海发展显著，实现了娱乐文化领域的国际影响力逆转。以优质原创内容为核心，中国娱乐产业逐步打破日韩潮流主导的格局，赢得海外认可，展现强大的文化传播能力和商业价值，促进了中外文化的深度交流与互鉴。

2024年2月，由腾讯视频海外版WeTV打造、泰国落地制作，集合了中日韩、东南亚、印度等多国参赛者的《创造营亚洲》开播。自官宣开录以来，《创造营亚洲》在国内和海外引发了不少关注。泰国谷歌商店的数据显示，节目开播前一天（2月2日）WeTV的下载总榜排名是第108名，节目播出半个月后，其下载排名为第67名。而节目带来的单体收入规模以及播放效果已高于此前表现最好的剧集，也使其成为WeTV总榜历史排名第一的内容。[2] 而在X（Twitter）和Instagram等海外社交媒体上，截至2024年

---

[1] 徐嘉琪：《出海综艺节目的主要特征和发展态势》，https://mp.weixin.qq.com/s/itG--j9OoX4tU0xoYjpVCw，2024年1月26日。

[2] 娱乐资本论：《选秀出海真相：海外短剧狂砍40亿，爱优腾芒背水一战》，https://mp.weixin.qq.com/s/_FYIfhCAU540NYGEgYpgqA，2024年11月25日。

11月，关于《创造营亚洲》和新团体Gen1es的讨论量依然居高不下。①

此外，2024年10月26日，爱奇艺国际版与韩国SBS联合打造的全球男团选秀节目《星光闪耀的少年》开播，同样取得了较高的国际关注度。Google Trend数据显示，2024年10月27日以来，Starlight Boys话题热度多次冲高，在新加坡、马来西亚、突尼斯、菲律宾、泰国、印尼、越南、澳大利亚等多个国家，以及在中国香港、中国台湾等地区都取得了较大的影响力（见图6、图7）。

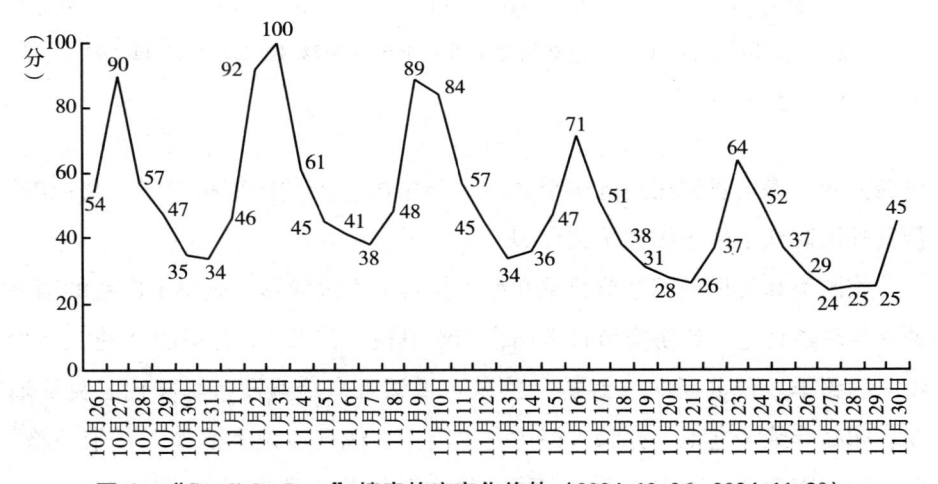

图6 "Starlight Boys"搜索热度变化趋势（2024.10.26~2024.11.30）

资料来源：Google Trend。

在文化类综艺方面，目前，国产相关节目普遍聚焦诗词、戏曲、文物名画、典籍、民乐、传统节日等题材，全面深入展现中华传统文化。例如，河南卫视《元宵奇妙游》《端午奇妙游》《中秋奇妙游》《重阳奇妙游》等"中国节日系列"节目，深挖中国传统节日文化，通过海外客户端和Facebook、YouTube有关账号面向海外观众播出，获得广泛好评。《似是故人来》邀请中国政府友谊奖获得者大卫·弗格森，围绕故宫、民间艺术、

---

① 《〈创造营亚洲〉，中国综艺的一次出海大冒险》，https：//mp.weixin.qq.com/s/1_ZwT8xdUo6zPgGayYiHEw，2024年4月8日。

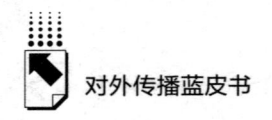

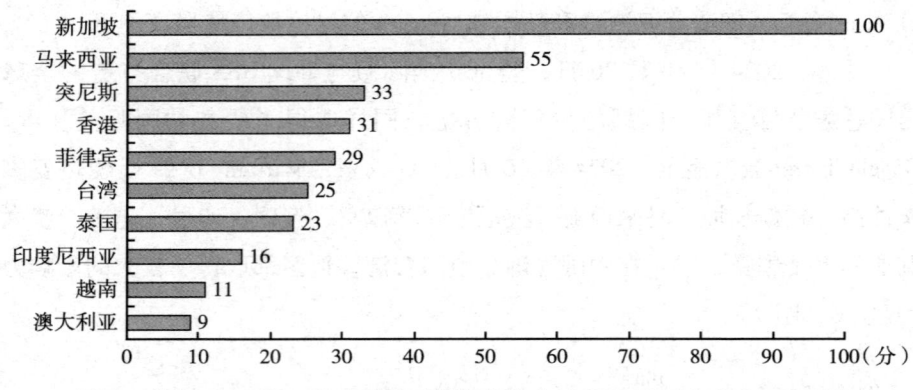

```
新加坡      ████████████████████ 100
马来西亚    ███████████ 55
突尼斯      ██████ 33
香港        ██████ 31
菲律宾      █████ 29
台湾        █████ 25
泰国        ████ 23
印度尼西亚  ███ 16
越南        ██ 11
澳大利亚    ██ 9
            0  10  20  30  40  50  60  70  80  90  100（分）
```

图 7 "Starlight Boys"全球热度指数前十名（2024.10.26~2024.11.30）

资料来源：Google Trend。

史前文明、海上丝绸之路等多个领域，与中国专家共同剖析中华文化内涵，帮助外国观众了解中国传统文化。[1]

旅游类和音乐类综艺节目也在海外舞台上大放异彩，赢得了广泛的国际关注与热烈讨论。旅游类节目方面，湖南卫视、芒果 TV 打造的《花儿与少年·丝路季》以创新的"游学"形式，带领观众踏遍沙特阿拉伯、克罗地亚、冰岛等绝美之地，并深入探访麦麦高铁、佩列沙茨大桥等"一带一路"倡议的璀璨明珠，不仅极大丰富了节目内涵，激发了共建国家的旅游热潮，更促进文化的交流与理解。[2]

音乐类综艺节目方面，2024 年 5 月 10 日首播的《歌手 2024》更是将国际文化交流推向新高潮。该节目在芒果 TV 国际版、新加坡星和视界 Hub 都会台、马来西亚 AstroQJ 等多个国际平台同步直播，并得到了马来西亚、中国澳门等地运营商的全力推广。节目的精彩瞬间在 YouTube、TikTok 等海外社交平台迅速传播，多个视频点击量突破百万，引发了全球观众的热烈反响。同时，节目还受到了中国驻外使馆、国际机构以及海外

---

[1] 徐嘉琪：《出海综艺节目的主要特征和发展态势》，https://mp.weixin.qq.com/s/itG--j9OoX4tU0xoYjpVCw，2024 年 1 月 26 日。

[2] 同上。

媒体的持续关注，其中，联合国教科文组织两次给予高度评价，多国使馆及主流媒体纷纷在官方平台推荐或报道，展现了节目的国际影响力。聚焦"女性力量"的文化交流与音乐竞演综艺《乘风 2024》同样在国际上引起了巨大轰动。美联社、CNN、Financial Times 等海外主流媒体对其进行了超过 1200 次的报道。节目中 36 位来自全球的不同年龄段的"姐姐"，通过戏曲、民族乐、扇舞、古风舞等多种艺术形式，细腻地展现了中华优秀传统文化的魅力，同时与法国、越南、美国、泰国、俄罗斯等多元文化自然融合，书写了中外文化交流的新篇章。① 此外，2024 年 8 月在越南播出的《我们的歌》越南版也取得了巨大成功。该节目在越南国家电视台 VTV3 频道及领先流媒体平台 VieOn 上首播即荣登当周收视率榜首，成为越南当下最炙手可热的电视节目。② 以上例证都说明了当下中国综艺在海外市场的巨大潜力和广阔前景。

（七）数字文化遗产的海外传播呈现蓬勃态势

近年来，我国数字文化出海呈现崭新的形态，其中，"数字敦煌""数字中轴"等案例作为数字文化遗产海外传播的典范，不仅展现了中华优秀传统文化的深厚魅力，更引领了世界古遗址保护的新方向。

1. "数字敦煌"引领世界古遗址的保护与传承

早在 20 世纪 80 年代末，时任敦煌研究院副院长樊锦诗便高瞻远瞩地提出了"数字敦煌"的理念，旨在通过计算机技术和数字图像技术，将珍贵的敦煌文化艺术进行数字化再现与保存。经过与国际机构数十年的共同努力，特别是与美国梅隆基金会、美国敦煌基金会、美国西北大学及加州大学伯克利分校等机构的深度协作，如今，"数字敦煌"资源库已蔚然成形，成

---

① 视听中国：《芒果 TV 以自制内容和自主平台"双轮驱动"国际传播》，https：//mp.weixin.qq.com/s/qAqxMpeHLFbATnHb3yckdg，2024 年 10 月 16 日。
② 刘翠翠：《中国节目模式如何走出去：〈我们的歌〉案例分享会》，https：//mp.weixin.qq.com/s/OnEA-u7WF2mWH2bCyt21jw，2024 年 11 月 3 日。

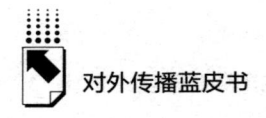

为全球研究者和爱好者探索敦煌文化的宝贵窗口。①

2022年以来，在国家政策的积极引导下，敦煌研究院与腾讯携手共进，成立了"文化遗产数字创意技术联合实验室"，推动了"云游敦煌"小程序、虚拟人伽瑶、数字敦煌·开放素材库、"数字藏经洞"以及"寻境敦煌"等一系列数字化传播和互动体验产品的诞生，更开创了敦煌文化艺术弘扬传播的新范式、新业态。这些举措不仅让敦煌文化在国内焕发出新的生机，更在国际舞台上大放异彩。②

2023年，"一带一路"倡议提出十周年之际，敦煌文化国际传播中心推出了首个超时空博物馆——"数字藏经洞"。这一项目通过数字化手段，实现了6万余件流散海外的敦煌遗书的"回归"，让全球观众能够在线上共赏这些珍贵的文化遗产，实现了文化的全球化共享。同时，世界首个文物多场耦合实验室的投入使用，以及莫高窟数字展示中心的智能化虚拟体验等项目的推进，进一步提升了"数字敦煌"的国际影响力，引领了世界古遗址保护技术的创新潮流。③

截至2024年11月下旬，"数字敦煌"资源库已吸引来自全球78个国家的超过2200万人次访问，成为连接中外文化交流的桥梁。基于这些数字化成果，国内外已成功举办了30余场"数字敦煌"展览，并开发了60余种文化衍生品，不仅拓宽了文化传播的渠道，也促进了文化产业的融合发展。④

---

① 甘肃省文物局：《"数字敦煌"张开文化传播翅膀，走进美国焕新文明交流互鉴》，https：//mp.weixin.qq.com/s/kAkoFyGb_JE4jKj8Omm6ng，2024年9月4日。
② 甘肃外事港澳：《"敦煌文化环球连线"在美举行 数字技术助力文化传播》，https：//mp.weixin.qq.com/s/_AjQBqpHFxv7CJsZ59PhQA，2024年9月3日。
③ 殷永生、李国辉：《根植敦煌文化沃土 提升国际传播能力——敦煌文化国际传播中心的创新实践》，《传媒》2024年第15期。
④ 《"数字敦煌"已吸引全球2200万人次访问》，http：//www.chinanews.com.cn/sh/2024/11-25/10325359.shtml，2024年11月25日。

2."数字中轴"助力中国文旅产业国际化出海

北京市文物局、北京中轴线申遗保护工作办公室与腾讯联袂打造的"数字中轴"项目则是数字文化遗产国际传播的又一个典型案例。2021年起,腾讯SSV数字文化实验室与北京市文物局在数字科技焕活文化遗产方面进行了积极的探索与实践。其中,腾讯全过程参与北京中轴线申遗,借助数字化手段再现中轴线的恢宏盛景,开创了数字化技术助力中轴线保护传承的新模式。[①] 2024年7月27日,联合国教科文组织第46届世界遗产大会通过决议,将"北京中轴线——中国理想都城秩序的杰作"列入《世界遗产名录》,成为中国第59项世界遗产。同日,腾讯宣布推出沉浸式体验产品"数字中轴·小宇宙",为全球用户提供迄今为止规模最大的古都景观沉浸式数字体验,让北京中轴线焕发新生。"数字中轴"项目通过运用腾讯的大数据及数字孪生技术,全景呈现中轴线700多年历史沿革,首创4D时空大数据互动体验,在寓教于乐中完成中轴文化大众普及。截至2024年7月底,"云上中轴"微信小程序访问量已超过450万次,线上累计注册用户达80万人次,累计培训认证"数字打更人"志愿者近17000名,产生有效巡检照片超7万张,实现全民参与、全民保护。[②]

在2024年11月中国乌镇举办的世界互联网大会上,"数字中轴:北京中轴线文化遗产数字化创新实践"项目更是赢得了全球权威专家的一致好评,被收录于《2024 携手构建网络空间命运共同体实践案例集》中。

目前,"华夏漫游之北京中轴线"已入选2024年北京市文化和旅游科技创新应用场景十佳案例及优秀解决方案,并成功入选文化和旅游部国际交流与合作局2024年精品推荐项目。于2025年春节正式开启海外巡展,数字

[①] 《腾讯数字文化团队全过程参与北京中轴线申遗 数字化成创新标签》,https://mp.weixin.qq.com/s/A0N4ZZfExm6WjzZQvWT_3g,2024年8月3日。

[②] 《腾讯推出沉浸互动数字产品 游戏科技让世界遗产"新生"活化》,https://mp.weixin.qq.com/s/Y958_8CJeTfWeTbbzOvoag,2024年7月27日。

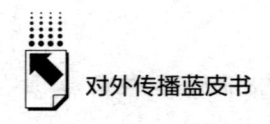

化出海多个国家，向世界全面展示中华文化的博大精深和独特魅力，为中国文旅产业的出海注入新的活力和动力。①

三 当前我国数字文化的海外传播特征与现实问题分析

基于2023~2024年我国数字文化出海主要成就与发展特征的梳理与回顾，进一步从国际社会的外部视角出发，本报告对2023~2024年我国数字文化出海各领域在国际主流社交平台上的舆情内容与相关数据进行了监测和分析，结合相关文献资料，旨在讨论当前我国在推进数字文化出海过程中所面临的现实问题与潜在挑战，并为我国数字文化出海的发展道路提供更为全面的反思与洞察。

（一）数据来源与分析路径

数据来源方面，报告选取X（原Twitter）与YouTube两大国际社交媒体平台。数据检索的时段被设定为2023年1月1日至2024年10月31日。检索词方面，报告根据X与YouTube平台调性的不同分别拟定了有针对性的关键词。X平台方面，报告结合了前文中数字文化出海七个突出领域的划分情况以及海外社交媒体上相关热门关键词（话题标签）的实际情况，拟定了5大类共67个相关检索词。而YouTube平台方面，报告则主要关注了14个相关检索词（见表5）。

表5 本报告拟定的"中国数字文化出海"相关检索词

检索平台	检索词类型	具体检索词
X(原Twitter)	平台品牌类	Chinese Platforms；Chinese Brands；TikTok；SHEIN；Temu；Transsion；Huawei；DJI；OPPO；Xiaomi；Pop Mart；Miniso；MIXUE；BYD

---

① 《走进迪拜，华夏漫游之北京中轴线开启环球之旅》，https://mp.weixin.qq.com/s/U8zpYw5cby4Uz6jJTTBZFQ，2024年11月22日。

续表

检索平台	检索词类型	具体检索词
X（原Twitter）	网文动漫类	Chinese Online literature；Chinese Web Novel；Chinese Digital Novel；NovelSuper Gene（《超级神基因》）；Novel Coiling Dragon（《盘龙》）；Novel the President's Pregnant Ex-Wife［《总裁的怀孕前妻（寻迹旧爱）》］；Novel Against the Gods（《逆天玄神》）
	电子游戏类	Chinese Gaming；Chinese Video Games；Genshin Impact；Black MythWukong，Mihoyo；Game Science；Naraka：Bladepoint；Zenless ZoneZero；Wuthering Waves；Honkai Impact 3
	视听影视类	Chinese Film；Chinese Movie；China Comics；Chinese Cartoon；China TV Series；Chinese Short Drama；Chinese Micro-series；Three Body Problem TV series（《三体》）；The Joy of Life TV series（《庆余年》）；movie The Long Season（《漫长的季节》）；The Wandering Earth Ⅱ（《流浪地球2》）；Creation of the God：Kingdom of Storms（《封神第一部：朝歌风云》）；The Knockout TV series（《狂飙》）；Blossoms Shanghai TV series（《繁花》）
	传统文化与新兴文化	Culture；China；Chinese；Maritime Silk Road；Chinese Culture；Cultural China；China Trends；Chinese Fashion；Chinese Pop；Chinese Influencers；NeonChina；Cyberpunk China；Modern China；China's Urbanculture；Chinese Heritage；Chinese Traditional Culture；Chinese Art；Chinese mythology；Chinese Festival；Journey to the West；Chinese Ancient Novel；ChineseHistory；Silk Road
YouTube		Chinese Culture；Chinese Traditional Culture；Chinese Cultural Heritage；Chinese Influencers；Chinese fashion；China Culture Trends；Chinese Video Games；Chinese Online Literature；Chinese Brands；Chineseanimation；China Comics；Chinese Movies；Chinese Micro Dramas；China TV Series

表6　YouTube平台相关数据检索情况（部分）

单位：次

视频标题	发布时间	观看数	评论数	点赞数
检索词：Chinese Web Novel				
I Swear A 13-Year-Old Wrote This Terrible Anime	2023.12.9	971775	3063	4.3万
The Most Hated Man by the WebNovel Community	2024.8.19	252355	1659	8118
Necromancer of the Shadows Chapter 1-50 ｜ Audiobook｜ Isekai Webnovel	2023.11.24	75661	75	1092
检索词：China TV Series				
Jini aur Prince love Story gone Wrong	2024.6.29	24853623	574	58万

续表

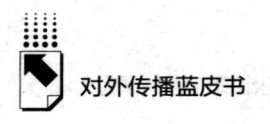

视频标题	发布时间	观看量	评论数	点赞数
检索词：China TV Series				
Falling Into Your Smile #fallingintoyoursmile #cdrama #xukai #chengxiao #lusicheng #kdrama #tongyao	2024.4.23	12885261	888	60万
Avatar：The Last Airbender｜Official Trailer｜Netflix	2024.1.23	11194202	27055	32万
检索词：Chinese Movies				
Why Do Chinese People Eat Fertilized Eggs?	2024.2.13	142696331	2622	178万
This guy's not ready for Chinese food #film #movie	2024.5.10	12789896	2152	76万
House can actually understand Chinese. you can't fool him，son #movie #shorts #viralvideo	2024.7.31	12294364	839	82万
检索词：Chinese micro dramas				
Movie｜Abandoned bride marries a handsome security guard，unaware of his astonishing identity！	2024.7.3	1398130	134	7157
FULL：I picked up a husband and married him，but I didn't expect him to be a billionaire	2024.7.27	1087531	238	8089
【FULL】"Return of the Invincible Master" #God #Counterattack #Urban #Cultivation	2024.9.27	572875	107	3892
检索词：Chinese animation				
China's Most Devastating Earthquake：Worst Days in History｜Kickstarter Voted Topic #short	2024.9.11	2167610	782	25万
ENG SUB｜Martial Universe EP 01-36 Full Version｜Yuewen Animation	2023.11.24	4045670	520	3.5万
Chinese Lessons #animation	2024.5.8	3575679	1941	32万
……				

数据结果方面，报告根据相关性筛选得到如下数据：①在 X 平台上抓取了每个关键词的前 500 条内容（部分关键词检索后未达 500 条），共获得 29963 条有效推文内容；②选取了 YouTube 平台上每个关键词检索出的前 50 条视频内容，主要记录了其视频标题、发布时间、视频简介、观看量、评论数、点赞数及每条视频下的前 100 条热门评论等内容。数据分析方面，报告综合使用了计算文本分析与批判性话语分析的路径。尽管上述检索词并不能够全面、科学地反映当前中国数字文化出海发展情况的全貌，但它们仍可以

作为我们考察相关问题的重要线索，引领我们挖掘和剖析当前我国数字文化出海发展中存在着的现实问题，从而为数字文化出海的进一步发展提供参考与借鉴。

（二）海外舆情特征与传播效果分析

1. 海外舆论内容以中立、正面情感倾向为主

总体而言，当前我国数字文化出海的海外舆情环境呈现积极健康的发展态势。在29963条推文样本中，中立情感态度的推文内容占比最高，达到55%，共计16417条。这表明海外用户对我国数字文化出海的内容多持客观、中立的态度，未明确表达积极或消极的情感倾向。正面情感倾向推文内容的数量次之，共计9975条，占总体的33%。显示我国数字文化内容（产品）在海外市场受到了相当程度的承认和肯定。值得注意的是，当前我国数字文化出海相关主题的推文内容虽然相对较少，但仍有约12%的负面情感倾向推文内容（3571条）。

在此基础上，报告深入分析了相关推文中的词语情感倾向。如图8所示，在涉及中国数字文化出海的海外正面舆论中，高频出现的词语有"like""novel""good""festival""great""play""win""love""celebrate""free"等。这些词语直接体现了国际社会对我国数字文化内容的广泛欢迎与高度认可。

同时，"share""friend""join""create""innovation"等词语在正面舆情内容中也频繁出现，说明了海外受众对我国数字文化内容产生了强烈的情感共鸣，并对当前我国数字文化内容创新程度与创意水平予以了肯定和认同。

与之相对应，如图9所示，在涉及中国数字文化出海的海外负面舆论中，"problem""shit""bad""hate""war""fight""kill""destroy"等词显示了部分海外声音对我国数字文化产品持有着的对抗态度和存在着的冲突情绪。此外，"miss""steal""wrong""scandal"等词语的频繁出现，则反映了部分声音对我国数字文化内容原创性等方面的质疑。

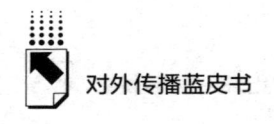

图8 相关推文内容中的正面情感词词云

图9 相关推文内容中的负面情感词词云

2. 影视与网文在推文中的讨论热度最高

总体而言，当前"中国数字文化出海"在海外社交媒体上的传播内容涵盖文化、艺术、节日、神话、电影、电视剧、小说及网络文学等多元领域。其中，中国电视剧、小说及网络文学备受海外受众欢迎。同时，传统文化符号如神话、节日等也展现强大的国际吸引力，彰显了中国文化的深厚底蕴和独特魅力（见图10）。

2023~2024年中国数字文化的出海形势与展望

图10　与"中国数字文化出海"相关的推文主题词词云

具体来说，首先，在影视领域，"TV Series"（电视剧）在数据检索时段内的频次独占鳌头（816次），这一数据无疑是海外观众对中国电视剧浓厚兴趣与狂热追捧的最直接反映。其次，网文作为中国数字文化出海的又一重要力量，其影响力不容小觑。主题词"Chinese Novel"（中国小说）与"Web Novel"（网络小说）分别以445次和407次的频次稳居第五和第六位，彰显中国文学与网络文学在海外读者心中的广泛渗透力与深远影响力。同时，"A Novel"与"The Novel"这两个同样指代小说的词也分别跻身第十二和第十四位，进一步印证了海外读者对中国文学作品的热爱与追捧。

此外，"Chinese Culture"（中国文化）以高达784次的频次位居第二，"Chinese Mythology"（中国神话）、"Chinese Festival"（中国节日）、"Chinese Art"（中国艺术）以及"Cultural Heritage"（文化遗产）等主题词也频繁出现，证明了海外观众不仅对中国的数字文化产品情有独钟，更对其背后所蕴含的深厚文化内涵产生了浓厚的兴趣与探索欲望。中国的历史、哲学、传统艺术等文化符号，正在国际舞台上绽放出越来越耀眼的光芒。

最后，动漫、微短剧、游戏作为中国数字文化的新兴代表，也开始在海外舆论场上展现独特的魅力。"Chinese Cartoon"（中国动漫）以226次的频次位列第十五位，而"Short Drama"（微短剧）则紧随其后，以225次的频次占据第十六位。尽管它们的排名相对靠后，但这并不妨碍我们看到中国动漫与微短剧在海外市场的巨大潜力和广阔前景。"The Game""Video Game"以及"Black Myth"等主题词则分别位列第十、第十八和第二十位。这反映出以《黑神话：悟空》为代表的中国电子游戏在国际社会上的关注度正持续攀升（见表7）。

表7 相关推文内容中出现频次最高的主题词（Top 20）

排名	主题词	出现频次	排名	主题词	出现频次
1	Tv Series	816	11	Traditional Culture	297
2	Chinese Culture	784	12	A Novel	275
3	The Series	480	13	Chinese Brand	244
4	The World	452	14	The Novel	238
5	Chinese Novel	445	15	Chinese Cartoon	226
6	Web Novel	407	16	Short Drama	225
7	Chinese Mythology	405	17	Cultural Heritage	223
8	Chinese Festival	390	18	Video Game	217
9	Chinese Art	345	19	Traditional Art	216
10	The Game	337	20	Black Myth	209

资料来源：X（Twitter）。

3. 电子游戏类视频内容的海外传播效果尤为突出

YouTube平台的热门视频传播效果统计情况显示，该平台各领域热门视频的传播效果具有显著的差异。其中，"Chinese Video Games"（中国电子游戏）领域表现尤为突出，其热门视频的总浏览量高达12.6亿次，远超其他领域，同时总点赞数也达到了2538.9万，显示出当前我国电子游戏内容在YouTube上极高的人气和受欢迎程度。相比之下，"China TV Series"（中国电视剧）虽然在总浏览量上不及电子游戏，但其总评论数高达42349条，成为所有领域中评论互动最多的内容，表明电视剧内容引发了观众更多的讨论和反馈（见表8）。

表 8　基于 YouTube 的各领域热门（Top10）视频内容的传播效果统计

单位：次

检索词	热门视频总浏览量	热门视频总评论数	热门视频总点赞数
Chinese Video Games	1261396159	22068	2538.9 万
Chinese Movies	334300364	14178	494 万
China TV Series	143102598	42349	268 万
Chinese animation	61122079	12177	93.8 万
Chinese micro dramas	3141452	730	2.0 万
Chinese culture heritage	1549838	9598	5.5 万
Chinese web novel	1457367	5508	5.8 万

此外，"Chinese Movies"（中国电影）、"Chinese animation"（中国动画）等领域也表现出一定的传播效果，但整体而言，其热门视频的总浏览量、总评论数和总点赞数均低于电子游戏。而"Chinese web novel"（中国网络小说）虽然在总浏览量上有一定表现，但总评论数和总点赞数相对较低，反映出其受众基础虽存在，但互动性有待提升。整体而言，各领域热门视频的传播效果各具特点，其中，电子游戏内容在传播效果上最为出色，而网络小说的互动性则明显有待加强。

（三）当前我国数字文化出海面临的现实问题

在当前全球数字文化贸易的复杂格局中，我国数字文化出海面临着多重挑战。地缘政治风险带来的不确定性因素，如国际禁令与合规要求，持续威胁着我国数字文化产品在全球市场的拓展。同时，国际数字文化贸易规则的缺失与不完善，导致我国在出海过程中频繁遭遇贸易壁垒与合规风险。此外，AIGC 技术浪潮的兴起虽然为数字文化产品带来了创新机遇，但也带来了内容同质化、原创性争议及文化背景差异等新的挑战。更为关键的是，我国数字文化出海企业的国际综合竞争力尚需进一步提升，以在全球市场中占据更有利的地位。面对这些现实问题，我国数字文化出海产业需积极应对，寻求突破之道。

1. 地缘政治风险带来诸多不确定性因素

早在 2020 年 6 月，印度政府就以保护国家安全为由，对包括 TikTok、

Vigo Video、Kwai、SHEIN、PUBG、优酷、芒果 TV、微博等在内的 200 余款中国移动应用实施了禁令，涉及短视频、长视频、手游、社交聊天、跨境电商等多个领域。2022 年 12 月，美国联邦政府禁止政府雇员在政府设备上使用 TikTok，并对 TikTok 提出了出售要求。2024 年 4 月，时任美国总统拜登正式签署了一项由国会两院审议通过的法案，该法案明确要求字节跳动在 270 天内将 TikTok 出售给非中国企业，否则该应用程序将于 2025 年 1 月 19 日之后面临在美国市场的全面禁用。此举标志着美国对 TikTok 的监管力度进一步升级，凸显了国际科技竞争背景下数字主权与数据安全议题的敏感性。值得关注的是，新任总统特朗普分别于 2025 年 1 月 20 日和 4 月 4 日发布行政指令，将 TikTok 禁令的执行期限两度延后 75 日。这一政策调整虽在短期内缓解了 TikTok 的"合规性"压力，却未从根本上改变 TikTok 与类似跨国数字平台所面临的监管困境。这种平台政策的反复调整，不仅反映了美国国内政治生态的复杂性，更反映了全球化背景下跨国数字平台与主权国家之间的深层矛盾。未来，数字文化领域的跨国企业仍将面对诸多类似的数字文化内容在国际间的规制冲突。

2. 国际数字文化贸易规则尚待完善

作为国际数字贸易不可或缺的一环，中国数字文化的海外拓展深受国际数字贸易发展态势与规则体系的影响。近年来，美国、欧盟等国家和地区纷纷推出了一系列高标准的数字贸易协定，如《全面与进步跨太平洋伙伴关系协定》（CPTPP）、《美国—墨西哥—加拿大协定》（USMCA）、《美国—日本数字贸易协定》（UJDTA）、《欧盟-日本经济伙伴关系协定》（EPA）、《欧盟—英国贸易与合作协定》（TCA）等。然而，以美国为主导的数字贸易协定往往带有强烈的地缘政治色彩，而以欧盟为主导的协定则对跨境数据流动和个人隐私保护设定了极为严格的标准。目前，国际上缺乏真正开放、包容且适用于绝大多数国家的数字贸易规则，尤其是在数字文化贸易领域的专业性方案仍然有待完善。2020 年，新加坡、智利、新西兰三国签订了全球首个数字经济区域专项协定——《数字经济伙伴关系协定》（DEPA），冲破了传统数字经济大国的规则垄断，为小型经济体提供了较为公平的合作平台。但其影响范围仍局限于少数国家，尚未形成广泛的国际共识和影响力。① 由于缺乏普遍认可的数字贸易规则，近年来，我国数字文化在出海过程中频繁遭遇贸易壁垒、合规监管风险以及跨文化传播冲突等问题。在此背景下，需要我国各利益攸关方积极参与和推动建立国际数字（文化）贸易规则，打造数字（文化）贸易创新的开放体系。②

3. AIGC技术浪潮持续冲击和颠覆着数字文化产品（内容）的生产流程

在当前全球数字文化贸易蓬勃发展的时代背景下，AIGC（人工智能生成内容）技术浪潮正以前所未有的力量持续冲击并颠覆着数字文化产品（内容）的生产流程，这一趋势无疑成为影响我国数字文化产品出海发展的关键变量。

一方面，AIGC技术的革新为数字文化产品的生产带来了前所未有的高效与多元化。从基础的文本到复杂的图像、视频、音频乃至3D模型的构建，AIGC技术凭借其强大的生成能力，几乎覆盖了数字文化产品生产的所有环节。例如，百度文心一格的创意画作、腾讯智影的智能视频剪辑、网易天音的音乐生成等创新应用，不仅极大地丰富了数字文化产品的形态，更深化了其内涵，为用户带来了前所未有的体验。③ 若我国数字文化出海不紧跟AIGC的发展步伐，恐将在国际市场的激烈竞争中失去先机，被那些能够灵活运用AIGC技术、快速迭代和创新的竞争对手所超越。

另一方面，AIGC技术在带来机遇的同时，也带来了诸多挑战。尽管目前AIGC主要应用在网文辅助写作与辅助翻译领域，但内容同质化和原创性问题已经初露端倪。随着AIGC技术的广泛应用，大量使用相同技术生产的作品在风格和主题上趋于一致，导致国际市场上涌现大量雷同的数字文化产品。此外，海外市场对知识产权保护的严格性，要求AIGC生成的数字文化产

---

① 刘斌、屈一军：《国际数字贸易规则：演进趋势与对接逻辑》，《天津社会科学》2024年第3期。
② 赖怡静、曾依萍：《数字文化出海：突破西方数字文化霸权的新路径》，《北京城市学院学报》2024年第5期。
③ 解学芳、祝新乐：《"智能+"时代AIGC赋能的数字文化生产模式创新研究》，《福建论坛（人文社会科学版）》2023年第8期。

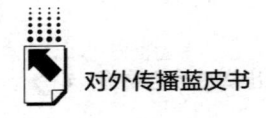

品必须充分证明其原创性，否则将面临法律风险和信誉危机。同时，AIGC 技术的文化背景差异问题也不容忽视。当前，诸如 ChatGPT、Midjourney 等 AI 应用大多以西方文化背景为基础进行开发和优化，而我国的 AI 应用如可灵、文心一言、豆包、DeepSeek 等则更多地融入了中国文化背景。这种文化背景的差异，在 AI 应用于数字文化产品生产时，可能导致对其他文化背景下的用户需求和市场特点的理解不足，进而使我国数字文化产品在出海过程中难以有效融入当地市场，影响产品的国际影响力和竞争力。

4. 我国数字文化出海企业的国际综合竞争力尚需进一步提升

首先，虽然当前我国数字文化出海产业在网文、游戏、影视、视听及平台等领域均取得了一定成就，但相关数据显示，其在全球市场的份额与影响力仍有较大的提升空间。以腾讯控股 2024 年第二季度财报为例，该季度腾讯总营收达 1611 亿元，但其中本土游戏收入约为 346 亿元，而国际市场游戏收入仅 139 亿元，表明境外收入占比相对较低。与全球互联网市场的领军企业相较，我国数字文化产业在国际市场的渗透力与话语权仍需进一步增强。其次，当前国际数字文化产业的市场竞争环境日益激烈。美国、日本、韩国等传统的文化娱乐业强国仍然在影视、动漫、游戏等产业上占据着优势地位。再次，由于世界各地文化背景、消费习惯及市场秩序的差异，中国企业在海外市场的本地化运营过程中面临着诸多挑战。文化隔阂、市场合规性问题等制约了中国数字文化出海企业在海外用户体验提升和市场拓展方面的深入发展。最后，在国际合作层面，虽然我国数字文化出海企业已积极寻求与海外企业的合作，但在合作深度与广度上仍有待拓展。如何通过更有效的国际合作，提升我国数字文化产品的国际影响力，打破文化壁垒，实现共赢发展，是当前亟待解决的问题。

四 中国数字文化出海发展的未来进路

中国数字文化出海的深入发展，亟须政府、企业与创作者等有关各方凝聚共识，形成合力。在政府层面，必须持续加强数字文化对外贸易的治理体系建设，不仅积极参与，更要引领国际文化贸易新秩序的构建，为数字文化出海奠定坚不可摧的战略基础。企业层面则需着力打造协同高效、运转有序的数字文化出海产业生态，同时深化海外本土化战略，确保产品与服务能够精准对接国际市场需求，赢得海外消费者的青睐。创作者作为文化内容的源头活水，更应紧跟技术革新的步伐，巧妙地将前沿科技与中国深厚的文化底蕴相融合，创作出既具有国际视野又不失文化底蕴的数字文化精品，让中国文化以更加鲜活、多元的面貌走向世界。在此基础上，还应全面推动国际文化贸易秩序的重构，倡导更加公平、开放、包容的贸易规则，为中国数字文化出海创造更加有利的国际环境。通过加强国际合作与交流，共同推动全球文化产业的繁荣发展，让中国文化在国际舞台上绽放更加璀璨的光芒。

（一）国家应构建更加完善的数字文化对外贸易治理体系

我国已经出台了《商务部等27部门关于推进对外文化贸易高质量发展的意见》等文件，为数字文化对外贸易的蓬勃发展奠定了政策基础与扶持框架。然而，在网络游戏、数字电影、电子竞技、网络视听、数字艺术、云展览、数字收藏、数字IP开发等数字文化新兴业态如日中天的发展态势下，这些新业态不仅为数字文化出海注入了前所未有的活力，也对政策环境的灵活性、创新性、前瞻性以及响应速度提出了更为严苛的要求。

在此背景下，构建全面而高效的数字文化对外贸易治理体系显得尤为关键。这要求我们不仅要加快优化现有工作制度规范，确保其能够灵活适应新业态的快速发展与变化，还要实现审批流程的高效畅通，减少不必要的行政壁垒，为数字文化产品走向世界市场铺设绿色通道。同时，我们必须强化与国际标准的深度对接与融合，积极参与国际规则的制定与修订，提升我国在国际数字文化领域的话语权与影响力，为数字文化产品国际化创造更加有利的外部环境。相关举措不仅将成为推动我国数字文化产品国际化进程的核心驱动力，更将在未来一段时间内显著提升我国数字文化产品在全球市场的竞争力与影响力，助力中国数字文化以更加自信、开放、包容的姿态闪耀于国际舞台。

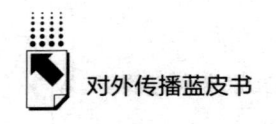

（二）国家应注重布局建设紧密协同、高效运转的数字文化出海产业生态链

当前我国数字化文化资源呈"点状零星分布"，且文化数字资源之间缺少整合与协作的渠道，一定程度上限制了文化资源的共享和合作[①]，从而有可能会影响我国数字文化出海的进一步发展。因此，数字文化出海企业应整合上下游资源，在内容创作、技术开发、市场推广、版权保护等产业链各环节紧密合作，形成协同效应，提升整体效率和竞争力。同时，也应加大对数字文化领域的技术研发投入，鼓励企业创新内容形式、技术手段和传播策略，以满足海外市场的多元化需求，打造具有差异化竞争优势的数字文化产品。此外，还应重视建立数字文化出海企业间的合作与交流平台，促进信息共享、经验交流和项目合作，降低企业出海成本，提升出海效率。

（三）数字文化出海产业主体应通过各种方式深化实施海外本土化战略

目前，多数出海的数字文化传播运营主体已普遍采取直接调研或委托第三方咨询及行业调查机构的方式，开展全面且深入的市场研究，细致剖析目标市场的文化环境、消费习惯、法律法规等多维度信息，为科学制定本土化策略奠定了坚实的数据基础。在此坚实基石之上，企业进一步依据目标市场的独特文化特征与市场需求，精心定制推广策略与内容形式，力求实现产品与市场的精准对接，从而增强产品的针对性与吸引力。同时，绝大多数的传播运营主体也能够深刻认识到与当地文化、社会习惯的深度融合对于提升产品本土化特色与市场竞争力的重要性。因此，往往会在产品设计、营销传播等各个环节，均积极融入当地文化元素，尊重并适应目标市场的社会习惯。然而，资金规模实力仍是当前绝大多数出海传播主体在深化本土化战略时面临的最大挑战。目前仅有少数具备雄厚资本与规模优势的头部企业能够直接在海外设立分支机构或合作机构，并投入充足资源招募及培养兼具国际视野

---

① 邹统钎：《中国文化数字化发展现状、问题与对策》，《人民论坛·学术前沿》2022年第23期。

与本土经验的复合型人才。为有效突破这一瓶颈，企业应积极探索更为灵活、高效的本土化路径。例如，与当地企业构建战略联盟，通过资源共享与优势互补，实现资源的快速整合与高效利用；或者采取合作运营模式，借助合作伙伴的本土资源与经验，快速融入目标市场，降低运营风险与成本。

（四）数字文化出海内容生产者应充分发挥AIGC技术的新质生产力，并深耕中华优秀传统文化资源

中国数字文化出海的产品内容，若欲在国际市场上独树一帜，必须在两个方面均有所建树：一是媒介技术的表现形式需紧跟并引领潮流，确保数字化内容的前沿与创新；二是数字化内容（产品）文化内涵应当丰富深邃，蕴含着引人入胜的中华文化精髓与独特魅力。这两方面的因素相辅相成，互为依存，共同构成优秀数字文化产品的成功标准。

一方面，中国数字文化出海的未来蓬勃发展，深深植根于AI技术所催生的新质生产力之中。AI技术如一股强劲的驱动力，为数字文化产品的创新注入了澎湃活力。从文本生成图片、音乐、视频，到智能建模，AI技术正以前所未有的方式重塑数字文化内容的创作流程，极大地丰富了内容的呈现形式。同时，依托智能算法与大数据分析的强大能力，出海内容将有机会精准捕捉国际受众的内容偏好，精心打造贴合国际市场需求的数字化内容，最终满足海外用户日益多元化的文化消费需求。

另一方面，中国数字文化出海的广泛影响力，其根基在于对中国丰富文化元素的深刻挖掘与创意转化。当前，尽管我国数字文化出海产品已初具规模，但在对中华优秀传统文化及现当代文化资源的挖掘与融合上，仍有待进一步深化。对于创作者而言，需更加系统地探索中国文化中的独特符号、动人故事与深厚底蕴，借助现代化的数字技术手段，以富有创意和艺术感染力的方式将其呈现给全球观众，使海外用户能够真切地感受到中国文化的博大精深与独特韵味。同时还应着重于文化内涵的国际化传达，力求使数字文化产品既保持鲜明的中国特色，又能跨越文化鸿沟，与海外用户建立起情感上的深度联结，从而在国际市场上赢得更为广泛的认可、尊重与喜爱。

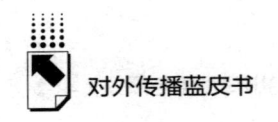

（五）数字文化出海的各利益攸关方应更加积极投身国际文化贸易新秩序构建

当前国际数字文化贸易领域，欧美日韩等凭借其在技术、资本和市场上的先发优势，稳固占据产业链的高端环节，导致国际文化贸易秩序，尤其是数字文化贸易部分，显现明显的不平衡态势。在发达国家阵营中，美国推行的"效率优先"模式虽倡导数据自由流动，实践中却不乏如制裁TikTok等地域保护主义举措，通过跨境服务贸易负面清单等方式限制外来竞争；与此同时，欧盟秉持的"公平治理"模式则高度重视隐私保护、知识产权及消费者权益，对企业施加了严格责任标准，一定程度上为数字文化产品出海发展设置了隐形的壁垒。① 而发展中国家方面，地域保护主义与文化民族主义的趋势日益显著，成为制约数字文化贸易自由化的又一重要因素。部分国家通过设立数字文化贸易壁垒，不仅限制了全球文化资源的有效流动，也阻碍了文化的多元交流与融合，进一步加剧了国际文化贸易的不平衡态势。因此，推动国际文化贸易秩序的重构，特别是解决针对数字文化贸易领域的不平衡与壁垒问题，已成为全球共同面临的紧迫任务。中国作为数字文化贸易的重要参与者和推动者，应积极倡导建立更加公平、开放、包容的国际文化贸易体系。

2024年10月28~30日，中国加入《数字经济伙伴关系协定》（DEPA）工作组第七次首席谈判代表会议在上海举行。中方同DEPA成员国智利、新西兰、新加坡、韩国共同梳理了谈判进展情况，并就相关议题和推进数字经济领域合作深入交换意见。这不仅展示了中国在数字经济国际合作中的坚定步伐，更为中国数字文化产品走向世界打开了新的窗口，提供了更广阔的舞台。

未来，中国应继续深化与DEPA成员国及其他国际伙伴的合作，共同推

---

① 花建、田野：《国际文化贸易秩序：治理难题与中国方案》，《深圳大学学报》（人文社会科学版）2024年第5期。

动数字文化贸易规则的制定与完善，并应全面推动国际文化贸易秩序的重构，倡导建立更加公平、开放、包容的数字文化贸易规则，为中国数字文化出海创造更加有利的国际环境。通过加强国际合作与交流，共同推动全球文化产业的繁荣发展，让中国数字文化在国际舞台上绽放出更加璀璨的光芒。

参考文献

邵明华：《我国数字文化出海的历史机遇与发展方向》，《人民论坛》2024年第13期。

网文篇

B.2 中国网络文学对外传播的现状及建议*

凡婷婷　韦榕蓉　许小可　吴晔**

摘　要： 中国网络文学对外传播呈现规模化和海外影响力持续增长、市场分布广、产业生态不断完善、发展模式迅速更新的总体趋势，网文出海呈现平台化、多元化、年轻化和融合化等特征。就现有出海网文的情况来看，中国网络文学有其独特的优势，如其文化内核具感召力、叙事风格通俗且差异化、社区文化满足社交需求、技术应用赋能出海。然而，还面临着翻译技术不完善、流量风险导致同质化和刻板印象、全球软文化行业竞争激烈，以及版权损失和侵权监管难等困境。对此，建议通过本地化布局减少"文化折扣"，实现生产服务多样化以增强用户黏性，进行层次化产业布局拓展多元发展路径，以及建立体系化运营管理加强版权保护和打击盗版行为。

---

* 本文系广东省哲学社会科学2024年度学科共建项目"数智时代粤港澳大湾区国际传播叙事策略提升研究"（项目号：GD24XXW01）研究成果。
** 凡婷婷，北京师范大学计算传播学研究中心讲师，主要研究方向为新媒体文化、城市传播；韦榕蓉，北京师范大学新闻传播学院，主要研究方向为国际传播、媒介文化；许小可，北京师范大学新闻传播学院教授、博士生导师，主要研究方向为计算传播学、国际传播；吴晔，北京师范大学新闻传播学院教授、博士生导师，主要研究方向为计算传播学、国际传播。

关键词： 网络文学　对外传播　中华文化　AIGC

一　引言

网络文学是通过互联网进行创作和传播的新文学形态，具有内容丰富、形式多样、题材多元、传播广泛、衍生孵化能力强等特征。1998年网络文学作家"痞子蔡"的作品《第一次的亲密接触》开我国网络文学创作之先河，至今我国网络文学的发展已历经27年，数量庞大的网络文学作家创作出了众多优秀的文学作品。

习近平总书记在中共中央政治局第三十次集体学习时强调，"要更好推动中华文化走出去，以文载道、以文传声、以文化人，向世界阐释推介更多具有中国特色、体现中国精神、蕴藏中国智慧的优秀文化"。[①] 目前，中国网络文学对外传播已成为促进中国文化对外传播、增进民族情感交流、加强文明互鉴的重要方式，拓展出了从"版权出海"到"文本出海"再到"生态出海"的发展路径，被《欧洲时报》等媒体称为与美国好莱坞电影、日本动漫、韩国电视剧一样能代表本国特色、具有国际竞争力的全球流行文艺。

总的来看，中国网络文学作品的翻译语种达20多种，涉及东南亚、北美、欧洲和非洲等40多个国家和地区。仅2023年度，中国网络文学出海市场规模就超40亿元，海外原创作品约62万部，海外访问用户约2.3亿人次，在作品内容、行业规模、运作模式、技术支持等方面显现出日益强劲的对外传播影响力，成为讲好中国故事、传播中国文化的重要载体。

[①] 央视网：《习近平主持中共中央政治局第三十次集体学习时强调 加强和改进国际传播工作 展示真实立体全面的中国》，https://news.cctv.com/2021/06/01/ARTIgVHXeyuBJzC7m7GjqLtl210601.shtml，2021年6月1日。

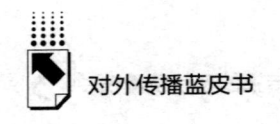

二 中国网络文学对外传播的现状与趋势

随着国家文化强国战略的实施，推动中国文化"走出去"已成为民族共识。2020年印发的《新闻出版署关于进一步加强网络文学出版管理的通知》，为进一步规范我国网络文学行业发展，加快我国网络文学"走出去"提供了标准和政策支撑。凭借丰富多元的题材、独具特色的中华文化内核，网络文学在我国流行文化出海领域呈现蓬勃发展的趋势，出海规模和海外影响力都在持续增长。

（一）总体规模：持续增长的强劲势头

中国音像与数字出版协会支持的《2023中国网络文学出海趋势报告》显示，中国网络文学行业2022年总营收达317.8亿元，同比增长18.94%；海外营收规模达40.63亿元，同比增长39.87%。截至2023年底，我国网络文学作品3458万余部，收益超40亿元，海外用户超2.3亿人次，其中美国读者人数最多，法国读者增长最快。目前，海外中国网络文学作品已形成15个大类、100多个小类，涵盖都市、西方奇幻、东方玄幻、游戏竞技、古今言情等众多题材类型，2023年海外阅读量最高的5部作品分别为《超级神基因》《诡秘之主》《宿命之环》《全民领主：我的爆率百分百》《许你万丈光芒好》。仅2023年，Webnovel上阅读量超千万的作品就有238部，其中《许你万丈光芒好》《天道图书馆》等9部不同题材类型的翻译作品的阅读量破亿。

（二）市场分布：依据区域文化精准传播

从现有的市场统计来看，受文化背景、受众群体以及传播方式的影响，不同国家和地区的用户对网文内容的偏好不同。如欧洲受众偏好武侠和仙侠等类型作品，北美受众偏好男频、仙侠、玄幻、古言等类型作品，韩国受众对宫斗、灵异、推理、罪案等类型作品的兴趣较高，而越南读者更关注校园、职场、婚恋等类型作品。

在传播方式方面，欧美国家读者基本以线上阅读为主，IP 改编主要通过 Netfilx 等网络渠道分发。相应地，非洲、共建"一带一路"国家读者则以移动端阅读为主。值得注意的是，东南亚和日韩等国家和地区的实体书和在线阅读市场均有大量受众，实体书市场占比较大，IP 改编作品也有较大市场，且东南亚地区读者的互动性更强，进行评论、分析、点赞等互动的比例更高。

（三）产业生态：发展链条不断完善

从最初实体书版权的输出，到现在的线上翻译连载、平台自主传播，海外的中国网络文学产业链不断延长，在创作、营收、服务等多个维度实现全方位跨越。

在内容创作方面，一些企业仿照国内的职业网络文学作家培养体系，建立了海外培养模式，如 Webnovel 实行的"翻译孵化计划"直接将本土作家培养模式移植海外，已培养海外原创作家44.9 万名，基本实现网络文学在海外市场的本地化生产和传播，已上线海外原创作品达 68 万部[1]；在营收上，现今国内成熟的付费阅读商业模式逐渐为海外用户所接受，读者整体消费意愿不断上升。Webnovel 根据国内付费习惯，在海外市场开创订阅付费模式，并区分不同的用户使用习惯设置"免费阅读—看广告解锁章节—付费解锁章节—付费阅读"等不同消费模块，获得了海外读者的认可；在服务方面，随着海外市场日趋成熟，网络文学企业还通过资本运营、设立海外机构等方式深化本土化运营方案，如纵横文学在美国成立的子公司 Tapread，目前市场已覆盖北美及东南亚市场的 180 多个国家和地区，能够较好地为英语国家提供网文阅读服务[2]。

---

[1] 科 Way：《"全世界都在写'中国网文'：阅文集团的出海之路"》，https：//mp.weixin.qq.com/s/RtYRi4vqrbEBI1ZAlaPPCQ，2024 年 12 月 23 日。

[2] 肖惊鸿：《网络文学海外传播：与时代、世界和文化趋势合拍》，《光明日报》，2020 年 4 月 1 日，第 16 版。

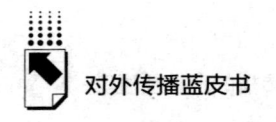

（四）"网文+"：发展模式更新迅速

在发展迅速的网络文学出海行业中，"网文+AI"的生产模式受到关注。人工智能在网络文学的故事构思、内容撰写、插画制作、翻译等方面表现不俗，仅AI助力网文翻译这方面，就能将速度提高3600倍，将成本降至原来的1%；而AI生成的内容插图，不仅图片精美、相关性高，还能有效提升作品的表现力和感染力，多家网文企业都在积极布局AIGC产业生态。

随着中国网络文学"走出去"的步伐愈发稳健，"网文+"的营销模式也在不断更新，如"网文+短剧"成为一种新的发展形态。英国《经济学人》的《ReelShort是征服美国的最新中国出口产品》一文指出，"改编自中国文学的短剧应用程序在美国大受欢迎，这种趋势表明中国文化产品能够很好地翻译给西方观众"。实际上，中文在线旗下这款名为ReelShort的应用软件，曾多次登顶Google Play应用商店和App Store应用商店榜单。此外，2024年3月中旬，九州文化旗下的应用ShortTV也登上App Store下载榜单首位。可以说，网文与短剧成为互相促进、共同发展的对外传播组合。

三　中国网络文学对外传播的特征

（一）平台化：网文企业集体发力助推出海

随着总体规模的扩大，越来越多的国内企业加入网文出海的产业行列中，积极布局海外市场，拓宽海外平台渠道。我国网文出海平台数量自2020年起呈倍数增长，还涌现了许多针对垂直市场的中小型平台。如字节跳动2021年建立的Fizzo Novel，星阅科技面向印尼市场的Innovel、面向西班牙市场的Suenovel，以及Ringdom、Slash等多个面向英语市场的应用。此外，武侠世界（Wuxiaworld）、沃尔拉故事（Volare Novels）、掌阅书城（iReader）等都已是较为成熟的网文出海平台。

网文出海平台的数量在不断增长的同时，也在以垂直化、分众化的方式占据不同细分市场，如 Webnovel 主推男频玄幻、科幻类作品，而中文在线海外产品 Chapters 则凭借互动式视觉小说形式，受到海外市场中的女性群体的欢迎。类似平台的差异化方案和定位，使中国网文在海外市场逐渐占据市场的主导位置。

（二）多元化：丰富题材讲好中国故事

基于深厚的文化积淀，近年来出海网文在内容上表现出题材广泛、内容多元的特点，例如，表现中华优秀传统文化尊师重道的《天道图书馆》、来源于东方神话传说故事的《巫神纪》，以及体现中华多样性美食的《美食供应商》、展现现代中国都市风貌和医学发展的《大医凌然》等众多作品都受到海外读者的追捧。多样化的题材类型既从不同角度展现中国网络文学的文化魅力，又以其深厚的传统文化底蕴打破了地域间、民族间的文化壁垒，吸引了大批海外读者。

总的来看，一方面，中国网文作品中包含了丰富的中华优秀传统文化元素，如中医疗法、中国服饰、中国功夫、中国戏曲等，符合西方读者对东方神秘文化的好奇心和探索欲；另一方面，中国网文还以中华优秀传统文化为价值内核，蕴含着人类普遍追求的价值观念，在共通的人类情感中寻求共鸣点，更易于讲述为外国读者所理解的中国故事。

（三）年轻化：青年话语提升对外传播感染力

现有研究已经发现，在国际传播尤其是在流行文化的国际传播中，Z 世代①是重要力量。国内网络文学创作者普遍较为年轻，相应地，无论是作为用户还是创作者，Z 世代也都是网络文学对外传播的中坚力量。阅文集团与《环球时报》旗下的环球舆情调查中心联合发布的《2022 中国网文出海趣味报告》已经显示，Z 世代作者在当年占比就已经超过三分之二，其中"95 后"作家占比 29.5%，"00 后"作家占比 37.5%。到了 2023 年，仅 Webnovel 签约

---

① 通常指 1995~2009 年出生的一代人。

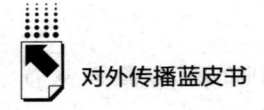

的40万名海外网络作家中"00后"就达到了42.3%。

Z世代作者与读者是伴随着互联网成长的一代，因此这些作家在创作手法上更具"网络特质"，创作内容贴合时代热点，如"00后"作者开创的"稳健流""治愈系"等充满新意的文学样式为网络文学创作带来了新风。这些青年作家通常想象大胆、情节设计生动，部分网文作家还尝试将"底层逆袭、穿越复仇"的叙事模式与西方传统的吸血鬼、狼人等素材相结合，既让中国网络文学的内容充满逆袭的"爽感"，又能够契合海外读者的文化习惯和审美，为中国网文吸引大量的海外年轻读者。

（四）融合化：产业生态升级赋能IP创作

2023年12月5日，在"第二届上海国际网络文学周"活动上，阅文集团CEO侯晓楠表示，网文出海在经历出版授权、翻译出海、模式出海后，已进入"全球共创IP"的新阶段。作为重要的内容源头，网络文学带动了实体出版、有声、动漫、影视、游戏、衍生品等下游产业的发展。

目前，我国网文出海的全球性IP生态已初具规模，尤其是与有声作品、漫改、剧改等融合较好，微短剧也成为IP融合新的发展趋势。有报告显示，阅文集团已向全球多地授权数字出版和实体图书出版作品1000余部，合作海外出版机构66家，在海外上线有声作品100余部，单部作品最高播放量1.08亿次；在网文剧改方面，由网文改编的《陈情令》《庆余年》等剧集在东南亚等地区更是成为现象级IP作品，《庆余年第二季》推出后就被迪士尼预购了海外独家发行权，《卿卿日常》《田耕纪》等IP改编的影视作品也颇受海外观众欢迎。

四 中国网络文学对外传播的优势

当前我国亟须在国际社会构建与我国综合国力相匹配的国际话语权，形成中国话语体系和叙事模式。我国网络文学在文化内核、叙事风格、运营模式、技术应用等方面体现出一定优势，对海外受众有独特的吸引力和感染力。

（一）文化内核：中国元素积蕴文化感召力

鉴于中西方文化的差异，中国网文中所蕴含的东方文化、中华优秀传统文化天然就对西方读者具有巨大的吸引力。网络文学作者将中华优秀传统文化融入历史、现实、科幻等多元题材，推动中华优秀传统文化创造性转化和创新性发展，国潮写作一度成为近年的写作风尚。

2024年全国两会期间，中国作协副主席李敬泽表示，"网文作者将中华优秀传统文化融入多元题材和类型，践行创造性转化和创新性发展，创作出全球化大众文化形象。即使很多外国人没来过中国，不懂中文，也不妨碍他们'催更'中国的作品"。在"阅见非遗"主题文本创作活动下，已经有6万多部作品展示和介绍了中国传统的京剧、木雕、评书、造纸、舞龙舞狮、打铁花等非遗项目。如网文《我本无意成仙》中穿插了评书、木雕、打铁花技艺等传统文化元素。目前，"阅见非遗"征文活动仍然在创世中文网、起点中文网、九天中文网（男频）、昆仑中文网（男频）等网文创作平台持续开展。

总的来看，现有的中国网络文学题材如玄幻、仙侠、古言、现言、历史、科幻等能够很好地将中华文化元素融入其中，既能够吸引外国读者，也向世界展示了别具一格的东方文化。

（二）叙事风格：通俗化、差异化的文学创作转向

文学艺术作品常用"陌生化处理"技巧来吸引读者，也就是通过使对象陌生化来制造冲突与对立，给受众带来惊奇的体验。与世界网络文学市场中的其他作品相比，中国网文具有显著的差异化的创作倾向，有利于满足读者对于不同内容的偏好。

相较于西方网络文学的超文本文学实验，中国网文的叙事风格更偏向当代通俗文学。在叙事模式上，中国网文多为"爽文"，故事情节建构与小人物主人公的成长历程密切结合，过程中常常"爽点"不断，穿越重生、打怪升级、复仇成功等情节安排常常跌宕起伏、一波三折。

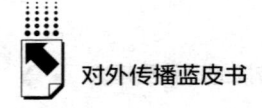

此外，中国网文出海的主流题材类型与海外原创网文一样，虽然都包含有言情、科幻、历史、校园等类型，但是在中国网文出海中还有一种特殊的题材类型——东方玄幻类小说。而且，经过长时间发展，中国网络文学已总结出了一套完整的适合海外男频网络文学爱好者阅读的创作模式。如在武侠仙侠、玄幻奇幻类作品中，作者常常将故事情节与中国的道家文化、阴阳八卦知识等传统文化元素结合。这种创作风格符合海外读者的阅读期待与审美情趣，在国际市场为读者提供了别具一格的阅读体验。

（三）社区文化：互动模式满足读者社交需求

基于在线阅读和年轻世代的网络社交习惯，海外网文读者常常围绕阅读内容展开评论和社交，一边"吐槽"一边追更是海外用户最常见的阅读方式，弹幕、打赏等为网文阅读增强社区互动感，让网文阅读和社会交往有机结合起来。在许多出海网文的作品评论区，随处可见剧情分析、人物点评、文化常识、术语解释、剧情建议等内容，如《抱歉我拿的是女主剧本》总评论数已经超 158 万条，位居所有作品首位；再如 Wuxiaworld 上的作品《盘龙》仅长评数量就超过了 1 万条。

据艾瑞咨询数据统计，有近 55% 的读者都会给阅读的作品写评论。2023 年，Webnovel 的用户活跃度持续上升，日评论数最高突破了 15 万条。社交化、社群化成为中国网络文学在海外跨文化传播中增加用户黏性的显著优势，形成了"共读—评论—分享"的新机制。海外读者可以在网上随时发起关于网文主角与情节发展的话题，让读者在与文本互动、与他人互动的过程中体验到社交的乐趣。通过一系列互动进行剧情分析、人物点评，不仅能够扩展网文传播的生命力，更重要的是这些围绕网文展开的中国作者与外国读者以及中外读者之间的交流，也促进了中华文化更好地走向世界。在相关网站上，就有海外网友留言说"因为阅读中国网文爱上了中国文化"。

（四）技术应用：AI 及大模型技术赋能网文出海

中国网络文学的对外传播深受人工智能发展影响，"一键出海""全球追更"成为中国网络文学出海的新发展趋势。中国作家协会副主席吴义勤认为,"AI 翻译可以让网络文学实现规模化出海。以英语 AI 翻译为例,与人工翻译相比,仅需原来 10% 的成本,效率提升百倍,准确率可达 90%"。截至 2023 年 10 月,Webnovel 已上线约 3600 部网文翻译作品,中国网文的翻译作品较三年前增长了 110%。

现有研究还指出,AIGC 浪潮为网络文学海外传播带来的变革机遇,绝不仅仅体现在翻译这个应用场景。2023 年,随着网文大模型"阅文妙笔"和"中文逍遥"的发布,中国网络文学再次搭乘大模型的东风,在故事构思、情节安排、内容撰写、插画制作等方面都再次实现了飞跃式发展。此外,借助 AI 增强文字作品的视觉化效果,还可以让 IP 开发提速,辐射更广泛的用户群体。

五 中国网络文学对外传播的困境与挑战

(一)直观障碍:翻译技术尚需完善

目前,我国网络文学出海作品数量实际上只占国内网文作品总量的 1%,还存在巨大的海外市场空白。翻译是快速弥合文化差异、破除文化差异的关键,尽管人工智能的发展大大提升了网文出海的翻译效率,但目前网文翻译质量仍然参差不齐,影响海外读者的阅读体验。

尤其是中国网文的地道表达常常需要大量的本土特色语言,如网络热词、方言、俚语、口癖等,这种表达方式是网络文学对外翻译的一大困难,如若翻译效果不佳,在阅读中就会难以避免"文化折扣"的出现。以出海效果较好的东方奇幻作品为例,如何解释道、气、丹田、源流等常见的修仙元素必备词汇就是非常困难的。显然,在短期内人工智能翻译技术还无法达到以上要求。

(二)流量风险:同质化内容加深刻板印象

"流量风险"指的是,一部分网文创作者以流量为导向,持续创作迎合受众但缺乏深度的内容，影响网络文学的整体发展局势。如国内的知乎、番茄小说网中的快节奏小说相对篇幅较短且较为"苏爽甜"，在网络文学的读者群体中热度居高不下。这种阅读生态一定程度上带动了如晋江文学城等大型网络小说网站的发展，也出现了大量"短平快"的内容。

就出海网文来看，由于玄幻、奇幻、言情等类型的作品是较为容易受海外读者关注的流量作品，出海网文明显出现围绕相关题材"扎堆"的情形。换言之，在过去较长一段时间，我国出海网文中一直是以玄幻、奇幻等类型作品为主，情节惯用主人公升级打怪的"爽文"套路，造成出海网文主题同质化、人物脸谱化、传播快餐化。相关类型的作品虽然在短时间内吸引了特定受众群体的关注，但长期来看读者容易产生审美疲劳，并加深对输出国的刻板印象。

（三）生态困境：全球软文化行业竞争激烈

全球软文化行业竞争主要体现在纵向和横向竞争两个层面。在横向层面上，中国网络文学作为一种近年在国际市场上逐步发展的文化产业，面临日韩、欧美等国家更为成熟的软文化生产体系的竞争；在纵向发展层面上，媒介生态不可逆转地由文本朝着视听化的方向发展，文本阅读的发展空间和市场占有率都大大缩减。

第一，在文化全球化传播领域，日韩、欧美等国的市场占有率长期较高。好莱坞电影、日本动漫、韩国电视剧在全球文化传播领域中明显认可度明显较高。中国网文近年来能在全球文化领域崭露头角的原因是多方面的，但与拥有更成熟全球传播理念和更大市场规模的日韩、欧美相比，仍存在明显差距。与此同时，全球文化传播审核制度也存在一定壁垒，如西方国家关注隐私安全与未成年人保护、中东国家对宗教内容的审核严苛、东南亚国家以"文化毒害"为由实行政策打压等都使中国网络文学在激烈的全球文化竞争中增加了创作和发行成本。

第二，有报告发现网络视听用户使用率达98.3%。移动端视听应用人均单日使用时长超过180分钟，其中短视频用户人均单日使用时长151分钟，长视频用户人均单日使用时长112分钟，娱乐/游戏直播用户人均单日使用时长163分钟，网络音频用户人均单日使用时长29分钟。这种用户使用习惯大大缩小了文本产品的生态空间，网络文学的长效发展具有一定的难度。

（四）版权损失：侵权监管难题长期存在

在版权保护方面，虽然中央相继出台了《关于推进实施国家文化数字化战略的意见》《2023年知识产权强国建设纲要和"十四五"规划实施推进计划》等政策文件，在多方面为网络版权保护工作提供制度支撑。然而，我国网络文学海外市场覆盖地区多，各国家之间的版权法律差异较大，且无力负担本土法律团队成本，导致维权十分困难。

另外，由于中国网络文学出海前期基本是民间化、小众化的，未能规划版权保护问题，不少网络文学在国内成为热门作品后，常常就有用户在未取得版权的情况下进行译制，如《魔道祖师》等热门作品就存在类似问题。相关情况严重损害了国内网络文学企业和权利方利益，不利于网文出海的持续发展。如何在网文出海快速发展的同时，较好地实现版权维护，是其面临的重大挑战。

六 网络文学对外传播的对策建议

（一）生态布局本地化：减少"文化折扣"

"文化折扣"通常是由于文化背景差异，国际市场中的文化产品不被其他地区的受众认同、理解而导致文化产品贬值的现象。通过多种方式加强网络文学产业的本地化布局，能够有效减少"文化折扣"，使中国网文能够更好地融入当地市场，赢得更多海外读者的喜爱和认可。目前我国网文出海的海外读者主要来自东南亚、北美、欧洲和非洲等地区，这些地区拥有各自独特的文化背景和阅读习惯，因此，创作者需要根据不同地区的读者特点，

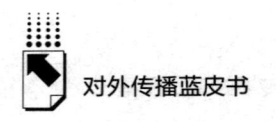

制定有针对性的本地化策略。现行的培养本地创作者、开设本土网站、增强本地用户互动能力等方式取得了一定的效果。

此外，还可以通过建立中华文化科普平台，对出海文学作品中海外读者可能产生疑惑以及具有中国元素的内容进行科普，加入动漫、文生视频讲解等海外读者较为感兴趣的中华传统文化元素，方便海外读者及时查阅相关的信息顺畅阅读，让读者在查阅信息的过程中增进对中国文化的了解，在潜移默化中感受中华优秀传统文化的魅力。

（二）生产服务多样化：持续增强用户黏性

2024年2月16日，OpenAI首个文生视频模型Sora发布。这超越了当前AI文生视频技术的极限，彻底颠覆了生成式AI在视频领域的全球市场格局。Sora不仅是一个技术突破，更是对人类叙事方式的一次深刻挑战，预示着内容生产领域未来的无限可能，也让我们对通用人工智能的进步更加期待。过往的人工智能产品，多半可以分为"以文生文""以文生图"等类型。它们大多是根据网上已有的语料来进行内容产出，对于我们的工作生活并没有带来特别大的改变。大家之所以对"文生视频"的反应很热烈，是因为通过文字输入来生成视频这种方式，更容易让大家感同身受，"网文+视频"的生产能够在视听形态上为网络文学的对外传播增强活力和生命力。

此外，出于媒介生态的发展局势以及IP产业发展的必要性，网文作品的跨媒介叙事也势在必行。尝试用一个IP带动多种文化形态出海，将动漫、微短剧等与网络文学相结合，形成更易于被海外用户接受的产品形态，并借助AI、VR等数字技术形成具有明显数字化的传播特征，为海外受众带来全新的文化体验，以增强对用户的文化吸引力和用户黏性。

（三）产业布局层次化：拓展多元发展路径

随着全球化的加速推进，单一的发展模式已难以满足市场需求和产业升级的需要。因此，行业应当积极探索和尝试多元化的出海方式，以适应国际市场的多样化需求。

首先，在创作层面，增加历史和现实的主题创作，将目光聚焦于民间传说、历史故事、非物质文化遗产、中国现实的伟大实践等具体选题。以网文创作的主题多样化、内容精品化、传播本土化为路径，提升作品整体的思想内涵和艺术水准。其次，在合作方面，网文行业应加强与其他文化产业的跨界合作，如与舞台剧、影视剧等合作，通过联合制作、共同推广等方式，扩大优秀IP影响力。同时，借助AIGC、VR等智能传播技术为海外读者提供个性化、沉浸式的阅读体验。最后，在盈利模式方面，还需因地制宜地进行探索，加强与当地出版机构的合作，共同推广中国网文作品，提升中国网文在国际市场的知名度和影响力。

（四）运营管理体系化：加强版权保护，打击盗版行为

我国网络文学对外传播产业的发展一直是以市场为主导的，前期所面临的盗版问题已经造成了较大损失。为了维护我国网文出海的声誉和质量，为越来越多的优秀作品走向世界保驾护航，还需要相关部门进一步完善版权法律法规，并加大对盗版行为的处罚力度，维护市场秩序，保护好创作者的权益。

同时，如前文所述，我国网文出海覆盖国家多、法律制度差异大，因此，还需要相关部门加强国际合作，建立起信息共享及侵权惩办协作机制，共同维护网络文学市场的健康发展。以愈发完善的保障机制推动我国网络文学产业持续健康发展，为更多优秀作品走向世界舞台提供保障。

参考文献

《2023年中国网络文学发展研究报告》，中国社会科学院，2024。
中国音像与数字出版协会：《2023中国网络文学出海趋势报告》，2023。

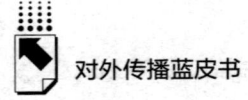

张伦、刘金卓、魏庆洋、吴晔：《中国网络文学跨文化传播效果研究》，《新闻大学》2024年第4期。

杨晨、何叶：《网络文学，讲好中国故事的有力载体》，《出版广角》2023年第7期。

戴润韬、史安斌：《数智时代中国网络文学国际传播的发展趋势与创新路径》，《出版广角》2024年第11期。

张铮、刘宝宇：《轻巧化传播：流行文化"出海"的策略与启示》，《对外传播》2024年第6期。

高佳华：《中国网络文学在法国的多形态传播研究》，《中国出版》2024年第15期。

张浩翔、禹建湘：《网络文学IP跨媒介产业的数字化出版路径》，《出版广角》2024年第13期。

吉云飞：《从论坛到网站：中国网络文学如何走出"摇篮"》，《中国现代文学研究丛刊》2024年第7期。

B.3 中国网文出海发展报告（2023~2024）

黄斐然　陈瑞琦　刘志全*

摘　要： 当前，我国网文出海市场前景广阔，且成果丰硕，但仍然存在一定瓶颈：一是当下网文市场趋于流量化，重娱乐化轻思想性，与网文"精品化"相悖，不利于对外传播；二是AI翻译成为网文出海趋势之一，但后续难以突破文化瓶颈，有效进行跨文化传播，可能导致网文实质影响力大打折扣；三是网文出海真正实现落地需要形成有竞争力的IP改编模式，与我国当下网文重流量、轻内涵的发展趋势存在一定出入；四是网文出海仍然存在文化瓶颈。应对措施和建议：一是在尊重网文市场读者投票的基础上，鼓励网文创作走向"精品化"；二是将"通感类"题材作为网文出海突破点，以此进一步扩大中国海外文学影响力；三是将海外受众喜闻乐见的文化元素纳入出海内容当中，做好本土化传播，打破跨文化障碍；四是打通网文版权改编出海新形式的战略转型，进一步扩大我国网文辐射范围和传播影响力；五是强化对有出海潜能的网文作者的考核评估和孵化体系，打破出版瓶颈。

关键词： 出海网文　可持续性发展　海外文学影响力　本土化传播

---

* 黄斐然，暨南大学大计算传播研究中心副主任、暨南大学网络空间安全学院教授、博士生导师，主要研究方向为社交网络挖掘、舆情大数据分析；陈瑞琦，暨南大学大数据中心科研助理，主要研究方向为国际传播、社交网络挖掘、舆情大数据分析；刘志全，暨南大学网络空间安全学院教授，主要研究方向为网络空间安全、大数据分析等。

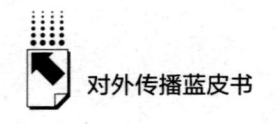

一 当前中国网文出海的发展优势

（一）中国在全球网文市场中已占据一定份额，经验丰富，成果丰硕

我国网文在出海改编上成果丰硕，且有丰富经验。我国网文各个题材的创作人群数量庞大，且创作经验更为丰富。2002~2003年，起点中文网第一任站长宝剑锋所写的《魔法骑士英雄传说》在海外出版，开启了中国网络文学出海之路。而2023年12月5日由中国音像与数字出版协会发布的《2023中国网络文学出海趋势报告》显示，中国网络文学行业2022年总营收达317.8亿元，同比增长18.94%；海外营收规模达40.63亿元，同比增长39.87%。同期，中国网络文学作品累计总量达3458.84万部，同比增长7.93%。中国网络文学作品的翻译语种达20多种，涉及东南亚、北美、欧洲和非洲的40多个国家和地区，网络文学正成为中国文化海外传播体系的重要组成部分。

同时，我国网络文学也在海外取得了越来越广泛的传播影响力，2024年，英国、希腊、西班牙、法国、德国等欧洲国家均位列阅文海外增速前十名，尤其希腊增幅超80%。[1]

（二）出海企业架构多元化，网文产业链多样化

中国网络文学出海企业可分为三类。一是传统的数字阅读企业，如掌阅科技、阅文集团、点众科技等，这类服务商牢牢扎根于国内数字阅读市场，最早布局网络文学出海业务，拥有海量网文作品、庞大的作家和编辑队伍以及成熟的商业运营和盈利模式。二是专注于开拓海外数字阅读市场的新兴厂商，如新阅时代和无限进制。三是国内互联网企业[2]。而多样化的出海企业

---

[1] 张熠：《中国网文IP加速走向全球》，《解放日报》2024年11月25日，第9版。
[2] 李丹丹、李玮：《文化数字化战略下多语种网文平台出海路径》，《出版广角》2024年第11期。

架构也带来了各具特色的网文产品，如传统数字阅读企业更注重打造网文作品本身，数字阅读企业则专注于拓宽网文发布和改编渠道，互联网企业则注重网文的IP化价值的多维度诠释，尤其是游戏、动漫、短剧等，注重从网文到实体出版、有声书、动漫、影视、游戏以及衍生品的完整开发链条。

（三）中国网文出海与AI智能密切联系，有较强的技术优势

目前随着AIGC生成式技术日益强大，我国在网文出海以及IP改编上正在广泛应用AI技术，极大程度提升了我国网文出海和IP改编的效率和产能。掌阅科技也表示，以Sora为代表的文生视频技术的发展，将有力助推网文IP的视频化生产和传播。在翻译上，我国也广泛应用AI智能技术，通过人机协同，借助AIGC大语言模型，能够顺畅地进行小语种翻译，解决了翻译语料不够丰富、小语种人才稀缺、翻译成本过高、边际效益递减等问题，促进了全球文化交流共享[①]。

（四）中国网文具有独树一帜的中华优秀传统文化底蕴，部分题材具有不可替代的文化影响力

我国网文不少题材是基于深厚的中华优秀传统文化发展而来，如修仙题材是基于中国道教修炼文化、玄幻故事基于中国神话故事、古代悬疑小说基于中国地方民俗等，而结合我国当前网文形式多样化的特色，我国网文能够将爱情、冒险、悬疑、都市等多类元素与中华优秀传统文化元素结合，形成更有力的网络小说，如《苗疆少年是黑莲花》和《道诡异仙》，分别把苗疆文化跟修仙文化巧妙融入网络文学作品中，具有较强的文化和传播影响力。我国在网文创作上享有得天独厚的文化优势，传统文化底蕴深厚，同时在母语的优势下，网文作者更能纯熟运用中华优秀传统文化元素并将其融入文学创作中，让作品在全球范围内具有不可替代的文化影响力。

---

① 马建荣：《从作品出海到文化感召——AIGC时代中国网文出海内容生产与传播机制创新》，《编辑学刊》2024年第5期。

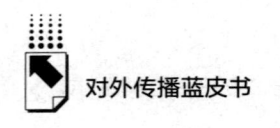

二 中国网文出海的发展趋势

（一）多样化题材可打破跨文化差异和语言隔阂，直达观众审美

当前我国网文出海成果题材多样且丰富，相较于日本、韩国等网文出海成果较多的国家，仍然有较大优势。尤其是受我国传统文学影响的东方玄幻等题材，既为《诛仙》等多部长篇文学作品奠定了基础，更是成为海外阅读受众最为关注和喜爱的阅读题材。

具体来说，幻想题材，如《诡秘之主》在海外网文平台累计有93.1万阅读量，该题材以西方魔幻为基础背景，是一部融汇了克苏鲁风格、西方魔幻元素、第一次工业革命时代风情和蒸汽朋克情怀的群像小说，该小说也凭借着精心设计的魔幻大陆世界观第一时间赢得了海外受众的支持和关注。

此外，言情题材如知名言情作者顾漫以其作品《何以笙箫默》《微微一笑很倾城》《杉杉来吃》《骄阳似我》等，被越南读者认为是越南2006~2010年最受欢迎的四位中国网络言情小说作者之一。在越南luv-ebook网站的最佳言情小说榜上，《何以笙箫默》排名第一。越南读者在Facebook上专门建立了粉丝交流主页，5万多名读者关注并展开讨论。《微微一笑很倾城》在sstruyen网站的阅读量达7078397次，《杉杉来吃》达6988307次，《骄阳似我》达621955次。① 以海外受众阅读中亚洲文学的热门平台NovelUpdates为例，该平台整合了亚洲文学小说的海量资源，在海外拥有百万以上的受众。阅读热度前20名当中，就有6本小说为中国网络文学，如《魔道祖师》《放开那个女巫》等题材从古代纯爱延伸至奇幻穿越。

根据起点中文网数据，2023年海外市场最受欢迎的五部中国网文翻译

---

① 陈超然：《国际传播案例库｜网络文学在越南跨文化传播：以顾漫小说为例》，https://mp.weixin.qq.com/s/yOFkwC8IaeOAUwHDy8SQsw，2023年6月23日。

作品依次为《超级神基因》《诡秘之主》《宿命之环》《全民领主：我的爆率百分百》《许你万丈光芒好》（见表1）。这些涵盖科幻、奇幻、都市等多元题材的作品，通过创新叙事和深度文化表达，成功架起跨文化传播桥梁，既展现了中国网文的独特魅力，也为未来国际传播中强化内容创新、深化文化共鸣提供了重要方向。

表1 2023年最受欢迎的中国网文翻译作品Top5

排名	名称	发布时间	连载状态
1	《超级神基因》	2016.11.9	已完结（2019.2.19）
2	《诡秘之主》	2018.4.1	已完结（2020.5.1）
3	《宿命之环》	2023.3.4	已完结（2025.1.13）
4	《全民领主：我的爆率百分百》	2022.7.15	连载中
5	《许你万丈光芒好》	2016.7.11	已完结（2017.10.27）

资料来源：起点中文网。

总结而言，多样化且内涵丰富的题材选择，不仅是跨越文化和语言界限的桥梁，更是展现中国独特文化韵味与审美偏好的多维窗口。这一趋势预示着，未来网文出海将更加注重题材的创新与深度挖掘，以此作为提升国际影响力和促进文化交流的关键路径。

（二）IP化明显，产品周边一系列附属产业价值偏高，形成品牌效应

我国网络文学出海已步入IP化的快车道，成为全球网络文学改编IP的"领头羊"。这一显著成就，不仅凸显了我国在文化创意领域的深厚底蕴与强劲实力，更向世界展示了中国网络文学独特的文化魅力与无限潜能。以《全职高手》为典范，其小说英文版在Webnovel等平台屡登畅销榜，动画版亦在YouTube等海外平台大放异彩，成功吸引了众多国际目光。尤为值得一提的是，通过手游联动、YouTube二创视频等多元推广策略，《全职高手》实现了跨媒体、跨平台的深度IP融合，极大增强了作品的国际影响力与知名度。

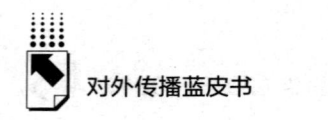

不仅如此，《全职高手》的海外线下活动同样成果斐然，粉丝们的热情参与及周边产品的热销，不仅带来了可观的经济效益，更促进了中国文化的海外传播，形成了鲜明的品牌效应。这一系列的成功案例，充分证明了我国网络文学出海在IP化道路上的巨大潜力与广阔前景。

展望未来，IP化无疑将是我国出海网文持续发展的重要方向。随着动漫、影视剧、实体书、有声书、动画片、网剧等多元化IP改编形式的不断涌现，我国网络文学将以更加丰富多样的面貌走向世界，进一步拓宽国际文化交流的新渠道，为我国文化的全球传播贡献新的力量。

（三）"国风"和幻想题材组合成为网文出口的重要输出点

盘点我国当前成功实现网文出海的已有成果，60%~80%的题材为我国"国风"特色题材，具体包括修真、武侠、宫斗、玄幻等，如《蛊真人》《诛仙》等已在海外形成一定规模影响力的作品，而天下霸唱的《鬼吹灯》系列，蔡骏的《诅咒》系列、《荒村公寓》系列，黄易的《寻秦记》《大唐双龙传》系列等同样是具有浓厚"国风"色彩的系列作品，在海外形成了固定粉丝群和庞大的IP效应。2024年11月21日《2024中华文化符号国际传播指数（CSIC）报告》在世界互联网大会乌镇峰会互联网文化交流互鉴论坛正式发布，"2024年度数字文化十大IP"依次是《黑神话：悟空》《卡游三国》《新生》《落凡尘》《少年歌行》《第二十条》《全职高手》《繁花》《庆余年》《咏春》，其中过半都有浓厚的"国风"色彩，由此可见体现中华文化元素的系列文化作品更能出圈，更能形成海外喜闻乐见的文化。

以《斗破苍穹》为代表的玄幻类小说，往往会添加中国功夫和儒、释、道精神等中国元素[1]。这些都使海外读者对中国文化的想象和猎奇心理得到满足，在一众"国风"系列题材中，幻想类题材成为出海的重要突破点，中国奇幻类网络文学的故事题材内承中国的上古神话、志怪文学、神魔小说、道教文

---

[1] 李琛：《受众视角下中国网络文学出海探析》，《文化学刊》2023年第5期。

学等文化渊源,外接西方奇幻、日本动漫、好莱坞电影、网络游戏等世界流行文化潮流,杂糅的文化特色使其在跨国的文化接触中表现出显著的传播优势[①],当前能广泛受海外读者欢迎的《天道图书馆》《修真聊天群》《天官赐福》等,均为中华优秀传统文化融入了幻想元素的世界观上建构的系列故事。

(四)作品的精神内核已成为网文出海的核心价值

围绕我国当前在海外较为受关注的一批网文作品,包括《全职高手》《诡秘之主》《斗罗大陆》等,重点都突出了主人公不畏难题、一路披荆斩棘的坚强品格,而这些故事主题均包含着人们对于正义、不畏艰难等品质的共同追求。《雪中悍刀行》作者提及自己的作品人物时,说道:"我们终究会面对一些困难,或面对一些事情,终究会有一些人选择站在关键的节点上,特别地义无反顾。我特别尊敬这样的角色。"而该作品也成为中国作协网络文学国际传播项目首期遴选的四部作品之一。

同样,在海外得到积极传播的网文作品《天官赐福》则讲述的是作为天庭神官的主角为了化解人世间灾厄前往克服困难,凭借内心真诚和善意打动世人,降妖除魔的过程,当中各个情节着重突出了主角的"真善美"特质,该作品曾多次登上《纽约时报》,被称为长期占据榜单的畅销作品。由此可见,尽管存在语言障碍,文化差异等多个跨文化传播可能存在的问题,但是一旦包含了英雄主义等被全球受众能够广泛接受的核心内容,我国网文仍然有突破文化瓶颈和语言障碍,进一步得到海外广泛受众支持的可能性。

(五)有声书、短剧等小说阅读新形式或成为网文出海发力点

当前,随着短视频兴起,小说阅读也逐步转变为人们更喜闻乐见的多样形式,除了电视剧改编和动漫改编外,当前小说改编也逐步转向为更适合移

---

① **魏楚航**:《起点国际平台海外原创网络文学作者的"中国故事"书写研究》,中南大学,硕士学位论文,2023年。

动阅读的多样形式，如有声书等。有声书自身的特点也是能辐射更广受众的主要原因。有声书能适应人们进入移动互联网以后的阅读习惯[①]。结合当前已有的网文出海成果，部分有声书在海外得到了广泛好评，如《芈月传》有声书在缅甸得到了广泛传播，Facebook 整个《芈月传》推广活动，包括配音、剧本翻译、有声书等内容，合计观看数接近百万余次。而当前有声书在全球范围内的市场也逐步拓宽，2023 年，全球有声书市场规模约为 68.3 亿美元，2024 年预计将达 86.7 亿美元，未来有声书等小说阅读新形式将成为我国网文输出的一个重要发力点。

三 当前我国网文出海的发展瓶颈与潜在风险

（一）市场趋于流量化，重娱乐化、轻思想性，与网文"精品化"相悖，警惕形成海外对我国网文文化的刻板印象

由于当下短视频冲击，中国网文对外传播越加以"短平快"为着重点，逐步从"付费阅读"转向"免费阅读"。一旦此类内容过多，我国的网文出海步伐将会受到严重的负面影响。在流量导向的网络文学创作趋势下，部分平台直接以套路化的版权改编为手段，引导网文作者创作内容。久而久之，绝大多数网文作者普遍以"搏流量"为目的，持续创作迎合受众但缺乏深度的小说内容，导致平台中大量出现过度追求"爽"、"逆袭"和"打脸"等类型的小说内容，但较少有真正沉淀下来的优秀文学作品。[②]长此发展下去，此类网络文学作品有可能阻碍我国数字文化出海实践的高质量发展。

[①] 曾德科、郭瑞佳：《中国网络文学〈芈月传〉有声书在缅甸的传播》，《出版参考》2024 年第 9 期。

[②] 蒋欢：《跨媒介视域下短篇网络小说的叙事策略转向探析》，《中北大学学报（社会科学版）》2024 年第 6 期。

（二）AI 翻译成为网文出海趋势之一，但后续难以有效进行跨文化传播，可能导致网文实质影响力大打折扣

翻译成为中国网文出海必须经过的一道环节，也是中国网文实现跨文化传播的必备环节。当前网文出海的主要模式为"搬运"，即将国内成熟网文进行翻译，传播到海外市场。这一模式下，无论是对手握版权和 IP 的"老玩家"，还是对入场的"新玩家"来说，其成本主要为翻译和运营；对"新玩家"来说，除了固定的翻译成本，还需有购买作品版权的费用支出。而"翻译"是网文出海躲不过去的一环。①

当前，存在着一批国内引发较高热度的高质量网文但海外传播却反响平平的情况。一方面，这是由于部分网文本身有着较为浓厚的中国文化背景和中国特有的文化符号，在跨文化传播上存在着一定的阻碍，难以直接对接海外受众的认知和阅读喜好。另一方面，当前网文的翻译工作正全面趋向于 AI 翻译。这虽然提升了效率，却导致文本的"文化折扣"现象进一步加剧。举例而言，机械化的翻译往往无法精准传递"侠义精神""修真问道"等东方哲学内核，甚至将"江湖"直译为"rivers and lakes"，让海外读者陷入认知困惑。

由此可见，网络文学的翻译走向产业化与网络文学是否能跨越文化障碍进行有效传播一定程度上存在冲突。在 AI 翻译的趋势之下，民间具有一定翻译能力的优秀人才一方面由于版权纷争，不得不放弃对网络文学的译制工作；另一方面，AI 翻译带来的快速生成海外作品，同时也导致了可能更符合当地受众文化、阅读习惯的民间译制团队流失，从而有可能会导致出海网文作品难以精品化，难以突破跨文化交流的屏障与限制。许多深入人心的网络文学出海作品，一般都是由民间译者先发布自行译制的版本，后期再由专业团队发布专业完善的版本的。由于中国网络文学早年的出海并未有成熟的规划，因而有不少中国网络文学成为热门作品时，未能完全满足海外读者的

---

① 李晓天：《网文出海，老外也爱看"霸总"》，《中国企业家杂志》2024 年第 5 期。

阅读需求。据调查，在日本如《全职高手》《魔道祖师》《镇魂》均为热门文学作品，而《魔道祖师》等著作在民间日译启动之前，已有民间英译版。许多中国网络文学传播到日本最初也是由民间译制团队进行翻译。第一阶段为民间自发译介期，译本不公开发布，只自读或仅在小范围朋友圈互读；第二阶段为同人多元创造期，官方版发行后，读者据此进行文学及影视同人作品二次创作。应该说，自发译介是日本读者对中国网文的一种自主选择，纯粹由阅读喜好驱动，他们凭借个人能力和对小说作品的热爱与执着，对小说作品努力做到"信达雅"的翻译。尽管民间译制团队会出现缺乏专业性、前后译文不统一等情况，但网络文学的翻译本质上属于再创作活动，所依据的不仅是翻译的精准度，更需要的是翻译团队对作品本身的理解，因此，民间译制团队往往会发挥更有效的影响力，甚至突破文化壁垒，实现作品的本土化传播。据相关研究发现，目前大多数网络文学出海企业采用计算机辅助翻译方式，这虽然解决了速度问题，但无法兼顾质量问题。而且，AI翻译也无法完全消除东西方文化差异，许多内容通过AI直译会产生大量表述性问题，从而影响读者对网文作品的理解与阅读。[1]

（三）网文出海落地需要形成有竞争力的"IP改编"模式，与我国当下网文的发展趋势存在一定出入

数量上，我国成熟的文化IP数量较少。相较于迪士尼、漫威、暴雪等企业的IP集群，目前我国仅有少量IP的商业化规模化较为成功，中华文化IP资源池亟待拓宽。同时，部分中华文化IP商业化的开发被他国抢占先机，导致我国企业在后续的开发中面临诸多掣肘。[2]

目前，中国网络文学在亚洲地区主要以实体书出版、在线翻译、IP转化、构建本土生态、投资海外市场五种方式进行海外传播。就已有成果来

---

[1] 敖然、李弘、冯思然：《我国网络文学出海现状、困境、对策》，《科技与出版》2023年第4期。
[2] 杨颖兮、秦露：《从全球文化产业发展看中国流行文化国际传播力影响力》，《中国党政干部论坛》2024年第8期。

看，能够成功推广到海外市场的网文作品均具备精品化、可改编化和 IP 化的特质，因而顺理成章地实现了网文作品内容的"IP+付费阅读"渠道的变现。截至 2023 年 10 月，起点中文网作为我国网络文学规模最大的网站，其已通过 WebNovel 平台上线约 3600 部中国网文的翻译作品。不过，只有 9 部作品的阅读量破亿。就此来看，起点网的作品整体呈现海外传播影响力两极分化的情况。事实上，这一问题的原因主要源于部分网文的文学性不足，属于纯粹迎合受众特殊阅读喜好的"快消型"文学，难以经过海外网文市场的长期推敲，因而难以进一步形成规模影响力。

（四）网文出海仍然存在文化瓶颈，对欧美地区的出海效果不佳，难以冲出亚洲进一步实现全球传播

据调查，亚洲是中国网络文学传播最广泛的地区，其中，在东南亚传播效果最好，约占海外传播的 40%[1]，在欧美的出海成果较少。整体而言，中国网络文学出海成果仍然集中于亚洲地区，而欧美地区受到广泛支持的中国网络文学作品相较于亚洲地区则将近降低五成至七成。从传播现状来看，对比欧美影视和日漫、韩剧，中国网络文学的 IP 影响力尚有不足[2]。据调查，目前，中国网文还未能走进阿拉伯读者之中。究其原因，主要是文化和语言的瓶颈较高所致。同时，也是我国尚未能够打造完全融通中外的文化范式的原因所致。

四 网文出海进一步发展的对策建议

（一）尊重网文读者阅读喜好的基础上，鼓励网文创作走向"精品化"

近年来，由于网络短剧文学的盛行，网文逐步从"付费"导向变成

---

[1] 张富丽：《网络文学在亚洲地区传播势头强劲》，《光明日报》2023 年 10 月 4 日，第 8 版。
[2] 马建荣：《从作品出海到文化感召——AIGC 时代中国网文出海内容生产与传播机制创新》，《编辑学刊》2024 年第 5 期。

"流量"导向，一部分节奏和剧情慢热。在内容理解上存在瓶颈的网络文学难以真正突破流量瓶颈，进而无法走进公众视野。如《雪中悍刀行》最初在网文平台流量较低，由于节奏慢热无法得到受众的广泛关注，后续慢慢被部分深度文学爱好者发掘，进一步进行推广，才从流量文学当中突围，走进人们视野。

结合目前仍然存在不少偏向于传统文学、经典文学的网络文学作品无法得到广泛支持的现状，而当下网络文学出海又亟须加强精品文学建设，对此可相应地增加对精品文学的支持项目，如征文活动、作品定向改编等。在有助于网络文学繁荣发展的基础上，更加增强出海文学的竞争力和持续发展空间。如作家柳下挥提到，中国网文创作者要有文化自信，"我们'网文出海'的时候，一定不能为了迎合别人，而让自己的知识体系变得淡薄、浅薄"。

（二）将"通感类"题材作为网文出海突破点，以此进一步扩大中国海外文学影响力

据调查，目前我国网络文学出海的两大题材主要是：以玄幻、魔幻、奇幻等宏大世界观为背景的剧情流文学；以言情、纯爱、情感纠葛等为主导的感情流文学。这两类题材在网络文学的对外传播过程中，遇到的跨文化瓶颈较小，因而被视作"通感类"题材，它们更容易突破文化壁垒和吸引海外受众。因此，在网文出海的进一步发展中，应进一步鼓励作者以"通感类"作品创作为切入点和突破口，并加强平台对于相应题材作品的流量扶持和改编支持。同时，也应该鼓励作者提高自身的文化站位，在"通感类"作品创作中融入社会主义核心价值观，加强主旋律文化的对外传播，以此来全面提升我们的文化自信，进一步推动网络文学的出海发展。

（三）将海外受众喜闻乐见的文化元素纳入出海内容当中，做好本土化传播，打破跨文化障碍

除了"通感类"题材可以作为降低海外读者阅读瓶颈的凭借点，海外

受众喜闻乐见的文化要素本身也是能够打破文化交流瓶颈的重要突破点。实际上，海外受众喜闻乐见的题材和内容与我国出海网文有一定出入，需要精细划分题材类型，以此更好实现出海，如 DramaBox 进入海外市场后迅速洞察出海外受众对于吸血鬼、狼人等题材的喜好，基于此出品了大量相关题材的微短剧①。

同时，网文作为中华文化对外传播产品，在出海过程中会因为语言不通、文化差异、地缘政治等多种原因使文化内容在传播过程中受到一定负面影响，据此，同时还要做好本土化传播，深深扎根目标市场和受众的所在区域，把握当地重点关注的文化艺术议题和元素，因地制宜产出更能够被当地受众广泛接受的文化内容，这要求网文创作和翻译既要保留自身特色，同时也要兼收并蓄，进行一定程度上的本土化变形。必要时可借助"外力"，与本土媒体和传播公司达成合作，一同实现作品成功出海，如在腾讯视频海外版 WeTV 上线的泰剧《天才枪手》，是由腾讯视频和泰国公司联合制作的电视剧，深受泰国市场的关注②。

整体上，我国要增加海外受众市场的考察机制，除因地制宜地产出有一定海外受众基础的网络文学外，必要时可针对性地结合受众市场定向扶植部分题材，进而让我国出海文学能够率先占据重要市场，突破文化障碍和创作瓶颈。同时，我们也要尽可能让海外受众大量接触独具中国文化特色的题材和文化产品，拓宽我国网文出海的"试验田"和"舒适区"，如海外受众热衷的"国风"题材包括修仙、宫斗、仙侠等，均可以作为我国网文出海的重要切入点。

（四）实现网文版权改编出海新形式的战略转型，进一步扩大我国网文辐射范围和传播影响力，突出 IP 化改编链条

当下全球网文版权改编的新形式逐步转向新媒体形式，即更加生动、

---

① 李慧婷、袁煜婷：《短剧新星点众科技：从网文到微短剧的华丽转型》，《国际品牌观察》2024 年第 10 期。
② 方英：《"出海"又"出圈"！数字文化产品走红海外》，人民论坛网，https：//baijiahao.baidu.com/s？id=1751295679914639540&wfr=spider&for=pc，2024 年 12 月 4 日。

符合大众移动端阅读习惯、多样化的形式，网文、网剧、网游等新载体，承载着东方神韵，在全球刮起"中国风"，成为文化出海"新三样"。它们整合并创新文化表达模式，通过主动传播与融合叙事的海外输出，向全球青年群体展现着绚烂多姿、立体丰富的中国形象。① 而当前我国在部分网文作品的出海上已经做出了多样化尝试，如在动画领域，阅文集团在YouTube频道累计上线10部作品，总播放量超6.6亿次。游戏方面，《斗破苍穹：怒火云岚》在2024年上半年成功进军欧美及越南市场，新增用户超30万人。此外，阅文集团已向欧美、东南亚、日韩等地区授权数字出版和实体图书出版，涉及10种语言，授权作品达1100余部。同时，微短剧成为网文改编的新兴趋势，2023年，在影视改编场景中，增加了微短剧这一新的路径。网文给以重生、逆袭、穿越等"爽点"为主要内容的微短剧提供了重要的改编资源，微短剧则成为释放中腰部网文IP价值的风口②。该形势下，网文改编将不局限于传统的纸质书和动漫改编，更可以将渠道拓展到微短剧、游戏、数字出版等领域，对此，我国网文版权改编要积极扩大新媒体渠道，朝更加受受众喜闻乐见的形式转变。

同时，除了多样化形式的转变，我国网文出海还需要形成强有力的IP改编的"合力"。第一，实现IP孵化"前置化"。IP改编全链路的结构性变化成为2023年网络文学发展的亮点之一。有学者指出，IP前置是指网文IP在创作连载阶段就开始孵化，通过"段评、章评"等形式吸引粉丝互动，以此加深读者与作者、作品的连接，以及对IP的归属感，然后衔接产业链下游，实现IP粉丝群体的无缝迁移。③ 这将在源头为IP后续开发奠定根基，让IP向中下游衍生前便拥有为影视、游戏、漫画强势引流的实力④。第二，

---

① 牛朝阁：《网游、网文、网剧成中国文化出海"新三样"》，《中国经济周刊》2024年第17期。
② 张靖超：《Sora 扰动网文界 IP 变现成本有望下降》，《中国经营报》2024年3月4日，C04版。
③ 汤俏：《网络文学市场扩容，内容依然为王》，《环球时报》，https://baijiahao.baidu.com/s?id=1804595038268642283&wfr=spider&for=pc，2024年7月15日。
④ 刘江伟：《网络文学呈现"国潮热"》，《光明日报》2024年3月4日，第12版。

达成媒介多元化。如阅文集团原创内容负责人侯庆辰指出，网络文学具有粉丝文化特征，呈现围绕小说的IP整体输出特征，小说、影视、动漫形成了复合传播①。由此，也可借鉴已有的能形成IP的网文范本，对我国网文进行多样化的转变。加强IP版权生态链孵化，促进IP全链条开发，养成"指环王""哈利波特""英雄联盟"等世界级IP。第三，IP改编人才队伍壮大化。当前我国有海量精品网文作品，但要实现成功出海还需要实现进一步多元化"编译"，具体包括影视领域、翻译领域、产品领域、国际传播领域的多方人才，共同助力网文打通海外窗口，突破文化和语言交流瓶颈，最大化地发挥文化影响力。第四，联合海外多方企业，整合海外资源联手打造IP。当前，我国已有成熟的打造IP并且成功出海的多种案例，如国产原创综艺《声入人心》与美国CAA平台合作，促成中国原创IP的开发和全球化传播。据此，还可联合海外多个媒体平台联手拓宽传播网络和发布渠道，将网文进一步改编成多样化文化产品，强化我国IP在海外的影响力。

（五）完善对有版权出海潜能的网文作者的评估和孵化体系，打破出版瓶颈

当前，能够展示我国出海网文作品的平台主要为网络文学连载平台，重点平台包括晋江文学城、起点中文小说网、番茄文学网等。但由于网络文学本身的流量导向机制，一些存在版权出海潜能的作者在平台自身的推荐机制和资本逐利的趋势下，难有充分曝光的机会，以致难以真正被完整发掘。具体存在问题包括部分短篇作品由于篇幅不长，难以长期在平台上连载，由此导致曝光率不高。同时，有部分题材属于小众题材，相较其他热门题材而言，应当健全对有版权出海潜能的网文作者的考核评估体系，展开从文章连载数据，到大众评委，再到文学领域专家的综合考察，以此全方位地判断一部网络文学作品的价值，后期再有效地进行孵化、推广和改编，确保能深度

---

① 罗昕、王丽华：《哪里的读者最喜欢中国网文？北美、东南亚、日韩约各占三成》，澎湃新闻，https://www.thepaper.cn/newsDetail_forward_1583537，2016年12月20日。

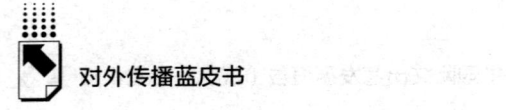

发掘精品网络文学的出海潜力。其中，相应的征文比赛应当采取多元化评审的形式，接受版权方、大众读者方、文学专家方、作家方的综合评估，共同遴选出对社会有积极正向意义，同时对讲好中国故事具有较大助力、深入人心的网文作品。

B.4 中国网络文学出海的现状分析与未来展望

刘佳炜　王诗语*

摘　要： 近年来，中国网络文学在海外的影响力显著增强，市场规模持续扩大，逐渐成为中国文化传播的重要窗口。中国网络文学的出海作品数量和作者群体不断增长，创作活力持续提升，吸引了日益壮大的海外读者群体。这一成功得益于多方面的优势：中国政府的政策支持为网络文学出海提供了坚实基础，通过专项资金和翻译项目明确了发展方向；庞大且优质的内容资源涵盖武侠、玄幻、言情等多种题材，满足了海外读者的多样化需求；此外，网络文学在知识产权开发方面的潜力，为影视剧改编、游戏开发等多元化运营提供了广阔空间。然而，出海过程中也面临挑战，如知识产权保护机制不健全导致盗版现象频发，题材内容同质化削弱吸引力，文化差异引发的"水土不服"，以及商业模式创新的不足等问题。与此同时，一些新的发展趋势正在为中国网络文学的国际化进程带来机遇，如人工智能翻译技术的广泛应用降低了语言障碍，全球共创和社交共读增强了用户互动性，而与游戏、影视等领域的产业融合则拓展了商业化路径。未来，随着技术的进步与文化交流的加深，中国网络文学有望在国际舞台上进一步扩大影响力，实现文化传播与商业发展的双重突破。

关键词： 中国网络文学　海外传播　AI赋能　社交共读　全球共创　产业融合

---

* 刘佳炜，暨南大学新闻与传播学院讲师，主要研究方向为健康传播、媒介心理生理学；王诗语，暨南大学中华文化港澳台及海外传承传播协同创新中心研究员，主要研究方向为国际传播。

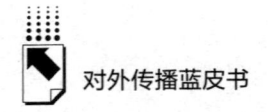

中国网络文学经过二十多年的发展，已经成为一种独特的文化现象，其内涵和定义也引发了学界和业界的持续讨论。当前学界对网络文学尚未有明确界定，以学者许文郁为代表的群体指出：网络文学是一个"推翻重建再推翻"的经久话题。当前业界对网络文学的界定即"网络原创文学"。载体层面，其以互联网为平台；传受层面，则为网络写手与网民双方；传播内容层面，网络文学为网络文化的组成要素之一，借由互联网所具有的优势、更加接地气及贴近大众生活的笔触，把文学的通俗、娱乐性展现得淋漓尽致。中国网络文学的发展可以追溯到1998年，标志性作品是网络小说《第一次的亲密接触》。2001年以后，随着起点中文网等网络文学平台的建立，中国网络文学开始进入商业化时代。这一时期，网络文学作品的数量迅速增长，题材和创意开始多样化。2008~2013年，是中国网络文学内容成熟与质量提升的阶段，涌现了许多经典之作，以被国家图书馆永久典藏的《斗破苍穹》为例，其在2009年发布第一章，全网点击量近100亿次，截至2013年，实体书版的累计销量已经超过300万册，这一阶段，网络文学的社会影响力和文化价值得到进一步认可。2013年至今，移动互联网的普及对中国网络文学产生了深远影响，人们阅读习惯的变化使流量进一步集中，官方引导的效力也不断增强。①

中国网络文学的全球化传播已经成为中国文化海外传播的重要途径。根据中国作协发布的相关数据，海外读者超过1.5亿人，覆盖200多个国家和地区，这表明网络文学不仅作为一种文化产品赢得了国际市场，也成为促进文化交流的重要媒介。近年来，随着互联网技术的发展与文化对外传播政策的推动，中国网络文学在全球的受欢迎程度显著提升。2024年，中国网络文学的出海状况依旧呈现良好的发展态势，截至2024年11月底，阅文集团旗下海外门户起点国际（WebNovel）已上线约6000部中国网络文学的翻译作品，其中，2024年新增出海作品超2000部，人工智能翻译作品同比增长

---

① 吉喆：《中国网络文学影视改编研究》，吉林大学博士学位论文，2019年。

20倍①。此外，这些作品涵盖多种题材，如奇幻、言情、科幻等，能够满足全球不同读者的多样化需求，进一步巩固了网络文学作为文化桥梁的地位。随着翻译质量的提高和传播渠道的多元化，中国网络文学正逐渐从单纯的文本输出转向包括影视、游戏改编等多维度的文化生态体系，展现更加全面的商业化和国际化发展前景。综上，本文将综合梳理、讨论中国网络文学出海的现状、优势、瓶颈，并对中国网络文学出海的未来发展趋势进行展望。

一 中国网络文学出海现状

（一）中国网络文学在海外的市场规模显著提高

中国网络文学的海外市场发展势头强劲，展现显著的影响力和经济潜力。2019年，网络文学出海市场规模仅为4.6亿元。然而，短短一年后，随着更多厂商的加入和原创内容的全球布局，加之商业模式的稳定盈利，中国网络文学出海市场迎来了迅猛增长。特别是在新冠疫情期间，宅家经济的兴起进一步推动了这一趋势。2020年，网络文学出海市场规模增速达到145%，市场规模增至11.3亿元，用户规模增速更是高达160.4%，用户数达到8316.1万人②。这一增长势头在随后几年中得以持续，越来越多的海外读者开始接触并喜欢上中国网络文学。

根据《2023中国网络文学发展研究报告》，2023年，中国网络文学出海市场规模已突破40亿元，并预计到2025年底将超过100亿元③。这表明，随着时间的推移，网络文学正在从初期的文化尝试逐步走向成熟的全球化布局。与此同时，中国网络文学作品的翻译语种已达20余种，覆盖东南亚、北美、

---

① 中国音像与数字出版协会：《2024中国网络文学出海趋势报告》，2024年。
② 《2020年中国网络文学海外市场分析概括：和海外原创作品相比，我国网络文学从作品成熟度、题材创新和篇幅上都占据绝对领先优势》，https：//www.chyxx.com/industry/202109/973825.html，2021年9月10日。
③ 《网络文学出海市场规模超40亿元》，https：//baijiahao.baidu.com/s？id=1793365361200075208&wfr=spider&for=pc，2024年3月13日。

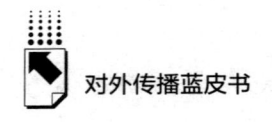

欧洲和非洲的40多个国家和地区，为满足全球多元化读者需求奠定了坚实基础，网络文学正逐渐成为中国文化海外传播体系的重要组成部分。

（二）中国网络文学出海作品和作者数量不断增长

除了市场规模的持续增长，中国网络文学的创作活力也呈现显著增强的趋势。2023年，中国网络文学作品总量累计达到3458.84万部，同比增长7.93%。这一增长不仅体现了中国网络文学市场的繁荣，也反映了创作者们的热情和创造力。例如，截至2023年10月，起点国际已上线海外原创作品约61万部，这一数字相较于三年前增长了280%，显示出中国网络文学在海外的原创能力得到了极大的提升和认可。更值得关注的是，起点国际还成功培养了约40万名来自全球100多个国家和地区的海外网络作家[1]。这些作者的参与，不仅扩展了中国网络文学的题材多样性和文化表达维度，也在无形中促进了跨文化交流与融合。随着中国网络文学海外影响力的不断扩大，越来越多的海外作者投入网络文学的创作之中。网络作家已成为海外的一个热门兼职，作家数量在短短3年内增长了3倍。这种爆发式增长显示出中国网络文学对于全球创作者的吸引力，同时也证明了其在全球文化市场中日益增强的竞争力和影响力。

海外作者的加入，为中国网络文学的国际化和多元化发展注入了新的活力，同时也为全球读者提供了更丰富、更多元的阅读选择。这种多元参与也进一步凸显了中国网络文学作为全球文化对话平台的潜力。它不仅连接了不同地区的创作者与读者，也促成了文化内容的双向流动，使中国网络文学在推动全球文学多样性与创新方面发挥了独特的作用。随着中国网络文学创作生态继续朝着多元化、全球化的方向发展，如何进一步激励全球创作者、保护知识产权，以及优化文化内容的本地化和全球传播，将成为网络文学下一阶段发展的重要议题。这种跨国界的文化交流，不仅推动了中国网络文学的全球传播，也为世界文学的多样性和创新贡献了中国力量。

---

[1] 中国音像与数字出版协会：《2023中国网络文学出海趋势报告》，2023年。

（三）中国网络文学在海外的读者群体持续壮大

中国网络文学在海外的读者群体正持续壮大，其全球影响力和受欢迎程度不断提升。《2023中国网络文学出海趋势报告》显示，全世界范围内，法国的网络文学用户增速最快，充分说明了这一文化形式在法国的快速普及与广泛认可。此外，年轻人已成为网络文学阅读的绝对主力军，特别是在起点国际平台上，Z世代用户占比接近80%，这充分展示了网络文学对于全世界年轻一代的吸引力正在持续扩大[①]，成为他们日常文化消费的重要组成部分。

不仅如此，海外用户对网络文学的参与度和互动性也在显著提升。2023年，起点国际用户的日均阅读时间长达90分钟，且日评论数最高突破15万条，用户活跃度不断攀升。这些数据不仅彰显了用户对网络文学内容的浓厚兴趣和高度投入，也反映了网络文学社区的活跃与繁荣。在作品评论区，用户间的互动内容丰富多元，涵盖了剧情分析、人物点评、文化常识、术语解释及剧情建议等"硬核"内容，这些高质量的互动进一步提升了读者的阅读体验和社区归属感。其中一个典型的成功案例是中国网络文学作品《抱歉我拿的是女主剧本》，其在起点国际上的总评论数超过158万条，位居榜首，这一成就不仅证明了该作品的极高人气，也彰显了中国网络文学在海外读者中的广泛影响力和深远魅力。通过这样的互动，作品不仅作为文学形式传播，也成为跨文化对话的重要媒介，促成了多层次的文化交流。

（四）中国网络文学的全球传播不仅是文化产品的传播，更是一种与全球年轻人建立深度文化连接的方式

用户的高度参与与热烈互动，表明网络文学已从单纯的阅读行为，逐渐发展为一种跨文化、跨地域的社群体验。这一现象体现了中国网络文学在全

[①] 中国音像与数字出版协会：《2023中国网络文学出海趋势报告》，2023年。

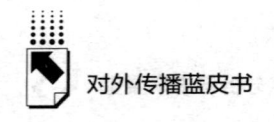

球数字文化生态中的独特地位，同时也为探索更广泛、更深入的文化合作与对话提供了新的契机。

（五）中国网络文学出海已建立起成熟的网络文学IP生态

2023年，作为行业的领先代表，阅文集团积极推动中国网络文学的全球传播，成功向全球多个地区授权了超过1000部数字出版和实体图书出版作品，其中包括《斗破苍穹》《全职高手》等经典IP。这些作品不仅在中国拥有庞大的粉丝基础，也在全球范围内引起了广泛关注和热烈追捧。同时，阅文集团还推出了100余部有声作品，如《庆余年》《择天记》等，这些作品通过声音的形式，让海外读者更加深入地感受中国网络文学的魅力。此外，《卿卿日常》和《田耕纪》等热门IP改编的影视作品也相继在海外电视台和主流视频平台上亮相，受到海外观众的热烈欢迎，展示了中国网络文学跨媒体传播的巨大潜力。

随着中国网络文学的全球化步伐加快，出海模式已逐步从内容的单向传播转变为多方联动、共建全球IP产业链的过程。阅文集团等相关企业在IP开发方面与来自美国、英国、印度、日本、韩国、泰国等多个国家的团队紧密合作，共同推动网络文学IP的多元化发展。例如，阅文集团与好莱坞知名影视公司合作，将《斗罗大陆》等作品改编为英文电影，并在全球范围内上映；同时，阅文集团还与日本知名动漫公司合作，将《狐妖小红娘》等作品改编为动漫，并在日本及东南亚地区播出。这种跨国合作不仅推动了中国网络文学IP的全球扩展，也增强了全球范围内的文化交流和互动。

中国网络文学IP生态的成熟，不仅为网络文学行业带来了更广阔的发展空间和更多的可能性，也为全球文化交流搭建了一个更加广泛且紧密的舞台。通过这些跨国合作，中国网络文学不仅丰富了全球文化市场的多样性，还促进了不同文化间的理解与包容。在这一过程中，中国网络文学的跨文化传播和IP开发不仅是文化对外传播的过程，也是文化自信的体现。

二 中国网络文学出海的机会优势

（一）中国政府对网络文学出海的政策扶持

中国政府对网络文学的海外传播给予了高度重视，并通过发布一系列政策文件，如《新闻出版署关于进一步加强网络文学出版管理的通知》和《文化和旅游部关于推动数字文化产业高质量发展的意见》，明确表达了对网络文学国际化发展的支持与鼓励。这些政策文件不仅为网络文学的海外传播提供了坚实的政策依据，还为其未来发展指明了方向，确保了网络文学出海的健康发展。政策的推动为行业创造了良好的环境，促进了中国网络文学在全球范围内的快速扩展。例如，在政策的支持下，阅文集团等网络文学巨头积极向海外拓展，成功将《斗破苍穹》《全职高手》等经典IP推向国际市场，并获得了广泛的认可和喜爱。这些成功案例不仅展示了中国网络文学的海外影响力，也进一步验证了政策措施的有效性和前瞻性。

为了进一步推动网络文学的海外传播，中国政府还设立了专项基金和奖励机制。这些措施旨在对那些优秀的网络文学作者以及在网络文学海外传播中做出突出贡献的企业和个人给予资金支持和表彰。这些措施极大地激发了创作者的创作热情，为行业发展提供了强大的动力，也有助于提升中国网络文学的国际竞争力。通过奖励机制，政府不仅鼓励更多创作者投入网络文学的创作与创新中，也为中国文化的全球传播提供了源源不断的创意和内容支持。此外，这些措施还促进了网络文学生态系统的健康发展，推动了跨国文化交流和全球市场的互动（见表1）。

表1 中国网络文学领域代表性奖项

名称	主办机构	性质	获奖作者及作品（部分）
华语文学传媒大奖·网络作家奖	《南方都市报》《南都周刊》	全国性	猫腻《庆余年》

续表

名称	主办机构	性质	获奖作者及作品（部分）
中国网络文学影响力榜	中国作家协会	全国性	柳下挥《火爆天王》 赵熙之《古代贵圈》 邵珠《战鼎》
茅盾新人奖·网络文学奖	中华文学基金会	全国性	唐家三少《斗罗大陆》 酒徒《盛唐烟云》
天马文学奖	上海市新闻出版局、 上海市作家协会、 中共上海市虹口区委宣传部	地方性	爱潜水的乌贼《诡秘之主》 志鸟村《大医凌然》
"金熊猫"网络文学奖	成都市互联网文化协会	地方性	木浮生《世界微尘里》 靡宝《歌尽桃花》

资料来源：作者根据公开资料整理。

（二）中国网络文学具有庞大且优质的内容库

中国网络文学庞大的内容库是其出海过程中不可忽视的核心优势。截至 2023 年，中国网络文学作品总量累计达 3458.84 万部，同比增长 7.93%①，充分彰显了这一产业的蓬勃发展态势和持续增长的创作活力。这一庞大的内容库为中国网络文学在全球范围内的传播提供了坚实基础，从数量上显现出强大的竞争力。而从内容角度看，中国网络文学作品题材丰富多样，从玄幻的奇幻世界到武侠的刀光剑影，从都市的现代生活到言情的细腻情感，广泛的领域覆盖了不同文化背景下读者的多样化阅读需求，为其全球吸引力奠定了基础。

不仅如此，中国网络文学的优势不只体现在题材的广泛性上，更体现在每个题材领域中精品之作的质量与受欢迎程度。如表 2 所示，以玄幻类作品为例，《斗破苍穹》以其天马行空的想象和引人入胜的故事情节，成功塑造了一个充满奇幻色彩的世界，让读者为之痴迷。在武侠类作品中，《笑傲江湖》以其侠骨柔情的江湖恩怨，展现了武林中人物的恩怨情仇，让读者感受到了武侠文化的独特魅力。而在都市类作品中，《全职高手》则以其贴近

---

① 中国音像与数字出版协会：《2023 中国网络文学发展研究报告》，2024 年。

现实的生活场景和人物塑造，展现了电竞行业的艰辛与荣耀。这些作品以其独特的魅力和深刻的内涵，成功跨越文化和语言的界限，赢得了海外读者的广泛认可和喜爱。庞大的内容库、题材的全面性以及精品的丰富性为中国网络文学出海提供了坚实的作品基础。

表2 中国网络文学题材及代表作

题材类别	代表作
玄幻	《间客》《斗破苍穹》《诛仙》
武侠	《雪中悍刀行》《笑傲江湖》《英雄志》
都市	《全职高手》《繁华》《致我们终将逝去的青春》
言情	《步步惊心》《第一次亲密接触》《何以笙箫默》
历史	《明朝那些事儿》《庆余年》《家园》
科幻	《三体》《地球纪元》《吞噬星空》

资料来源：笔者根据公开资料整理。

（三）中国网络文学有着强大的 IP 开发潜力

中国网络文学凭借其丰富的情节构建和鲜明的人物塑造，成为改编为多元内容产品的理想素材。这一特质不仅吸引了大量读者的关注，也为 IP 的多元化开发奠定了坚实的基础。例如，《庆余年》通过错综复杂的权力斗争和跌宕起伏的情节发展，展现了丰富的故事层次，个性鲜明的人物塑造给许多读者留下了深刻印象。正是这种叙事和人物上的出色表现，使其改编作品备受瞩目。《庆余年》不仅被成功改编为电视剧，还在海外市场取得了显著成绩。2024 年 5 月 16 日，《庆余年 2》在腾讯视频和 CCTV-8 开播。开播仅 25 个小时，便创造了腾讯视频站内开播热度值最快破 33000 的纪录。海外反响同样热烈。在 Disney+平台上，该剧成为来自中国大陆的最热剧集。此外，《庆余年》的 IP 开发还延伸到了游戏、有声书、盲盒、专题卡牌等多个领域。例如，由阅文好物携手腾讯视频及 Hitcard 精心打造的正版卡牌，其市场反响之热烈超乎预期，在开播前订货销量就突破 2000 万张[①]。同样，

[①] 王佳佳、李世娟：《〈庆余年〉IP 运营策略分析》，《中国数字出版》2024 年第 2 期。

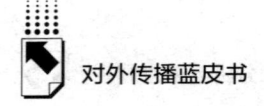

另一部经典作品《诡秘之主》也在IP开发领域表现突出。其庞大的故事体系和独树一帜的内容调性，为IP开发提供了多样化的可能性。阅文集团为《诡秘之主》成立专项IP开发团队，推出了互动主题网站"卷毛狒狒研究会"，集成了查资料、二次创作和书评交流等功能，为粉丝提供了高度互动的参与体验。此外，不论是喜马拉雅播放量超12亿次的王牌有声书，还是快手旗下自研游戏厂牌"弹指宇宙"开发中的《代号：诡秘》，《诡秘之主》的衍生作品都延续了原著独树一帜的内容调性[1]。

中国网络文学作品的庞大粉丝群体是推动IP市场繁荣发展的重要力量。这些粉丝不仅是文学作品本身的忠实消费者，更是推动IP衍生品市场繁荣发展的重要力量。以《魔道祖师》为例，该作品的粉丝群体不仅热衷于阅读原著小说，还积极购买与其相关的衍生产品，如漫画、音乐、棉花娃娃与联名饮品等。此前，沪上阿姨（新式鲜果茶品牌）联名《魔道祖师》动画推出龙年新品，3天累计销售破百万杯[2]。在各大IP官方授权的棉花娃娃淘宝店铺中，《魔道祖师》系列玩偶常位于店铺月销商品前列[3]。这种以IP为核心的粉丝经济不仅为作品本身带来了可观的收益，还为整个文化产业链的延伸和拓展提供了强大的动力。中国网络文学作品的粉丝群体具有高度的忠诚度和消费能力，他们愿意为喜爱的作品及其衍生品买单，这为中国网络文学IP的国际化运营和商业化开发提供了广阔的市场空间。

从以上案例可以看出，中国网络文学IP开发的成功离不开优秀作品本身的吸引力及其庞大粉丝群体的支持。在全球文化市场竞争愈发激烈的背景下，中国网络文学以其独特的内容魅力和多层次开发策略，不断扩大其国际影响力。

---

[1] 《〈诡秘之主〉的2024：从中国"顶流"到全球爆款》，https://mp.weixin.qq.com/s/SYSEMsLpxa5JRdMRmTz5Eg，2024年11月22日。

[2] 《当热门动漫IP成为玩具的"风火轮"，年轻人追着"为爱付费"》，https://mp.weixin.qq.com/s/KgN3CbWXZJN-18qF8oCoxw，2024年12月13日。

[3] 《6月IP衍生品榜：〈魔道祖师〉玩偶热卖 原神手办独占3席》，https://mp.weixin.qq.com/s/KzE5VzKu-W07JWxJ1GgqtQ，2023年7月6日。

三 中国网络文学出海的瓶颈与风险

（一）知识产权保护薄弱

盗版问题已成为中国网络文学在全球化过程中面临的主要障碍之一。权威统计数据显示，在全球书籍和文学网站流量排名前100位的网站中，存在侵权盗版风险的网站占据了半数以上，比例高达55%[①]。这意味着，每两个受欢迎的文学站点中，就有一个可能涉及盗版问题。以网络文学英文作品为例，起点国际作为面向海外的重要网络文学平台，其排名前100位的热门翻译作品在海外遭遇的盗版情况尤为突出。在海外用户流量排名前10位的英文盗版网络小说站点中，这些热门作品的侵权盗版整体比例高达83.3%[②]，广受欢迎的《诡秘之主2：宿命之环》《御兽进化商》《全属性武道》等作品都面临着盗版问题。这意味着，绝大部分读者可能在未经授权的情况下，通过某些站点阅读到了本应付费的正版内容，极大地损害了原创作者和版权方的利益。

盗版问题不仅在规模上令人担忧，更在操作层面上极具复杂性。一些海外盗版网站通过技术手段，在正版小说章节更新后几乎瞬间"秒盗"内容，迅速将其上传至盗版平台。这种效率极高的侵权行为不仅让版权方疲于应对，也显著增加了取证和维权的难度。此外，针对盗版的维权行动还需应对多国复杂的法律和文化环境。例如，不同国家和地区在网络版权保护方面的法律体系、执法力度和市场规范差异巨大。在部分国家，网络版权的法律界定较为模糊，执法难度较高，一些盗版网站通过频繁更换域名和服务器的方式规避法律追责，使得追踪和取缔盗版内容的工作难上加难。

盗版问题的危害不仅体现在对原创作者收入的直接损害，更对中国网络文学的国际化形象和行业生态产生了深远影响。大规模盗版行为削弱了用户

[①] 徐耀明：《"网文出海"背景下海外版权保护研究》，《版权理论与实务》2024年1月。
[②] 同上。

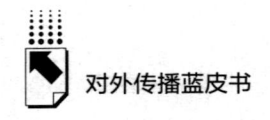

对正版渠道的认知和依赖，使优质内容创作的商业模式难以持续。同时，盗版内容未经官方翻译审校，往往会出现质量不佳或内容失真的问题，进一步影响了海外读者对中国网络文学的印象和认可度。更为重要的是，这种损害并不仅限于文学作品本身，还可能波及整个IP产业链的发展，包括影视、游戏和周边衍生品的商业化运作。

盗版问题虽是中国网络文学"走出去"过程中无法回避的痛点，但也成为行业提升版权保护能力、优化全球运营模式的重要契机。通过技术创新、国际协作和用户教育，中国网络文学不仅可以有效应对盗版威胁，还能在全球版权保护领域树立标杆。同时，解决盗版问题也是保护中国网络文学原创力和国际竞争力的必然要求。

（二）题材较为"同质化"

当前中国网络文学在海外市场上的题材选择呈现明显的集中趋势，主要集中于言情小说和幻想小说两大类别。这两类题材分别主导了女频文和男频文的市场，形成了鲜明的类型化特征。女频文主要包括古代言情、现代言情、玄幻言情和浪漫青春等。其特点是多以女性角色为主角或直接用第一人称"我"从女性的视角出发来开展剧情，内容多以霸道总裁、穿越、言情、纯爱等为主题。男频文可分为两类：一是玄幻修仙的热血文；二是后宫种田文。特点是以男性角色为主角或以第一人称"我"从男性视角出发来讲述剧情，内容多是讲述男主由弱变强的成长历程，侧重叙述男主的人生理想和事业实现的过程，而对于男主感情生活的细腻描写较少[1]。

玄幻、言情占主导的现象与国内网络文学市场的热门趋势一致。以阅文集团为例，其旗下海外平台Webnovel上的热门作品大多为这两大题材，如玄幻小说《逆天邪神》、言情小说《神医凰后》，在海内外均拥有庞大的粉丝基础，显示了这些题材的全球吸引力。然而，这种题材的过度集中可能导

---

[1] 陈彩银：《基于男频文和女频文的网络文学IP差异化开发模式探究》，《新媒体研究》2020年第15期。

致海外读者对中国网络文学的认知局限于某些特定类型，难以全面领略中国文化的丰富多样性和深度。部分海外读者可能会误以为中国网络文学的核心内容仅限于仙侠、武侠和浪漫爱情等传统"特色"题材。这种片面的认知可能引发文化误解。例如，有读者可能会认为中国文化仅关注神秘主义、武侠精神或浪漫爱情，而忽视了其中同样重要的元素，如儒家思想、道家哲学、历史传承以及现代社会的发展。这种刻板印象不仅可能限制中国网络文学的全球传播深度，还可能影响中国文化的整体国际形象。

此外，海外读者的阅读偏好在不同地区间还呈现显著的地域性差异。例如，武侠玄幻题材的中国网络文学在欧洲、北美拥有广泛受众群体。当前，最知名的中国网文翻译网站之一"武侠世界"，自2014年创站以来读者与译者与日俱增，到2021年，其日均独立访问者的数量已经达到97.92万人次，其中40%来自美国，欧洲用户也占据较大比例[1]。尽管如此，海外读者对于多样化题材的需求依然强烈，他们期待能够接触到更多元化的中国网络文学作品，以满足不同文化背景下的个性化阅读需求。比如，东南亚市场就对融合了当地文化元素的都市题材以及中国古代题材表现出浓厚兴趣[2]。因此，中国网络文学在海外的发展需要突破题材集中化的局限，针对不同地区的读者偏好进行差异化创作与推广，更好地满足不同文化背景下的个性化阅读需求，也有助于提升作品的吸引力和市场竞争力。

（三）文化差异带来的"水土不服"

中国网络文学在出海过程中因地域文化差异、语言文字局限和接受习惯的不同，常常面临"水土不服"的问题。这些问题不仅影响作品的传播效果，也对中国文化的国际化表达提出了新的要求。翻译不仅是语言的转换，更是文化的传递。中国网络文学中蕴含的丰富文化元素和特定的社会背景知

---

[1] 《中国网络小说，已经在国外封神了》，https：//mp. weixin. qq. com/s/iyhttPdqMx－81834ssUGhg，2021年2月8日。
[2] 何弘：《东亚、东南亚网络文学发展状况——以日、韩、泰为例》，《网络文学研究》2024年第1期。

识，在翻译成外语时难以完全传达。例如，一些具有中国特色的文化名词和概念，如"武侠""仙侠"等，在翻译成英文时，很难找到与之完全对应的词汇，这使原作中独特的文化意蕴可能被弱化甚至消失。一些直译方式虽然保留了原词的形式，却可能因缺乏背景解释而让读者难以理解。例如，"武侠"直译为"martial hero"，虽然表面上合乎字面意义，但难以传递"侠"这一概念所承载的正义、仁义与牺牲精神的深层内涵。这种文化传递的缺失在一定程度上削弱了作品的吸引力，也可能导致中国网络文学在海外读者中的文化"陌生感"。

同时，文化背景的差异往往塑造了不同地区读者的价值观，这使中国网络文学所表达的价值观在某些国家或地区可能与当地读者的认知产生冲突。以武侠题材小说为例，这些作品往往以中国古代江湖为背景，讲述了武林高手的传奇故事，其中蕴含着对正义、友情、爱情等价值的追求。然而，在某些海外读者眼中，这些价值观可能过于理想化，且与西方个人主义的价值观相冲突。比如，"侠之大者，为国为民"这一体现了集体主义的武侠精神，在西方文化中可能难以找到完全对应的表达，即使强行翻译，也可能因为文化差异而导致误解或歧义。这种价值观的碰撞，不仅可能降低海外读者对作品的认同感，还可能阻碍中国文化的深层次传播。

中国网络文学出海所面临的"水土不服"问题，既是文化差异带来的挑战，也是推动中外文化交流的契机。在这一过程中，中国网络文学需要在保留文化独特性的同时，积极寻求与海外读者的情感共鸣与价值认同。这不仅需要创作者、译者和平台的共同努力，还需要通过跨文化交流与合作，推动中国文化的多维度传播与深入理解。

（四）商业模式创新不足

虽然付费阅读模式仍然是海外网络文学平台的主要收入来源，但如何在这一基础上探索多元化的盈利模式，以适应全球不同市场的用户阅读习惯和支付能力，已经成为中国网络文学企业在出海过程中的重要挑战之一。例如，在一些经济条件相对落后的地区，用户对付费阅读的接受度较低，他们更倾向于寻找免费或低成本的内容。这对以付费阅读为主要收入来源的网络文学企业形成了不小的压力。对此，阅文集团旗下的起点国际采取了"免费+付费"的混合盈利模式①。这种策略通过提供部分免费章节吸引用户，再通过广告植入、会员订阅等方式实现盈利，不仅满足了用户对免费内容的需求，也为企业创造了新的收入来源。此外，对于用户付费意愿较低的市场，这种模式可以降低进入门槛，逐步培养用户的付费习惯。在一些经济较为发达但付费阅读文化尚未普及的地区，如东南亚，中国网络文学企业采取了更加本地化的创新策略。例如，与当地电信运营商合作推出手机话费支付功能，通过降低支付门槛提升用户的付费转化率。这种便捷的支付方式不仅提升了用户体验，也在一定程度上避免了因传统支付渠道不便而导致的用户流失。然而，盈利模式的创新不应仅局限于现有的"免费+付费"模式，还可以探索更多的可能性。例如，通过 IP（知识产权）开发将网络文学作品拓展到影视、游戏等领域，或者结合电商模式，将文学作品中的文化元素转化为实体商品进行销售。这种多元化的发展路径，不仅有助于提升企业收入，也能够进一步增强中国网络文学的品牌影响力和文化传播力。

在全球范围内推广中国网络文学，需要面对文化差异和市场竞争的双重挑战。以欧美市场为例，当地主流的文学平台和娱乐内容已经形成较高的市场垄断效应，中国网络文学要在这一市场中分得一杯羹，需要通过大量的市场投入和差异化策略来提升自身的竞争力。因此，中国网络文学在出海过程中，不仅需要因地制宜地探索多元化的盈利模式，还需要应对文化适应和市场竞争带来的诸多挑战。通过"免费+付费"模式的优化、支付方式的本地化创新以及 IP 开发的多维度探索以更好地满足不同市场用户的需求。同时，通过精准的市场推广和有效的用户维护策略，企业进一步提升中国网络文学的国际影响力。

---

① 吉云飞：《"起点国际"模式与"Wuxiaworld"模式——中国网络文学海外传播的两条道路》，《中国文学批评》2019 年第 2 期。

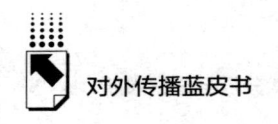

四 中国网络文学出海的新发展趋势

（一）AI 赋能网络文学翻译

近年来，AI 翻译技术的飞速发展为中国网络文学走向国际市场注入了新的动力。这一技术的引入显著提升了翻译效率和内容传播速度，为网络文学在海外市场的快速扩张提供了强有力的支持。相较于传统的人工翻译，AI 翻译在处理大规模文本时表现出更高的速度和更低的成本。据行业数据，对于一篇 1000 字的网络文学内容，人工翻译可能需要 1 小时，而 AI 翻译则能在 1 秒内完成，这种效率上的提升极大地缩短了翻译周期，加快了作品海外上线的速度。同时，AI 翻译的成本远低于人工翻译，以 100 万字为例，专业人工翻译的费用可能高达 20 万元，而 AI 翻译的成本则不足 1000 元，这使得网络文学企业能够以更低的成本输出更多的作品，进一步扩大了海外市场的覆盖范围①。

在提升翻译效率和降低成本的同时，AI 翻译技术还在不断优化翻译质量，以满足海外读者的阅读需求。为了提升翻译的准确性和流畅性，行业领军企业，如阅文集团等，对 AI 翻译模型进行了针对性的"专项训练"，通过引入优秀的译本、经典网络文学原作以及标准核心词库等语料，显著提升了 AI 翻译模型的学习能力和翻译质量。为了进一步提高翻译的准确性，起点国际等平台还推出了"用户修订翻译"功能，允许读者在阅读过程中对 AI 翻译进行即时编辑和修正，这种用户参与的翻译优化机制，不仅提高了翻译的准确性，还增强了海内外用户的参与感和满意度，为中国网络文学在全球市场的传播与发展注入了活力。

尽管 AI 翻译技术带来了诸多益处，但其应用也面临一定的挑战。比如，

---

① 《人工智能翻译助力网文"一键出海"》，《光明日报》，https：//tech.cnr.cn/techyw/kan/20240106/t20240106_526549282.shtml，2024 年 1 月 6 日。

AI翻译在处理带有强烈文化内涵的词汇和句式时，仍可能存在语境理解偏差或表达不够自然的问题。此外，部分读者对纯AI翻译文本可能仍有"机械化"的印象，对高质量人工译文的需求依然存在。为此，未来的技术发展需要在技术驱动与人工优化之间寻求平衡，通过AI辅助人工翻译或以人工审校为补充，实现翻译质量与效率的双赢。

（二）全球共创，突破文化和市场的界限

当前，中国网文出海正在逐步迈向全球共创的新阶段。这一趋势不仅表现在网络文学作品的国际化传播和阅读上，更体现在创作、交流和合作层面的多样化发展上。这种全球共创模式不仅推动了中国网络文学的国际影响力，也在文化交融和创作创新方面展现了巨大潜力。在创作层面，中国网络文学企业积极搭建平台，吸引海外作者参与创作，丰富了中国网络文学的多样性和文化内涵。以起点国际为例，该平台已经培养了约40万名海外网络作家，这些海外作者的加入为中国网络文学带来了新的视角和创意，不仅丰富了中国网络文学的题材和风格，也为中国读者提供了了解海外文化和思想的窗口。在合作交流层面，中国网络文学的全球共创还体现在IP开发的国际化趋势上。如今，中国网络文学企业已不再局限于国内市场的IP转化，而是积极寻求与海外影视、游戏、出版等产业的深度合作。例如，通过与国际知名影视公司或游戏开发商的联手，网络文学IP得以通过多样化的媒介形式传播至全球各地，从而覆盖更广泛的受众群体。这不仅提升了网络文学IP的商业价值，也助力中国文化元素融入更多元的艺术表达中，增强了国际市场对中国网络文学的认可度。

为了更好地推动全球共创，中国网络文学企业和海外合作伙伴不断探索新的合作模式和途径。一方面，通过举办全球性的征文、创作营等活动，吸引海外作者参与中国网络文学的创作，同时也为中外作者提供了一个交流和学习的平台。例如，2021年由起点国际主办的征文大赛Webnovel Spirity Awards（WSA）就收到了来自海外的大赛参与者提交的近8万部网络小说。另一方面，中国网络文学企业通过建立海外创作基地、合作研发翻译工具等

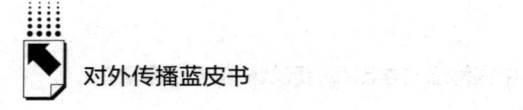

方式，降低语言和文化障碍，促进全球创作力量的整合和协作。2022年，阅文旗下海外门户起点国际联合新加坡国立大学、新加坡南洋理工大学发起的"2022全球作家孵化项目"，在内容储备、编辑培养、资源整合等方面进行全线升级，进一步激活了网络文学创作者生态①。

中国网络文学的全球共创趋势反映了文化交流与产业合作的深化。通过吸引全球创作者参与、加强国际IP开发以及搭建多元合作平台，中国网络文学正在突破文化和市场的界限，形成一个真正的全球化创作网络。然而，这一进程也面临着诸如文化融合难度、内容品质保障等问题的挑战。未来，随着技术的进步和跨文化理解的加深，中国网络文学的全球共创模式有望在"内容多样性"和"文化传播力"两方面取得更加均衡的发展，从而为中国文化的国际传播和产业全球化做出更大贡献。

（三）社交共读，加深与海外受众的互动

社交共读正逐步成为中国网络文学国际化发展的重要趋势，这一模式不仅加深了海外用户与中国网络文学作品的互动，也推动了中国文化在全球范围内的传播与影响。在起点国际等平台上，诸如《斗破苍穹》和《全职高手》等热门作品引发了海外读者的热烈讨论，形成了活跃的网络文学社区。在这些社区中，读者不仅分析剧情发展、点评人物形象，还分享对作品中蕴含的中国文化元素的独特见解。例如，《全职高手》不仅吸引了众多电竞爱好者，还在无形中传播了中国电竞文化的精神与发展。而《庆余年》则通过其对儒家、道家思想的演绎，成为跨文化交流的生动范例。这种基于网络文学的文化对话，有力促进了中国传统与现代文化在国际层面的多维传播。

社交共读的价值不仅体现在读者之间的互动，也在于它为作者与读者之间构建了一座沟通的桥梁。在作品创作过程中，这种直接的互动机制极大地

---

① 《阅文启动"2022全球作家孵化项目"！"00后"成海外网文创作绝对主力》，https：//baijiahao.baidu.com/s？id=1724546004250046770&wfr=spider&for=pc，2022年2月12日。

推动了内容优化和创新。例如，《诡秘之主》和《凡人修仙传》的创作中，作者们积极采纳读者的意见，根据反馈对情节、设定进行了针对性的调整。这种良性互动不仅提升了作品的质量，还激发了作者的创作热情，使作品更贴近读者的期待和兴趣，增强了读者的黏性与忠诚度。同时，读者的热情也催生了丰富的同人创作。例如，《与凤行》的海外粉丝创作了大量多样化的同人作品，从再创作的小说到手绘插图，甚至改编为短视频，这些同人作品进一步延展了原作的内涵和外延，为中国网络文学赋予了更深层次的文化表达。

社交共读还具有重塑网络文学生态的潜力。通过读者社区的讨论与传播，许多原本小众的题材和作品获得了更多关注，突破了传统市场对题材类型的限制。例如，一些具有浓厚地方文化特色的作品，借助海外社交媒体的广泛传播，被更多读者接受和喜爱。这不仅拓宽了网络文学的创作边界，也反映了全球读者对不同文化和叙事方式的兴趣。此外，社交共读的讨论机制还能帮助企业准确把握用户需求，为市场运营与内容推广提供有力支持。这种动态反馈体系为网络文学企业在海外市场的持续发展奠定了基础。

（四）产业融合，拓展网文出海的商业化路径

中国网络文学正在积极拓展国际市场，通过与多个产业的深度融合，共同打造全球性的 IP 生态体系。这一趋势既体现了中国网络文学在国际化道路上的创造力和适应力，也为文化传播提供了重要抓手。

在跨媒介内容开发方面，中国网络文学与影视、游戏、动漫等行业的合作日益紧密，成功实现了从文学文本到多元化产品的转化。例如，知名网络文学作品《凰权》改编的电视剧《天盛长歌》，不仅在国内获得良好口碑，还成为 Netflix 首部以"Netflix Original Series"（Netflix 原创剧集）最高级别预购的中国古装大剧。这部作品被翻译成十余种语言，面向全球观众展示了中国古典文化的独特魅力。在游戏领域，阅文集团推出的首个自主海外发行的 IP 改编游戏产品《斗破苍穹：怒火云岚》，在马来西亚和印度尼西亚上

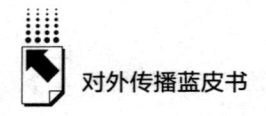

线后大获成功①，并在中国港台地区的 App Store 和 Google Play 下载榜中名列第一。这种基于网络文学 IP 的跨媒介开发，不仅拓宽了作品的传播路径，也增强了其国际影响力和市场竞争力。

同时，中国网络文学企业正在不断探索与其他行业的跨界合作，以扩展 IP 的应用场景并推动产业协同发展。例如，与旅游行业的合作催生了以网络文学作品为主题的旅游线路，为热门作品赋予了全新的体验形式。以《全职高手》为主题的圣地巡礼线路，吸引了大量电竞爱好者和小说粉丝前往打卡，不仅提升了当地旅游资源的价值，也加深了用户对作品的沉浸式体验。而在餐饮领域，网络文学 IP 也被创新性地融入主题餐厅的设计中，如《斗罗大陆》与蜀大侠火锅的联名餐厅，将粉丝对作品的热情转化为实实在在的消费行为，让用户在品尝美食的同时沉浸在奇幻的文学世界中。这些跨界合作的成功案例表明，中国网络文学正在通过与传统行业的联动，激发新的商业模式，拓宽其市场边界。

中国网络文学的跨产业融合发展不仅提升了其商业价值，还为中国文化的国际传播提供了强有力的载体。通过影视化、游戏化、文旅化等多元路径，中国网络文学正在构建一个立体化的文化生态，逐步走向全球市场。未来，随着 AI、VR 等技术的应用加速，网络文学 IP 的开发潜力将进一步释放，中国网络文学也将在更广阔的国际舞台上，展现其独特的文化魅力和市场影响力。

五 结语

中国网络文学出海已超越单纯的经济发展范畴，成为我国在西方强势主导国际话语权的背景下，增强国际传播效能、塑造文化自信的重要路径之一。随着海外市场规模的不断扩大，中国网络文学的读者群体与作者数量持

---

① 《行业观察 | 2023 阅文全球华语 IP 盛典播出 出海作品比例近七成》，https://mp.weixin.qq.com/s/VodYDeqs5qb02BYYHhcQXw，2024 年 2 月 8 日。

续增长，优质作品层出不穷，这不仅展示了中国文化的独特魅力，也为全球文学市场注入了新的活力。这一成就离不开中国政府对网络文学的政策支持、行业内强大的内容生产能力以及庞大而优质的内容库。同时，网络文学作品强大的 IP 开发潜力也在影视、游戏等领域展现巨大价值。然而，挑战依然存在。知识产权保护薄弱、题材同质化问题、文化差异带来的"水土不服"以及商业模式的多样化探索等，依旧是中国网络文学国际化进程的重要瓶颈。克服这些挑战，需要政府、企业、平台和行业从业者的通力合作。一方面，应加大知识产权保护力度，提升行业的规范化与可持续发展能力；另一方面，应推动作品题材的多样化创新，挖掘更多元的中国故事，满足不同文化背景下的阅读需求。此外，面对文化差异带来的传播壁垒，企业应进一步探索翻译的本土化策略和跨文化传播方法，以增强作品的全球适配性和吸引力。展望未来，随着 AI 翻译技术的应用和全球文学市场的数字化转型，中国网络文学的国际化进程有望进一步提速。AI 技术不仅能够显著降低翻译成本，还能提升作品本地化的效率和质量，为更多优质内容的跨文化传播铺平道路。同时，"全球共创"与"社交共读"等新趋势，也为中国网络文学出海提供了更多可能性。用户和作者之间的互动将更加紧密，作品开发也将更加注重全球读者的参与感。此外，随着网络文学与影视、动漫、游戏等产业的深度融合，中国网络文学在海外的影响力和市场潜力将持续扩大。中国网络文学不仅是文化交流的重要载体，更是一张展示中国文化软实力的"名片"。通过持续创新与优化发展路径，中国网络文学将不断突破文化、语言和技术的壁垒，为提升中国文化在国际上的影响力和认同度做出更大贡献。

参考文献

席正、陈志远：《中国文化走出去路径研究——基于网络文学海外传播的启示》，《采写编》2024 年第 2 期。

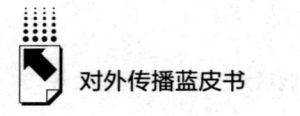

张伦、刘金卓、魏庆洋、吴晔：《中国网络文学跨文化传播效果研究》，《新闻大学》2024年第4期。

毛芹、刘益：《中国网络文学平台出海研究——以起点国际为例》，《出版参考》2023年第11期。

贾鹏峰：《论网络文学的价值》，东北师范大学，2013年。

蔡滢滢、吴小平、王勇：《新时代背景下利用网络文学讲好中国故事的策略研究》，《时代报告（奔流）》2024年第8期。

戴润韬、史安斌：《数智时代中国网络文学国际传播的发展趋势与创新路径》，《出版广角》2024年第11期。

洪长晖、徐雯琴：《网络文学"出海"的演进脉络、现实图景与突围策略》，《出版与印刷》2023年第3期。

郭瑞佳、段佳：《"走出去"与"在地化"：中国网络文学在泰国的传播历程与接受图景》，《出版发行研究》2022年第9期。

短 剧 篇

B.5 中国网络微短剧出海的现状与发展路径

王玉玮 周志博[**]

摘　要： 中国网络微短剧，作为数字文化出口的佼佼者，与网络文学、游戏并肩构成了中国文化出海的强大动力。近年来，其国际化进程既迎来了前所未有的机遇，也面临着诸多挑战。机遇在于庞大的潜在用户基础、不断提升的付费意愿与留存率，以及向国际市场尤其是东南亚地区市场的迅速拓展，同时，ReelShort等平台的崛起也塑造了竞争新格局。然而，文化差异与观众需求的适配、文化冲突与文化挪用的风险、内容监管与知识产权壁垒、技术适配与平台运营瓶颈及市场竞争与品牌建设难题等，均为出海之路增添了复杂性。为应对挑战，需从内容创新多元化、技术驱动传播、国际合作与人才培养、强化法律

---

[*] 本文系广东省哲学社会科学规划2024年度一般项目"广东省主流媒体短视频海外传播研究"（项目编号：GD24CXW04）的阶段性研究成果。
[**] 王玉玮，暨南大学新闻与传播学院教授、博导，主要研究方向为电视理论与实务、城市形象传播及媒介文化等；周志博，暨南大学新闻与传播学院，主要研究方向为电视理论与实务、城市形象传播及媒介文化等。

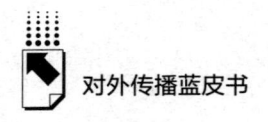

与伦理意识等多方面着手,深入挖掘全球观众需求,依托平台与大数据分析,促进跨国合作,加强知识产权保护,促进中国微短剧国际传播的稳健发展。

关键词: 文化出海 网络微短剧 内容创新 知识产权保护

作为数字文化出口的代表,网络微短剧、网络文学、网络游戏并称为中国数字文化出海的"三驾马车"。这种新型影视创作形式不仅迎合了当今时代碎片化信息消费的需求,还借助社交媒体和短视频平台的力量,推动全球文化传播迈向前所未有的高度。借力 TikTok、YouTube、Netflix 等全球性社交媒体及流媒体平台,中国网络微短剧已然突破地域界限,在海外市场积极探索,并已经形成一定的产业化基础①。

网络微短剧的全球化传播并不仅是简单的文化传播,更是跨文化互动与融合的动态过程。在这一过程中,各国观众对内容的多样化需求反过来推动了创作者的创新。中国网络微短剧在出海过程中不断尝试融入当地文化元素,同时保持自身文化的独特性。这种"文化适配"策略不仅使剧集能够贴近海外观众的审美,还通过文化碰撞创造了新的叙事模式和表达形式。《总裁的契约妻》(The CEO's Contract Wife)、《乖萌甜心带球跑》、《我死后的第三年》等微短剧通过民族化的改编和创新,逐步赢得了国际市场的认可。这种文化"走出去"的方式,不仅展现了中国文化的软实力,也促进了全球观众对中国数字文化的认可。

一 中国网络微短剧出海的新机遇

中国网络微短剧因其短小精悍、形式多样且贴近受众等特点,在国

---

① 何天平、李杭:《微短剧"出海"的产业化潜力及发展路径构想》,《青年记者》2024年第6期。

际市场上获得了广泛关注，并有望成为继美国好莱坞电影、日本漫画、韩国 K-pop、英国迷你剧之后，由中国创造的一种文化产品和文化现象①。根据市场研究机构 Sensor Tower 的最新报告，网络微短剧出海市场热度骤增，相比 2023 年 9 月，2024 年 2 月内购收入和下载量分别增长 280%和 220%。截至 2024 年 2 月底，已有多达 40 多款短剧应用试水海外市场，累计下载量近 5500 万次，内购收入达 1.7 亿美元。其中，ReelShort 贡献了短剧出海赛道 52%的下载量和 48%的收入，占据半壁江山。九州文化出海短剧应用 ShortTV 凭借在东南亚市场的卓越表现，上线仅 6 个月累计下载量排名已位列海外市场第二名②。这组数据表明，即使在欧美市场，中国微短剧也凭借题材的多元化与内容的高频更新，逐渐打开了用户的娱乐消费观念，而东南亚地区凭借文化相近性与内容成本优势，也成为微短剧产业布局的重要支点。

（一）潜在用户群体规模庞大，用户付费意愿与留存率均存在显著提升空间

短剧出海的内容模式大致可分为两类：其一是搬运国内既有视频，经翻译处理后上线推广；其二则是开展本土化剧本拍摄，以 ReelShort、GoodShort 等为典型代表。前者虽具备成本低廉的优势，但由于文化差异的客观存在，常常难以获得当地用户的认可与接纳；后者因深度贴合当地用户的喜好与需求，更有利于培育稳定且庞大的用户群体。网络微短剧出海的主要目的地为美国、东南亚、日本、韩国四大市场。其中美国用户付费能力最强，用户规模最大，市场产值也最高，占比约 64.8%，是各大头部公司的必争之地。正是因为美国市场的强付费能力，长时间攫取媒体关注度的都是"白人脸"翻拍的霸总、狼人、吸血鬼题材。出海微短剧采用"原创+译制"

---

① 张春、邓靓莺：《走向高质量发展之路：论微短剧创作热潮中的转型与突破》，《中国电视》2024 年第 11 期。
② Sensor Tower：《〈2024 年短剧出海市场洞察〉：40 多款出海短剧近一年内购收入 1.7 亿美元，〈ReelShort〉占据半壁江山，TikTok 成为爆款短剧的热门投放渠道》，https://sensortower.com/zh-CN/blog/state-of-bitesize-streaming-apps-2024-CN，2024 年 3 月 15 日。

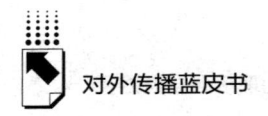

双管齐下的策略，既以注重贴地性的作品抢占核心市场，又通过对国产微短剧的大量翻译增厚内容储备①。当然如果从出海短剧的总体画像来看，国内爆款加配字幕的译制短剧更是主流。

（二）短剧的传播路径正从欧美地区逐步向更为广阔的国际市场延伸拓展，其中，东南亚地区在题材契合度与成本控制层面独具优势

相较而言，虽然针对欧美地区的短剧制作成本高昂，但当地观众对于精品内容却展现十分强烈的付费意愿。TikTok发布的《2024短剧出海营销白皮书》指出，美国短剧用户已初步形成订阅付费和按集付费的消费习惯。而东南亚市场文化差异较小，东南亚热门网文题材为都市生活、总裁虐恋等，和国内网文题材、国内短剧题材较为接近，同时短视频渗透率较高，受众对碎片化的内容接受力强，网络微短剧在当地可快速占有用户②。不过，东南亚市场的显著优势在于，其与中国文化差异相对较小，当地热门网文题材诸如都市生活、总裁虐恋等，与国内网文及短剧题材高度相近，同时，该地区短视频渗透率极高，有助于迅速抢占用户市场，实现规模化传播。

（三）短剧应用ReelShort在海外短剧市场一马当先，初步形成"一超多强"的竞争格局

中文在线旗下的短剧应用ReelShort曾力压TikTok，一举冲上美国iOS娱乐榜第1名，并将其他海外短剧平台远远甩在身后。据点点数据统计，截至2023年11月20日，ReelShort在全球63个国家和地区的娱乐应用免费榜单中成功跻身前十。究其原因，ReelShort微短剧的爆款传播充分利用了流媒体的短视频传播特点，独特的竖屏呈现延续了短视频碎片化的观影体验，

---

① 戴瑶琴、张晖敏：《出海微短剧的中国文化构型逻辑》，《中国电视》2024年第11期。
② 中国网络视听节目服务协会：《TikTok for Business发布〈2024短剧出海营销白皮书〉》，http：//www.cnsa.cn/art/2024/8/26/art_ 1955_ 45425.html，2024年8月26日。

吸纳了大量短视频的资深用户①。内容方面，ReelShort 主要走精品路线，往往采用"中国编导团队+海外编剧修改润色+海外演员+海外场景、服化道"的生产模式，即使存在周期长、成本高的弊端，也依旧能够推出质量有保证、爆款率较高的作品，例如 I Got Married Without You（《没你我也能嫁人》）、The Boss Affair（《老板的事》）等。国内其他短剧头部企业也陆续上线海外短剧平台，其中，ReelShort、GoodShort、DramaBox 专注于欧美市场，FlexTV 主要布局东南亚，而 99TV 则主要面向华语地区②。《中国微短剧行业发展白皮书（2024）》显示，2024 年 1~8 月 ReelShort App 内购收入为 7655 万美元，约合人民币 5.35 亿元，位居行业第二。此外，由点众科技运营的 DramaBox 和由九州文化运营的 ShortMax，都凭借译制短剧的批量上线，实现了海外营收的跨越式增长。这些企业具备国内短剧运营经验和海外网文出海经验，在内容库存、海外运营和内容平台方面都具备较大优势。③

二　中国网络微短剧出海面临的挑战

中国网络微短剧凭借其轻量化、趣味性和多元化的内容特点，在国内市场迅速崛起。然而，当这一新兴文化产品走向国际，并尝试在更广阔的文化语境中谋求发展时，却也面临着层层挑战。尤其在全球化语境下，网络微短剧如何平衡文化表达与观众需求，既保留本土特色，又有效融入海外市场，成为出海过程中亟待破解的关键难题。

---

① 龙小农、李芙蓉：《从 Netflix 到 ReelShort：流媒体平台全球传播模式分析》，《当代电影》2024 年第 11 期。
② 陆朦朦：《双循环新发展格局下数字文化产品国际化的驱动因素、适应困局与战略定位——基于国内短剧出海现象的观察》，《出版发行研究》2024 年第 4 期。
③ 国家广电智库：《〈中国微短剧行业发展白皮书（2024）〉发布八大主要发现》，https://mp.weixin.qq.com/s/SGnQu-CjB1XoNaIfA1fMfw，2024 年 11 月 7 日。

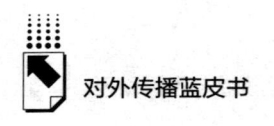

（一）文化差异与观众需求的适配

网络微短剧作为数字文化产品的典型代表，其传播的核心要义在于能否与观众达成深度的情感共鸣。鉴于各个国家和地区在文化背景、社会价值观、生活习惯以及审美趣味等维度均存在显著差异，这便要求网络微短剧在涉足全新的文化市场之际，务必竭尽全力去理解并尊重这些差异。尤其在全球化的复杂语境之下，单一固化的文化内容往往难以契合多样化的市场需求，故而，如何巧妙做到"因地制宜"，已然成为文化适配环节中的关键所在。

尽管中国网络微短剧在国内市场斩获了不俗的成绩，但倘若直接将原有内容照搬到海外市场，仍然会遭遇一系列传播障碍。比如，微短剧情节难以引发海外观众的共鸣、剧中蕴含的文化元素易遭误解，以及因审美差异而导致的传播阻碍等问题屡见不鲜。特别是那些融入大量传统文化元素的中国网络微短剧，在进军欧美市场时，适配难题尤为突出。比如，以"赘婿逆袭"为主题的短剧在国内市场确实取得了显著的成功，但是由于文化差异和海外观众对于"赘婿"身份的不熟悉，其在海外的反响并不如国内热烈。而《女婿的复仇》（Son in Law's Revenge）等海外短剧，虽然也涉及赘婿或类似身份的逆袭元素，但里面的演员以白人为主，其剧情设定和表现方式更符合海外观众的审美口味和文化背景。由此可见，文化适配绝非仅局限于内容的语言翻译层面，更为重要的是，要在充分尊重源文化的基础上，对创作内容进行针对性调整，使其全方位贴合海外观众的需求与理解模式。

（二）"文化冲突"与"文化挪用"的风险

在文化适配的精细化过程中，如何有效规避"文化冲突"或"文化挪用"现象，成为另一个不容忽视的关键议题。"文化冲突"（cultural conflicts），通常是指由于两种不同文化在价值观、行为规范或审美取向等方面存在显著差异，进而引发的冲突与矛盾。[①] 中国剧情表达的传统集体主义价值观，与西

[①] 田浩、常江：《桥接社群与跨文化传播：基于对西游记故事海外接受实践的考察》，《新闻与传播研究》2020年第1期。

方个人主义价值观时常形成鲜明对比，这种差异极有可能使欧美观众感觉不理解。《长风踏歌》是一部结合了战神形象和逆袭爽剧模式的网络微短剧，它以家国情怀为核心，展现了集体主义价值观中的忠诚与牺牲，书写了一段英雄归来的壮丽史诗。该剧中强调的集体主义精神和家国情怀，并不符合西方社会强调个人主义的价值观念与文化氛围。同样，由于国外观众对"男频网络文学"的陌生，众多以赘婿、龙王、战神等男性角色为主的国产微短剧在海外市场的表现并不理想。

"文化挪用"现象是指在未给予充分尊重与深入理解的前提下，对一种文化的元素进行随意借用或不当改变，这极有可能导致文化被歪曲、冒犯。比如，部分网络微短剧在创作过程中，可能会贸然借用其他文化的符号、服饰、语言等元素，却并未正确领悟其背后蕴含的深厚文化背景，如此行径极易引发海外观众的认知偏差，对自身品牌形象造成难以估量的损害。在文化全球化的浪潮中，网络微短剧若想实现海外市场的深耕拓展，就必须审慎对待文化差异，规避潜在风险，以实现跨文化传播的可持续发展。

（三）内容监管与知识产权的壁垒

随着网络微短剧出海步伐的加快，不同国家和地区的内容监管政策成为一道亟待跨越的关卡。然而，网络微短剧由于其制作成本低、内容轻量化、传播分众化等特征，其内容监管的复杂性也很突出。一方面，不同国家和地区的文化背景、法律法规、社会价值观等存在显著差异，使微短剧在出海过程中难以适应各地的监管要求。欧洲部分国家对涉及宗教元素的呈现有着严格细致的规定，要求必须尊重并遵循正统教义阐释，避免不当演绎引发宗教争议。在中东地区对于性别角色的刻画、情感关系的展现受当地宗教习俗和社会规范限制颇多。微短剧内容一旦触犯这些禁忌，便可能面临下架甚至法律追责。另一方面，一些微短剧为了吸引眼球，往往采用夸张离谱的剧情和脱离现实的设定，这不仅侵蚀了主流价值观，也对网络传播秩序造成了冲击。甚至一些从业者将微短剧视为牟利的工具，故意降智和消费主义至上，导致剧情低俗、质量参差不齐。

同时，知识产权保护方面的合规挑战也不容小觑。由于微短剧的创作周期短、成本低、收益高，激发了大量创作者的热情，但同时也引发了侵权盗版问题的涌现。在社交平台上，微短剧的传播速度超乎想象，一部作品可能在短时间内被无数网友播放、点赞和分享。然而，由于内容上传数量庞大，监管机制相对薄弱，侵权行为时有发生，确权和维权难度较大。具体而言，知识产权的困境主要体现在以下几个方面。一是以原创之名进行抄袭、盗版。如未经许可、未支付报酬，直接盗用他人原创作品，甚至在剧集中添加自己的水印。二是未经许可下载他人微短剧作品，再以直播的形式播出，以此吸引流量，牟取私利。由于直播形式更加隐蔽，大大增加了权利人的维权难度。三是创作者对版权相关法律知之甚少，导致在面对作品被他人恶意盗用、篡改、二次创作，甚至商业化运用等情况时，无法找到有效的手段和途径维护自己的合法权益。以枫叶互动推出的出海短剧应用ReelShort为例，该平台自2022年8月上线以来，在欧美市场迅速崛起，推出了《我的天命狼人首领》《百亿丈夫的双重生活》《总裁契约妻》等众多爆款短剧。然而，随着影响力的不断扩大，其也面临着越来越多的知识产权纠纷。一些不法分子利用技术手段盗取、篡改其作品，甚至以直播的形式进行非法传播，严重损害了创作者的合法权益。

（四）技术适配与平台运营的瓶颈

人工智能生成内容（AIGC）技术虽然发展迅速，但在微短剧制作中的应用仍处于探索阶段。技术的成熟度和稳定性直接影响微短剧的制作质量和观众体验。例如，AI生成的角色形象、对话和情节可能存在不连贯、生硬或缺乏真实感的问题，这会影响观众的观看体验。一技术公司创意总监曾坦言："这一年不知道写了多少提示词，提示词的插件还是会搞死我""要让人类的语言反过来让AI听懂，它再转换成你想要的东西，挺难的。"[1]

---

[1] 花城：《微短剧+AIGC，两火相加大于2不？》，https://mp.weixin.qq.com/s/r2J9y4zvo2B8j_9Jm4m_4w，2024年6月12日。

另外，海外运营平台的选择与合作也暗藏玄机。一方面，主流的国际社交平台与本土视频平台在算法推荐、用户引流、分成模式等方面规则各异，微短剧出海需要耗费大量精力去熟悉并适应这些规则，以争取更多曝光机会。在 TikTok 平台上，娱乐内容的推荐权重与话题热度、用户互动频率紧密相关，短剧创作者需要紧跟潮流趋势、策划互动环节，才能让作品脱颖而出。而在一些欧美本土视频平台，更注重内容的专业性、系列化，对微短剧的内容深度和连贯性要求更高。另一方面，与海外平台的沟通协调成本较高，因时差、语言障碍、文化理念差异等因素，在问题反馈、需求对接、款项结算等环节容易出现延迟或误解，影响项目推进效率。

（五）市场竞争与品牌建设困境

当下，网络微短剧出海赛道日益拥挤，不仅有来自中国同行的激烈角逐，欧美、日韩等传统影视强国也纷纷入局，利用自身在制作技术、明星资源、品牌积淀等方面的优势抢占市场份额。韩国凭借在偶像剧、奇幻剧领域的精湛技艺，推出一系列融合韩式浪漫与流行文化元素的微短剧，吸引全球粉丝追捧。欧美则依托好莱坞成熟的电影工业体系，打造出特效炫酷、剧情宏大的科幻微短剧，满足观众对视觉盛宴的需求。面对如此强劲的对手，中国网络微短剧既要保持本土特色，又要在制作质量、题材创新上实现突破，竞争压力巨大。在海外市场，多数观众对中国微短剧品牌认知度尚低，缺乏品牌忠诚度。一些小型出海团队的微短剧制作粗糙、内容低俗，破坏了整体行业形象，使中国微短剧在品牌塑造初期便遭遇信任危机。要树立起正面、高品质的品牌形象，创作者需要长期稳定地输出优质作品，加强品牌宣传推广，如参与国际影视展会、与海外知名媒体合作进行深度报道等。不过，这些举措都需要大量资金、人力投入，且短期内难以见效，考验着出海企业的战略定力与资源整合能力。

三 中国网络微短剧出海的提升路径

随着全球数字文化市场的迅猛发展，网络微短剧作为一种新兴文化传播

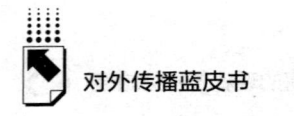

形式，显示出跨文化交流和全球传播的巨大潜力。为应对这些问题并抓住机遇，网络微短剧出海需从内容创新、技术赋能、国际合作及法律与伦理保障等多维度进行全面优化。

（一）内容创新与多元化：深度挖掘全球受众的文化需求

在2023年第十届中国网络视听大会上，国家广播电视总局网络视听节目管理司强调"网络微短剧创作，要微而不弱，以'小切口'讲好中国故事'大主题'；短而不浅，以'小体量'呈现中国人民'新群像'；'剧'有品质，让'微而精、短而美'引领行业高质量发展成为大方向"[1]。这要求未来网络微短剧出海在面临更加多元化的全球观众群体的情境下，需要不断优化产品质量，以满足中国国际传播任务的需求。由于不同地区、文化背景和消费习惯的观众对于内容的偏好各异，网络微短剧必须在创作中更加注重内容的多元化与创新性。

首先是做好细分市场与精准定位。TikTok和Facebook等平台的高频标签显示，欧美地区热衷于爱情、霸总、逆袭、复仇等主题。东南亚市场关注爱情、家庭和虐恋题材。东亚观众偏爱职场逆袭与复仇主题。这些偏好差异为中国网络微短剧提供了针对性内容开发的契机。成功案例如Goodshort，其面向不同语言区的热门剧集主题差异明显，如英语区偏向"甜蜜婚姻与契约爱情"，而日语区则在恋爱、财阀、闪婚的基础上增加隐藏身份、逆袭、复仇等标签，以"大小姐"为主题的剧本以及与女性处境相关的短剧流行一时。以印尼、泰国为代表的东南亚全员"恋爱"，架设CEO、百万富翁、总裁等"霸总"图谱，兼顾美丽女主、坚强女主等特色标签[2]。因此，选择出海的目标市场时必须对当地的文化特点和受众偏好进行详细地研究和分析，更加注重对观众群体的细分，通过精细化的市场定位，推出更符合各国观众需求的作品，实现本土文化转化与目标市场对接，提高全球传播效果。

---

① 孟艳芳、赵竞鹤：《创新扩散视角下网络微短剧发展逻辑探析》，《传媒》2024年第21期。
② 戴瑶琴、张晖敏：《出海微短剧的中国文化构型逻辑》，《中国电视》2024年第11期。

其次是多元文化的融合与跨文化创新。在文化全球化的背景下，单一文化元素的输出已难以满足不同市场的需求。网络微短剧的未来发展需要更加注重多元文化的融合与跨文化创新。中国传统文化（如传统节庆、民间故事）与现代都市生活、科技创新的结合，可为全球观众提供独特的叙事视角。在跨文化创新过程中，创作者需深入了解并尊重目标市场的审美与表达方式，避免文化误读。欧美市场可以采用类似《黑镜》的"科幻+社会隐喻"模式，借助中国智慧故事阐释普遍的社会议题。东南亚市场可以适当融入当地宗教、节日或生活方式，这不仅可以增强剧集的文化认同感，还能有效拓展受众群体。

最后是内容的本土化与文化适配。内容本土化是出海过程中不可忽视的重要环节。文化适配指的是在跨文化传播过程中，文化产品为了迎合不同国家和地区观众的情感需求、审美偏好和社会背景，而对内容、形式或表现手法进行的调整。对于网络微短剧而言，文化适配是其成功出海的基础。在现有的海外网络微短剧中，"霸总"题材往往是保障收视率和订阅率的"流量密码"。在 ReelShort 平台点击量近 2 亿人次的人气爆款 The Double Life of My Billionaire Husband（《亿万富翁丈夫的双重生活》），就是一部教科书式的古早"霸总"剧。剧中，女主堪称北美"陆依萍"，亲爹不疼后妈不爱，为救亲妈同意委身嫁给传言中又穷又丑的男主，结果她却发现男主竟拥有双重身份，最终喜提帅气多金的"钻石王老五"，逆袭翻身羡煞众人。"先婚后爱""替嫁""追妻火葬场""带球跑""甜蜜复仇""豪门恩怨"等席卷国内短剧行业的热门剧情，在出海后同样让老外疯狂上头。其中，诸如"逆袭""复仇"所带来的剧情反转也是编剧在微短剧的言情视域中常常采用的手段，以此将观众的情绪推向高潮，催化消费欲望[1]。在 Never Divorce a Secret Billionaire Heiress（《不要和秘密的亿万富翁继承人离婚》）中，丈夫在妻子隐瞒了亿万家产继承人的身份的前置剧情下背叛了婚姻，妻子在认清了丈夫虚伪的面目后，重归豪门，实现了自我价值，徒留丈夫追悔莫及。

---

[1] 戴瑶琴、张晖敏：《出海微短剧的中国文化构型逻辑》，《中国电视》2024 年第 11 期。

在与之类似的网络微短剧中,"爽"作为重要的情感取向,往往成为叙事核心,提供替代性满足①。值得指出的是,虽然都是"霸总"题材,由于国内外文化的不同,剧情方面其实也存在一定的差异,编剧和导演往往会出于贴近本土文化的目的,对"霸总"元素进行在地化的改造。②在以"中国爽文逻辑为骨,西方类型元素为肉"的模式下,出海网络微短剧实现了中西文化元素的巧妙嫁接,孵化出全球化时代数字文化消解文化边界、更新文化系统的新方式。③

(二)技术创新与传播路径:平台赋能与大数据分析的协同作用

一是积极探索 AIGC 技术变革网络微短剧生产与传播方式的可能。随着 AI 技术的迅猛发展,AIGC 凭借其显著的"技术生长、内容生长、交互生长"三大生长性特点,有望成为网络微短剧未来发展的新方向,丰富影视内容的多样性与创新性,促进文化产业的数字化转型与可持续发展。④ AIGC 可通过大数据模型为编剧和导演提供大量不同类型题材的剧本创意,甚至利用虚拟制作技术实现快速拍摄和后期制作。例如,基于 AIGC 的自动翻译与文化适配工具,可将剧集内容较精准地翻译为多语言版本,极大节省了网络微短剧制作的成本和耗时,并通过精准的数据分析捕捉观众喜好,在后期对受众圈层进行精准推送,提升传播效率。⑤

二是要加强平台多样化与全球化布局。网络微短剧出海需依赖更加多样化的传播渠道与平台布局。除了 TikTok、YouTube 等主流社交平台,网络微

---

① 龙小农、李芙蓉:《从 Netflix 到 ReelShort:流媒体平台全球传播模式分析》,《当代电影》2024 年第 11 期。
② 马琳、罗秉真:《中国微短剧的海外传播现状、进阶路径与趋势延展》,《电影新作》2024 年第 3 期。
③ 张国涛、李斐然:《网络微短剧:制播新态、内容新维与国际传播新貌》,《福建师范大学学报》(哲学社会科学版)2024 年第 4 期。
④ 赵晖、毕健蓝:《生成式媒介环境下 AIGC 微短剧的创新探索——技术驱动、融合创新与视听变革》,《当代电视》2024 年第 12 期。
⑤ 许波、李旷怡:《AIGC 与微短剧的融合与共生:技术驱动下的视听艺术探索》,《当代电视》2024 年第 12 期。

短剧出海还可探索与 Netflix 等国际流媒体的合作。尽管国内已有一些企业（如 ReelShort、DramaBox）在尝试构建国际化平台，但这些平台在商业模式和内容量上仍需优化。未来，通过自主平台和多渠道传播的结合，中国网络微短剧将能更广泛地触达全球受众，提升市场影响力。

三是推进大数据分析与精准算法推荐。大数据技术将成为提升网络微短剧全球传播效果的重要工具。通过平台的算法推荐，观众可以根据个人兴趣和观看历史，迅速发现与自己兴趣相关的网络微短剧内容。这种个性化的推荐机制将大大提高内容的传播效率，尤其是在全球观众之间的文化差异中，精准的推荐能够弥补文化适配上的困难。TikTok 的推荐算法通过数据分析和用户行为预测，将内容精准推送给潜在观众，使许多原创网络微短剧迅速传播并获得全球观众的关注。随着大数据技术的不断发展和完善，网络微短剧可以根据不同地区、观众年龄、观看习惯等多维度的数据分析，制定更精准的出海策略，从而更好地适应全球化的市场需求。

（三）合作共赢与国际化人才培养：跨国合作与全球人才的汇聚

一是跨国合作与共同创作。跨国合作将成为推动网络微短剧出海的重要途径。通过与海外平台、制作公司、文化创意团队的合作，不仅能够将中国的创意和制作能力带到全球，也能将海外市场的需求和资源带回中国，形成双向文化互动，提升内容的全球竞争力。中国的网络微短剧通过与 Netflix、YouTube 等平台的合作，不仅能够借助平台的技术和资源优势，还能获取海外观众的反馈，进行内容的优化和调整。联合制作的模式还能充分利用多方资源，跨文化团队共同参与制作，减少文化差异所带来的困扰。2021 年快手在巴西设立了短剧分区 TeleKwai，一集 2 分钟左右，里面是各种反转类型的微短剧，快手还跟巴西当地的一些内容制作商（比如 DR Producer）合作，每个月大概产出 125 个短视频，每天能拍 30~35 集。网络微短剧的国际化将更加依赖于类似的跨国合作模式，以实现内容的全球化传播与本土化创作的无缝对接。类似的跨国合作不仅扩大了中国文化的影响力，也为中国网络微短剧的全球传播提供了有力支持。

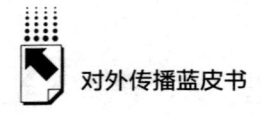

二是全球人才的汇聚与培养。为契合网络微短剧出海的蓬勃浪潮，构建一支汇聚全球人才的精锐之师迫在眉睫。一方面，要积极吸引海外专业人才投身于中国网络微短剧产业。从编剧领域来看，具有不同文化背景的编剧能够为故事注入多元视角，使剧情在保留中国内核的基础上，巧妙融入国际流行元素，如爱情题材融入西方浪漫主义叙事风格，冒险故事借鉴好莱坞式的紧凑节奏编排，让全球观众都能产生情感共鸣。导演人才同样关键，海外导演带来的独特拍摄手法与镜头语言，能为网络微短剧赋予全新视觉质感，像欧洲导演擅长的细腻光影运用、好莱坞导演拿手的大场景调度技巧，应用于网络微短剧创作中，或将提升作品的观赏性。在演员选拔上，开启国际化选角通道，吸纳各国优秀演员。这不仅能凭借他们的本土知名度助力作品打开当地市场，还能凭借其精湛演技精准诠释跨文化情境下的角色性格。一部以古代丝绸之路为背景的微短剧，选用中亚、西亚等地演员扮演沿线国家角色，配合中国演员展现商贸往来与文化交融，能生动还原历史场景，使作品天然具备国际亲和力。另一方面，着力培养本土具有国际视野的复合型人才。高校及专业培训机构应与时俱进，增设与网络微短剧国际化相关课程，涵盖国际文化研究、跨语言剧本创作、海外市场推广等模块。鼓励学生参与国际影视交流项目、网络微短剧海外实践创作营等，在实战中积累经验。行业协会与龙头企业需联手打造人才进阶通道，定期举办国际微短剧创作大赛，挖掘潜力新人，并为优胜者提供与国际团队合作的实习机会，让他们在国际合作前沿快速成长。

（四）增强法律意识与伦理观念：以知识产权保护激励文化创新创造

网络微短剧出海还将面临更加复杂的法律和伦理问题。尤其是全球范围内的知识产权保护问题，将直接影响到网络微短剧的创作和传播。如何在全球范围内有效保护原创作品，避免盗版和侵权，将是出海过程中亟待解决的问题。

一是全球知识产权的保护力度需要进一步加强。不同国家和地区的知识产权法律及其执行力度存在差异，盗版和内容侵权的风险始终存在。为了保护原创内容，中国网络微短剧应加强与国际版权保护机构的合作，确保作品在全球范围内的版权得到有效保护。同时，平台和制作公司也需要建立更完善的版权管理和维护机制，防止非法内容的传播。

二是跨文化传播需要特别注意文化尊重与伦理问题。网络微短剧出海的成功不仅依赖于内容的创新和本土化，还需要在文化表达上避免刻板印象和不尊重的行为。网络微短剧创作需要尊重其他文化的价值观和传统，避免对某些文化的误读或冒犯，将有助于增强作品的全球认同感。

作为中国文化产业走向全球的重要一环，网络微短剧出海面临着巨大的挑战与无限的机遇。未来的成功将依赖于内容的创新性、平台的精准选择、跨国合作的深度开展以及全球人才的培养等多方面的共同推动。通过技术创新、大数据分析、跨文化交流等手段，网络微短剧将在全球市场中发挥越来越重要的作用，成为全球文化交流的重要纽带。只有不断适应全球化潮流，尊重各国文化差异，创新性地将中国文化元素与世界观众需求相结合，网络微短剧才能真正走向国际舞台，成为全球文化产业的新生力量。

四 结语

网络微短剧的全球化传播与出海策略，既是中国数字文化产业走向世界的缩影，也是文化全球化进程中的一项重要议题。在数字技术与全球流媒体平台的赋能下，网络微短剧凭借其短小精悍、贴近生活且灵活传播的特点，不仅打破了传统文化传播的地域限制，也为全球观众提供了一种全新的文化体验。

网络微短剧从国内市场的爆发式增长到尝试跨越文化壁垒走向国际，其成功离不开内容的高质量创作、技术的不断革新以及对目标市场的深入理解。然而，网络微短剧的全球化传播并非一帆风顺。在内容创作上，如何在保持中国文化特色的同时，满足全球多样化的审美需求仍是一项挑战；在传播路径上，如何充分利用全球化平台的流量资源并规避文化误读与伦理争议亦是关键。在未来，网络微短剧的出海必须在文化适配与全球化传播之间寻求动态平衡：既要通过本土化策略强化与目标市场的情感连接，又要通过技

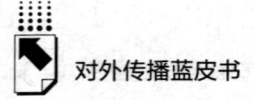

术创新和大数据分析精准定位目标观众。同时，知识产权保护和跨文化创作伦理的完善也将为其长远发展提供保障。

未来，网络微短剧有望成为中国软实力的重要展示窗口，为全球文化交流注入新动能。它不仅是中国数字文化产业的一张亮眼"名片"，更是推动全球文化共生与繁荣的重要力量。通过持续优化内容创作、强化国际合作、探索创新传播模式，网络微短剧将进一步巩固其在国际文化生态中的地位，为构建更加多元化、包容性的全球文化格局作出积极贡献。

B.6
中国微短剧出海的现状分析与未来展望

林嘉琳　侯少杰　刘伴*

摘　要： 本报告聚焦当前海外的热门微短剧作品，通过分析 ReelShort 与 DramaBox 等海外主流微短剧平台上不同类型微短剧作品的用户视听及互动数据，分析了当下微短剧传播的内容特征、传播效果以及存在问题。从剧集内容、视听结构与传播方式上来看，海外热播微短剧基本继承了国内微短剧的主要特征，即以"爽感"为主要精神内核，以算法推荐作为主要传播方式，以竖屏、浅焦及重音效作为主要视听语言；从题材选择上来看，以欧美社会为背景的豪门、爱情与逆袭等题材更易得到观众青睐，以中国社会为背景的短剧内容传播效果欠佳。与此同时，当前海外微短剧传播也存在着负面价值导向、内容同质化以及作品侵权等问题。一方面，海外微短剧发展仍拥有巨大潜力；另一方面，要使之成为我国对外传播的工具与桥梁也仍需对之进行规范与治理。

关键词： 微短剧　对外传播　"爽感"内核　文化出海

微短剧是指单集时长介于几十秒到 15 分钟左右、具有相对明确的主题、主线以及较为连续与完整的故事情节的剧集作品①，作为一种与移动互联网

---

* 林嘉琳，中山大学新闻传播学院助理教授、硕士生导师，主要研究方向为智能传播、媒介伦理与传媒法等；侯少杰，中山大学新闻传播学院，主要研究方向为媒介社会学与新媒体传播；刘伴，中山大学新闻传播学院，主要研究方向为互联网治理。
① 国家广电总局办公厅：《国家广播电视总局办公厅关于进一步加强网络微短剧管理，实施创作提升计划有关工作的通知》，www.gov.cn/zhengce/zhengceku/2022-12/27/content_5733727.htm，2022年11月4日。

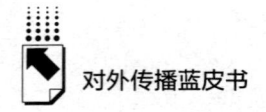

相伴而生的全新传播形态，自2018年诞生起就展现了强大的内容传播力。今日，微短剧不仅在国内平台的视频娱乐板块占有重要份额，亦在海外产生广泛影响。

微短剧出海主要有两种形式，一是将在国内已播出的微短剧向境外互联网平台进行二次发布与传播，这种行为也被称为微短剧的"搬运"；二是基于国内的网络小说文本，由国外创作主体在海外进行生产与传播。党的十八大以来，以习近平同志为核心的党中央大力推动国际传播守正创新，促进中华文化出海，党的二十大报告也明确指出，"加快构建中国话语和中国叙事体系，讲好中国故事、传播好中国声音，展现可信、可爱、可敬的中国形象"，中国微短剧在海外的持续高热度为实现高效的对外传播提供了抓手。然而，商业利益驱动下的微短剧出海在内容与规范层面也逐渐浮现出许多现实问题。如何更好地利用这一载体来实现有效的对外传播，并真正增进国际受众对中国文化、中国故事、中国观点的认同与理解，是一个亟须思考与讨论的问题。

一　中国微短剧出海的发展历程

中国创意产业的互联网出海历程可追溯至2017年的国产网络小说出海。以阅文集团为代表的出版企业通过在海外设置网站与付费平台，并通过建立较成熟的内容翻译与培训体系，将中国网文二次"搬运"到国外互联网。一反传统文学主角叙事方式的网络爽文一经出海即受到海外用户追捧，甚至在2020年掀起了一阵"中国网文热"。中国网文的成功出海为微短剧的海外传播做足了铺垫，如果说网文的出海像打开了一扇出海的窗子，那么微短剧的出海就可以说是打开了出海的大门，因为相较于文学作品，用户几乎不需要投入过多的时间去思考与理解，剧情、表演、台词与情境全部都能够成为视频的刺激点，因此微短剧的出海也带来了远超网络文学的影响与市场收益。

如本文开头所述，微短剧出海经历了从内容搬运到就地生产两个阶段。早期的内容搬运阶段是一个尝试性阶段，其时尚未出现专门负责海外传播的微短剧生产组织，也没有出现以微短剧为主要特色的内容平台。传播者往往是一些不知名的草根博主，他们出于个人爱好或实现盈利等动机独立进行字幕翻译，将国内视频平台上流量较高的短视频搬运到 TikTok 与 YouTube 等海外主流视频平台上。此类传播行为具有较强烈的随意性，所搬运内容更多是微短剧中情节较激烈或剧情的高潮部分，传播者或是将不同微短剧内容混合拼接，或是将国内电视剧片段进行剪辑并再包装，它们成为早期活跃在国际互联网上的另一类微短剧。这些内容高度碎片化、情节强烈煽情化的二次创作，使相关片段即使脱离原剧完整情节也能成功吸引受众，早期的微短剧出海也因此展现了较强的内容传播效果。

自 2022 年起，微短剧所蕴含的商机与传播潜力迅速得到重视，国内主要文娱企业纷纷开启了各自的微短剧出海战略，微短剧出海正式进入由专业组织主导的第二个阶段：就地生产阶段。2022 年 8 月，中文在线集团率先在海外上线微短剧视频播放平台"ReelShort"，随后以 FlexTV 与 DramaBox 为代表，一年之内，由中国企业所推出的各类微短剧平台如雨后春笋般纷纷涌现。以 ReelShort 为例，平台上线之初并未采取跨文化传播中的本土化策略，依然是如个体传播者一般将国内数据良好的微短剧进行字幕翻译并搬运，但纯粹的搬运与翻译并未取得较好的效果与收益，因此他们开始尝试探索更加本土化的生产与传播方式：一方面，使用海外拍摄班底与欧美演员；另一方面，在保留国产"爽文"剧本与内核的同时，采取更加贴近西方文化的复仇、吸血鬼、狼人等题材，从而生产出更容易为国外受众所喜爱的微短剧。

微短剧生产的本土化策略取得了巨大成功。公开数据显示，截至 2024 年 2 月，海外市场 40 多款微短剧的下载量已达 5500 多万次，内购收入达 1.7 亿美元，作为"领头羊"的 ReelShort 平台更是贡献了微短剧出海赛道 52% 的下载量与 48% 的收入份额，甚至在 2023 年 ReelShort 还曾超越 TikTok 成为 iOS 与 Andriod 系统应用商店 App 娱乐应用下载量榜首[①]。除此之外，

[①] 澎湃新闻：《"霸总"出海战绩如何：海外短剧市场迎十倍增长，国产剧译制成新方向》，m. thepaper.cn/newsDetail_ forward_ 27860416，2024 年 6 月 24 日。

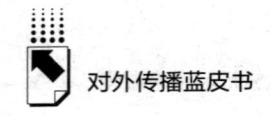

随着时间推移，由于文化的相似性，日本与东南亚也逐渐成为微短剧出海的第二市场，TopShort与ShortTV在这两大区域的出海中均取得了显著的效果。

微短剧何以在海外市场受到如此青睐？当前的微短剧出海具有什么样的特点？又存在哪些局限？它能够为我国的对外传播提供怎样的借鉴？这需要我们继续聚焦当下海外微短剧传播的现状。

二 海外微短剧的传播特征分析

当前的海外微短剧类型多元且总体生产周期短，简单的剧情、单集3~5分钟的时长不需要付出过高的生产成本，有资料显示，在美国长篇视频（包括电视剧与电影）内容的制作往往需要投入上千万美元甚至更多，而一部微短剧的制作成本仅在15万~30万美元①，低生产成本为众多本就拥有丰富网文资源与IP的国内文化企业提供了入场机遇，也使他们能够不断尝试生产不同类型的微短剧作品。总的来看，当下海外微短剧具有以下几个特征。

（一）以"爽感"作为创作的精神内核

"爽感"指的是一种感官的即时性满足，是快感的一种形式，一些文学批判领域的学者在研究网络爽文时，区分了"爽感"与审美性快感，认为后者是一种情感共振，而前者则是一种弗洛伊德式的欲望满足②，微短剧与网络文学在"爽感"生产的层面上具有一致性。当下海外主流平台上的微短剧基本沿袭了国内爽剧与爽文的一贯特点，剧情往往不具有复杂性或曲折性，主角要么身怀绝技，要么自命不凡，甚至"出场即巅峰"，剧情自始至终都贯穿着"爽"的特点。具体来看，这些微短剧主要包含"爱情""复仇""霸总""奇幻"等题材，以ReelShort当下的热播短剧"My Husband's

---

① 中投顾问：《2024年中国短剧海外市场发展现状及未来前景分析》，www.ocn.com.cn/industry/202406/nipjr20092540.shtml，2024年6月20日。
② 高翔：《消费主义视野中的"爽文学观"》，《南京社会科学》2023年第9期。

Way Back to Glory"为例,单集不超 3 分钟的时长往往包含有"打倒恶毒反派""挣脱契约束缚""英雄救美""完成财产争夺"等剧情,这些剧情无一不在刺激着观众的爽点。总的来说,"爽感"主要来自以下两点。

第一,"爽感"来自平凡观众的自我代入。有研究者认为,微短剧通过知觉体验、情绪体验和思维意识体验三个层次的"爽感"生产,为观众提供了超我快感的满足,因此观众看微短剧并不仅是进行"看"的动作,而且是以一种透视的眼光来进行自我认识与投射[①]。如前文所述,除时长外,微短剧与传统电视剧、电影最大的不同在于叙事模式。对传统视频而言,无论是电影、电视剧还是纪录片,叙事的起点是现实,它们的目的在于以戏剧性或艺术性的方式去反映现实、还原现实并在表达艺术创作思想的基础上对现实进行一定程度上的艺术性超越。当面对传统视频时,观众的快感或来源于思想或认知上的共振,或来源于作品情节与自身处境的共鸣,总而言之,传统视频叙事模式所带来的观看体验是投射式的;而微短剧的叙事模式则是颠覆式的,它从不追求反映什么,对于它的受众而言,它所塑造的虚拟世界是梦幻的、跨越阶层的,也是普通人有所耳闻但从未目睹的,然而它所呈现的情感却是朴素甚至是简单粗暴的,与其说这些微短剧通过跨越阶层界限引发了不同受众共鸣,不如说它为不同阶层受众提供了一种跨越阶层、掌控权力并进行情感宣泄的幻象。

第二,"爽感"来源于时间压缩之下的加速剧情体验。以 ReelShort 热播短剧"Infatuated with the CEO"为例,已更新的单集时长全部在 3 分钟以内,这代表了当下海外微短剧的内容生产特点。微短剧之"微短"最初是内容生产者为适应移动互联网发展潮流、抢占碎片化阅听市场而采取的生产策略,然而当这一策略用于剧本内容创作与生产时,就会带来情节上的加速体验,即将大量的故事情节压缩在极短的时间内,通过不断制造冲突来塑造连续、起伏的视听节奏,继而制造出"爽感"。有研究者认为,这样的加速

---

① 黄美笛:《微短剧的"爽"与"不爽":原质快感理论下的悖反机制与竞速陷阱》,《南京社会科学》2024 年第 9 期。

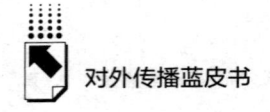

叙事模式在本质上是一种"去叙事"①，叙事时间的减少与情节密度的增加使微短剧的内容呈现更像是一种信息轰炸，而非故事述说，"爽感"也并不来源于围绕故事的审美体验，而是源于高强度的信息接收，又因这些信息在较大程度上是观众之欲望与情感的投射客体，因而它们为观众带来了强烈的爽感。

（二）以个性化推荐算法作为传播方式

微短剧诞生于短视频平台，因此不同于传统的通过广告进行内容宣传的传播方式，微短剧生产者深受算法逻辑影响，因此他们往往采取主动投流的方式进行内容宣传。在这个过程中，微短剧生产者将作品投放至短视频平台并购买流量，平台则根据标签对内容进行个性化推荐与分发，用户在刷到微短剧作品后，同样也成为微短剧作品扩散的中介角色。一方面，用户的点赞与分享将微短剧作品纳入个人社交网络中；另一方面，平台也根据他们的点赞、评论与互动数据进行第二、三轮的分发。在这个过程中，在内容原本"爽感"的加持下，微短剧作品实现了自身的裂变式传播。

（三）以竖屏、浅焦及重音效作为主要视听语言

在微短剧的制作中，为顺应移动终端用户的阅听偏好，竖屏内容呈现重新建构了剧集的视觉特征和视听语言表达，它既优化了加速剧情结构的观看体验，也强化了基于"爽感"生产内容情节的视觉刺激。

以浅焦、中近景以及特写为主的内容创作与画面呈现偏向替代了以中景为主、多景别交叉运用的传统影视视觉呈现方式②。以 TikTok 平台上的 ReelShort 官方账号作品为例，其中播放量达 3000 万次的 "Fated to My Forbidden Alhpa—EP12"总共仅有 22 个镜头，其中 21 个都为中近景与人物特写。这种视听语言强化了拍摄主体，弱化了周遭环境，利于传达剧中的人

---

① 晏青、万旭婷：《幻影快感：微短剧的效率范式与审美革新》，《新闻与写作》2024 年第 10 期。
② 李镇：《当"特写"进入中国：中国早期电影景别观念的嬗变》，《电影艺术》2024 年第 4 期。

物情绪；同时，竖屏与人物聚焦也是日常用户在使用终端进行拍摄、视频联络的主要方式，因而浅焦、近景与特写作为一种视听语言也在以不易觉察的方式为观众制造着临场感。

除此之外，海外微短剧生产也注重音效的使用：一方面，在内容呈现过程中，创作者往往加入更多的重音效，来配合特写画面调动观众情绪，这种方法尤其多见于免费单集中的最后一集；另一方面，部分微短剧甚至全程都配有背景音，从而实现配合剧情、不留视听空白的效果。

（四）近期海外微短剧传播状况及受众反馈

因 ReelShort 难以直接呈现特定微短剧的观众阅听数据，因而此处依然试图以 TikTok 平台上 ReelShort 官方账号所上传的微短剧互动数据作为参考数据，来尝试呈现当下微短剧的受众反馈。

表1　2024年8~10月ReelShort官方账号单集播放量大于100k作品

单位：次

剧名	题材	单集最高播放量（TikTok）
My Sugar-Coated Mafia Boss	爱情与江湖	1.9M
Infatuated with the CEO	爱情与豪门	1.3M
My Husband's Way Back to Glory	豪门纷争	1.2M
Drop the Act, I'm the True Heiress	豪门纷争	1.1M
Succession: Beauty and the Billionaire	爱情与豪门	735k
Sit Down, Be Humble	爱情与豪门	684k
The Virgin and The Billionaire	爱情与豪门	665k
Back Off! I'm the Real Mrs. CEO	爱情与豪门纷争	640k
My Stolen Billionaire Life	爱情与豪门纷争	541k
Billionaire's Borrowed Bride	爱情与豪门	466k
Darling, Please Come Home	豪门伦理	302k
The Lost Prima Ballerina	豪门伦理	223k
A Fated Encounter	爱情与豪门	197k
Resisting Mr Lloyd	爱情与豪门	132k

资料来源：数据整理自TikTok，整理时间为2024年10月30日。

根据表1数据，从类型上来看，尽管诸多研究报告都显示当下微短剧类型已呈现日渐多元化的趋势，但豪门与上流社会依然是海外微短剧最为青睐的题材,具体如"霸道总裁爱上灰姑娘""豪门女孩失散十年受尽辛酸重返家""善良继承人克服阻挠成功继承遗产"等,诸如此类尽管剧情老套、题材亦屡见不鲜,但也正如前文所述,豪门、爱情、财富与权力本身亦是普通个体的欲望映射,因此这些微短剧始终呈现着强大的传播力。相比之下,狼人与吸血鬼题材虽然亦充满"爽点",却相对而言难以折射入现实,难以给予观众足够的代入感。

由图1可见,DramaBox与ReelShort的推荐剧集风格总体上具有相当程度的相似性。"爱情""豪门""CEO""逆袭/回归"等类型剧集作为重点推广对象,足见两大平台对情感冲突与阶层叙事元素的深度挖掘与高度聚焦。与此同时,"狼人、吸血鬼""魔幻""复仇""重生"等超自然题材,虽在整体占比上相对有限,但同样以一定的数量规模吸引着受众。

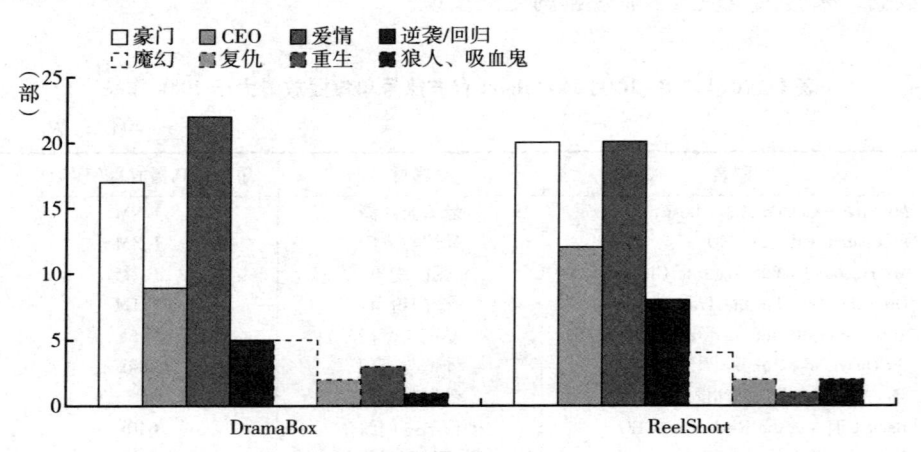

图1 DramaBox平台"Trending"推荐剧(32部)与ReelShort平台"Recommended"推荐剧(27部)风格类型对比

从内容与情节上看,在这些微短剧中,超过一半的故事主角均为平凡普通且弱势的年轻女性,以"女频"内容为主,这也解释了为何年轻女性构成了海外微短剧的主要观众群体之一。剧情通过呈现对比与差异来制造反转与起伏,同时也由于一部微短剧的所有分集在社交平台上都会被算法推荐给用户,因此所有微短剧几乎都会在分集内制造或大或小的起伏与高潮,分集也往往以"高潮待续""悬疑待解""发生反转"等情节作为结尾,以此来吸引观众追剧与订阅。以"My Sugar-Coated Mafia Boss"为例,首集演绎了男主遭遇追杀,舞会逃避杀手的剧情,最后以邂逅女主为结尾,剧情的高潮在于几个杀手冲进舞会寻找男主,而男主则通过与女主的一吻而躲过了追杀,首集的剧情戛然而止,这时观众会想要了解二人遭遇后的故事,而第二集在仅仅呈现了二人的互动、疗伤等寥寥几个镜头之后,便再次让杀手"杀了回来",又重新制造了一个高潮式的结尾,继续推动着观众去观看后续的剧集。总的来说,高潮、反转与悬念构成了单集微短剧的主要情节要素,它们与高度压缩的线性剧情共同为观众创造着"爽感"体验。

多数微短剧内容平台均未提供公开的用户互动渠道,因此关于微短剧的受众反馈依然集中在 TikTok 与 YouTube 等视频内容平台上。多数微短剧的评论区内都是"求剧名"或"求更新"的简单互动,只有相对高流量的微短剧才会出现较丰富的观众互动,除称赞剧情优良以及围绕剧情的讨论之外,多数观众都曾发出"为何如此钟情某微短剧"的讨论,而另有一些观众则表示尽管能够看出微短剧制作并不精美,甚至"一眼假",但依然愿意去"追剧",仅仅因为它十分有趣,且不会占据太多时间。这表明海外微短剧受众已经对微短剧有了相对清晰的定位,即将其作为碎片化时间、区间内的消遣资源。

三 当前我国微短剧出海的问题与局限

尽管微短剧凭借着成本小、门槛低、剧情爽与制作简易等优势在出海的过程中表现优异,甚至也在一定程度上具备了产业化的潜力,但当越来越多的组织主体进入这一市场、越来越多的微短剧作品被生产与传播,热潮之下这一领域也逐渐暴露出其所存在的问题与局限,特别是作为核心传播要素的"爽感"生产已经在一定程度上导致了作品的低质量与低内涵。

(一)商业利益驱动下的价值导向问题

如前文所述,在微短剧出海的过程中,不论是个体搬运阶段,还是组织

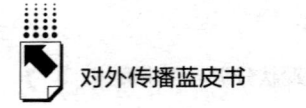

就地生产阶段，他们的共同目的都是盈利，因此利益导向贯穿着微短剧的出海进程。在商业利益的驱动下，微短剧生产者弱化了作品的艺术与宣传属性，而强化作品的商品属性，前文关于微短剧之"爽感"与视听语言的分析已经揭示了这一点。"爽感"是微短剧拥有强大传播效果的工具，制造"爽感"也成为微短剧生产者刺激观众付费阅听的主要方式，但众多微短剧制造爽感的情节组织却在一定程度上暗示了一种具有高度不平等结构的、弱肉强食式的价值观念，甚至在诸如"Darling, Please Come Home"之类的以亲情为主要题材的微短剧中都渗透着强烈的等级秩序。多数微短剧的基本套路就建立在强与弱的对比上，尽管主角被人欺凌、四处碰壁，但他们始终拥有"财富""权力"等隐藏光环，随后通过剧情反转揭示身份，并一一惩罚了那些曾欺负过主角的人。在剧情反转之前，主角的境遇几乎是每一个普通人身处逆境的"放大版本"，隐藏光环使主角轻而易举地越过了逆境，收获了成功，而在观众的代入式想象的过程中，努力、奋斗、平等、人与人交往中的善意与其他人文价值都被简单粗暴的强弱观念、等级观念与秩序观念所遮蔽了。制造"爽感"本为内容生产过程中进行思想表达的方式，而在当下海外微短剧生产的过程中，"爽感"的生产已经成为微短剧内容表达的唯一目的，尽管这有利于在短时间内实现商业盈利，却也使微短剧成为一种名副其实的"垃圾食品"，且始终以上流社会为题材易于传播拜金、崇权等消极价值观念，难以承载其他类型的、高度文化属性的对外传播。

（二）市场竞争影响下的内容同质化问题

海外微短剧的市场竞争与因市场竞争而导致的"劣币驱逐良币"最终带来了微短剧生产的同质化问题。生产的同质化在一方面体现为剧情套路的同质化，另一方面体现为画面呈现质量的同质化。在剧情方面，由于"爽感"成为海外微短剧的核心竞争要素，因此尽管当下海外微短剧在题材上相对多元，但核心却始终围绕着几个"爽感"生产热门套路。同时，也因部分短剧是由平台购买或通过外包的方式来组织拍摄，而第三方内容生产者由于分成过低，也更加倾向于参考已有的"爆款"内容进行复刻，而不敢

"铤而走险"去尝试"创新题材"。但众多短剧生产者并非未有尝试过另类的剧情组织方式，如 ReelShort 在 8 月曾推出 "I Swapped Bodies with My Nemesis"，以交换灵魂、幽默与搞怪作为卖点，最终在数据上却表现不佳，该剧的单集播放量最高仅有 3.49 万次，在 TikTok 的官方账号上，该剧已更新的 11 集播放量甚至总共只有 26.7 万次，尚且不及 "Billionaire's Borrowed Bride" 这一经典"霸道总裁"剧的单集播放量。在"爽感"作为微短剧绝对竞争力的前提下，这些尝试都因作品数据表现不佳、难以实现盈利而被迫放弃。在内容画面呈现方面，多数微短剧都呈现出了相似的曝光、色彩与饱和度，它们都倾向于使用重色调、高饱和度与强曝光对比，甚至抖音平台已经出现了"微短剧滤镜"与微短剧调色教程，尽管这样的色调能够在一定程度上制造出视觉冲击，但也易于使人产生审美疲劳。

当然，同质化问题也与微短剧传播方式，即社交媒体传播与算法分发的传播方式有关。爽文、爽剧在平台传播的过程中已经被不断标记，并在与受众的互动中获得不同的流量权重，这意味着微短剧传播过程中本就存在着"马太效应"，受众越青睐经典爽剧，它们就会得到更多的推荐与更好的流量数据，生产者出于市场竞争的考量也更加愿意生产这类内容，最终好似形成了一种生产者与市场的"双向奔赴"。

除此之外，微短剧本身的低成本生产导致在内容创新性上难有突破，很多微短剧生产组织为了争取规模效益，不得不将内容生产流程化、模板化，因此"粗放式"的生产过程理所当然地带来了最终产品的低质量与同质化。

（三）主体资格审核制度缺失影响下的作品侵权问题

当下微短剧传播过程中的另一隐忧是各类作品的侵权问题，这与当下多元主体共同参与了微短剧的海外传播有关。如前文所述，早期的微短剧出海的过程中就出现了大量个体传播者搬运国内微短剧作品的现象，当下尽管已出现了众多专业微短剧平台与内容生产组织，但由于海外微短剧市场始终未有建立起完善的主体资格审核制度，且社交平台仍是微短剧传播的重要空间，因此当前也依然存在着大量的第三方搬运现象。从消费者与第三方传播者的角度看。一方面,微短剧生产的产业化与购买订阅的消费模式使各类微短剧不再如从前一般仅通过社交平台就能浏览所有内容,尽管多数观众愿意为其付费,但依然存在着部分不愿消费的人;另一方面,微短剧单集时长短、数码体积小,易搬运,且同一平台掌握着大量微短剧 IP,版权保护难度往往较大。同时,不同微短剧生产组织、平台之间亦存在着不同程度的创意借鉴,这也导致了前文所提及的生产同质化现象。除此之外,另有部分从其他影视剧经剪辑混合而成的"微短剧"亦混杂在巨量的微短剧作品中,甚至部分取材于其他影视的二创剪辑作品还成为平台的爆款。①

总而言之,微短剧传播过程中的侵权问题根源于这种内容形态本身"快俗爽"的特点②,这一方面损害了领域内创作者的利益与热情,也不利于微短剧产业的长远发展。因此利用微短剧进行对外传播,应当提前保障创作者权益,如此才能保障这一内容领域的高质量生产与高质量传播。

四 微短剧出海的成功经验与我国文化软实力的提升

尽管当下的微短剧产业、市场与作品生产仍然存在着一些问题,但我们无法否认微短剧出海所取得的成就。中国微短剧的出海不仅是一场内容的输出,更是我们进行对外传播、提升自身文化软实力的重要实践。

总体而言,微短剧的成功出海根源于多方面原因。第一,微短剧在国内拥有着成熟的产业基础,这为内容出海提供了经验与资源。在生产创作端,沉淀了十余年的国产网络文学为微短剧提供了大量的视频生产剧本,网络短视频的发展也提供了专业的视频创作者与拍摄经验,这些使得微短剧生产者能够在短时间内生产出大量作品。

第二,微短剧生产组织在微短剧出海的过程中完成了从内容出海到平台出海的跨越与转变。平台出海一直是当下我国进行对外传播的主要目标之

---

① 朱天、文怡:《多元主体需求下网络微短剧热潮及未来突破》,《中国电视》2021 年第 11 期。
② 罗昕:《网络微短剧的兴起与规范化发展》,《人民论坛》2024 年第 5 期。

一,毫无疑问,各大微短剧视频平台成为继 TikTok 后的第二大平台出海案例。平台出海的意义在于,无论是在市场层面还是在文化传播层面,它使中国文娱企业掌握了传播主动权,只需在社交平台进行内容宣发,完成引流后就能够跳过 TikTok、YouTube 等第三方平台进行自主盈利。这既节省了传播成本,也培养了粉丝受众群。

第三,微短剧生产组织在本土化策略上取得了成功,但这一点是仍然值得深入讨论的问题。使用更加贴近欧美文化的故事题材、聘用欧美演员进行内容演绎,这两种策略在广告的跨文化传播领域也曾被广泛使用,但效果各异。因此,良好的传播效果究竟是本土化策略的成功,还是微短剧自身特性与本土化策略发生化学反应的结果,依然有待探索和说明。

习近平总书记在二十届中央政治局第十七次集体学习时强调,要不断提升国家文化软实力和中华文化影响力,创新开展网络外宣,构建多渠道、立体式的对外传播格局。毫无疑问,微短剧出海的成功经验以及当前海外的微短剧平台已经为我们提供了相对成熟的对外传播策略与渠道,传播力的提升在客观上体现了我国文化软实力的提升。但无论从当前海外微短剧的题材选择来看,还是从它们的思想内核来看,当前的多数海外微短剧都不具有传统中国文化的元素与内核,相对于同样曾经风靡海外的中华服饰与中华美食,微短剧出海的商业属性远远大于其文化属性,因而其作为文化传播的影响力就相对稍弱。

但微短剧生产者也已经进行了一些以微短剧为载体的文化传播的尝试,力图收获文化与市场双重效益。在国内已出现了较成功的案例,如《逃离大英博物馆》通过一种人化叙事,既表达了深刻的创作寓意,也引起了观众的共鸣,这实际上已经在一定程度上超越了微短剧追求"爽感"的做法。而海外微短剧平台则始终使用经典的微短剧生产套路来进行这一尝试,如 ReelShort 单独开设了"Asian Stories"的分类专栏,其中就包含有诸多体现中国文化特色的微短剧作品,腾讯海外微短剧平台 WeTV 亦以国产微短剧内容为主。以"I Gave My Wife a Red Tasseled Spear"为例,这是 ReelShort 推出的一部经典"国风"微短剧,其剧情既包含爱情、反转、"爽感"等经典元素,

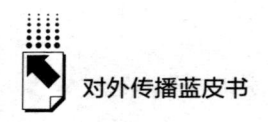

也包含了古风、江湖等具有中华传统文化特色的经典元素,该剧上架后迅速收获了200多万播放量。然而与主流欧美豪门风以及"狼人、吸血鬼"题材的微短剧相比,多数中国古风类微短剧依然在数据上表现不佳(见表2)。

表2 ReelShort平台推荐页主要国产微短剧与欧美微短剧内容的数据对比

单位:次

内容类型	剧名	题材	收藏量	单集最高点赞量
中国风微短剧	Signal: Mom Will Avenge	剧情悬疑	592k	2.9k
	I Gave My Wife a Red Tasseled Spear	古装、爱情与豪门	16.4k	6.5k
	Invincible: The Underdog Stuns the World	玄幻修仙	1.4k	3k
	Her Light Shines without You	爱情伦理	667k	2.1k
	The Return of the Beggar: Starting from Being Picked Up by a Beauty	爱情与玄幻	2.5k	2.9k
	Love's Second Chance at His Office	爱情与豪门	881k	3k
	Plus-Size Girl Travels Back to Become a Tycoon	古装、爱情与豪门	1.7k	2.5k
	After Being Dumped, the Beautiful CEO Proposed to Me	爱情与豪门	721k	2.5k
	Rise of Power: Dad, Your Son Comes Back	豪门伦理	661k	3k
欧美风微短剧	Fated to My Forbidden Alpha	爱情、魔幻与豪门伦理	3.5M	152.6k
	Fated to the Alpha	爱情、魔幻与豪门伦理	528.6k	50k
	True Luna Full	爱情与魔幻	864.9k	53.4k
	My Enemy Alpha	魔幻	180.4k	12.1k
	The Alpha's Daughter	爱情、魔幻与豪门伦理	290.6k	16.2k
	Fated to My Forbidden Vampire	爱情、魔幻与豪门伦理	280k	13.3k
	Fatal Attraction: The Hybrid Princess	悬疑、魔幻与豪门伦理	310.8k	21.8k

资料来源:数据均来自免费剧集。

未来要想将微短剧作为传播中国故事的载体，就必须认识到并及时纠正当下微短剧传播过程中所存在的问题，避免微短剧成为传播场域中的"快消品"，必须使之逐渐摆脱"快""爽"等标签。2022年已经出台了《国家广播电视总局办公厅关于进一步加强网络微短剧管理 实施创作提升计划有关工作的通知》[①]，这使国内微短剧逐渐走上了相对规范化的道路。但由于微短剧的海外传播始终由市场主导，因此海外微短剧始终呈现"换汤不换药"的现象，即不管题材如何变，核心总是千篇一律的"爽"。这一方面需要政府尝试参与介入并主导微短剧的海外传播过程，既为内容生产提供政策支持，也鼓励企业与政府合作，支持生产高文化属性的微短剧作品；另一方面则需要政府进行组织，将国内的超越传统微短剧叙事，且具有强烈中华文化特色、具有深度思想表达的微短剧作品进行翻译与对外传播，甚至可以在国外主流社交平台设置官方账号，来推动优质微短剧作品的海外传播。对于海外微短剧平台与主要生产者而言，需要积极承担起国家对外传播"排头兵"的责任。一是需要逐渐尝试转变"粗放式"的微短剧生产方式，尝试探索多元题材，挖掘作品的人文价值与文化属性，努力使作品摆脱"短、快、爽"的标签；二是应响应政策，以中国文化、中国故事为创作资源，去打造高质量的对外传播文化作品。

总而言之，微短剧作为体现我国文化软实力的全新载体，丰富了中国文化的海外形象。它使海外受众对中国文化的认知不再局限于美食、功夫或古代历史，它所呈现的现代生活方式、青年价值观念与情感观念都为中国文化注入了全新的要素与内涵，尽管当下的微短剧出海还存在着许多问题，但它在未来依然是传播中国声音的绝佳载体。

五 总结与展望

微短剧以其草根式的剧情结构与独特的视听审美而在对外传播的过程中

[①] 国家广电总局办公厅：《国家广播电视总局办公厅关于进一步加强网络微短剧管理，实施创作提升计划有关工作的通知》，www.gov.cn/zhengce/zhengceku/2022-12/27/content_5733727.htm，2022年11月4日。

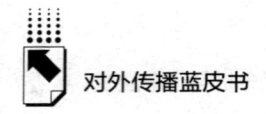

显示了强大的传播力。作为微短剧出海过程中的主导性力量，我国文娱企业在海外微短剧生产的过程中强化了其"爽感"生产的属性，而弱化了其人文属性，这一方面使我国文娱企业在微短剧的对外传播中取得了巨大的商业成就与经济利益，另一方面却也未能彻底实现将微短剧作为传播中国声音、中国故事与中国文化的媒介定位。因此从对外传播的视角来看，微短剧的对外传播仍然是一项未完成的事业。同时，当前的海外微短剧市场也依然存在着诸如价值导向异常、生产同质与内容侵权等问题，它们亟须政府与企业的共同关注与治理。

当前的海外微短剧市场仍然是一片"蓝海"市场，但随着越来越多专业的微短剧平台的进场与竞争，受众对微短剧质量与细节的要求也将进一步提升，因此既有的模板化、粗放式的生产方式应当得到改良，同时也伴随着诸如 AI、VR 等越来越多新技术的涌现与投入应用，未来的微短剧也必将呈现更加多元的视听形态，如互动视频或游戏微短剧等，多元化、多形态将成为未来微短剧的发展方向之一。

尽管从目前来看文娱企业的微短剧出海没有彻底完成对外传播的任务，但一方面，它作为一种具体的内容形态，为中国其他形式内容的对外传播创造了一个契机：在未来，影视、游戏、动漫等内容或许将借助微短剧来完成自身的对外传播；另一方面，微短剧在海外市场上的成功也将形成铺垫效应，只要越来越多的公众接受中国的文化产品，他们就会受到中国的价值观念、生活方式与文化内涵的影响，从而认识到一个更加真实、立体、全面的中国。

B.7
中国动漫、游戏与微短剧的出海与海外影响力

陈曦子 等*

摘　要： 本文聚焦中国动漫、游戏、微短剧三个领域，对2023~2024年的整体产业发展状况进行梳理，并重点对其各自的出海情况与海外影响力进行了总结归纳。本文认为，中国动漫产业应在内容创作中充分发挥中华文化的深厚底蕴、把握当下流媒体平台集体出海的大趋势、开发原创热门IP以实现弯道超车；而中国游戏产业在手游出海上已小有成就，但随着首部爆款3A主机游戏《黑神话：悟空》的横空出世，游戏龙头企业应对非移动端游戏创作投入更多资源以实现游戏出海在类型、内容、文化上的新突破；此外，微短剧作为当下中国新兴文化出海的成功范例，已进入包括美国、日本、东南亚等海外主要市场，在进一步探索中东地区这一潜在市场的同时，也需要在创作题材上实现更为多元化的呈现。

关键词： 中国动漫　游戏产业　微短剧　文化出海

一　中国动漫产业的发展概况与海外传播趋势

随着中国的经济实力与文化自信心的提升，中国动漫不仅展示了丰富的

---

* 陈曦子，暨南大学新闻与传播学院新闻系副教授，主要研究方向为中国传统文化的海外传播、动漫游文（ACGN）/虚拟主播（Vtuber）文化与产业。其他作者为：朱苑桐、吴旭洲、韩萱、王子怡、邱显懿、郑燕怡、黄湘纯、王建霖、赵卓阳、刘士齐、万思甜、郑心雨、简若诗，暨南大学新闻与传播学院，主要研究方向为新闻传播；姚泓冰，香港大学，主要研究方向为创意传播（Creative Communication）。

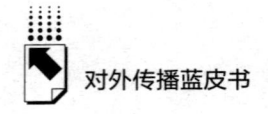

文化内涵，还通过创新的叙事方式与视觉表现为全球观众提供了全新体验。在国家政策扶持与互联网发展的推动下，近年来中国动漫市场整体上处于持续发展态势。

（一）市场规模与用户增长强势，但融资方信心不足

放眼全球，2023年中国动漫产业市场规模占全球市场的30%左右，紧随日本，位居全球第二。从国内市场来看，2023年中国动漫产业总产值突破3000亿元①，动漫内容市场总规模达到311.3亿元，同比增长18%。其中动画内容市场规模为222.5亿元，漫画内容市场规模为88.8亿元②。可见随着行业生态不断完善，优质作品的市场价值得到认可，行业整体发展前景依然乐观。而随着国家大力推动文化软实力建设以及人们精神文化需求的提升，国产动漫电影在市场上表现较为活跃。2023年，国内共有137部动漫电影通过备案，其中有14部动画电影票房过亿元，两部票房超10亿元，累计总票房超过50亿元③。这些数据不仅反映了国内动漫市场的增长潜力，也彰显了国产动漫作品在市场中的竞争力与吸引力。

二次元受众是中国动漫产业发展不可或缺的推动力量。数据显示，2023年，我国泛二次元用户数量已达到4.9亿人，其中核心用户达到1.2亿人④。其中，15~25岁的年轻人群体是最活跃的消费者，更注重作品的品质与创新；26~35岁的中青年人群体则更倾向于追随经典与情怀。这两大核心消费群体不仅在观看和购买动漫作品上表现活跃，还在视频、游戏、衍生品等

---

① 《我国动漫产业年产值预计超3000亿元，或成为投资新蓝海》，https://baijiahao.baidu.com/s?id=1782061441568937262&wfr=spider&for=pc，最后检索时间：2024年8月11日。
② 《中国二次元内容行业白皮书》，https://www.cninsights.com/html/news/d/689.html，最后检索时间：2024年8月15日。
③ 《2023年14部动画电影票房破亿》，https://fashion.huanqiu.com/article/4Fx6VUmRrgI?imageView2/2/w/228，最后检索时间：2024年8月16日。
④ 《中国二次元内容行业白皮书》，https://www.cninsights.com/html/news/d/689.html，最后检索时间：2024年8月15日。

相关领域展现带动效应①。

虽然中国动漫行业在市场规模与用户数量方面趋势向好，但融资状况并不理想。过去五年里，中国动漫行业的融资热度有所下降：2023年至2024年1月，中国动画制作领域的融资事件少于五起，其中，千万元及以上的融资案例大幅减少。同时，2021年中国动画行业曾达到融资金额33.16亿元的高峰，但此后的融资规模开始逐年萎缩②。这一趋势表明，尽管市场与用户基数在扩大，资本对动漫行业的信心却在减弱。动画制作行业的投融资大多集中在初创企业，但这些企业大多规模较小，抗风险能力有限，能够在市场中发展壮大的企业也屈指可数。对于中国动漫行业来说，如何重新吸引资本关注并增强自身的风险承受能力成为未来挑战。

（二）动画出海势头良好，但热门IP有待进一步开发

1. 原创动画已成为中国视听出口重要途径

2024年3月29日，第十一届中国网络视听大会"动漫IP全球传播论坛"上，由国家广播电视总局研究中心牵头撰写的《中国动画国际传播报告（2023）》发布。报告显示，2023年，动画已经成为中国视听出口的重要途径。2023年，电视动画出口时长占中国出口节目总时长的12.15%，电视动画出口额仅次于电视剧与网络视听节目，占各类节目出口总额的6.14%。在全年出口额前十的企业中，有9个为民营动画制作企业。由此可见，中国动画迈向国际市场的进程进一步加快，其国际传播力也在持续提升，文化出海的脚步更是从未停歇。报告还指出，亚洲是中国动画出口的主要市场，2012～2013年，中国动画片出口至亚洲的总额已占全球出口总额的62.4%，其中，中国动画出口单价最高的国家是日本与韩国。美西欧市场则

---

① 《中国二次元内容行业白皮书》，https：//www.cninsights.com/html/news/d/689.html，最后检索时间：2024年8月15日。
② 成招荣：《【投资视角】启示2024：中国动画制作行业投融资及兼并重组分析》，前瞻经济学人网，https：//www.qianzhan.com/analyst/detail/220/240222-cb3a5033.html，最后检索时间：2024年8月18日。

是中国动画出口的第二大市场，2012~2023年，中国动画对欧美国家的出口额占全球出口总额的29.49%，阿拉伯与非洲市场也成为未来中国动画出口的又一潜在市场。①

截至2024年8月，已有不少优秀国产动画剧集加入了文化出海的行列。根据中国传媒大学经济与管理学院商务品牌战略研究所与雷报共同出品的《2023中国动漫出海前瞻报告》显示，2023年7月，人气番剧《非人哉》在日本东京电视台播出，《时光代理人第二季》也于同月上线播出，并在欧美极具影响力的动画评分网站My Anime List上获得最高第18位的排名，这也是中国国产动画剧集在该网站上取得过的最高排名。2023年10月，《天官赐福第二季》开播，作为人气较高的动画IP，该作品在播出后也取得了较为可观的播放量。根据抖音海外版（TikTok）数据显示，中国动画IP话题播放量破亿的共有11个，超3000万的公共有30个。其中，《刺客伍六七》《魔道祖师》《天官赐福》《时光代理人》《一人之下》等热门作品均在破亿榜单之内，在海外有着极高的人气，这也从侧面反映出中国动画剧集出海目前已经取得了一定成效。②

2. 动画电影市场活力十足、流媒体平台出圈出海势头良好

中国产业研究院的《2024—2029年中国动画行业深度调研及投资机会分析报告》显示，中国动画行业规模从2015年的1144亿元增长至2023年的2525亿元，年均复合增长率显著③。国家广播电视总局发展研究中心的《中国动画国际传播报告（2023）》则指出动画作为中国视听出口的重要形态，其中，动画电影市场规模持续扩大，为整个动漫产业的增长贡献了重要力量。具体到动画电影市场，近年来，全国动画电影备案数量显著增加，

---

① 《中国动画国际传播报告（2023）》，https://mp.weixin.qq.com，最后检索时间：2024年8月17日。

② 《2023中国动漫出海前瞻报告》，https://www.opp2.com/313094.html，最后检索时间：2024年8月18日。

③ 《2024—2029年中国动画行业深度调研及投资机会分析报告》，https://bg.qianzhan.com/report/detail/fb130adb3f3844ca.html，最后检索时间：2024年8月19日。

2023年全国动画电影备案数量超过130部，动画电影市场活力十足①。

在国内市场蓬勃发展的同时，中国动画电影在国际舞台上也开始崭露头角。2019年，《哪吒之魔童降世》取得巨大的国内票房成绩并先后于北美、澳大利亚等多地区上映，仅在北美便收获约370万美元票房。同年，《罗小黑战记》在日本上映并收获总5.6亿日元票房（约510万美元）。2023年，《深海》在法国上映三周便收获超16万观影人次，刷新了当地近三年来华语片观影人次纪录。2025年2月8日以来，国产动画电影《哪吒之魔童闹海》（以下简称《哪吒2》）开始全球播映之旅，先后在20多个国家和地区上映，以"现象级"的姿态席卷全球市场。截至2025年4月4日，《哪吒2》海外票房收入超过3亿元人民币，全球票房超过155亿元人民币，位居全球影史票房榜第五。②

2024年5月，咏声动漫携短篇衍生动画电影《落凡尘》《猪猪侠》系列大电影《超级赛车》等多部影视作品参加法国戛纳电影节并亮相"中国电影联合展台"③。由爱奇艺影业、霍尔果斯天瑞派明等联合制作的《动物特工局》入围戛纳电影节"昂西走进戛纳"单元（由戛纳电影节与享有"动画界奥斯卡"盛名的昂西国际动画节合办），获得海外市场的广泛关注。

近年来，随着全球流媒体市场的兴起，中国动画电影也积极拥抱这一趋势，通过Netflix、爱奇艺国际版等流媒体平台走向海外。这种发行方式的转变，极大拓展了中国动画电影的受众范围，使更多的海外观众能够便捷地观看到优秀的中国动画电影作品。此外，我国各主流视频平台的出海势头良好，进一步为中国动画剧集与电影的海外传播提供了更为多元的舞台与空间。

目前，我国出海的爆款长视频平台应用包括WeTV（腾讯国际版）、

---

① 《中国动画国际传播报告（2023）》，https：//mp.weixin.qq.com，最后检索时间：2024年8月17日。
② 朱新梅：《〈哪吒2〉何以"全球狂飙"》，https：//mp.weixin.qq.com/s/cHlV9zijqgYYQ_Z36qmeCw，国家广电智库微信公众号，2025年4月8日。
③ 《广东动画电影何以"出圈又出海"》，https：//epaper.nfnews.com/nfdaily/html/202407/12/content_10105685.html，最后检索时间：2024年8月19日。

Bilibili（哔哩哔哩海外版）、iQIYI（爱奇艺国际）、YouKu（优酷国际版）以及 MangoTV（芒果 TV 国际版）等五个。根据 Onesight 的《出海品牌社媒影响力榜单》（以下简称"BradOS 榜单"）的统计[1]，这五个主流视频平台整体评分均高于 100 分，与海外平台在海外主流社媒中的影响力不相上下；其中，WeTV 的评分高达 343.52 分，在东南亚地区的社媒粉丝数超过 7000 万人，是该地区最具影响力的流媒体平台之一，尤其在泰国的市场占有率仅比 Netflix 低了 2%[2]；iQIYI 和 Bilibili 则分别以 286.68 分与 247.37 分的评分位列第二、三名；YouKu 在 2024 年第一季度的应用类（非游戏）出海品牌社媒影响力榜单中则位列第九。虽然相较于真人影视的出海，动画剧集与电影的出海成效并未如此显著，但越来越多的主流视频平台开始抢占国际市场的前列，对推动我国优质的动画内容出海具有重要的协同效应。

从下载量和收入来看[3]，WeTV 目前已覆盖全球超过 100 个国家与地区，拥有超过 1.8 亿用户[4]。2023 年，其全球下载量超 4000 万次，总收入超 120 亿美元；但其亚洲地区下载量占比超过九成，北美地区的收入仅为 209 万美元。相较而言，iQIYI 处于第二梯队，尽管其在 2023 年的全球下载量超过了 5000 万，但其 2023 年的全球应用收入却略微逊色于 WeTV，但其在北美地区收入达到了 1120 万美元，超过了 WeTV 在北美地区的创收，显示了其在北美地区有着不错的传播力和影响力。此外，YouKu、Bilibili 和 MangoTV 整体处于第三梯队，其 2023 年的全球应用下载量整体处于 1900 万次的水平线之上；不过他们 2023 年在全球范围内的应用总收入均没有超过 40 亿美元（见图 1、图 2、表 1）。

---

[1] 《出海品牌社媒影响力榜单》https：//baijingoss.oss-cn-beijing.aliyuncs.com，最后检索时间：2024 年 8 月 19 日。
[2] 《靠着咱们看腻的电视剧，爱奇艺和腾讯在东南亚成了顶流》，https：//www.thepaper.cn/newsDetail_forward_23174633，最后检索时间：2024 年 8 月 21 日。
[3] 各出海视频平台下载与收入数据由课题组根据 Sensor Tower 数据整理，https：//sensortower.com/zh-CN。
[4] 《用好流媒体 WETV，开拓海外华人市场丨特色媒体安利计划》，https：//www.sohu.com/a/680078427_120799032，最后检索时间：2024 年 8 月 21 日。

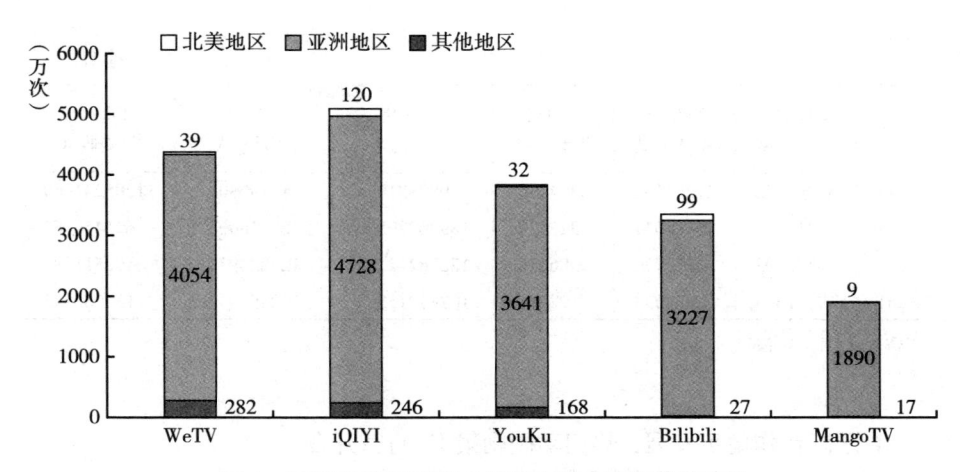

中国动漫、游戏与微短剧的出海与海外影响力

图1　2023年我国出海长视频应用全球下载量统计

来源：Sensor Tower。

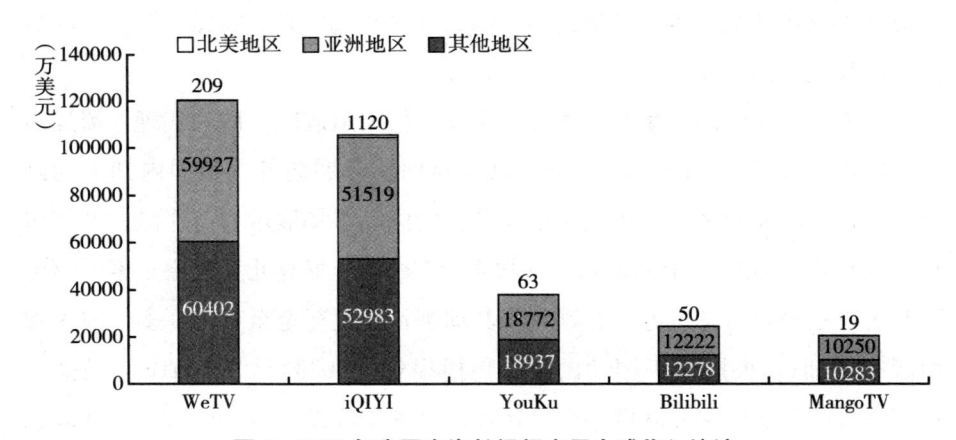

图2　2023年我国出海长视频应用全球收入统计

资料来源：Sensor Tower。

表1　2003年中国长视频类平台海外下载量及收入数据一览

单位：次，美元

平台	2023年全球下载	2023年亚洲下载	2023年北美下载	2023年全球收入	2023年亚洲收入	2023年北美收入
WeTV	43744362	40540612	388396	604018076.7	599276371.5	2093770.54

147

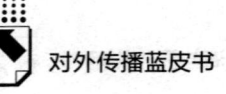

续表

平台	2023年全球下载	2023年亚洲下载	2023年北美下载	2023年全球收入	2023年亚洲收入	2023年北美收入
iQIYI	50947752	47284150	1204288	529833319.8	515190807	11205241.89
YouKu	38415379	36411517	322832	189369205.6	187718063.1	625459.67
Bilibili	33526802	32271720	986610	122782422	122223930.5	492511.8
MangoTV	19171363	18904634	92791	102830155	102497949.8	184600.43

资料来源：Sensor Tower。

3. 国际合作稳步发展、热门动画剧集 IP 有待开发

根据靠谱二次元行研组统计，2023 年，我国全年累计在播动画番剧超 140 部，其中有 123 部国产动画番剧，涉及超 110 个 IP，80 多家制作公司，且有九部是新开播年番。可谓是国产网络动画兴起以来，在播与开播作品数量、时长最多的一年①。

目前，中国动画剧集的出海方式主要包括渠道放映、版权代理、流媒体平台合作（Netflix、YouTube 等），以及参加国际展会等。如国内知名动画公司华强方特就曾多次参加戛纳电视节，向国际市场展示自身作品，并将包括《熊出没》在内的十部动画放映权卖给 Netflix、尼克儿童频道、索尼等国际知名视频平台与发行方，并顺利将其动画作品发行至全球 100 多个国家和地区②。同时，根据《中国动画国际传播报告（2023）》，YouTube 是播出中国动画的主要国际互联网平台，例如，哔哩哔哩发行至 YouTube 的动画总数为 135 部，约为发行到其他海外新媒体平台的两倍。2023 年，《非人哉》与其日本 IP 代理方 Animore 以及日本 Bushiroad Move 公司合作，成功将该作动画剧集发行至日本并在东京电视台播放。无独有偶，《请吃红小豆吧》则由 Team Joy 与富士电视台合作打造，由日方电视台出资，推动了中国动画

---

① 《2024 年国产动画番剧趋势报告》，https://36kr.com/p/2714539850168193，最后检索时间：2024 年 8 月 19 日。
② 《中国动画出海：18 个月 22 部作品上线日本，北美是下一站？》，http://duchuang.sznews.com/content/2019-10/21/content_ 22559804.html，最后检索时间：2024 年 8 月 19 日。

剧集在日本的发行。此外，在海外有较大影响力的《时光代理人》在剧集制作过程中也与海外保持着密切稳定的合作，相关团队业已形成了一个较为稳固的工业化制作体系。如前所述，哔哩哔哩作为国内头部动漫平台，也在持续积极推动中国原创动画剧集的出海，哔哩哔哩与日本富士电视台达成合作并深入日本动画产业上游，设立了哔哩哔哩国创专属频道"B8station"，以专门播放中国原创的动画作品[①]，因而成为国内首个与日本主流电视台达成合作的动漫平台。

（三）漫画出海势头强劲，但海外竞争同质化激烈

1. 原创漫画主导亚洲市场、北美市场增长势头强劲

《2023中国动漫出海前瞻报告》指出，自2023年1月至2024年8月，中国漫画在海外市场的表现可圈可点。从收入与下载量来看，中国漫画在亚洲市场始终占据主导地位，而在北美市场的增长势头强劲，尤其在海外社交媒体中的影响力方面，国内主流漫画平台也有了不同程度的展现。

2023年7月，国产人气泡面番《非人哉》在日本东京电视台播出，同月开播的动画《时光代理人》第一季，在权威动画网站MyAnimeList上一度以8.88分的评分进入世界总榜排名Top20，成为该榜单上排名最高的国创作品；10月6日，暑期档动画电影《长安三万里》宣布在北美上映，上映10天累计票房收入达到21.6万美元[②]。

除漫画收入与下载量以外，在主要海外社交媒体的表现也可从另一个维度评估中国漫画目前在海外的影响力。

根据BradOS从2022年11月至2023年1月统计的中国各漫画平台在Facebook、X（原Twitter）、Instagram与YouTube四大海外主流社交媒体的公开主页数据，BrandOS榜单中评分高于100分的中国漫画平台有两家：

---

① 《中国动画国际传播报告（2023）》，https://mp.weixin.qq.com/，最后检索时间：2024年8月17日。

② 《国产动画，在海外悄悄支棱起来了》，https://36kr.com/p/2539377556316289，最后检索时间：2024年8月21日。

WeComics（腾讯）和MangaToon（若谷）①。WeComics目前虽已暂停在其他地区的出海尝试，但凭借在泰国地区的有效运营，其社交媒体整体表现优于其他国内平台。而相比之下，其他国内漫画平台对海外社交媒体的重视程度就较为不足。如KK Comics（快看漫画）和FizzoToon（字节跳动）在多个主要社交平台上均未设官方账号，导致其海外社交媒体影响力与几家海外主要漫画平台之间存在明显差距。

2. 漫画平台应用出海现状盘点

目前，中国动漫出海的渠道主要是互联网漫画平台与互联网视频平台。其中，主流视频平台的海外版分为长视频与短视频类，漫画平台则分为漫画内容提供类与漫画IP综合运营类。

我国目前主要出海漫画平台有MangaToon（若谷）、Bilibili Comics（哔哩哔哩）、WebComics（元酷）、WeComics（腾讯）、KK Comics（快看漫画）、FizzoToon（字节跳动）。根据BrandOS榜单的数据，几大漫画出海平台的海外社媒影响力整体偏低，评分高于100分的只有WeComics和MangaToon两家；WebComics在亚洲地区的图书类应用排行榜中排名较前，在欧美地区也能进入前100位，然而其社媒影响力较弱；而KK Comics与FizzoToon等在海外主流社媒平台均未设有官方账号，对海外社交媒体的重视程度严重不足②。

从下载量与收入来看③，MangaToon作为中国目前最大的出海漫画平台应用，已与海内外近300家版权公司与作者建立合作，平台累计上架各语种漫画作品4000多部，可覆盖全球80%的国家与地区；2023年，MangaToon全球累计下载量达675万次，年收入过100万美元，其中北美收入近30万

---

① 《出海品牌社媒影响力榜单》，https://baijingoss.oss-cn-beijing.aliyuncs.com，最后检索时间：2024年8月19日。
② 《2023中国动漫出海前瞻报告》，https://www.opp2.com/313094.html，最后检索时间：2024年8月18日。
③ 《单部漫画付费流水3400万，快看离"全球最大漫画平台"还有多远?》，https://www.163.com/dy/article/HPBD2PTG051795TH.html，最后检索时间：2024年8月22日。

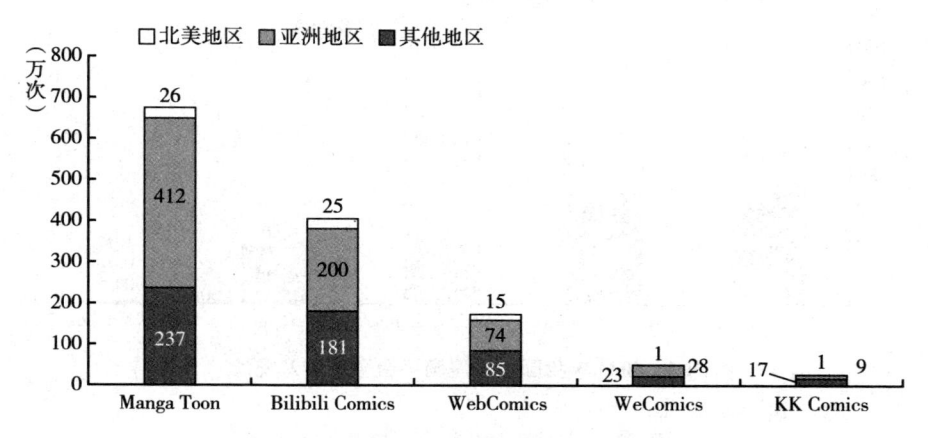

图 3　2023 年我国出海漫画平台全球下载量统计

资料来源：Sensor Tower。

美元①。而 WebComics 则以欧美地区为主要市场，在 2018 年刚上架便在美国 Google Play 动漫榜单上位列第二。2023 年，WebComics 的市场规模为 71.3 亿美元，预计在 2030 年将达到 125.4 亿美元，稳定复合年增长率（CAGR）为 6.1%。从 2023 年的全球总收入来看，WebComics 已超过 MangaToon 成为中国漫画出海平台应用榜首，其在北美地区的收入占总收入的 72%，是北美市场最大的移动漫画发行平台。而根据 App Annie 的数据，Bilibili Comics 的月活跃用户数已超过 300 万人，在中日韩以外的英语市场中位列第三。2023 年，Bilibili Comics 的全球总下载量超过 400 万次，年收入与 MangaToon 持平，虽然在北美地区下载量不高，但其收入总额大于亚洲地区。此外，WeComics 与 KK Comics 在 2023 年的总下载量分别为 50 万次与 27 万次，全球总收入约为 34.5 万美元和 1.2 万美元，而 KK Comics 的主要收入市场为北美地区（见表 2）。

---

① 各出海漫画平台下载与收入数据由课题组根据 Sensor Tower 数据整理，https://sensortower.com/zh-CN，2024 年。

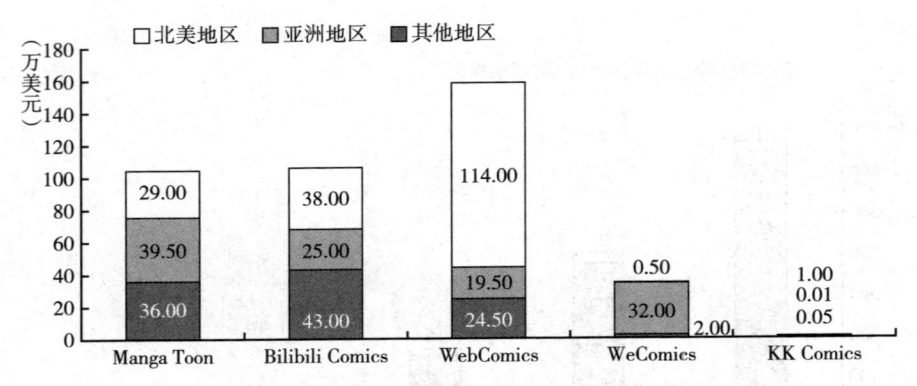

图4　2023年我国出海漫画平台全球收入统计

资料来源：Sensor Tower。

表2　2023年中国漫画类平台海外下载量与收入数据一览

单位：次，美元

平台名称	2023年全球下载	2023年亚洲下载	2023年北美下载	2023年全球收入	2023年亚洲收入	2023年北美收入
MangaToon	6762511	4124146	262141	1045147.18	395942.21	289731.73
Bilibili Comics	4058567	2002588	245166	1062998.05	249759.27	382228.69
WebComics	1742849	742914	152313	1580838.72	195242.83	1141003.88
WeComics	509340	276300	7253	345118.43	319941.82	5208.87
KK Comics	273494	92756	6629	11654.56	97.5	11081.67

资料来源：Sensor Tower。

我国拥有5000多年的历史，文化资源丰厚，为动漫创作提供了丰富的素材与灵感。与此同时，我国的2D与3D动画制作技术已与国际接轨，在部分技术上已达到国际一流水平。然而，我国动漫产业目前在创意方面整体实力较弱，尤其缺乏知名度较高的国际动漫IP。然而，随着国际动漫市场可覆盖范围更为广阔，传统动漫强国美国与日本的作品趋向同质化，反而为中国动漫提供了新的机遇。特别是流媒体平台的兴起，国产动漫作品可通过Netflix、YouTube等海外主要流媒体平台走向世界，而国内主流视频平台如iQIYI、Bilibili等也在积极布局海外市场，可进一步推动中国动漫的规模化出海。

当然，中国动漫产业的出海仍面临许多严峻挑战，不仅要面对已被美日等动漫强国占据主要市场份额的激烈竞争，流媒体平台出海方面也不可忽视YouTube、Netflix、Disney+等强势对手。同时，由于国际受众长年来已习惯了美日动漫作品的艺术风格与配音模式，还需要较长的时间了解与适应中国的动漫作品，中国动漫作品在出海中的本地化过程中面临的语言翻译、文化适应、市场推广等方面的困难，以及海外受众的消费需求与文化背景差异等问题，都需要动漫企业进行更为深入的市场调研与定制化开发来逐一解决。

二 中国游戏产业的海外传播与影响力

中国音像与数字出版协会2024年的"中国游戏影响力"调查显示，90.2%的受访者相信中国原创游戏正在成为承载中华优秀传统文化的新载体，更有91.6%的受访者认同中国游戏在推动中华优秀传统文化走向世界方面发挥着关键作用。

（一）中国手机游戏产业的发展概况与出海情况

1. 手机游戏出海形势向好、混合休闲类与小游戏成为新动能

伽马数据的《2023年中国游戏产业报告》指出，中国游戏在海外市场2023年的收入为163.66亿美元[①]，同期全球游戏市场的总收入为1839亿美元，玩家超过33亿人。其中，中国手机游戏（也称"移动游戏"）在全球市场备受青睐，拥有庞大的用户群体。Business of Apps数据显示，中国手机游戏收入目前已占据全球手游收入的31%，预计到2027年，中国手机游戏收入将达到396亿美元[②]。

---

① 伽马数据：《23游戏产业详细数据：收入升至3029亿移动游戏创新高》，https://mp.weixin.qq.com/s/HLiFH9Se_cmubTJf03Zy6g，2023年12月16日。
② Business of Apps：https://www.businessofapps.com，2024年。

而根据Sensor Tower发布的《2024年海外手游市场洞察》，2024年上半年，苹果应用商店（App Store）与谷歌应用市场（Google Play）渠道的海外手游收入之和已达到325亿美元，两大平台收入合计同比增长6%，苹果应用商店收入同比更是增长11%，其中，中国手机游戏出海市场呈现积极增长态势。

Sensor Tower与点点数据指出，2024年上半年，中国出海手机游戏收入规模达628.40亿元，环比增长2.89%，同比基本持平（见图5）。

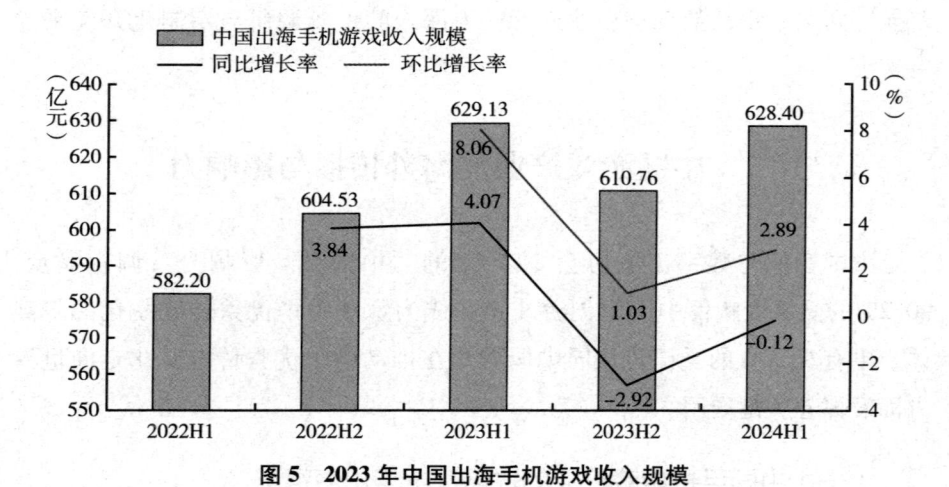

图5 2023年中国出海手机游戏收入规模

资料来源：点点数据《2024年中国移动游戏市场研究报告》。

2024年7月26日，中国音像与数字出版协会发布了《2024年1—6月中国游戏产业报告》指出，中国自研游戏在2024年上半年的海外市场实销金额为85.54亿美元，同比增长4.24%。在1~6月，美国、日本、韩国仍是我国手机游戏市场的主要海外目标市场，占比分别为33%、15.56%与8.82%，合计57.38%，同比略有下降。此外，德国、英国、法国市场合计占比9.85%，澳大利亚与意大利占比则首次进入前十[①]。

---

① 《2024年1—6月中国游戏产业报告》，http://www.gamelook.com.cn/2024/07/550304，最后检索时间：2024年8月23日。

从 2022 年至 2024 年上半年,中国出海手机游戏 TOP30 海外内购收入呈现一定的波动但总体趋于增长的态势(见图 6)。其中,从 2022 年 H1 到 2023 年 H1,收入呈现略微下降的趋势。在 2023 年 H1 到 2023 年 H2,收入出现上升。整体上看,2023 年 H2 的收入相较于 2022 年 H1 有所下降,但到 2024 年 H1 时,收入又有所回升。这表明中国出海手机游戏 TOP30 的海外内购收入呈现积极上升的态势。尽管在某些时段内存在波动,但整体收入逐步上升,显示出中国手机游戏在海外市场的竞争力在不断增强,具备良好的发展前景。

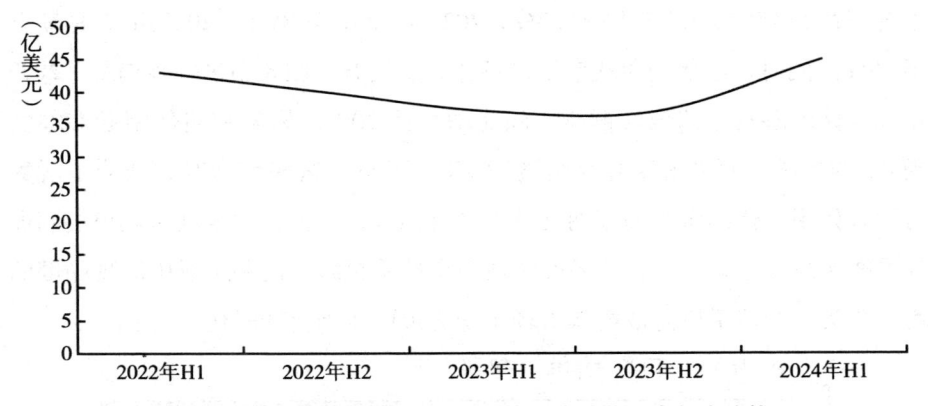

图 6 中国出海手机游戏 TOP30 海外内购收入半年度趋势

资料来源:Sensor Tower《2024 年海外手游市场洞察》。2024 年上半年,头部出海手游收入呈反弹趋势,Top30 出海手游海外收入之和环比增长 15%,接近 45 亿美元,达到 2022 年上半年水平。

Sensor Tower 数据还显示,2024 年 6 月,中国手机游戏在海外市场收入与下载量排行榜中,《鸣潮》作为新出品的"中国风"手机游戏蝉联增长榜冠军,而《王者荣耀》在海外市场的增长持续亮眼。从中国手机游戏出海收入排行榜来看,点点互动的 Whiteout Survival 位列第一、米哈游的《崩坏:星穹铁道》位居第二、腾讯的 PUBG MOBILE 则排第三[①]。值得留意的

[①] 《2024 年 6 月成功出海的中国手游》,https://mp.weixin.qq.com/s/H4Y2nRbq8xswcWKVI8eSPg,2024.2024-08-07,最后检索时间:2024 年 8 月 24 日。

是，2023年之前，我国大多数的出海手机游戏均为具有复杂玩法、深度故事情节与高参与性的中重度品类产品，且不缺专门针对海外市场打造的、更重视SLG融合元素的游戏产品，如《王国纪元》等。而2023年以来，混合休闲类产品与小游戏等成为我国手机游戏出海的新动能之一。

图7清晰呈现了2020~2023年全球手机游戏内购收入按类型的分布状况，直观展示了休闲、混合休闲及超休闲游戏收入及其占比的动态变化。休闲游戏收入在四年间呈下降趋势，2020年与2021年并驾齐驱，均占66%，2022年微降至64%，2023年则进一步降至59%。混合休闲游戏收入则稳步上升，2020年与2021年同占33%，2022年微增至34%，2023年更是攀升至38%。同时，超休闲游戏市场份额亦有所提升。图8则进一步揭示：2023年混合休闲游戏增速傲视群雄，同比增长达30%，休闲和超休闲游戏亦实现8%的增长，而中重度游戏则遭遇9%的下滑。这些数据有力证明了玩家对混合休闲与休闲游戏的接纳度及消费意愿日益增强，中重度游戏市场则面临严峻挑战。总体而言，休闲类游戏在全球手机游戏内购市场中展现稳健的增长势头，全球手机游戏内购市场正全面迈向休闲化新时代。

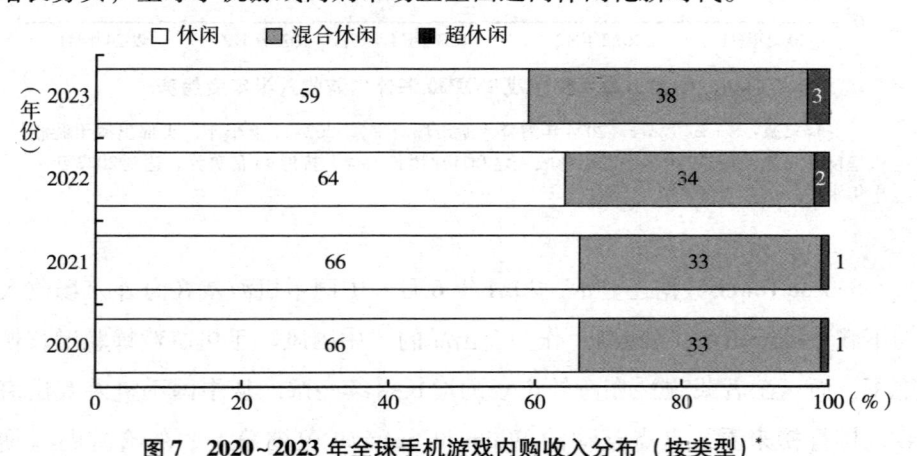

年份	休闲	混合休闲	超休闲
2023	59	38	3
2022	64	34	2
2021	66	33	1
2020	66	33	1

图7 2020~2023年全球手机游戏内购收入分布（按类型）*

* 仅统计App Store和Google Play应用商店中的IAP预估值，数据不包括广告变现渠道收入、第三方安卓市场的收入以及厂商官网等支付渠道产生的直付收入。

资料来源：Sensor Tower、中金公司研究部。

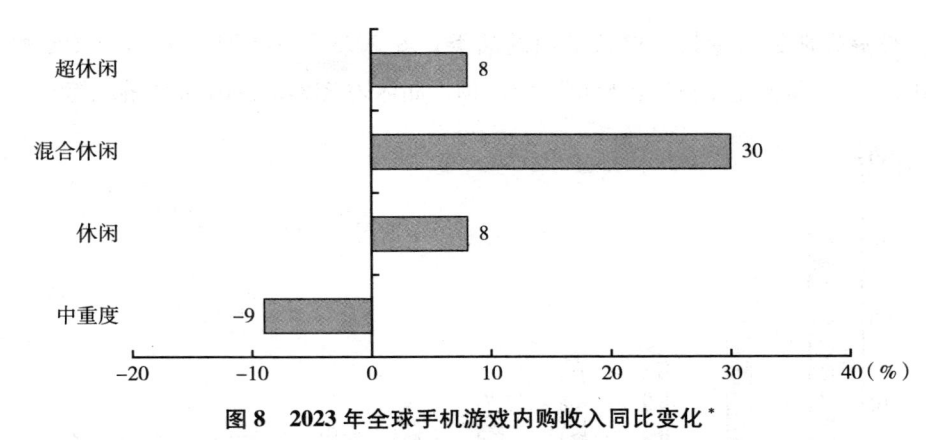

中国动漫、游戏与微短剧的出海与海外影响力

```
超休闲        8
混合休闲      30
休闲          8
中重度       -9
```

图8　2023年全球手机游戏内购收入同比变化*

* 仅统计 App Store 和 Google Play 应用商店中的 IAP 预估值，数据不包括广告变现渠道收入、第三方安卓市场的收入以及厂商官网等支付渠道产生的直付收入。

资料来源：Sensor Tower、中金公司研究部。

混合休闲类产品可分为两类。一类是从休闲或超休闲品类中演化而来的如模拟经营、生活模拟产品等，在所有休闲或超休闲衍生产品中，益智类是最受开发者关注的品类。《2024H1 海外手游市场白皮书——全球获客及变现指南》数据显示，2024 年 H1，益智类是混合休闲领域买量数量最多的手机游戏品类，占比达到 17%，环比增幅 4%（见图 9）。而若以增长率来看，生活模

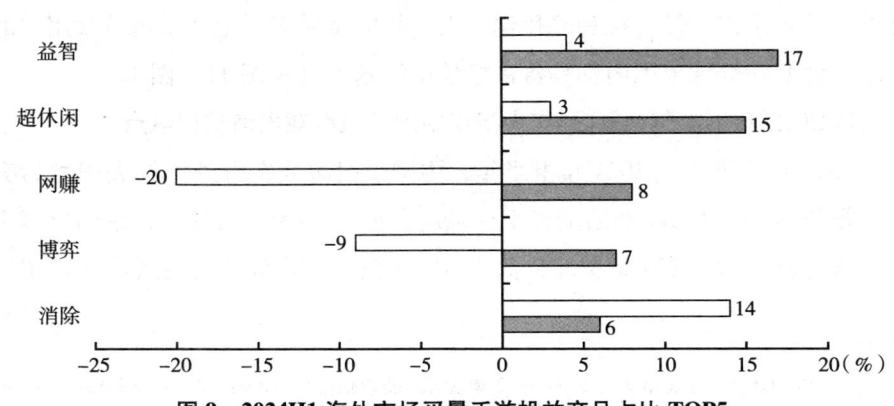

```
           环比涨幅   海外市场买量手游投放产品占比
益智        4          17
超休闲      3          15
网赚       -20          8
博弈       -9           7
消除       14           6
```

图9　2024H1 海外市场买量手游投放产品占比 TOP5

资料来源：汇量科技《2024H1 海外手游市场白皮书——全球获客及变现指南》。

拟类游戏则是买量数量增长最快的品类，较2023年H2增长了31%（见图10）。另一类则是重度产品轻度化的产物，如休闲RPG、休闲SLG游戏等①。

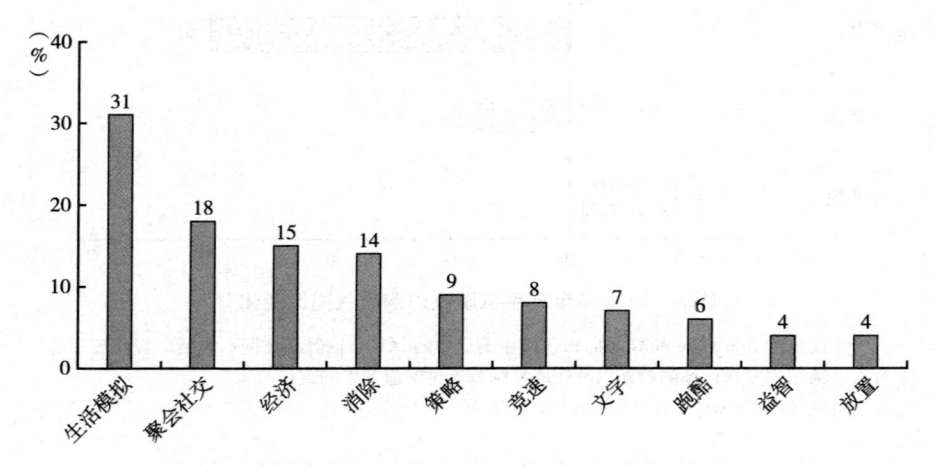

图10　2024H1海外市场买量手游数量环比增长率TOP10*

生活模拟 31、聚会社交 18、经济 15、消除 14、策略 9、竞速 8、文字 7、跑酷 6、益智 4、放置 4

*对比2023年H2。

资料来源：汇量科技《2024H1海外手游市场白皮书——全球获客及变现指南》。

2023年至今，小游戏（即小程序游戏）在中国国内市场得到蓬勃发展。相关厂商开始通过封包、本地化运营策划后在境外上线App版本的方式，开辟了轻量化"小游戏模式"②，实现了单品流水规模的进一步扩充。轻量化游戏的正反馈、低门槛和碎片化三大优势完美顺应了全球手机游戏用户的需求，使其在全球范围内都具备良好的市场基础（见图11、图12）。

2. 2023年下半年至2024年上半年中国手机游戏出海情况盘点

2023年下半年至2024年上半年，中国手机游戏在海外市场表现尤为突出。根据Sensor Tower商店情报平台最新数据，Top300榜单中，中国出海手机游戏总收入达到154亿美元，而Top30中的中国出海手机游戏收入均超过

---

① 《2024H1海外手游市场白皮书——全球获客及变现指南》，https://www.mobvista.com/cn/community/ebook/h1-overseas-mobile-games-market-ebook-2024，最后检索时间：2024年8月24日。

② 即玩法相对简单易懂、即点即玩的模式。

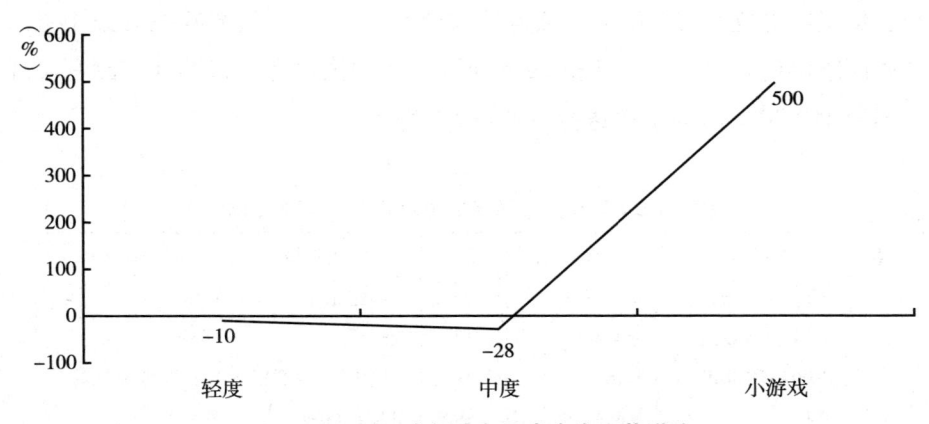

图 11　2024H1 中轻度各品类出海下载增速

资料来源：《2024 中轻度游戏全球市场趋势洞察》。

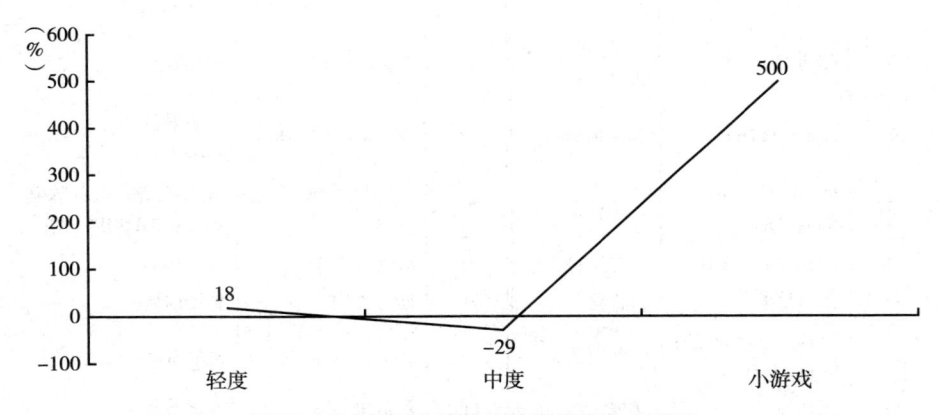

图 12　2024H1 中轻度各品类出海收入增速

资料来源：《2024 中轻度游戏全球市场趋势洞察》。

1 亿美元，总收入突破 85 亿美元，占 Top300 出海手机游戏海外总收入的 56%[①]。2023 年，中国出海收入排名前 30 位的手机游戏发行商的海外总收入为 109 亿美元，其中，米哈游凭借《原神》《崩坏：星穹铁道》等精品游戏，在中国出海手机游戏公司的年度收入榜上位列榜首；莉莉丝位列第 4

[①] 数据由课题组根据 Sensor Tower 数据整理，https://sensortower.com/zh-CN。

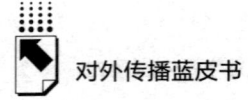

位，悠星网络位列第 8 位，沐瞳科技位列第 11 位，友塔游戏位列第 14 位，游族网络位列第 30 位[①]。截至 2024 年 6 月的中国出海手机游戏产品在海外市场的 TOP30 收入与下载量榜单见表 3、表 4。

表 3　2024 年 6 月中国手机游戏收入 TOP30 榜单*

排名	游戏名称	厂商名称	排名	游戏名称	厂商名称
1	Whiteout Survival	点点互动	16	王国纪元	IGG
2	崩坏：星穹铁道	米哈游	17	荒野行动	网易
3	PUBG MOBILE	腾讯	18	暗黑破坏神：不朽	动视暴雪 & 网易
4	原神	米哈游	19	AFK Journey	莉莉丝
5	鸣潮	库洛游戏	20	Survivor.io	海彼
6	菇勇者传说	Joy Net Games	21	Matching Story	JoyCastle & Gluon Interactive
7	使命召唤手游	动视暴雪 & 腾讯	22	Top Heroes	江娱互动
8	Age of Origins	CamelGames	23	Watcher of Realms	沐瞳科技 & Vizta Games
9	Mobile Legends: Bang Bang	沐瞳科技	24	向僵尸开炮-尸潮来袭	盛昌网络 & 露珠游戏 &MGOLSOFTVARE
10	Puzzles & Survival	三七互娱	25	战火与秩序	Cameiames
11	万国觉醒	莉莉丝	26	恋与深空	叠纸网络
12	Gossip Harbor ©: Merge & Story	柠檬微趣	27	The Grand Mafia	友塔游戏
13	口袋奇兵	江娱互动	28	黑道风云	友塔游戏
14	Project Makeover	Magic Tavern	29	Hero Clash	冰川网络
15	Seaside Escape ©: Merge & Story	柠檬微趣	30	Alice's Dream: Merge Games	Solotopia

* 仅统计 App Store 和 Google Play 应用商店中的 IAP 预估值，数据不包括广告变现渠道收入、第三方安卓市场的收入以及厂商官网等支付渠道产生的直付收入。

资料来源：Sensor Tower。

---

① 《游戏出海：卖出去才是硬道理，创新文化出海的"上海样本"》，https://finance.sina.com.cn/jjxw/2024-08-04/doc-inchnkch2043605.shtml，最后检索时间：2024 年 8 月 25 日。

表4　2024年6月中国手机游戏下载量TOP30榜单*

排名	游戏名称	厂商名称	排名	游戏名称	厂商名称
1	Mobile Legends：Bang Bang	沐瞳科技	16	Bubble Shooter Family	Playiul Bytes
2	Subway Princess Runner	Ivy iMobile	17	Street Racing 3D	Ivy Moble
3	PUBG MOBILE	腾讯	18	Pooking-Biliards City	MOUNTAIN GAME
4	Soccer Super Star	Roal Froastyie Soocar	19	王国纪元	IGG
5	Bubble Shooter-Pop Bubbles	Ivy iMabile	20	Live Star：YOYO Doll Dress Up	YoYo Dress Up Games
6	UNO！	Matei163	21	Marble Match Origin	LeisureLab Studios
7	使命召唤手游	动视暴雪&腾讯	22	Numpuz：Number Puzzle Games	DoPuz Games
8	王者荣耀	腾讯	23	鸣潮	库洛游戏
9	Whiteout Survival	点点互动	24	Worms Merge	河马游戏
10	Cat Runner：Decorate Home	Ivy Mobile	25	Yalla Ludo	Yalla Technology FZ-LLC
11	Snake Lite	河马游戏	26	Baby Panda's School Bus	BabyBus Group
12	Blood Strike	网易	27	Baby Panda's Supermarket	BabyBus Group
13	Project Makeover	Magic Tavern	28	Running Pet：Dec Rooms	Ivy Mobile
14	YOYO Decor：Doll Dress Up	YoYo Dress Up Games	29	Bus Arrival	六次方
15	Piano Fire	Adaric lMuslo	30	Little Panda's Ice Cream Games	BabyBus Group

* 仅统计App Store和Google Play应用商店中的IAP预估值，数据不包括广告变现渠道收入、第三方安卓市场的收入以及厂商官网等支付渠道产生的直付收入。

资料来源：Sensor Tower。

2024年6月，腾讯天美工作室研发、Level Infinite发行的MOBA手机游戏《王者荣耀》的国际版Honor of Kings正式进军海外市场。发布后即刻斩获了加拿大、印度尼西亚、马来西亚、菲律宾等数十个海外手机游戏市场的苹果手机游戏下载榜冠军，美国市场苹果手机游戏下载榜亚军，日本及韩国市场苹果手机游戏下载榜前十。Honor of Kings 当月海外收入环比激增575%，入围增长榜第五名。而在下载量方面，其东南亚市场占据了58%的海外市场份额，使该游戏也成为当地市场2024年6月下载量增长最多的 MOBA 手机游戏产品。此外，沐瞳科技的 MOBA 手机游戏 Mobile Legends：Bang Bang 下载量则保持稳定，蝉联本期中国出海手机游戏下载榜冠军（见表5）。

表5　2024年6月中国手机游戏海外收入增长排行榜*

排名	游戏名称	厂商名称	排名	游戏名称	厂商名称
1	鸣潮	库洛游戏	11	Mobile Legends：Bang Bang	沐瞳科技
2	原神	米哈游	12	主公快逃	Glaciers Game
3	向僵尸开炮-尸潮来袭	盛昌网络 & 露珠游戏 &MGOLSOFTVARE	13	Ancient Seal：The Exorcist	Neptune Mutual Entertainment
4	暗黑破坏神:不朽	动视暴雪 & 网易	14	Wing Fighter	Minigame Entertainment
5	王者荣耀	腾讯	15	塔瑞斯世界	腾讯
6	排球少年!! FLYHIGH	畅游 &LMD Games	16	口袋奇兵	江娱互动
7	完美世界 W	HUNT GAMES	17	热血江湖:归来	Fifun（Tanwan Games）
8	Gossip Harbor ⓒ：Merge & Story	柠檬薇趣	18	魔力宝贝:冒险新天团	LINGLUK GAMES
9	RO 仙境传说:新世代的诞生 Bang Bang	字节跳动	19	新武侠大明星	CioudOcean Star
10	Echocalypse 绯红的神约	游族	20	Truck Star	点点互动

* 仅统计 App Store 和 Google Play 应用商店中的 IAP 预估值，数据不包括广告变现渠道收入、第三方安卓市场的收入以及厂商官网等支付渠道产生的直付收入。

资料来源：Sensor Tower。

2024年1~5月中国手游在海外市场表现强劲，展现出多元化的出海策略与全球影响力。根据点点数据与中金公司研究部的统计（见表6），Whiteout Survival 以显著优势领跑双平台，苹果应用商店收入达21.96亿元，谷歌应用市场收入14.64亿元，稳居榜首。米哈游旗下《崩坏：星穹铁道》与《原神》紧随其后，分别位列第二位、第三位。值得注意的是，轻度休闲与小游戏成为新增长点。《菇勇者传说》通过多区域版本运营实现多点开花，成为年度出海游戏黑马。《出发吧麦芬》、Last War：Survival Game 等也凭借本地化运营与轻量化设计的"营销打法"在全球市场取得成功。

表6 2024年1~5月海外苹果应用商店及谷歌应用市场中国出海手机游戏收入流水额榜

单位：亿元

排名	App Store 流水额 Top15		排名	Google Play 流水额 Top15	
	游戏名称	1~5月合计		游戏名称	1~5月合计
1	Whiteout Survival	21.96	1	Whiteout Survival	14.64
2	崩坏：星穹铁道	13.87	2	崩坏：星穹铁道	10.78
3	原神	10.85	3	原神	9.39
4	PUBG MOBILE	10.58	4	菇勇者传说（韩服）	9.3
5	菇勇者传说（日服）	10.11	5	PUBG MOBILE	8.55
6	Age of Origins	10.05	6	胜利女神：NKKE	6.65
7	出发吧麦芬	6.34	7	Mobile Legends：Bang Bang	5.76
8	破晓的曙光	5.95	8	王国纪元	5.72
9	万国觉醒	5.14	9	破晓的曙光	5.4
10	Mobile Legends：Bang Bang	5.03	10	Age of Origins	4.21
11	荒野行动	4.55	11	万国觉醒	3.61
12	菇勇者传说（中国港澳台）	4.28	12	泰拉贝尔	3.54
13	偶像梦幻祭2	4.18	13	蔚蓝档案	2.92
14	弹壳特工队	3.85	14	Doomsday	2.73
15	麦吉大改造	3.58	15	浪漫餐厅	2.67

资料来源：点点数据，中金公司研究部。

在轻度休闲游戏于海外市场发展火热的同时，我国游戏厂商还加快步伐，推动小游戏的全面出海。其中，以 Last War：Survival Game、《甘道夫醒醒啦》、《菇勇者传说》、《肥鹅健身房》、《小妖问道》等游戏为代表，成功吸引了大量海外玩家。自2023年末起，《菇勇者传说》《出发吧麦芬》先后成功冲击中国港澳台市场；在2024年第一季度，《菇勇者传说》再次破圈，在美国、日本、韩国等海外手机游戏市场霸榜，成为2024年中国手机

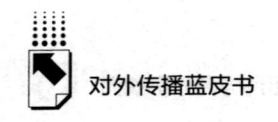

游戏最大的出海黑马之一①。

结合Sensor Tower的数据,游戏新知分别统计了19款国产热门小游戏截至2024年7月31日的境外与海外总收入(见表7)。这19款小游戏大多是自2023下半年开始陆续出海,截至2024年7月31日其海外总收入已超过52亿元,苹果应用商店与谷歌应用市场双端下载量总计超过7500万次。其中,4399、三七互娱、大梦龙途、豪腾嘉科等知名游戏厂商都通过小游戏出海找到了新的方向。

表7 19款国产热门小游戏的出海收入概况*

单位:万美元

序号	产品名称（内地名称）	2024年H1海外收入	出海时间	厂商
1	《冒险大作战》	39000+	2023年11月	4399
2	《寻道大千》	3700+	2023年7月	三七互娱
3	《国王指意》	2200+	2023年10月	大梦龙途
4	《向僵尸开炮》	1400+	2024年3月	露珠游戏
5	《肥鹅健身房》	1100+	2023年4月	豪腾嘉科
6	《灵魂序章》	760+	2023年12月	三七互娱
7	《道天录》	520+	2023年11月	广州天游
8	《英雄你好狗》	500+	2023年6月	4399
9	《行侠仗义五千年》	490+	2023年2月	大梦龙途
10	《房东模拟器》	470+	2022年6月	himmer Games
11	《几何王国》	310+	2024年2月	名臣健康
12	《小鸡舰队出击》	230+	2023年11月	寰宇九州
13	《次神:光之觉醒》	170+	2024年4月	途游
14	《三国吧兄弟》	140+	2023年6月	贪玩游戏
15	《咸鱼之王》	50+	2022年10月	豪腾嘉科 途游
16	《幻象忍者》	20+	2024年1月	九九互动
17	《无名之辈》	20+	2024年3月	三七互娱
18	《百炼英雄》	15+	2024年4月	九九互动
19	《改装大作战》	2+	2023年12月	4399

*收入仅供参考。数据时间截至2024年7月31日。

资料来源:Sensor Tower。

① 《中小游企成出海最大赢家?上半年4款游戏收入超10亿元》,http://news.10jqka.com.cn/20240729/c660260053.shtml,最后检索时间:2024年8月27日。

与此同时，中重度游戏产品也开始转变：社交活动聚会区域、收集形式活动、养成等玩法是中重度手游市场改变最为显著的趋势之一。如《剑与远征：启程》海外版 AFK Journey 为玩家提供了引人入胜的谜题与策略型战斗，这些持续性的内容与任务更新可更为有效地提升用户留存。

以此可见，对于中国出海手游的开发者而言，游戏轻量化趋势将成为吸引玩家的制胜关键。无论是轻量化游戏，还是在重度游戏中融入轻量化玩法，谁能更快满足玩家的娱乐需求，提供更直观的游戏体验，就更能在碎片化的时间内抓住玩家。此外，此前不少游戏厂商的游戏发行仅局限于中国港澳台地区及东南亚、日韩等地理位置邻近的区域，未来则可考虑将游戏发行的可触达范围进一步扩张至欧美等区域。

（二）中国非移动端游戏发展趋势与出海情况

近年来，我国原创游戏产品出海成绩斐然，"不出海，便出局"的理念被各大游戏厂商奉为圭臬。在国家政策扶持与社会舆论引导下，中国游戏企业加强对原创精品游戏的开发，国产游戏的国际影响力也在持续攀升[1]。《2023年中国游戏出海研究报告》与《2023年中国游戏出海支付研究报告》显示，2023年，我国自主研发游戏在海外市场实际销售收入达163.66亿美元，连续四年保持超千亿元人民币的收入水平。[2]

1. 全球游戏市场规模提振、国游出海大势所趋

当下，非移动端游戏仍是全球游戏产业与市场的重要组成部分。尽管移动游戏市场份额不断扩大，但非移动端市场在全球游戏市场份额仍然居高不下，甚至在经过几十年的发展后仍呈现持续增长的趋势。根据《2023年中国游戏出海研究报告》的数据，2023年，全球游戏市场规模为11773.79亿元，同比增长6%[3]。

---

[1] 魏玉山、张立、王飚等：《2019—2020年中国动漫游戏产业发展状况》，《出版发行研究》2020年第9期。

[2] 《2023年中国游戏出海研究报告》，https://www.gameres.com/904108.html，最后检索时间：2024年8月27日。

[3] 《2023年中国游戏出海研究报告》，https://www.gameres.com/904108.html，最后检索时间：2024年8月27日。

虽然受到新冠疫情影响，2022年全球游戏市场一度产值下滑，但随着2023年的《博德之门3》《塞尔达传说：王国之泪》等一众高质量畅销大作与VR游戏的强势助力，非移动端游戏成为推动2023年全球游戏市场增长的发动机（见图13）。

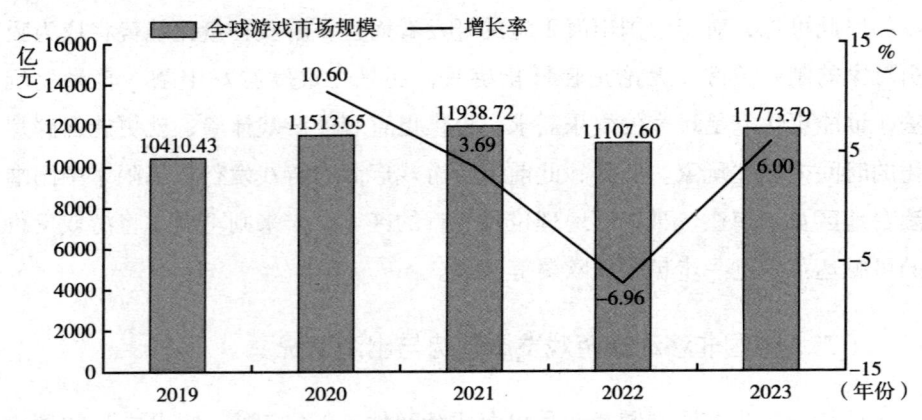

图13　2019~2023年全球游戏市场规模

资料来源：伽马数据《2023年中国游戏出海研究报告》。

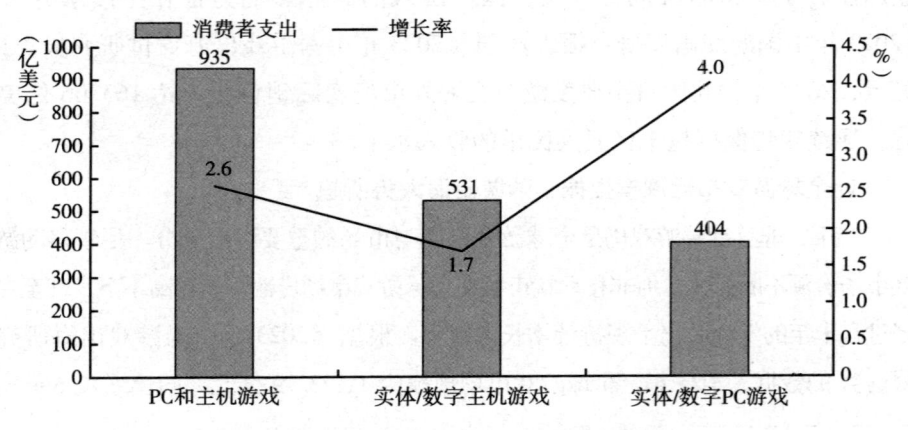

图14　2023年PC和主机游戏消费者支出合计

资料来源：*Newzoo's Global Games Market Report* 2023。

根据Newzoo发布的《2023年全球游戏市场报告》（*Newzoo's Global Games Market Report 2023*）数据，2023年，全球PC和主机游戏消费者支出增长

2.6%，总计935亿美元。其中：PC游戏消费者支出在该年同比实现4.0%的高增长，达到404亿美元，占当年市场份额的43%；而主机游戏则微涨1.7%，达到531亿美元，市场份额占比为57%。该报告还指出，2023年发布的非移动端新游戏中，90%的收入来自43款新游戏。除我国自主研发的游戏之外，《使命召唤20》《暗黑破坏神4》在内的14款付费实时服务型游戏占据了2023年游戏消费者支出的59%[1]。总体来看，全球非移动端游戏市场规模也在稳步增长，非移动端的国产自主研发游戏仍然具有着充足的发展空间。

2. 中国游戏出海产值规模维持在千亿级别，出海业务多元拓展

2023年，我国自主研发游戏的海外市场实际销售收入达到163.66亿美元，仍然维持在千亿元级别，但同比下降5.6%，继2022年再次出现下降且幅度扩大，游戏出海具有较大增长压力。更多企业的出海经营受到挑战，游戏企业出海业务优化需求加剧，也意味着游戏出海已不再是"蓝海"市场，出海游戏业务需要持续进行多元化拓展与布局。

从市场选择来看，我国自研游戏出海目标市场多为发达国家，出海游戏的收入也主要集中在美国、日本、韩国、德国等国家。其中，美国、日本、韩国三个国家提供了超过五成的海外收入，占比分别为32.51%、18.87%、8.18%。

2023年，全球主机游戏市场规模达471.8亿美元，较2022年增长11%，市场回暖较为强劲。用户规模同样保持上升趋势，2023年全球主机游戏用户规模预计达4.4亿人，同比增长5%。以中国地区为代表的新兴市场是用户增长的主要来源。然而，在2023年全球主机游戏市场规模中，中国大陆主机游戏市场在全球主机游戏市场占比仅0.7%。

图15显示，2018~2023年中国自主研发游戏在海外市场的实际销售收入呈现波动增长的态势，尤其在2021年达到峰值180.13亿美元，但随后有所波动，2022年与2023年略有下降。这表明中国游戏在国际市场具有一定的竞争力和受欢迎程度，但市场增长面临挑战。图16则反映了2023年中国游戏在海

---

[1] Newzoo International B.V., *Newzoo's Global Games Market Report 2023*, https://newzoo.com/resources/trend-reports/newzoo-global-games-market-report-2023-free-version, 2024-02-08.

外市场的收入构成。其中,美国占比最高,达32.51%;依次是日本和韩国等国家。这些数据反映了中国游戏在美国、日本、韩国等市场受到了追捧和欢迎。但总体来看,中国游戏出海呈现区域集中化特征,需突破市场单一依赖,通过创新深化全球化布局。当前对美国、日韩市场的高度依赖隐含风险,需加速拓展东南亚、中东等新兴市场,并提升产品差异化竞争力,开辟增长的新空间。

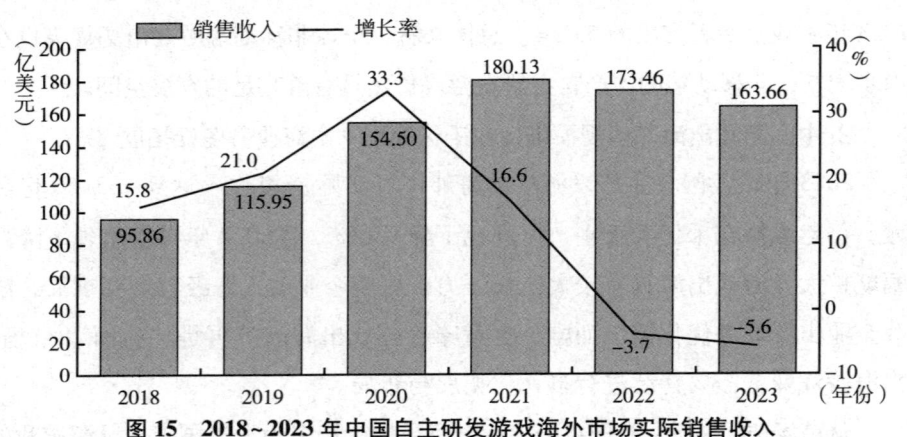

图15 2018~2023年中国自主研发游戏海外市场实际销售收入

资料来源:伽马数据《2023年中国游戏出海研究报告》。

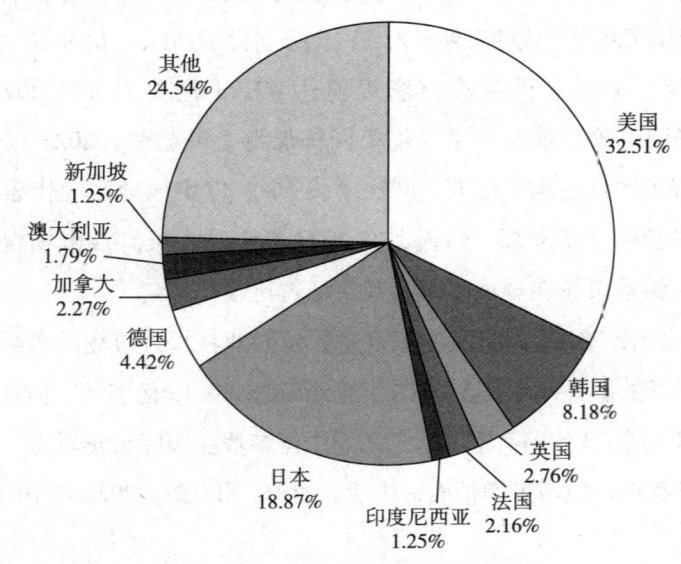

图16 2023年我国出海游戏收入构成

资料来源:伽马数据《2023年中国游戏出海研究报告》。

热门IP的续作质量通常更有保障，但受新冠疫情对开发进度等的影响，较多原定于2022年上线的优质主机游戏都宣布延期，造成其在2023年集中上线。从结果来看，2023年的头部热门主机游戏中的83%属于热门IP续作（见图18）。

图17和图18能够反映全球主机游戏市场的以下特点和趋势。首先，根据图17，北美市场占据了全球主机游戏市场的最大份额，达到了53.1%，依次是欧洲（25.5%）、日本（11.6%）和其他地区（9.1%），而中国大陆市场相对较小，仅占0.7%。这显示了主机游戏市场在地域上的集中化特点，北美是最大且最主要的市场。其次，从图18可以看出，在2023年海外主机游戏热度榜TOP100中，有IP的游戏占据了83%，而无IP的游戏仅占17%。这表明热门IP在主机游戏市场中具有极大的影响力和吸引力，玩家更倾向于选择他们熟悉和喜爱的IP游戏。综合来看，这些特点反映了全球主机游戏市场的竞争态势以及玩家对IP和品牌的忠诚度。同时，市场分布的不均衡也提示了游戏开发商和发行商在策略上需要更加注重北美市场，同时也应考虑其他地区的市场潜力。而IP的重要性则意味着，拥有强大IP的游戏更有可能在市场中取得成功。

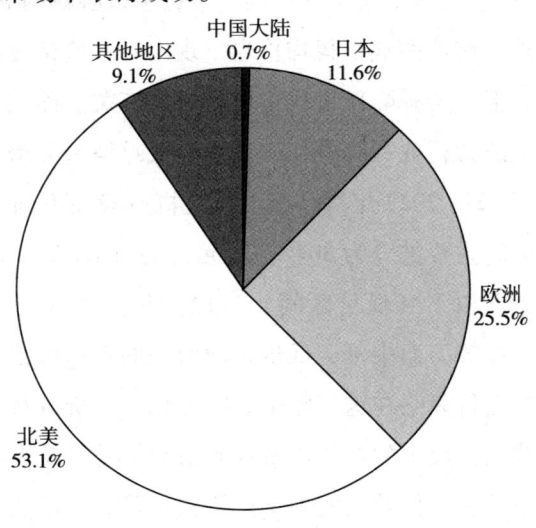

图17 2022~2023年全球主机游戏市场规模占比

资料来源：伽马数据《2023年中国游戏出海研究报告》。

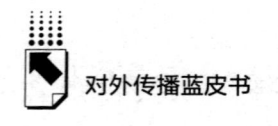

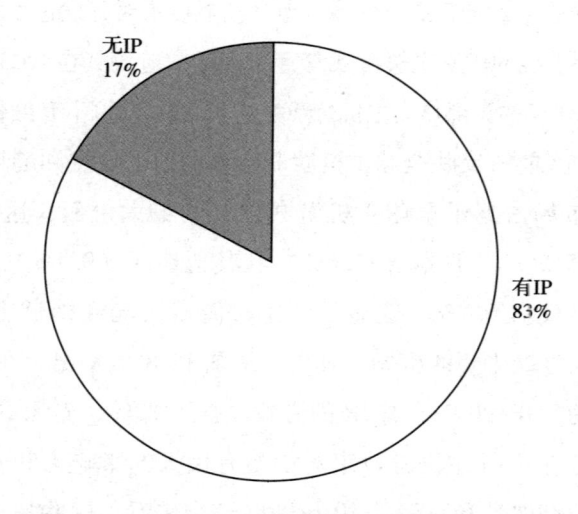

图 18　2023 年海外主机游戏热度榜 TOP100 IP 拥有状况

资料来源：伽马数据《2023 年中国游戏出海研究报告》。

从 IP 类型流水来看，客户端游戏的 IP 改编产品无论流水或是数量份额均有所减少，无 IP 产品流水表现则较佳，单机主机游戏的 IP 流水与数量份额均有提高。此外，整体游戏销售均价也出现上升，价格提高虽然也受高知名度产品的带动，但也与登陆新世代主机等因素有关。而知名产品带来高市场热度，与均价上涨的行业趋势叠加，最终形成总销售额增长的成果。

图 19 展示了 2021~2023 年海外新上线主机游戏在不同价格区间的平均价格分布。价格区间主要被分为 301~500 元（高价区间）、151~300 元（中价区间）和 150 元及以下（低价区间）三段。总体来看，高价区间游戏的平均价格呈现上升趋势，而中价、低价区间游戏的平均价格则相对稳定。这说明，主机游戏的定价策略在这三年中有所变化，高价游戏的平均价格逐渐上升，可能是游戏制作成本的增加、游戏质量的提升以及市场需求的增长等因素导致的。而中价、低价游戏的平均价格相对稳定，可能是由于市场竞争激烈，开发商需要通过定价来吸引玩家。这种趋势可能也反映了主机游戏市场的成熟和稳定，以及玩家对高质量游戏的愿意支付更高的价格。

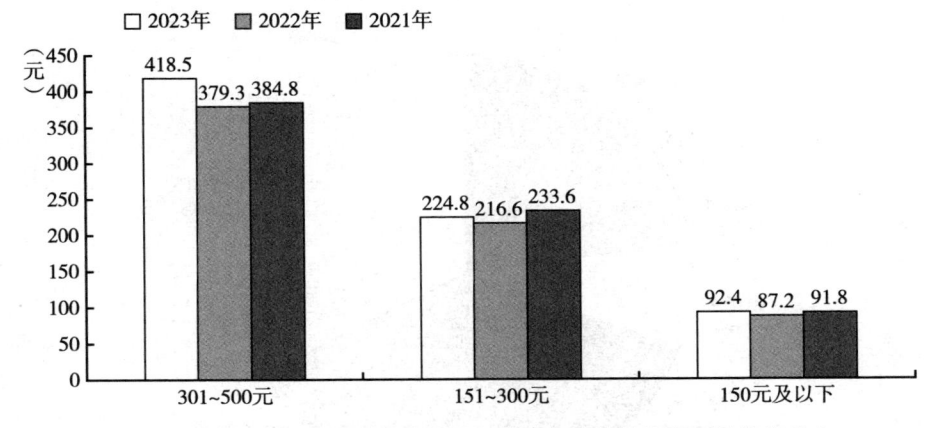

中国动漫、游戏与微短剧的出海与海外影响力

图19 2021~2023年海外新上线主机游戏不同价格区间平均价格分布

资料来源：伽马数据《2023年全球主机游戏市场调查报告》。

而在2024年上半年，我国自主研发游戏的国内市场实销收入为1177.36亿元，同比减少3.32%，主因在于部分头部产品收入下降较为明显；自主研发游戏海外市场实销收入为85.54亿美元，同比增长4.24%，主因是部分新上线产品出现了爆款，带来明显增量。

3. 中外热门游戏类型对比及2024年中国非移动端游戏的海外分布

2024年上半年，海外游戏市场收入TOP100的自研游戏中，策略类游戏占比仍居首位，达到32.66%；之后为角色扮演类游戏为10.48%，同比下降幅度较大。而模拟经营类游戏占比从2023年的5.28%增至9.97%，MOBA类游戏则由2023年的3.83%增至9.07%，放置类游戏占比由2023年的3.95%上升至7.5%，是收入增幅最为明显的三类游戏产品。而以前收入占比一直较高的射击类游戏则跌至7.60%，休闲类游戏降至3.92%，为降幅最明显的两类游戏产品（见图20）。

根据伽马数据《2023年全球主机游戏市场调查报告》中对中国以及海外主机游戏热度榜的调查，可以看到，无论是中国还是海外游戏玩家，均偏好角色扮演类的主机游戏产品（见图21、图22）。因此，重视游戏沉浸感、重视剧情是该游戏品类的核心乐趣，也可由此带动更多的厂商入局。然而，

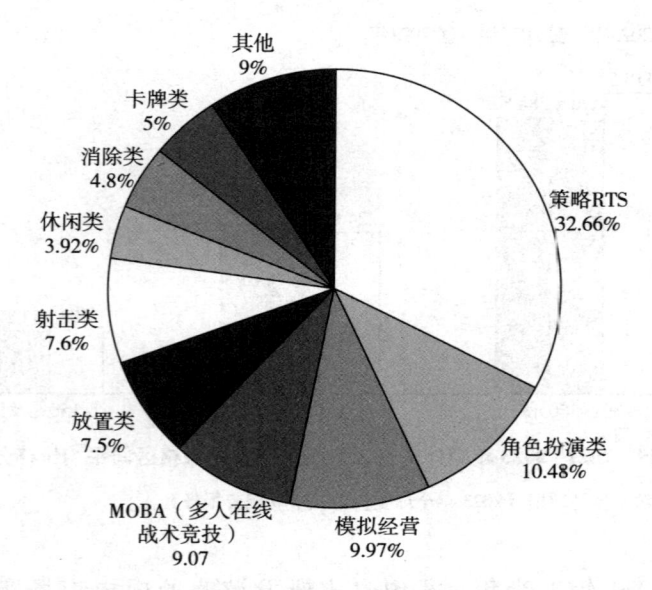

图 20　2024 年 1~6 月海外游戏市场各类型自研游戏产品收入占比

资料来源：中国音像与数字出版协会《2024 年 1-6 月中国游戏产业报告》。

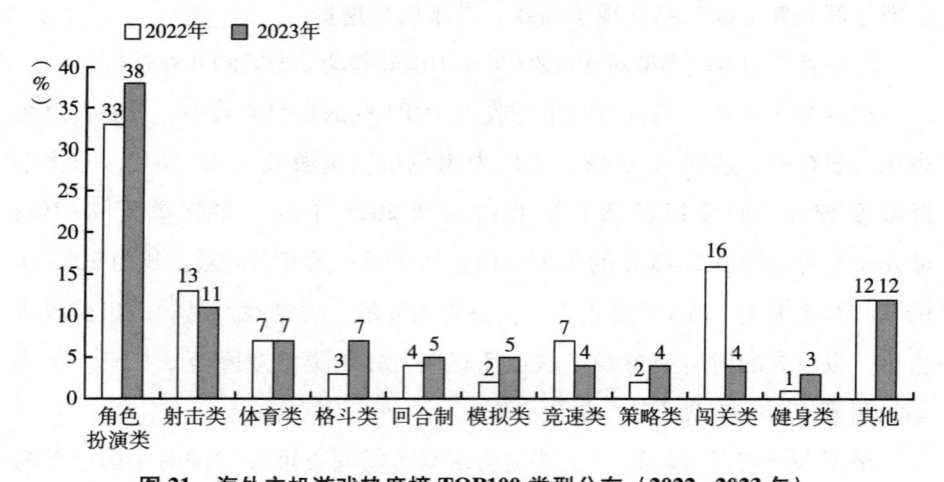

图 21　海外主机游戏热度榜 TOP100 类型分布（2022~2023 年）

资料来源：伽马数据《2023 年全球主机游戏市场调查报告》。

若想从这一品类破局,需要重点从题材、购买因素、偏好元素等方面寻找突破口。

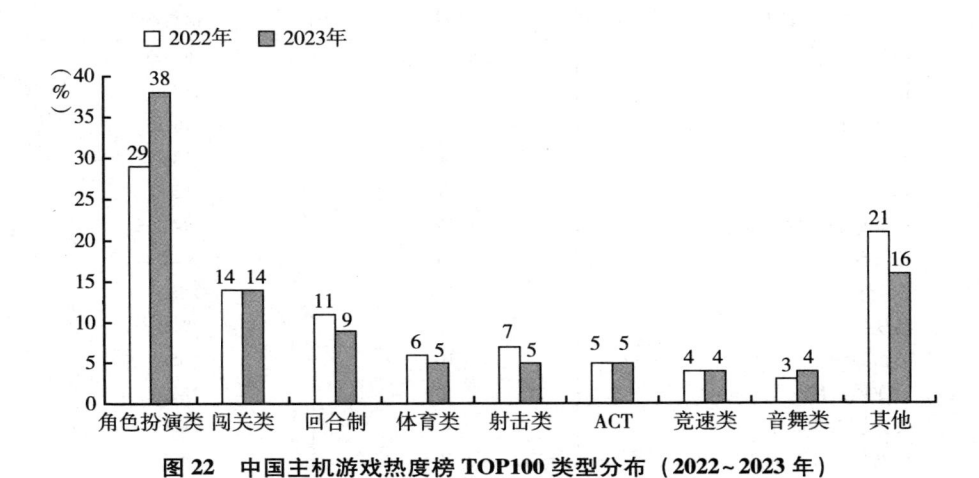

图 22 中国主机游戏热度榜 TOP100 类型分布(2022~2023 年)

类型	2022年	2023年
角色扮演类	29	38
闯关类	14	14
回合制	11	9
体育类	6	5
射击类	7	5
ACT	5	5
竞速类	4	4
音舞类	3	4
其他	21	16

资料来源:伽马数据《2023 年全球主机游戏市场调查报告》。

目前实际的中国非移动端游戏出海情况,可根据 Steam 平台 2024 年上线以及销量统计公告看出以下几点。

(1)2024 年上半年,被记录的 Steam 新发行中国游戏共 798 款,相较 2023 年的 595 款,增幅达到 34.12%。798 款游戏中 29 款被迫下架或限售;免费形式发布有 141 款,占比 17.67%;达到 Steam 评论数量的门槛(评论数≥10)的总共有 401 款,占比达到 50.25%;与 2023 年同期的 57.98%相比有所下降。

(2)统计范围内,售卖形式为一次性购买的共 657 款,估计销售量超过 1 万份的游戏约 60 余款,较 2023 年增长了 20%。

(3)中国自主研发游戏销量榜前 15 名的中国自主研发游戏总收入达到 5.7 亿元,相较于 2023 年增长了 307%(见表 8)。销售超过 20 万份的游戏有 5 款,与 2023 年的数据持平。

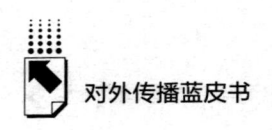

表8　2024年上半年Steam平台中国自主研发游戏销售TOP15

单位：万份，万元

游戏名	销量	销售额
黑神话:悟空	120(含预购)	39000
饿殍千里行	52	1700
山河旅探	38	1600
灵魂面甲	36	7200
杯杯倒满	22	1200
美女请别影响我学习	19	600
重装前哨	14	1400
名利游戏	14	560
活侠传	10	600
鸡贼绿洲	10	350
古龙风云传	8	800
女鬼桥二释魂路	8	600
全网公敌2新世界	7	400
电竞教父	6	480
下一站江湖2	6	450

资料来源：Steam。

根据数据统计平台Steamdb提供的统计资料，截至2024年8月26日，Steam平台历史在线人数峰值达1万人以上的1162款游戏中，中国自主研发的游戏有37款，其中6款为非正式版游戏、31款正式版游戏（见表9）。

表9　Steam平台中国自主研发游戏排名及在线峰值汇总

单位：人

排名	游戏名	历史在线峰值
2	黑神话:悟空	2415714
27	永劫无间	385770
53	Once Human(七日世界)	231668
70	永劫无间(demo)	186589
72	鬼谷八荒	184171
95	永劫无间(玩家测试版)	148931
102	动物派对(demo)	135843
144	动物派对	104174

续表

排名	游戏名	历史在线峰值
193	隐形守护者	82345
223	太吾绘卷	72533
274	戴森球计划	59815
251	完蛋！我被美女包围了	65435
310	Marvel Rivals（测试版）	52671
347	镜子2:Project X	45657
356	暖雪	44702
413	动物派对（测试版）	36571
417	太荒初境	36315
434	Astral Party	34387
460	中国父母	32593
475	火山的女儿	31057
494	大侠立志传:碧血丹心	28936
524	觅长生	26379
549	边界	24840
599	光明记忆:无限	22076
607	三角洲行动（测试）	21806
608	我在砂石镇的时光	21778
615	三伏	21648
656	人魅	19912
765	天命奇御 Fate Seeker	16413
779	侠之道（PathofWuxia）	16175
813	天命奇御二 II	15417
815	古龙风云录	15401
823	仙剑奇侠传7	15245
832	美女请别影响我学习	15030
891	凤来之国	13882
928	我在波西米亚的时光	13299
952	再刷一把 PlayAgain	12812
992	轩辕剑VI	12320
994	中国式网游	12301
1063	Muse dush	11478
1110	易仙:修炼卡牌游戏	10818
1115	大富翁10	10791

续表

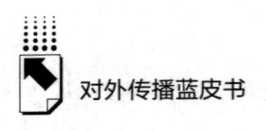

排名	游戏名	历史在线峰值
1145	Azur Lane：Crosswave	10413
1155	江湖十一	10225
1154	拣爱	10241
1159	古剑奇谭3	10183
1155	江湖十一	10225
1160	弈仙牌 Demo	10182
1173	火炬之光:无限	10005

资料来源：Steamdb。

注：数据时间截至2024年8月26日。

4. 全球游戏语境中的中华优秀传统文化新尝试：《黑神话：悟空》的爆火

《黑神话：悟空》是由游戏科学公司制作开发的一款动作角色扮演类游戏。游戏背景立足于《西游记》，由玩家扮演"天命人"踏上危险与惊奇交织的西游之旅。该游戏于2024年8月20日全球同步上线，一发售便迅速在Steam平台上创造了同时在线人数峰值历史第二的爆火纪录。

《黑神话：悟空》的开发团队从7人发展至100多人，自2018年起历时7年才最终完成了这部中国首部自主研发的3A级游戏的开发。游戏利用最尖端的虚幻5引擎，结合先进的动态光照、物理模拟与环境渲染技术，打造了极度拟真的西游世界，还通过3D扫描真实世界的寺庙、佛像等，制作出逼真的物体、建筑与景观图形，在游戏中复原了如佛光寺、重庆大足石刻等具有代表性的中国古建筑与传统服饰器件等。

海外媒体Gamalytic Steam Analytics数据显示，《黑神话：悟空》发行第四天全球销量便突破120万份，总收入达到6.7亿美元（约47亿元人民币）。销售收入占比中，中国玩家占比81.4%，其次是美国的2.7%，然后是俄罗斯的1.3%，其他国家与地区玩家共14.6%[1]。截至2024年8月26

---

[1] Gamalytic Steam Analytics, Black Myth: Wukong - Steam Stats, https://gamalytic.com/game/2358720, 2024-8-26.

日，该游戏在 Steam 平台的在线人数历史峰值位列第二，仅次于蓝洞的战术竞技型射击类沙盒游戏《绝地求生》（PlayersUnkown's BattleGrounds，PUBG）①，是 Steam 平台当前全球在线玩家最多的付费买断制单机游戏。

纵观全球游戏发展史，中国传统文化从未缺席，但国外游戏厂商的游戏作品只是表面上体现了中国元素，实际上是对中国文化的想象性建构。这些游戏是以感官刺激为导向的动作片，无法通过人物设定、对战机制、任务达成、价值观塑造等传达给玩家真正的中国传统文化精神②。而国产主机游戏《黑神话：悟空》的发行，则可能彻底打破这一局面。目前，国内外权威游戏媒体都给予这款游戏高度好评：IGN 中国、游民星空、3DM 等国内知名单机游戏网站给出该游戏满分 10 分的评价，认为其不仅在内容上做到了顶级，还做到了真正的创新与独特性③；而海外权威游戏测评网站 IGN 全球与 GameSpot 均给出了 8 分评价④。截至 2024 年 8 月 22 日，海外游戏评价统计网站"Metacritic"收录的 64 家游戏媒体对该游戏的评价中，好评共 48 条占 75%，中评共 11 条占 17%，均分为 81 分。如 Gamersky、GamersRD、God is a Geek、GamingBolt 等海外知名游戏媒体都给出了满分评价，赞誉《黑神话：悟空》在文化风格、美术、配乐与战斗设计上的优秀表现⑤。

截至 2024 年 8 月 22 日，Steam 平台上《黑神话：悟空》主页中共有 305174 条评论，其中 296330 条为好评，好评率高达 97.1%；评论语种占比为简体中文占 93.6%，繁体中文 0.6%，英语 4.2%，其他语言 1.6%⑥。

---

① SteamDB, *Most played games*, https：//steamdb.info/charts/？sort＝peak，2024-8-26.
② 孙静：《嬉游志：透过电子游戏看世界》，生活书店出版有限公司，2024 年。
③ 《黑神话：悟空—评测》，https：//www.ign.com.cn/blackmythwukong/50589/review/hei-shen-hua-wu-kong-ping-ce-10-fen-ign-zhong-guo，最后检索时间：2024 年 8 月 22 日。
④ Mitchell Saltzman, *Black Myth：Wukong. Review*，https：//sea.ign.com/black-myth-wukong，2024-8-22.
⑤ Metacritic, *Black Myth：Wukong PC Critic Reviews*，https：//www.metacritic.com/game/black-myth-wukong/critic-reviews/，2024-8-20.
⑥ Steam, *BlackMyth：Wukong*, https：//store.steampowered.com/app/2358720/_/#app_reviews_hash，2024-8-22.

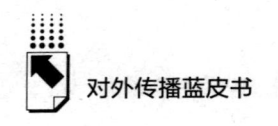

三 微短剧的出海情况与前景

目前，中国微短剧出海市场呈爆发式增长。《海外热门短剧应用趋势洞察报告（2024年Q1）》指出，2024年第一季度海外热门短剧应用下载总量超过3766万次，环比2023年第四季度上涨超过92.3%，热门短剧应用预估总收入超过5738万元，环比2023年第四季度上涨超过111.3%[1]。而《2024H1全球移动应用（非游戏）营销白皮书》则指出，2024年1~6月，我国出海微短剧榜前三名分别是The CEO's Mute Bride、Twist of Fate、Marry a Stranger[2]。

在微短剧应用平台方面，Sensor Tower数据显示，枫叶互动（Crazy Maple Studio）旗下的ReelShort领跑市场，一度登顶美国安卓与苹果应用商店的下载榜首。2023年11月，《经济学人》（Economist）引述统计称，2023年10~11月，ReelShort在美国应用市场下载量近200万次，单日下载量超越TikTok，排在苹果应用商店下载量榜榜首[3]。截至2024年2月底，ReelShort全球累计内购收入逼近8000万美元。而随着ReelShort在海外市场的走红，点众科技、阅科技等网文出海厂商纷纷入局并占据领先优势。同期已有多达40多款中国微短剧应用试水海外市场，累计下载量近5500万次，内购收入达到1.7亿美元[4]。

美国市场是中国微短剧出海的必争之地，如ReelShort、DramaBox和GoodShort等头部微短剧出海应用的总收入中，分别有69%、57%与66%来

---

[1]《海外热门短剧应用趋势洞察报告（2024年Q1）》，https://guangdada.net/academy/apps-2024-Q1-shortdrama，最后检索时间：2024年8月28日。

[2]《2024H1全球移动应用（非游戏）营销白皮书》，https://www.sohu.com/a/801399495_121819701，最后检索时间：2024年8月28日。

[3]《2分钟就看完一集霸道总裁剧！超车TikTok，中国微短剧App美国爆红》，https://www.bnext.com.tw/article/77802/reelshort-beat-tiktok，最后检索时间：2024年8月28日。

[4]《ReelShort-出海短剧市场正"好"，离成为Netflix又近了一步》，https://www.163.com/dy/article/J65UA82O0517RJ8A.html，2024年8月27日。

自美国市场。2022年8月至2023年12月，美国市场在净流水与下载量方面贡献均为第一，北美地区RPD①（每下载收入）为4.7美元，欧洲地区的RPD则为2.3美元。同时，ReelShort和DramaBox在美国市场的平均单次下载与付费均达到其他市场的6倍。而从微短剧应用下载来源占比来看，北美地区凭借32.4%的下载占比贡献了68.8%的收入占比，是毫无疑问的第一②。而从热门题材构成来看，DataEye的2024年7月29日至8月4日海外微短剧热度榜统计数据显示，排行前30位的英文微短剧中，情感题材占18席，女频③题材占12席，都市题材占13席，逆袭题材占8席，狼人占3席，其中，Fake It Till We Make It 凭借1217.6万热度位居榜首④。

而占据东南亚市场主要份额的微短剧应用有Short TV、Flex TV、ReelShort，以及MoboReels等。从热门题材上来看，东南亚地区的热门女频题材更多地倾向于霸总、王妃、先婚后爱、家庭伦理等题材；男频题材则更倾向于赘婿、神医、军神、龙王等主题。值得注意的是，与大多数微短剧应用猛攻北美地区的策略不同，Short TV 以东南亚为主要目标市场这一举措为其带来了可观的下载数据：在上线的6个月内总下载量便达到850万次，位列海外市场下载总量第2名，但其在该地区的收入却不太理想⑤。据Sensor Tower数据，Short TV在2023年的净流水中有65.8%来自美国，其次为菲律宾（5.2%）、澳大利亚（4.5%）；下载量的27.6%来自菲律宾，其次为美国（20.6%）、印度（15.8%）⑥。换言之，东南亚地区对中国文化接受度较高且用户基数大、成本较低，是微短剧出海初期阶段的首选。但东南亚地区

---

① 每下载收入（RPD）= 累积收入/累积下载量，即指定应用的累积收入与下载量比率。
② 新米财经：《重磅报告丨2024Q1海外热门短剧应用趋势洞察报告》，https://mp.weixin.qq.com/s/f6yTa3nrH8CNaIBbpOw1hA，2024年5月24日。
③ 即专门面向女性的频道或题材如言情等。
④ 《DataEye海外微短剧热度榜：日韩偏爱国产翻译剧？这部短剧在海外持续火热！》，https://mp.weixin.qq.com/s/SsBV_ghvJDo1j1A2cDgCWg，最后检索时间：2024年8月29日。
⑤ 《2024年短剧出海市场洞察报告》，https://sensortower.com/zh-CN/blog/state-of-bitesize-streaming-apps-2024-CN，最后检索时间：2024年8月29日。
⑥ 《中国短剧出海深度报告：掘金蓝海新赛道》，https://data.eastmoney.com/report/zw_industry.jshtml?encodeUrl=ieFFG46uwjeBFMdy5EYvK9vfKW0r3f5InEcy41iNEqg=，最后检索时间：2024年8月29日。

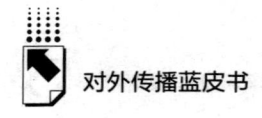

用户付费能力较差，RPD 仅为 0.7 美元，远低于整体平均水平的 2.0 美元。

值得关注的是，东亚市场以 4%的微短剧应用下载量贡献了超过 10%的收入，逐渐发展成为微短剧行业出海的新收入增长点。其中，日本市场由 Top Short 独自撑起，根据点点数据统计，Top Short 在 2024 年第一季度海外下载量达到 40.7 万次，预估收入超过 155.6 万美元，日本市场的贡献占比分别为 90.9%与 98.8%。从 Sensor Tower 的应用排名数据来看，Top Short 在日本娱乐应用苹果应用商店下载榜中的排名不断提升，2024 年 2 月末便已超越 Netflix 与日本本土视频应用 U-NEXT，跻身第 6 位。另外，东亚市场中的韩国市场则主要由 MoboReals 与 Short TV 两款应用占据主要份额。在题材方面，日本用户较热衷于职场逆袭、豪门、"中二"等主题，如 2024 年 2 月，Top Short 就凭借主推职场逆袭类微短剧《大小姐的权利骚扰消除》（お嬢様のパワハラ退治）获得下载量的直线飙升，收入同比增长达到 110%①，而韩国用户则更偏爱情感、都市、复仇等题材。

此外，中东市场的观众也颇爱爽剧，尤其是霸总虐恋题材深受中东女性用户的欢迎，可以预测是中国微短剧出海的下一个探索目标与潜在市场。

参考文献

郭镇之、张晓敏：《中国影视剧出海：创新中国影视的全球传播》，《对外传播》2024 年第 5 期。

倪婷、宋宏轩：《中华优秀传统文化跨文化传播背景下中国影视剧"出海"效果研究——以〈梦华录〉"出海"为例》，《数字出版研究》2023 年第 S2 期。

陈浩：《韩剧〈鱿鱼游戏〉对中国影视剧出海的启示》，《戏剧之家》2023 年第 14 期。

黄美笛：《微短剧的"爽"与"不爽"：原质快感理论下的悖反机制与竞速陷阱》，《南京社会科学》2024 年第 9 期。

---

① 《2024 短剧出海白皮书》，https：//www.sohu.com/a/788996077_121776575，最后检索时间：2024 年 6 月 28 日。

周志博、王玉玮：《网络微短剧的温暖现实主义创作转向》，《当代电视》2024年第8期。

朱丽丽、何啊龙、马丽丁娜：《何以"速生速朽"——微短剧文本叙事、传播势能和受众体验中的加速暴力》，《南京社会科学》2024年第7期。

王文锋、程雨宁：《动漫影视IP对外传播的联动效应与优化路径——基于CsQCA的组态分析》，《现代传播（中国传媒大学学报）》2024年第4期。

金守波：《新文化消费与中国动漫电影的改编探究》，《电影文学》2024年第2期。

陈传志、米高峰：《"一带一路"背景下丝路民间文学资源的动漫转化探究——以新疆为中心》，《电影评介》2023年第23期。

田华、白茹：《动漫〈中国奇谭〉对国家形象的建构与启示》，《中国广播电视学刊》2023年第12期。

游戏篇

B.8 中国"游戏出海"的现状、问题与对策[*]

罗昕 许嘉馨[**]

摘 要: 数字游戏已成为一项具备多属性、涵盖多领域、影响多行业的全球性产业。中国游戏出海现状方面,尽管我国游戏厂商在成熟市场中保持稳中求进态势并积极拓展新兴市场,但近年来仍面临产业营收普遍下滑的挑战;中国出海游戏类型多样,头部企业竞争优势显著;目的国民众对中国游戏评价普遍积极,目的国政府的态度则具有不确定性。当前,从游戏出海的SWOT分析来看,精品内容和精细化运营是中国游戏出海的显著优势;产品文化壁垒、厂商马太效应、海外监管的日益收紧则限制了中国游戏海外竞争力。未来我国游戏出海可通过强化技术创新,巩固产品精品化战略,打造文化IP讲好中国故事和世界故事,优化海外合规策略等方式应对国际游戏市场的机遇与挑战。

---

[*] 本文系国家社会科学基金重大招标项目"媒体深度融合发展与新时代社会治理模式创新研究"(项目编号:19ZDA332)的阶段性研究成果。

[**] 罗昕,暨南大学新闻与传播学院教授、博士生导师。主要研究方向为媒体融合、互联网治理、网络舆情;许嘉馨,暨南大学新闻与传播学院。主要研究方向为媒体融合、互联网治理。

关键词： 网络游戏 游戏出海 海外传播

一 引言

随着科技进步与人类生活方式的变迁，数字游戏已然从依托于数字技术设计开发、以数字化设备为平台实现的娱乐活动发展为具备多属性、涵盖多领域、影响多行业的全球性产业。在此背景下，中国游戏企业不断探索海外市场，寻求更广阔的发展空间。中国音像与数字出版协会发布的《2022年中国游戏出海情况报告》显示，2022年中国自主研发游戏海外市场实际销售收入比十年前增长了约30倍。然而，中国游戏的出海征程注定机遇与挑战并存，2022~2023年中国自主研发游戏海外市场实际销售收入连续两年下滑，且降幅增大。从直观数据表现可见，中国游戏出海形势欣欣向荣中也暗藏危机。本文围绕中国游戏出海的现状、问题与对策展开讨论，以期为中国游戏产业的国际化发展提供有益思路。

二 近年来中国游戏出海的基本情况

剖析我国游戏出海现状，有助于洞察当前国际游戏市场趋势，把握游戏产业布局方向。从产业营收看，受多重因素影响，我国游戏产业海外营收近年出现下滑。市场布局方面，中国游戏企业采取"稳中求进"策略，在欧美、日韩等成熟市场保持竞争力的同时，积极向东南亚、中东、非洲等新兴市场拓展。我国出海游戏类型以策略类为主，但针对不同市场的出海游戏也呈现多样化的特点。出海企业方面，头部企业竞争优势明显，占据了出海游戏市场的主要份额。目的国态度方面，中国游戏普遍获得玩家的积极评价，政府层面的态度则受当地游戏监管政策、文化保护意识等因素影响而具有不确定性。

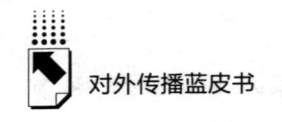

（一）产业营收：国产游戏海外营收连续下滑

在2023年全球游戏市场规模整体提振的大背景下，中国自主研发游戏在海外市场的实际销售收入持续下降，表明中国游戏出海有较大增长压力。2021年中国自主研发游戏海外市场销售收入创造了180.13亿美元的历史新高①；2022年，近十年来中国游戏海外收入首次下滑，为173.46亿美元，同比下降3.70%②；2023年降幅继续扩大，中国自主研发游戏在海外市场的实际销售收入为163.66亿美元，同比下降5.65%③。

全球经济周期性疲软、中国游戏出海增量市场转为存量市场、游戏行业全球化竞争等是中国游戏海外营收连续下滑的重要原因。其一，在全球宏观经济下行的基本背景下，中国游戏出海面临着海外游戏产品消费者购买力与消费意愿下降、游戏时长减少的挑战。Unity发布的《2023游戏行业趋势报告》显示，2022年全球手游付费活跃用户同比下降了3%，玩家付费意愿降低④。其二，从玩家规模看，中国游戏在海外经历十年扩张，成熟市场玩家规模已近饱和，尤其在新冠疫情"宅经济"流量红利消退之后，通过扩大玩家规模实现海外营收增长将更加困难。其三，从竞争形势看，全球化竞争背景下，中国游戏出海市场从蓝海"卷"成红海。一方面，随着大量国内外游戏厂商涌入海外游戏市场，中国各类出海游戏都存在大量竞品，且海外本土游戏厂商由于受到国家扶持，往往具有"主场作战"优势。如欧盟的"创意欧洲"项目预计将为游戏开发行业投入750万欧元，其中育碧公司所在的法国获

---

① 《〈2023年中国游戏产业报告〉正式发布》，http://www.xinhuanet.com/ent/20231215/f670a4330eac41d6859e9f11d9226d5b/c.html，最后检索时间：2024年9月24日。
② 《2022全球移动游戏市场中国企业竞争力报告》，https://mp.weixin.qq.com/s/nUMyu1OUbb_aLDLZCdH4FA，最后检索时间：2024年9月24日。
③ 《2023年中国游戏出海研究报告》，https://mp.weixin.qq.com/s/J7ORDtmAjZ8m3gFR9K_x6w，最后检索时间：2024年9月24日。
④ 《2023游戏行业趋势报告》，https://unity.cn/2023gamingreport，最后检索时间：2024年9月24日。

得最多资金，为83.19万欧元。另一方面，一些国家为应对经济下行压力，可能会加强对游戏等娱乐产业的监管和限制，这使中国游戏出海面临更多的合规风险。

（二）市场分布：成熟市场稳中求进新兴市场逐步拓展

中国游戏出海的重点市场仍为欧美、日韩等成熟市场。从中国出海游戏收入整体构成看，《2023年中国游戏出海研究报告》显示，2023年美国、日本、韩国是我国游戏主要海外市场，在中国出海游戏收入构成中分别占32.51%、18.87%和8.18%；从目的地市场流水数据看，2023年，美、日、韩、英、德五个重要移动游戏市场流水Top100头部榜单中，中国企业发行游戏产品数量均增至30%及以上。① 以上数据都表明，我国游戏出海仍主要在成熟市场中稳中求进。究其原因，成熟市场往往具有庞大的玩家基数，且玩家付费意愿与消费力较稳定，对游戏的忠诚度高，因此中国游戏出海仍将成熟市场作为重点方向。

此外，东南亚、中东等新兴市场也逐渐成为中国游戏出海的重要方向。根据Sensor Tower发布的《2023年东南亚手游市场洞察》，2022年东南亚手游市场收入榜Top20中有近半数产品由中国厂商制作发行。② Snapchat《2022 Snapchat中东手游白皮书》显示，中国游戏产商在中东已经初具规模，中国出海中东游戏厂商Top5在2022年上半年取得的收入约为1.7亿美元，占当地移动游戏市场收入的26%。③ 新兴市场尽管在游戏市场规模上逊成熟市场一筹，但其互联网普及率逐步提高，且具有人口规模与结构优势，其增长潜力已开始受到更多中国游戏厂商关注。新兴市场成为中国游戏出海下一阶段的布局关键。

---

① 《2023年中国游戏出海研究报告》，https：//mp.weixin.qq.com/s/J7ORDtmAjZ8m3gFR9K_x6w，最后检索时间：2024年9月24日。
② 《2023年东南亚手游市场洞察》，https：//finance.sina.com.cn/tech/roll/2023-05-17/doc-imytzhps6439585.shtml，最后检索时间：2024年9月24日。
③ 《2022 Snapchat中东手游白皮书》，https：//max.book118.com/html/2022/1004/8003032061005000.shtm，最后检索时间：2024年9月24日。

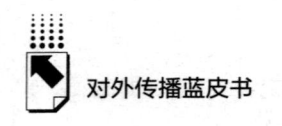

(三)出海游戏类型：策略类游戏为主分区域多类开花

从市场表现看，策略类游戏在海外为营收主力，角色扮演、射击、休闲等类型游戏也广受海外玩家欢迎。根据《2023年中国游戏产业报告》，中国出海收入前100位的自研移动游戏中，策略类占比最高，为40.31%。其次为角色扮演类（15.97%）、射击类（10.03%）、休闲类（5.11%）、模拟经营类（4.88%）。以上五种游戏类型海外营收占比超过3/4。①

此外，不同地区的游戏市场特点不尽相同。发达市场方面，美国移动游戏市场偏好博彩类、消除类以及策略类游戏类型，2023年，以上三类游戏提供了美国游戏市场65%的流水；日本市场中角色扮演类产品头部效应突出，产出了日本游戏市场51.88%的流水。② 新兴市场方面，以沙特阿拉伯为代表的中东国家偏好射击类游戏，《PUBG MOBILE》在沙特的总下载量达到1875万次，总收入达2.2亿美元。③

(四)出海企业：头部企业竞争优势明显，出海市场趋于集中

在出海游戏制作公司方面，米哈游、腾讯、三七互娱等大型游戏企业凭借强大的研发实力和丰富的运营经验，成为出海的主力军。根据Sensor Tower《2023年度盘点成功出海的中国手游与发行商》数据，米哈游2023年登顶中国出海手游发行商收入冠军，其开发的《崩坏：星穹铁道》是2023年收入增长最高的出海手游，空降出海手游年度收入榜第3名④。纵然中国游戏出海面临激烈市场竞争，但整体看，头部游戏公司的海外营收仍然

---

① 《〈2023年中国游戏产业报告〉正式发布》，http://jinbao.people.cn/n1/2023/1215/c421674-40139962.html，最后检索时间：2024年9月24日。
② 《2023年中国游戏出海研究报告》，https://mp.weixin.qq.com/s/J7ORDtmAjZ8m3gFR9K_x6w，最后检索时间：2024年9月24日。
③ 《2022 Snapchat中东手游白皮书》，https://max.book118.com/html/2022/1004/8003032061005000.shtm，最后检索时间：2024年9月24日。
④ 《出海年度成绩单：头部厂商吸金78亿美元，米哈游、腾讯蝉联冠亚军》，https://www.xkb.com.cn/articleDetail/286248，最后检索时间：2024年9月24日。

呈现增长态势。Sensor Tower 数据显示，2023 年，米哈游海外营收同比提升 14%，创历史新高，紧随其后的腾讯则实现了海外营收同比提升 13%。另外，米哈游和腾讯包揽了 2023 年中国手游收入前 4 位的游戏。① 可见出海市场集中化趋势日趋明显。

（五）目的国态度：民众评价积极政府态度具不确定性

海外民众对中国国产游戏评价较为积极。据游戏工委数据统计，最近五年中国国产游戏已进入全球 91 个国家和地区。许多海外用户由于接触中国游戏而产生了对中国的正向认知和积极评价。相关报告显示，国产游戏海外用户比普通民众对中国的好感度整体高出 20%以上；68%的海外用户表示喜欢游戏中的中国文化元素。②

目的国政府对中国出海游戏的态度则往往由于国家关系、市场环境、文化差异等因素而具有不确定性。一方面，中国出海游戏可能由于契合目的国文化环境、有利当地经济发展而受到目的国欢迎。如金山旗下子公司西山居在越南市场深耕多年，其出品的《剑侠情缘》系列在越南广受欢迎，《剑侠情缘网络版》长期稳坐越南第一网游宝座。2023 年，西山居推出《剑侠世界：起源》手游上线越南市场后立刻成为该国头部游戏。另一方面，中国出海游戏也可能由于市场竞争激化、文化冲突等受到目的国排斥。如 2020 年，《闪耀暖暖》推出汉服造型的"韩服套装"，韩国玩家据此宣扬"汉服源于韩服"，引发了中韩两国玩家关于传统服饰的激烈争论，《闪耀暖暖》开发公司叠纸游戏最终关闭了在韩国地区的运营服务。又如印度在 2020 年禁用了来自中国的 118 款 App，其中包括了腾讯、网易和莉莉丝等厂商出品的众多手游。

---

① 《2023 年度盘点成功出海的中国手游与发行商》，https：//sensortower-china.com/zh-CN/blog/china-mobile-games-2023-overseas-performance-recap-CN，最后检索时间：2024 年 9 月 24 日。

② 《步入而立之年：中国游戏产业迈向成熟与稳健的新阶段》，https：//m.gmw.cn/2023-12/27/content_ 37056319.htm，最后检索时间：2024 年 9 月 24 日。

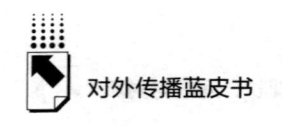

三 中国游戏出海的SWOT分析

SWOT分析能够清晰地揭示中国游戏出海中展现的优势和存在的劣势。中国游戏出海的主要优势在于游戏内容的精品化与运营策略的精细化。劣势方面，中国游戏出海面临文化适应性挑战，且中国游戏产商强者愈强、弱者愈弱的马太效应也在一定程度上限制了中国游戏出海进程。机遇方面，在全球游戏市场回暖、AIGC技术突破、元宇宙生态完善的背景下，中国游戏出海仍具有巨大发展空间。威胁方面，日益复杂的国际环境和海外监管的收紧对中国游戏出海构成严峻挑战。

（一）优势凸显：精品内容与精细运营助力游戏出海

根据《2022全球移动游戏市场中国企业竞争力报告》，2022年在美国、日本、英国、德国等全球重点关注移动游戏市场中，国内游戏企业数量占比总体上有不同幅度的增长，越来越多国内游戏企业跻身于海外重点关注移动市场TOP100榜单。[1] 专业数据分析平台data.ai发布的2022年全球52强发行商榜单中，中国厂商上榜企业共17家，占比达33%，腾讯、网易、米哈游、三七互娱等头部厂商在列，多国市场下中国游戏发行商数量占比及其竞争力进一步提升。[2] 纵观中国游戏进军海外市场征途，专业化研发与精品化运营是中国游戏出海的重要优势，为中国游戏企业在海外市场的开疆拓土提供了有力支撑。

一方面，专业化研发赋能国产游戏内容"高、速、智"发展。"游戏工业""成熟工业管线"是近年来游戏研发业内的热词。与传统工业化的流水

---

[1] 《2022全球移动游戏市场中国企业竞争力报告》，https://mp.weixin.qq.com/s/nUMyu1OUbb_aLDLZCdH4FA，最后检索时间：2024年9月24日。
[2] 《2022年10月中国游戏厂商及应用出海收入30强》，https://mp.weixin.qq.com/s/AbIp0vvVfQk7rx7QXlXleg?vid=1688850471811562&deviceid=53b9a7d2-73e9-4c01-ae7d-baf855732c67&version=4.0.19.6020&platform=win，最后检索时间：2024年9月30日。

线式生产相区别，"游戏工业"并非游戏的模板化和同质化，而是指将游戏的制作过程进行切分与重组，使游戏开发的海量任务实现标准化、数智化、协作化。中国游戏行业当前已呈现显著的游戏工业化特征，头部游戏企业日益成熟的游戏工业管线为内容赋能，促使游戏产品向高品质、高速度、高智能迈进。

其一，专业化研发驱动高品质游戏产品开发。游戏专业化研发强调产品的技术支持，以游戏开发技术中台为代表的统一技术支持和服务平台为游戏产品的专业化研发提供了坚实基础。以腾讯光子工作室为例，自2019年以来，腾讯光子工作室陆续在全国落地三家创新研发基地并接入工作室旗下的产品业务。"基地模式"本质上是"高度集成管理的轻资产、大量级、多生态、上下游协同的内容研发与制作中台"①，其为游戏开发带来更加高效、成本清晰可控的业务处理能力，同时能够对人力技术沉淀做出最大化保全，减轻项目组重复劳动，将更多时间精力投入对于游戏行业最重要的创意性、开发性工作中。其二，专业化研发推动高速度游戏内容更新。长线运营游戏为保持用户黏性和游戏热度，需长期跟踪市场变化和玩家需求，不断迭代游戏内容，专业化研发为此提供了有力保障。作为一家具有成熟工业管线的游戏公司，米哈游4000余员工中研发人员占比超七成，在卡通渲染、动作捕捉等关键技术领域拥有460多项专利。旗下游戏《原神》能以每6周更新一次的频率不断迭代新版本，并且在游戏内容、画质、交互水平等方面持续进步，这都离不开专业研发的加持。其三，专业化研发赋能高智能游戏交互体验。随着智能科技进步，玩家对于游戏交互体验的预期也在不断提高，他们渴望在游戏中获得更真实、自然的体验，而专业化研发正是满足这一需求的关键所在。2023年，网易《逆水寒》手游利用网易伏羲AI技术，实装了国内首个游戏人工智能，游戏NPC基于深度学习的自然语言生成模型，可以与玩家自由对话，并且基于对话内容，自主给出有逻辑的行为反馈，为玩

---

① 《腾讯光子高级PM谈"基地式中台"如何赋能游戏工业化发展》，https：//www.gameres.com/895684.html，最后检索时间：2024年9月24日。

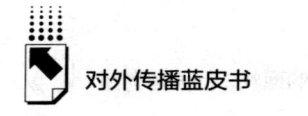

家提供更多交互可能与交互乐趣。

另一方面,全阶段运营助力中国游戏企业打开海外市场。精细化运营是中国游戏企业在海外市场上取得傲人成绩的重要策略。精细化运营本质是将运营融入游戏生命周期的全阶段以确保游戏产品在海外市场长期稳定发展。其中,市场调研和用户分析是精细化运营的基础;游戏体验是保持游戏活力和吸引力的重要手段;品牌推广是提升游戏知名度与影响力的关键。作为国内游戏行业的头部公司之一,三七互娱的游戏出海成绩表现亮眼。三七手游在制作主打韩国市场的游戏产品之前首先坚持本地化的市场调研与用户分析,通过收集和分析用户数据,深入了解玩家的游戏习惯、喜好和需求,并通过前端测试去验证产品的点击率是否符合预期;游戏体验上,三七手游主打差异化竞争,切中韩国本土同类产品高门槛、高耗时的痛点,将其旗下产品《绝世仙王》定位为轻松爽快、不耗时、福利多的MMO类游戏,受到韩国玩家欢迎;品牌推广方面,三七互娱《绝世仙王》一是通过规模化营销,根据媒体渠道和游戏品类做好付费点优化,实现对潜在玩家的精准推送。二是利用韩国本土KOL和明星资源提高游戏的曝光率,增强本地玩家信任感,且通过持续IP联动增强玩家黏性。可见,中国出海游戏的精细化运营涉及多个方面,要求运营团队具备全流程运营思维,通过精准的用户分析、良好的游戏体验、有效的品牌推广实现精细化运营。

(二)劣势显现:产品文化壁垒、厂商马太效应阻碍出海

近年来,中国游戏在出海过程中面临两大主要阻碍。其一是游戏本身的文化属性在出海历程中面临的文化适应性挑战;其二是中国出海游戏企业格局中强者愈强、弱者愈弱的马太效应越发凸显。

产品文化壁垒方面,尽管中国电子游戏文化产品的高速发展已经在全球文化贸易领域形成了一道亮丽的风景线。但不容忽视的是,在中国电子游戏海外传播过程中,依旧存在内容隔阂、语言偏见、价值冲突等,进而可能对游戏的市场表现、游戏厂商的海外影响力产生负面影响,乃至对中

华文化"走出去"产生负效应。如游戏题材方面，根据《2022全球移动游戏市场中国企业竞争力报告》，2022年海外重要移动游戏市场游戏题材分布中玄幻/魔幻类题材占据市场主流，而中国传统玄幻题材游戏中"修仙""轮回"等常见概念，在海外市场就存在较高的理解壁垒。中文游戏文本中隽永的古风词句，在海外则面临着本土化困难、语义丢失的问题。内容合规问题则是产品文化壁垒更极端的体现，国内游戏若触碰出海目的国内容红线，轻则面临警告，重则面临游戏封禁、法律诉讼、赔偿责任以及其他法律后果。

厂商马太效应方面，在中国游戏出海的过程中，大型游戏厂商由于具有资金、技术与品牌优势，更容易在海外市场取得成功；中小游戏厂商的出海之路则往往更加"风高浪急"，因资源有限而难以维持长期的出海运营。自2022年开始，我国游戏出海营收开始呈下滑态势，且2023年降幅进一步扩大。根据《2023全球移动游戏市场企业竞争力报告》显示，中、美、日、韩作为全球头部移动游戏市场，累计占全球移动游戏市场规模的77.9%，且近年来头部移动游戏市场规模变化较小，市场已陆续进入存量竞争状态。尽管游戏出海市场整体遇冷且市场竞争激烈，中国头部游戏公司的海外营收仍然呈现增长态势。根据data.ai发布数据，2023年共27家手游发行商海外营收成功突破1亿美元，米哈游超越腾讯，首次登顶出海收入榜榜首，中国游戏出海的马太效应趋势日益明显。马太效应的存在使中国游戏出海市场呈现不平衡趋势，不仅限制了中小游戏厂商的发展空间，也可能影响整个中国游戏产业的国际竞争力。

（三）机遇涌现：海外游戏市场潜力与先进技术应用带来转机

尽管有瓶颈与挑战存在，但在全球游戏市场整体回升、AIGC技术取得突破性进展、元宇宙生态进一步完善的基本背景下，中国游戏出海仍具有巨大发展空间和发展可能。

其一，全球游戏市场的复苏为中国游戏出海提振信心。2023年，全球游戏市场规模达 11773.79 亿元，同比增长 6.00%，市场规模有所提振。①这也表示海外游戏市场尚存在巨大发展空间，为中国游戏出海注入"强心剂"。当前中国许多游戏企业在技术力和经验积累方面已具备与国际一流游戏企业竞争的实力，可充分把握全球游戏市场的复苏机遇，继续探索海外市场。此外，海外游戏市场的多元化和差异化也为中国游戏出海提供了更多的机会。如东南亚地区拥有相对完善的产业链基础、稳健增长的经济和庞大的人口基数，加之广泛受到华人文化的影响，在全球电子游戏市场中地位显著；拉丁美洲以其庞大的移动互联网用户、较快的互联网增速和蓬勃的娱乐需求成为全球重要的移动游戏市场之一；中东及北非作为全球第二的新兴区域，高消费与高收入群体规模庞大且对游戏的接受程度较高，亦拥有较大的市场前景。②

其二，AIGC 技术的突破性进展和元宇宙生态的进一步布局为中国游戏出海提供了降本增效新机遇与多元可能性。电子游戏是典型的多媒介形态融合产品，游戏产业是科技产业生态链的有机组成，与前沿科技产业彼此驱动、共生发展。

中国游戏出海始终面临着如何实现降本增效的关键问题，随着 AI 技术的发展应用，其将全方位颠覆游戏产业生产结构，为游戏行业提质增效。根据伽马数据发布的《中国游戏产业 AIGC 发展前景报告》，目前已有超六成头部游戏企业明确布局 AIGC 领域③。如中手游现已将 AI 技术落地应用于《仙剑世界》。通过 AI 本地化部署和垂直训练模型，实现游戏 NPC 与玩家的智能对话；应用 AIGC 辅助游戏研发，预计 2024 年第一季度，能降低 30%的游戏综合研发成本；用 AI 方式学习《仙剑世界》风格，实现批量资产应用。元宇宙生态的进一步布局则为游戏出海提供了更广阔的舞台。元宇宙作

---

① 《2023 年中国游戏出海研究报告》，https://mp.weixin.qq.com/s/J7ORDtmAjZ8m3gFR9K_x6w，最后检索时间：2024 年 9 月 24 日。

② 《互联网出海白皮书 2022》，https://www.analysys.cn/article/detail/20020526，最后检索时间：2024 年 9 月 24 日。

③ 《AIGC 报告：超六成企业布局，近半数认为缺人才培养储备》，https://www.163.com/dy/article/IAROHDBT05149O2.html?spss=dy_author，最后检索时间：2024 年 9 月 24 日。

为虚拟的数字世界，为游戏提供了无限可能的扩展空间。中国游戏企业可借助元宇宙平台，打造具有全球影响力的游戏品牌和社区；通过与其他元宇宙项目的合作与互通，进一步拓展海外市场，吸引更多海外用户；元宇宙的虚拟经济和社交属性也为游戏出海提供了新的商业模式和盈利途径。当前，腾讯在全球126个国家和地区中，共有24000余件元宇宙领域的已公开专利申请，其中，发明专利占99.74%。

（四）威胁加剧：国际环境复杂严峻海外监管阻力重重

尽管当前中国游戏行业"不出海，就出局"已成为共识，但中国游戏企业出海也面临着重重阻力。国际局势的复杂性和不确定性给中国游戏企业的全球化布局带来更多风险；出海游戏合规监管的复杂性也给中国游戏出海带来了更高难度。

国际局势的复杂性和不确定性使地缘政治紧张、贸易保护主义抬头，可能影响中国游戏企业的海外布局。贸易保护主义与恶性竞争抬头，阻碍中国企业合规出海。近年来，以美国为代表的西方国家自经济危机后整体经济下行，国内社会矛盾难以调和，因而高举民族主义和贸易保护主义旗帜，对中国企业、中国产品、中国文化抱以敌视态度，阻碍中国企业的合规出海。抖音集团旗下短视频社交平台TikTok在三年内遭遇5次"围剿"，是中国企业出海举步维艰的明证，同具有娱乐属性、文化传播功能的游戏行业亦闻之胆寒。从舆论形式看，近年来，以美国为首的西方国家的舆论场中频现对中国文化国际化传播理念与立场的误解，如"中国威胁论"与"锐实力"等言论的泛滥，也间接导致海外民众对中国的认知与理解出现偏误，继而影响中国游戏出海。

另外，海外监管也是中国游戏企业出海必须面对的重要问题。一方面，合法问题是出海的基础，不同国家和地区的游戏监管政策、法律法规和审查标准各不相同，这给中国游戏企业在海外市场的运营带来了很大的不确定性。例如，韩国设置了专门的《游戏商业法》且韩国地区对于涉及血腥、暴力、暴露内容的游戏产品具有特殊的法律监管规定。另一方面，合规还包

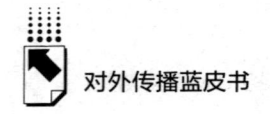

括运营合规,把握当地文化环境、监管倾向和用户心理是游戏出海内容合规中最困难的部分。在中东市场,特定的历史题材(如"十字军"东征)的游戏可能会触及敏感点。又如中东传统服饰中有多种面纱、头巾、帽子的佩戴和搭配方式,注重细节,依据游戏角色职业、性格、所处场景合理穿戴服饰能够体现游戏角色的真实性,也能更加契合当地文化背景。

四 中国游戏出海的对策建议

中国游戏出海既需巩固并放大自身优势,又需巧妙化解劣势,敏锐捕捉机遇,并有效应对外部威胁。其一,可继续巩固优势、开拓市场,在差异化赛道中坚持内容精品化战略。其二,针对文化壁垒等劣势,可集中力量打造具有普适性和共鸣点的文化 IP,让中国故事与世界故事交相辉映。其三,技术力是全球性产品竞争力升级的关键,中国游戏企业应抢抓技术创新带来的新机遇。其四,面对复杂的国际环境和严格的监管挑战,中国游戏企业要坚持底线思维,把握合规红线,不断优化合规策略,确保在稳健合规的基础上实现海外业务的可持续发展。

(一)优势巩固:在差异化市场与赛道上坚持精品化战略

当前中国游戏在海外市场获得的亮眼成绩离不开精品内容生产与精细运营策略,众多出海的中国游戏企业在游戏开发与运营的过程中坚持以玩家为中心,注重游戏的品质和细节,不断优化运营,成功打造出多款备受海外玩家喜爱的精品游戏。但随着海外市场竞争的白热化,在旧有的"一亩三分地"上守成耕耘显然不是长久之计。中国游戏出海的精品化战略需要在打开差异化市场、踏上差异化赛道的基础上才能继续发挥最大价值。

在成熟市场已近饱和的现状下,巩固成熟市场份额的同时开拓新兴市场业务越发重要。一方面,通过全周期式的精细运营,培育本地化服务竞争优势,将有利于出海游戏企业在竞争激烈的成熟市场中破局。根据伽马数据与全球金融科技平台 Adyen 合作发布的《中国游戏出海支付研究报告》,2023

年中国移动游戏出海收入约五成集中在美、日两个成熟市场[①]。拉长产品、用户、营销的生命周期，并在全生命周期内持续拉升用户价值在成熟市场竞争中十分关键。以乐元素旗下《偶像梦幻祭》为例，凭借对市场需求的精准把握以及精细的本地化策略，乐元素成功推动偶像梦幻祭系列在日本的长线发展。首先，乐元素通过在日本创立 Happy Elements 株式会社（HEKK）并招募本土人才落实本地化战略，使之能够深入洞察本土市场动态，推出契合当地文化属性的产品。其次，乐元素日本团队内部女性开发者占比极高，特别是画师中 90% 以上为女性，使之能够精准把握女性玩家的需求，让"偶像梦幻祭"系列在女性向赛道脱颖而出。随后，实施多元化的品牌营销策略，包括制作轻小说、漫画、动画等内容，出版官方小说、漫画、Mook 等实体书籍，或举办声优活动、线下展会、舞台演出等，成功为"偶像梦幻祭"系列吸引并维持了大量粉丝群体。

另一方面，中国游戏企业继续成功探索出海"新大陆"的关键在于通过帮助新兴市场搭建本地生态抢占市场高地。当前东南亚、中东、拉美、非洲等新兴市场规模有限的主要原因是网络基础设施、移动设备普及率不高、支付渠道不够便捷稳定、玩家群体尚不成熟等。中国出海游戏企业可提前布局，通过帮助新兴市场搭建生态实现"以小撬大"。以出海游戏支付优化为例，《中国游戏出海支付研究报告》调查显示，在中国游戏企业出海的过程中，支付目前仍然是一大痛点。未来出海游戏企业在探索第三方支付之外，最关键的是强化企业自身渠道布局，通过自建充值渠道引导玩家进行官方充值。优化和提升支付环节本身就有助于营收增长，而对于处在高速发展期的出海游戏企业来说，支付优化的贡献度可能会更高。[②]

差异化还体现在差异化游戏赛道，中国游戏企业需要密切关注更多细分领域的出海机会，寻找新的出海增量。当前，中国出海游戏版图中手游出海

---

① 《游戏出海支付报告：海外收入降 5.6% 遇挑战 支付助力降本增效》，https：//www.163.com/dy/article/IM8MFTDH051489O2.html? spss=dy_ author，2024 年 9 月 24 日。

② 《中国游戏出海支付研究报告》，https：//mp.weixin.qq.com/s/3jwLU9iIO_ CeKFWzunFPFg，2024 年 9 月 24 日。

为主流，这固然是由于我国游戏企业在手游领域具有长期积累优势，但在主机、PC、小游戏等领域，中国游戏出海还存在差异化的竞争空间。对于游戏行业头部公司而言，中国游戏出海必须挑战包括手游、端游、主机游戏乃至跨平台的全领域游戏品质高地。以主机和PC端游戏为例，在游戏行业中"3A大作"一般指一些高成本、高体量、高质量的大型单机游戏。当前全球游戏市场中，立足中国背景、具有中国特质、传播中国文化的3A级作品罕见，自研3A既是中国游戏人挥之不去的梦想，也是一个显而易见又充满魅力的市场。当前众多头部游戏公司其实已经具备美日韩游戏大国的制作能力，未来可进一步坚持精品化战略，冲击行业顶点。例如，腾讯光子工作室、天美工作室已开始布局专业3A制作工作室，负责打造3A开放世界游戏。2024年8月20日，以取材于中国古典文学名著《西游记》的中国国产单机3A游戏《黑神话：悟空》全球同步上线，展现了我国在高端游戏制作领域的突破，向世界展示了中国游戏产业的非凡实力与巨大潜力。此外，对于体量较小的游戏企业或工作室而言，也可以寻找"小而美"的赛道，探寻独特的出海之路。如近年来，伴随着平台的推广与开发者的积极参与，国内小游戏市场规模快速扩张。《2024中国游戏产业趋势及潜力分析报告》显示，2023年小游戏市场规模可达200亿元，同比增长300%[①]。中国游戏企业可探索海外同类版块机会，抢抓小游戏的利基市场。

（二）破局劣势：打造文化IP讲好中国故事和世界故事

中国游戏出海面临着诸多挑战，其中破局劣势的关键在于有效地跨越文化鸿沟，让海外玩家真正理解和接受中国游戏。伽马数据《2021中国自研游戏IP研究报告》显示，在我国TOP50自研游戏IP中，有56%的IP题材包含中国文化。中国出海游戏企业经历十余年的海外耕耘，有望实现用"外国语言"讲好中国故事，将中华文化、中国价值观以世界各地更熟悉的

---

① 《趋势及潜力报告：国内收入创新高，但明年挑战更大》，https://www.163.com/dy/article/IM5RSO8J051489O2.html?spss=dy_author，2024年9月24日。

画风、故事进行表达，达到更好的传播效果。

其一，文化差异是中国游戏出海面对的重要挑战之一。由于不同国家和地区的历史、文化、价值观念等方面的差异，海外玩家可能对中国游戏的内容和设定存在理解盲区。因此，打造具有普适性和共鸣点的文化IP显得尤为重要。深入挖掘中国传统文化元素并结合现代审美和全球视角，可创造出既具有中国特色又易于被外国玩家接受的游戏内容和角色形象。不仅有利于吸引外国玩家兴趣，还能在游戏中传播中国文化，提升中国游戏的国际影响力。在突破文化差异，传播中国价值观方面，米哈游旗下作品《原神》可圈可点。游戏取材方面，《原神》的故事背景为旅行者在七个"国家"间穿梭，游戏中每个"国家"的设计都融入世界不同地区的文化元素与文明符号，全球各地区文化各美其美，美美与共。如"蒙德"取材自中世纪的欧洲，融合了荷兰、德国、英国等国的自然风光和文化特色；"璃月"的美术风格、剧情、文化，充满中华文化特色；"稻妻"则取材于日本文化。游戏"讲故事"方面，原神的主线剧情突破了传统游戏叙事中经常出现的英雄史观，无论故事的外壳如何变化，其内核始终保持人民史观的站位，在潜移默化中将中国价值、中国立场播撒到海外游戏市场。在运营方面，米哈游及其旗下的原创音乐团队HOYO-MiX别出心裁，在世界范围内举办巡回交响音乐会；文化赋予游戏IP更多内涵。线下侧，米哈游联动三星堆博物馆、音乐戏曲、非物质文化遗产等多个领域；线上侧，《原神》陆续推出"云堇""嘉明"等新角色，传播中华戏曲文化、岭南醒狮文化等，惊艳众多海外玩家。

其二，中国游戏出海也要尊重他国历史文化，讲好世界故事。通过精心策划和叙事，中国游戏可以同时展现世界多样性和人类共同价值，让外国玩家在游戏中体验到不同的文化风情和思考方式。仍以《原神》为例，2022年8月，《原神》"须弥"版本上线，"须弥"文化背景混合取材于中东、印度、东南亚等地区。在过去以欧美游戏厂商为主的游戏市场中，以上地区经常被刻画为贫穷、落后、原始乃至具有恐怖主义倾向的面貌。而在《原神》"须弥"版本中，游戏制作团队深度取材中东、印度、东南亚等地的历史、

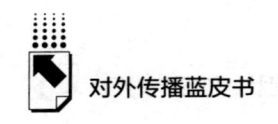

文化、宗教、艺术、饮食、自然景观、社会风俗等，在游戏内容中全方位展现以上地区欣欣向荣、生生不息的风土民俗、文化艺术，令海外玩家，尤其是取材地的玩家耳目一新乃至深受感动。可见，讲好中国故事并不止于讲中国的故事，帮助全球其他国家、其他文明讲好故事，共同讲好世界故事也能彰显中华文化包容开放的特质，也能体现中国游戏企业高度的社会责任感与使命意识。

（三）抢抓机遇：立足技术创新抢滩"海水更蓝处"

技术创新已经成为全球性产品竞争力升级的关键。随着中国游戏产品在全球市场进军深度、广度、速度的提升，AI技术与元宇宙形态或将赋予中国游戏出海新红利，中国出海游戏企业应立足技术创新，以持续进步的技术力抢滩未来"蓝海"市场。政府方面也应提供更多政策支持、减税降费支持，助力中国游戏企业出海。

AI技术应用于游戏可为游戏企业降低成本、提升产能，在游戏设计、游戏开发、游戏运营等环节为中国游戏出海提供更多机遇。游戏设计方面，AIGC可在游戏剧情设计、角色原画与模型生成、背景音乐创作、过场动画生成等领域辅助人工创作；游戏开发环节，开发者可利用AI更加高效地创建游戏角色、场景和道具等，减少重复劳动和人为错误，还可利用AI技术优化游戏性能乃至助推产品研发测试；游戏运营阶段，运用AI识别玩家游戏违规行为可帮助维护游戏公平性。当前，腾讯、网易、三七互娱、中手游、完美世界、世纪华通、中旭未来等游戏企业都已经成为AIGC代表性游戏企业。当然，AI技术在出海游戏中的运用也存在一定的合规风险，例如日本知名游戏平台DLsite就发布公告对AI生成游戏作品进行上架限制。因此AI技术在游戏中的应用必须符合技术伦理要求，符合出海目的国的法律法规和社会公序良俗。

另外，元宇宙支撑技术的突破性发展与应用将为元宇宙生态建立提供条件，同时为中国游戏出海带来新市场、新业态、新模式。元宇宙技术突破与生态建立将打开中国游戏出海的上下游市场；元宇宙生态建立有助于丰富中国出海游戏类型；元宇宙的成熟将为整个游戏市场带来新增长模式。首先，元宇宙技术突破与生态建立将打开中国游戏出海的上下游市场。现有的元宇宙相关布局有底层架构（如区块链、NFT）、后端基建（如5G、云化）、前端设备（如AR/VR、可穿戴设备）、场景内容（如游戏内容）等①，一旦元宇宙生态建立，不仅整个游戏市场将获益，整个元宇宙上下游市场也将随之打开。其次，元宇宙生态建立有助于丰富中国出海游戏类型。在元宇宙框架下，游戏不再局限于传统的角色扮演、射击、策略等类型。基于AR/VR技术的虚拟现实游戏、基于人工智能技术的智能交互游戏等将得到发展，且都将成为中国游戏出海的新选择。最后，元宇宙的成熟将为整个游戏市场带来新模式。中国游戏企业可充分利用元宇宙虚拟与现实相互连接、相互融合的特性，探索新的商业模式和盈利方式，如虚拟资产交易、游戏内广告、游戏社交等，进一步提升在全球的市场竞争力和盈利能力。总而言之，引入新技术提升自身核心竞争力，是游戏企业需要前置考虑的问题。

对于国家而言，新兴智能技术是产业发展的推进器，政策需保持高度关注。一方面，新兴智能技术开发与应用是"科技强国"的重要发展方向；另一方面，新兴智能技术应用有助于提升文化产业的生产效率与生产质量，进而提升中国文化产业的全球竞争力。近年来，多项重要政策直接或间接明确提及推动智能技术的发展（见表1）。未来，从国家层面可帮助中国出海游戏企业搭建国际合作平台，推动中国游戏企业与国际市场的对接，更多鼓励技术创新，支持游戏企业在人工智能、VR/AR等领域的研究与应用。

表1 人工智能发展重要文件

施行日期	制定机关	文件名称
2017年7月8日	国务院	《新一代人工智能发展规划》
2017年12月13日	工业和信息化部	《促进新一代人工智能产业发展三年行动计划(2018—2020年)》

---

① 《从三个关键词看2021年游戏板块：元宇宙、出海与分化》，https://baijiahao.baidu.com/s?id=1720477240924540108&wfr=spider&for=pc，最后检索时间：2024年9月24日。

续表

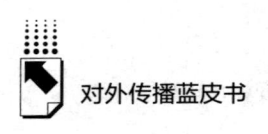

施行日期	制定机关	文件名称
2019年8月1日	科学技术部	《国家新一代人工智能开放创新平台建设工作指引》
2020年7月27日	国家标准化管理委员会;中央网信办;国家发展改革委;科技部;工业和信息化部	《国家新一代人工智能标准体系建设指南》
2022年7月29日	科学技术部;教育部;工业和信息化部;交通运输部;农业农村部;国家卫生健康委员会	《关于加快场景创新以人工智能高水平应用促进经济高质量发展的指导意见》
2023年8月15日	国家互联网信息办公室;国家发展和改革委员会;教育部;科学技术部;工业和信息化部;公安部;国家广播电视总局	《生成式人工智能服务管理暂行办法》
2024年6月5日	工业和信息化部;中央网络安全和信息化委员会办公室;国家发展和改革委员会;国家标准化管理委员会	《关于印发国家人工智能产业综合标准化体系建设指南(2024版)》

资料来源：笔者根据公开资料整理。

（四）突围威胁：坚持底线把握红线磨合优化合规策略

中国游戏在出海过程中，面临着严峻复杂的国际环境，在海外监管方面也面临重重压力。为成功突围，中国出海游戏企业需在坚持底线、把握红线的基础上不断探索、磨合、优化出海目的国与地区的合规策略。

首先，坚持底线意味着游戏企业在出海过程中要始终保持对游戏内容、用户体验和社会责任的坚守。游戏作为一种文化产品，其无论在全球哪个国家和地区发行，都应符合全人类共同的基本社会公德和道德伦理。这一方面是企业应当坚守的社会责任，另一方面也是确保在游戏出海的过程中把牢底线，不授人以柄，尽量避免引发负面影响。

其次，把握红线是游戏企业在出海过程中必须严格遵守的规则和限制。在游戏出海过程中，企业需对目标市场的法律法规和监管机制进行深入研究。各国的市场环境、文化背景和法律体系差异显著，游戏厂商需充分了解并遵守当地的法律要求，以防范潜在的法律风险。此外，对当地的民俗风俗进行调研也是必不可少的，以确保游戏内容符合当地社会价值观和文化习惯。在出海过程中，游戏厂商应签订详尽清晰的授权协议或代理协议，明确各方权利和义务，以防范可能的法律风险。知识产权保护是游戏出海过程中的另一重要方面。游戏厂商需做好前期的知识产权调研工作，了解目标市场的知识产权保护状况，并委托有经验的发行商和律师协助处理相关事务。这有助于防范游戏抄袭或借鉴的侵权问题，确保游戏产品的原创性和独特性。在数据跨境流动方面，游戏厂商需严格遵守《中华人民共和国数据安全法》和《中华人民共和国个人信息保护法》等相关规定，并参照《通用数据保护条例》（GDPR）等主流国际性数据合规法规获取相应的资质和认证。游戏厂商应根据具体的出海地区的数据合规要求，对隐私政策等数据合规项目进行最终调整，以确保数据的合规流动和玩家隐私的保护。[1]

最后，磨合优化合规策略是游戏企业在出海过程中必须持续进行的工作。游戏厂商可通过深入市场调研、本土化适应、建立合作伙伴关系等更好地适应海外市场，提升游戏产品的竞争力和用户满意度。在市场调研方面，游戏厂商需要充分了解目标市场的文化特点、用户需求和竞争环境，为游戏内容和营销策略的调整提供有力支持。例如，通过问卷调查、访谈等方式收集用户反馈，了解当地用户的游戏偏好和消费习惯；分析竞争对手的产品特点和市场策略，寻找自身的差异化优势。在本土化适应方面，游戏厂商需要根据目标市场的文化差异，对游戏内容进行本土化适应。这包括语言翻译、游戏界面调整、文化符号的改变等。例如，针对不同地区的语言习惯，提供多语言版本的游戏；根据当地用户的审美习惯，调整游戏界面的布局和色彩；将游戏中的文化符号替换为符合当地文化的元素，以提供更贴近当地用户需求的游戏体验。[2]

本土化市场运营方面，针对不同地区的现实发展情况，游戏厂商需要制

---

[1] 《陈绍玲：海外的游戏合规监管 仅在少部分领域限制较小》，https://mp.weixin.qq.com/s/qA1sQ339wCXUoytRoHB3yw，最后检索时间：2024 年 9 月 24 日。

[2] 《游戏出海：跨越文化壁垒的机遇与挑战》，https://mp.weixin.qq.com/s/l5I3Y8gmaku7s78ud96VRg，最后检索时间：2024 年 9 月 24 日。

定精细化的市场策略。特别是在发展中国家，用户需求的分散以及互联网基础设施的薄弱，为游戏本地化工作带来了诸多挑战。游戏厂商需结合目标市场的设备普及情况，定制符合当地市场需求的产品容量，确保游戏在各类设备上都能流畅运行。为了提升游戏服务器的稳定性，游戏厂商需要在各个国家设置网络节点。这些网络节点的建立，不仅有助于减少游戏延迟，提升用户体验，还能有效应对不同地区的网络波动，确保游戏的稳定运行。合作伙伴可以帮助游戏公司解决语言、市场推广、法律合规等方面的问题。通过与当地知名的游戏发行商、广告代理商等合作，游戏厂商可以充分利用其资源和经验，快速进入市场并取得成功。在品牌建设和营销策略方面，游戏厂商需要注重在海外市场建立强大的品牌形象和有效的营销策略。通过市场推广、社交媒体、游戏直播等方式提升品牌曝光度，吸引更多用户关注。同时，针对不同市场的用户特点，制定个性化的营销策略，如举办线上线下活动、推出限时优惠等，以刺激用户消费并提升用户黏性。

参考文献

郭全中、苏刘润薇：《政策、技术与出海：我国互联网企业新发展的一个解释》，《新闻爱好者》2024年第6期。

林玉佳：《〈王者荣耀〉是怎样被海外玩家接纳的？——一项基于国产游戏出海的扎根研究》，《当代传播》2024年第1期。

何佳雨：《中国式元宇宙发展之游戏出海策略分析》，《青年记者》2023年第2期。

郭毅、董鸣柯：《国产游戏对外传播中华文化的现状、困境与对策》，《出版发行研究》2023年第1期。

薛强、何晓琪：《中国网络游戏在东盟的国际传播研究》，《传媒》2023年第15期。

王晏殊：《AIGC新赛道："数字丝绸之路"视域下传统文化视听作品"出海"策略探析》，《电影评介》2023年第24期。

易靖韬、何金秋：《基于生态系统竞争优势的平台出海战略研究：基于猎豹移动轻游戏平台国际化的案例分析》，《中国软科学》2023年第5期。

郭璇、徐欣怡：《中国移动游戏"出海"的机遇和路径》，《未来传播》2022年第5期。

裴永刚、索煜祺：《中华优秀传统文化走出去的创新路径探析——以数字出版中游戏出海为视角》，《出版广角》2022年第15期。

曾培伦、邓又溪：《从"传播载体"到"创新主体"：论中国游戏"走出去"的范式创新》，《新闻大学》2022年第5期。

B.9 我国"游戏出海"的PEST-SWOT框架分析和建议

许馨芷*

摘　要： 本研究聚焦游戏作为文化载体在全球化语境下承载和传播我国传统文化的独特作用。基于PEST-SWOT的分析模型，报告从政治、经济、社会和技术四个维度出发，全面解析了当前环境下我国"游戏出海"在政策支持、经济发展及社会文化与技术发展四个方面的长处与短板。研究指出，为游戏企业出海提供更多的政策支持，孵化、培育和完善游戏及相关上下游的产业链，深度发掘中华文化元素的"可游戏性"，推动游戏技术的全面提升，不仅能够推动我国游戏产业在全球化浪潮中与原本的文化产业进行深度的融合，更可以推动中华文化通过游戏的载体走向世界，全面提升中华优秀传统文化的传播力与影响力。

关键词： 游戏出海　PEST-SWOT　跨文化传播　游戏与商业

一　当前环境下"游戏出海"的现状分析

2023年10月，习近平总书记在全国宣传思想文化工作会议上强调："新时代新征程，世界百年未有之大变局加速演进，中华民族伟大复兴进入关键时期，战略机遇和风险挑战并存，宣传思想文化工作面临新形势新任务，必须要有新气象新作为。"网络游戏，作为当今社会文化传播的一种新

---

* 许馨芷，暨南大学新闻与传播学院讲师，主要研究方向为人机交互、国际传播、游戏传播等。

兴媒介，在我国文化对外传播和经济"外循环"的战略发展中占据着越来越重要的位置。根据中国音像与数字出版协会发布的《2023年中国游戏出海情况报告》统计，2023年中国自主研发游戏海外市场实际销售收入达163.66亿美元，较十年前增长了约30倍。2024年8月，《黑神话：悟空》上线后仅三天便有超过1000万套/份的销量，一周内的总销量达到了1540万份，总收入超过人民币51亿元。与此同时，《原神》《崩坏：星穹铁道》《PUBG MOBILE》等国产游戏通过游戏中的山水、建筑场景、音乐的中式呈现，激发起了玩家对中华文化的兴趣，掀起了一波又一波海外玩家寻访中华文化、了解相关文化内涵的热潮。

网络游戏，作为一类崭新的网络文化产品，融合了丰富的媒体元素，如图像、声音与动画，它不仅是文化与科技的交融，更是创新与互动的结晶，为用户带来了沉浸式的体验。其高度的互动性与娱乐性，使玩家的神经感官得到极大的刺激，从而吸引了大量的用户。网络游戏拥有庞大的产业规模，技术日新月异，产值增长迅猛，其全球化与无边界的特性，使它在文化领域拥有更广泛的受众群体。与文学、音乐、影视等艺术形式相比，网络游戏的普及性更强，文化门槛相对较低，优秀的游戏作品更容易在全球范围内传播与推广，具备更强的国际发展优势。

然而，研究者同时发现，受到全球疫情暴发、失业潮涌现和经济下行的影响，全球游戏市场的规模在2022年出现明显下降趋势后，在2023年略有上升。2023年全球游戏市场规模约为人民币11773.79亿元（2022年约为11107.6亿元），同比增长6.00%；2023年全球移动游戏市场规模约为人民币6062.7亿元（2022年约为5945.19亿元），同比上升1.98%。但是，腾讯公司发布的《2023年中国游戏产业报告》显示，国产游戏的海外市场收入较上年同比却仍旧减少5.65%。在此背景下，中国游戏企业出海面临着本地化难度高、国际环境变化、海外法律政策变化、海外渠道竞争加剧等问题。

尽管网络游戏的国际传播环境受限，但是我国的网络游戏发展势头仍然处于高位。根据中国信通院、IDC咨询的统计数据，2020~2023年，中国网络游戏的市场占有份额高于全球平均水平①（见图1）。游戏数据监测服务机构点点数据发布的《2023年海外移动游戏市场研究报告》显示，2023年海外移动游戏市场收入同比下降1.73%，但中国移动游戏出海收入逆势增长7.3%。其中，米哈游的《原神》在上市40个月后，全球收入已突破9000万美元。近期，中国国家新闻出版署对外宣布了2024年3月的国产网络游戏审批结果，其中，共计107款游戏产品成功获得了商业化运营的许可。这批游戏作品类型丰富，风格各异，包括但不仅限于角色扮演、策略竞技、休闲娱乐以及模拟经营等多个领域，充分展现了我国游戏行业的多元化和创新活力。

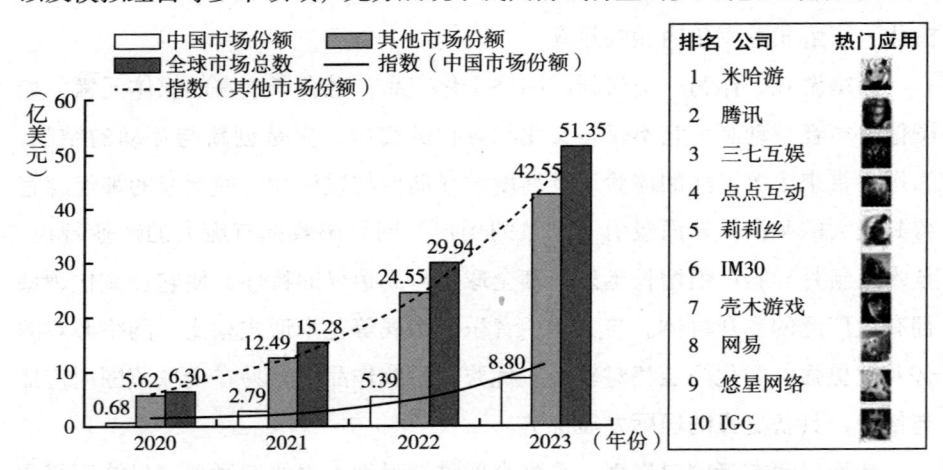

图1　2020~2023年全球在线游戏市场份额统计和我国排名前十的游戏出海企业

资料来源：腾讯研究院。

二　游戏传播与PEST-SWOT模型分析

（一）游戏研究与游戏传播

游戏在21世纪成为大众娱乐的新宠。自19世纪晚期的人类学初步探究和

---

① 中国信息通信研究院泰尔终端实验室、IDC咨询（北京）有限公司：《全球云游戏产业深度观察及趋势研判研究报告（2023年）》，2023年4月。

20世纪70年代教育研究之后，游戏研究迎来了"第三波"浪潮；与此同时，重要的学术期刊也应运而生①。游戏研究最初被构想为一个融合多学科的领域，旨在让不同学科的学者构建一个统一的框架来探讨游戏，从中汲取故事、机制以及游戏社区所带来的灵感，同时整合各自领域的不同本体论和方法论②。

随着该领域的发展，现有的研究集中偏向于对于数字游戏中的语料库的分析③。科学计量学和文献分析研究者已经检验了出版物和媒体中对游戏描述的关键词④，期刊中提及的游戏类型⑤，以及游戏研究中历时性的发文趋势⑥等。一些人文研究者也对游戏从业者的自我认知和职业认同展开了讨论⑦。然而，还有不少的研究者指出，现有的游戏研究在研究范围、研究对象和研究方法上都单一且集中，缺少不同方法对该领域的考察⑧。

在我国，游戏研究经常和文化传播研究捆绑在一起。绝大部分研究者都将国产游戏与中华优秀传统文化的对外传播相对应。一方面，国产游戏是中华文化对外传播的新载体⑨，另一方面，中华文化赋予了国产游戏对外传播的文化底蕴⑩。不少研究者都对我国游戏如何通过文化表征加成我国优秀传

---

① Stenros, Jaakko, and Annakaisa Kultima, "On the expanding ludosphere." Simulation & Gaming 49.3 (2018): 338-355.
② Deterding, Sebastian, "The pyrrhic victory of game studies: Assessing the past, present, and future of interdisciplinary game research," Games and Culture 12.6 (2017): 521-543.
③ Mäyrä, Frans, and Olli Sotamaa, "Need for perspective: introducing the special issue 'Reflecting and Evaluating Game Studies'," Games and Culture 12.6 (2017): 495-498.
④ Melcer, Edward, et al., "Games research today: Analyzing the academic landscape 2000-2014," network 17 (2015): 20.
⑤ Coavoux, Samuel, Manuel Boutet, and Vinciane Zabban, "What we know about games: A scientometric approach to game studies in the 2000s," Games and Culture 12.6 (2017): 563-584.
⑥ Martin, Paul, "The intellectual structure of game research." Game Studies 18.1 (2018).
⑦ Quandt, Thorsten, et al., "Digital games research: A survey study on an emerging field and its prevalent debates," Journal of Communication 65.6 (2015): 975-996.
⑧ Gekker, Alex, "Against game studies," Media and Communication 9.1 (2021): 73-83.
⑨ 王聃、康凯：《网络游戏助力中华文明对外传播路径探析——以〈原神〉为例》，《新媒体与社会》2023年第3期。
⑩ 黄泽诗、王健：《国产游戏跨文化传播中国文化的新面貌与优势价值》，《新楚文化》2023年第23期；杨雯颖、许艳玲：《中华优秀传统文化在网络游戏中的跨文化传播——以〈原神〉为例》，《新闻世界》2023年第12期。

统文化的海外传播进行了符号学视角的分析①，并且高度肯定了国产游戏海外传播对于提升我国文化软实力的积极作用②。然而，笔者发现，我国现有的游戏研究和游戏对外传播研究缺乏宏观视角的整体性分析和考察；特别是在我国游戏出海产业备受国家和社会重视的当下，对于我国游戏对外传播的宏观分析亟待补充。

在游戏行业和游戏商业环境中，对产业发展的宏观整体情况的补充显得尤为关键。因为这一迭代过程要求企业深入收集和分析与游戏业务相关的内部和外部数据，以便识别和评估影响游戏产品成功或失败的关键因素。因此，本研究将使用商业分析中常见的PEST-SWOT模型对我国游戏出海产业进行模型化分析。

（二）PEST-SWOT 模型与应用

PEST模型是一种有效的宏观环境分析工具，它涵盖了政治（Political）、经济（Economic）、社会（Social）和技术（Technological）四个核心维度。这一模型为研究者提供了一个清晰的框架，使他们能够深入剖析影响游戏行业发展的主要外部环境因素。通过PEST模型，研究者可以系统地评估不同领域的潜在机遇和挑战，从而对研究对象有清晰的讨论思路。相比之下，SWOT分析则侧重于评估企业的内部条件和外部环境，以制定合适的战略。通过评估组织或项目的优势（Strengths）、劣势（Weaknesses）、机会（Opportunities）和威胁（Threats），SWOT分析可以帮助企业制定有效的战略计划，以应对外部挑战和抓住内部机遇。

使用PEST和SWOT分析法的研究者，通常通过构建PEST-SWOT模型矩阵（见表1），将研究对象面临的政治、经济、社会、技术等宏观环境的现状与自身的优势、劣势、机会和威胁进行结合，从而对于特定行业、品牌的发展提出不同的竞争策略。

---

① 朱丹红、武艳：《从网络游戏〈原神〉看中华传统文化的符号化对外传播》，《出版发行研究》2023年第11期。
② 程冰：《中国游戏"出海"助力中华文化传播》，《中国对外贸易》2024年第2期。

表 1　PEST-SWOT 模型矩阵

PEST-SWOT 模型		政治(P)	经济(E)	社会(S)	技术(T)
内部因素	优势(S)	SP	SE	SS	ST
	劣势(W)	WP	WE	WS	WT
外部因素	机会(O)	OP	OE	OS	OT
	威胁(T)	TP	TE	TS	TT

注：本表为作者根据前人研究构建出的模型矩阵分析框架。

中国独特的政治体制导致了中国游戏产业的对内对外发展都离不开国家政策、社会制度的支持，我国游戏产业海外传播的分析更加要有国家宏观政治层面的支持才能有坚实的传播后盾。同样，作为新兴经济产业中的一员，国内外经济发展的情况直接影响我国游戏出海产业的发展路径、推广模式和运营机制。随着中国经济的持续增长，国民收入的不断提高，游戏行业作为文化娱乐产业的重要组成部分，也迎来了快速发展的机遇；因此，对经济环境的考察必不可少。进一步说，我国游戏海外传播的实质是我国文化的海外传播，国内外的文化、价值观是游戏传播的基本内涵，对不同社会消费者需要的讨论是游戏出海产业的核心；作为基于技术发展的一种商业产品，游戏的发展要紧密结合科学技术的发展，正视可能存在的技术瓶颈，才能最终实现行业可持续发展。

从理论角度来看，PEST 模型提供了游戏企业外部发展的一个宏观视角，SWOT 分析开拓了对游戏企业内部的独特且深入的分析方式。与其他分析方法相比，PEST-SWOT 分析在游戏行业中的应用更加凸显了其结构化和系统性的优势。它采用矩阵形式，将企业的优势、劣势、机会和威胁分别置于不同的区域，使分析过程更加清晰和直观。同时，SWOT 分析还强调从结构的角度出发，全面审视游戏企业的外部环境（如政策变化、技术进步、市场需求等）和内部资源（如技术实力、团队能力、资金状况等），从而为企业提供了更加全面和深入的战略视角。

故此，对于我国游戏企业的发展和游戏商业的海外传播来说，通过PEST-SWOT 分析，可以清晰地认识到自身在市场中的定位，明确自身的竞争优势和劣势，以及如何最佳地利用市场机会来克服潜在的威胁。相比于现阶段研究者对于我国游戏海外传播中文化要素传播的集中讨论，使用PEST-SWOT框架对游戏出海产业的整体发展做出宏观考察，对于制定有效的市场策略、调整产品线、优化运营等方面都具有指导意义。

三 我国"游戏出海"的PEST-SWOT分析

（一）政治政策的内部影响和外部环境分析

我国游戏产业近年来的迅猛发展，离不开我国政府的大力支持和一系列政策措施的推动。自2020年来，我国政府对游戏产业给予了高度的重视和关注。为了鼓励国内游戏企业积极开拓海外市场，政府推出了一系列扶持政策和措施（见表2）。这些政策不仅为我国游戏产业的发展提供了政策支持，还提出了税收减免、人才引进等倡议，使国内游戏企业在海外市场更具竞争力。

表2 2022~2023年中国游戏出海行业相关政策

时间	政策文件	主要内容
2022年1月	《"十四五"数字经济发展规划》	积极关注数字经济建设，加快数字技术与实体经济融合，推动数字经济"数实结合"
2022年7月	《关于推进对外文化贸易高质量发展的意见》	发展数字文化贸易、培育网络游戏等领域的出口竞争优势，提升文化价值，打造具有国际影响力的中华文化符号
2022年8月	《"十四五"文化发展规划》	繁荣文化文艺创作生产、推动文化产业高质量发展和扩大中华文化国际影响力，建设社会主义文化强国
2022年10月	《高举中国特色社会主义伟大旗帜 为全面建设社会主义现代化国家而团结奋斗》	习近平总书记提出推进文化自信自强，铸就社会主义文化新辉煌。到2035年，我国发展的总体目标中就包括了建成文化强国，国家文化软实力显著增强

续表

时间	政策文件	主要内容
2023年5月	《文化和旅游部办公厅关于开展2023年度国家文化和旅游科技创新研发项目推荐工作的通知》	重点支持包括文化资源数字化、智慧旅游、高技术游戏游艺设备等的发展，支持VR游戏的发展，鼓励VR技术在文化、旅游、游戏等产业的高效融合与应用
2023年10月	《国家广播电视总局科技司关于对〈沉浸式终端通用技术要求〉等三项广播电视和网络视听行业标准报批稿进行公示的通知》	规定了云游戏的总体技术架构，以及云游戏平台、网络、云游戏终端和云游戏安全的技术要求

资料来源：笔者根据公开资料整理。

除了国家层面的政策，各地方政府也在城市相关规划中提到了支持游戏产业发展，特别是推动游戏出海的愿景。例如，北京市《"十四五"时期北京经济技术开发区发展建设和二〇三五年远景目标规划》提到，要支持游戏出海企业在区内落地，并支持精品游戏内容海外发行；上海推出了全国首个聚焦游戏企业出海的政府扶持项目"千帆计划"，并以此为基础召开国际游戏产业交易商洽会；最近，海南省发布了《利用海南自贸港政策发展高新技术产业指南之游戏出海》的工作计划书，提出开放出海游戏开发和发行的信息技术服务商可能需要进口专利、非专利技术等形式的特许权使用权等措施，并且在海口复兴城互联网信息产业园设立"海南游戏产业服务中心"，为企业提供游戏合规性审核、立项建议、游戏投资和出海产业咨询等服务。相关的行业组织，如中国音像与数字出版协会的游戏出版工作委员会，在2023年1月发布了《网络游戏分类》等三项团体标准的征求意见通知，旨在推动游戏行业的标准化和规范化发展。

然而，在政策支持的同时，我国游戏海外传播也存在着一些劣势。首先，我国的游戏审查制度相对严格，对游戏内容、画面、音效等方面都有一定的限制。根据《游戏审查评分细则》，中宣部组织的审核专家会对游戏进行评分，从多个方面对游戏进行综合评价。若游戏在任何一项审核中出现0

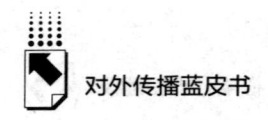

分，将被一票否决，发回开发商重新修改。这种评分制度的实施，导致了一些具有创新性和独特性的游戏无法通过审查，从而限制了我国游戏企业在海外市场的竞争力。国家新闻出版署在2023年12月发布《网络游戏管理办法（草案征求意见稿）》，游戏市场反应强烈，也让人们对于未来游戏出海的前景感到少许担忧。

其次，由于不同国家和地区在游戏产业的法律法规上存在差异，我国游戏企业在出海过程中需要面对各种复杂的法律环境。在韩国，2023年法律修订的步伐显著加快，其中尤以《个人信息保护法》与《游戏产业促进法》的修订备受瞩目。这些修订旨在强化概率性活动的监管力度，深化用户权益的保护机制，并伴随着一系列细则的逐步落地。与此同时，美国的监管环境也在发生深刻变化。联邦贸易委员会（FTC）的监管力度持续增强，各州隐私立法于2024年全面生效，《儿童在线隐私保护法》（COPPA）的修订工作也正在稳步推进。欧盟方面，随着《人工智能法案》与《数字市场法案》的正式实施，个人信息保护的规定得到了进一步细化，科技行业所面临的监管挑战也愈发严峻。

（二）经济发展的内部影响和外部环境分析

获得经济利益是我国游戏出海的两大目的之一。从优势方面来看，我国自主研发的游戏在海外市场的表现令人瞩目，销售收入持续增长，成为文化内容出口创汇的重要支柱。2021年，有48款中国手游入围东南亚地区畅销榜Top100，合计吸金约9.8亿美元，占Top100总收入的54.0%；2022年，A股游戏巨头三七互娱的境外营收为59.94亿元，在公司的营收中占比将近四成；2023年，《原神》携手《王者荣耀》跻身"年用户支出10亿美元"俱乐部；2024年，《黑神话：悟空》上线一周内的总收入超51亿元，被业界视为国内真正意义上的第一款3A游戏。中国独立研发的游戏在海外市场的实际销售收入从2019年的116亿美元增至2023年的164亿美元；2024年上半年的海外市场销售收入85.54亿美元。游戏产业以其独特的魅力和广泛的受众基础，成功吸引了大量海外玩家的关注，为我国经济"外循环"注入了强劲动力。

通过"游戏出海"，我国的游戏企业得以在全球范围内展示其产品和服务,进一步提升了品牌知名度和影响力。随着国产游戏积极向海外市场拓展,海外知名社交平台 Reddit 上已经涌现多个与中国游戏紧密相关的论坛版块。此前,涉及中国文化的帖子大多局限于"中国"或"文化"等特定版块,其数量和关注度相对有限。然而,现在关于中国文化的讨论已经广泛渗透到各个游戏出海版块之中。游戏作为一种文化交流的媒介和国家品牌的载体,为海外玩家提供了一个了解中国文化的窗口,激发了他们对中国文化乃至中国品牌的好奇心。这种好奇心促使他们深入探索游戏剧情、角色设定等背后所蕴含的中国文化元素。这不仅有助于我国游戏企业在国际舞台上塑造积极的品牌形象,更为未来进一步开拓国际市场奠定了坚实的基础。与此同时,游戏产业的发展也带动了相关产业链的繁荣,为 IT 技术、美术设计、市场营销等领域创造了大量就业机会,促进了产业升级和经济发展。

然而,受海外整体经济环境以及日趋激烈的市场竞争等因素的影响,海外市场营销成本明显升高。首先是全球性的通货膨胀。全球性的卫生安全事件爆发后,全球多个主要经济体遭遇了显著的通货膨胀,这使游戏市场普遍呈现低迷的态势,头部游戏软硬件企业的财务表现均出现了不同程度的下滑。作为全球游戏市场的重要组成部分,游戏出海产业不可避免地受到市场低迷的波及。海外游戏市场的低迷并非单一因素所致,而是多重因素相互交织、共同作用的结果。

首先,新冠疫情对全球硬件设备供应链造成了严重冲击,导致硬件设备短缺的问题至今仍未得到根本解决。这使游戏开发商在推出新游戏时面临硬件供应不足的挑战,进而影响了游戏市场的整体供应情况。其次,在高通胀的背景下,多国央行采取了加息和货币紧缩政策以控制通胀。虽然这些措施有助于稳定物价,但同时也抑制了消费者的购买意愿和能力。消费者在面对通胀压力时,往往会减少非必需品的支出,这对游戏市场造成了直接的冲击。最后,通货膨胀还推高了企业的运营成本。游戏开发商在研发、生产和推广游戏的过程中需要投入大量资金,而通胀导致的各项成本上升使企业的利润空间进一步压缩。

不容忽视的是,汇率波动和海外税务风险也是我国游戏企业在海外市场中需要面对的问题。近五年来，人民币对美元的贬值对于在美国市场的游戏出海企业而言是一个积极因素，因为它能够在同等条件下增加企业的收入。然而，人民币在2022~2023年对日元、英镑、欧元等其他主要货币出现了较大幅度的升值，这对在日本、欧洲等地区的出海企业带来了负面影响，导致收入出现下降。这种汇率的双重影响使企业在游戏出海过程中需要更加谨慎地评估汇率风险，并制定相应的策略来应对潜在的收入变化。

（三）社会文化的内部影响和外部环境分析

我国游戏出海的另一大目的是对外传播我国优秀的文化、理念和社会形象。中国的游戏产业以其深厚的文化背景、引人入胜的故事情节和别具一格的角色设计等特点，展现了丰富多样的风貌。这些特质不仅使国产游戏在全球市场中脱颖而出，具备了强烈的吸引力和竞争力，同时也为国产游戏出海提供了绝佳的机遇。例如，全球最火爆的国产游戏《原神》中岩神钟离的任务设置，深刻展现了儒家思想的核心——以人为本、仁爱之心，以及统治者应施行的仁政理念。而胡桃这一角色的塑造及其任务设置，则巧妙地诠释了道家追求天地阴阳平衡、维护天地秩序的哲学真谛。玩家在游戏中完成"寻食之旅"任务时，不仅能体验到虚拟元宇宙中的"元品尝"，更能被吸引至线下品尝中华美食，从而进一步扩大了中华美食的影响力，加深了其感染力，实现了中华饮食文化符号的有效"元传播"。这一创新方式不仅丰富了游戏的文化内涵，也为传承和弘扬中华优秀传统文化提供了新的途径。游戏中的中国文化的展示，不仅有助于提升我国游戏产业的国际声誉，更能增强海外玩家对中国文化的了解与兴趣，进一步促进中外文化的交流与融合，推动中华文化的国际交流与传播。

中国游戏行业正持续呈现一种阶梯式的增长态势。从社会发展的人口学视角来看，互联网人口红利的涌现为游戏用户群体的壮大提供了坚实支撑。2023年全球游戏用户数量达到了33.8亿人次，同比增长6.3%。一方面，互联网人口的增加意味着更大的潜在用户市场。随着全球范围内互联网用户的不断增多，游戏出海产业所触及的受众群体也得以相应扩展，从而为该产业带来了更为广阔的市场空间及丰富的商业机遇。另一方面，互联网人口的增加也推动了游戏出海产业的多元化发展。不同国家和地区用户拥有各异的文化背景、游戏偏好和消费习惯，互联网人口的增长使游戏出海产业能够更为深入地洞察并满足这些多样化的需求。通过研发针对不同用户群体的游戏产品，游戏出海产业得以实现更为精准的市场定位及高效的资源配置。

然而，在社会文化层面，我国游戏海外传播也面临一些挑战。首先是文化差异与本地化难题。在一些中国游戏中，角色可能以古代中国人物为原型，如帝王、武将、侠客等；然而，这些角色形象可能在海外玩家看来过于刻板，也比较陌生，这样可能会使海外玩家将这些角色理解为单一的文化符号，而非具有深度和复杂性的个体。同时，中国游戏的故事主题往往深受中国历史、神话和传统文化的影响；但是，这些故事主题和情节对于不熟悉中国文化的海外玩家来说显得难以理解，甚至与他们的世界观相冲突。再者，由于语言和词汇的差异，我国游戏中的一些词汇、对话和提示可能难以被海外玩家准确理解，这会使得游戏的趣味性和故事性大打折扣。

其次，我国游戏出海面临 IP 储备不足的困境。在进军海外市场的游戏作品中，真正实现文化深度融合的作品可谓凤毛麟角。一些游戏仅仅通过简单的"换皮"手段，对人物、场景和语言等游戏元素进行机械性的复制与堆叠，导致这些游戏在内容上显得单调乏味，缺乏吸引力，令人感到既无太多可玩性又难以轻易舍弃。这种创作方式不仅限制了游戏的文化内涵，也阻碍了我国游戏在海外市场的长远发展。同时，为控制研发成本并降低新网游投资的风险，许多游戏企业倾向于反复利用已有的 IP 资源，这种做法极大地限制了游戏创新的可能性，导致精品游戏稀缺。这种对已有 IP 的过度依赖不仅可能使改编游戏的质量无法达到原 IP 粉丝的期望，进而损害游戏口碑，更重要的是，它束缚了游戏公司的自主创新能力，使游戏市场缺乏多样性和新鲜感。

（四）游戏技术的内部影响和外部环境分析

第一，我国游戏企业在技术研发领域付出了巨大的努力，展现强大的研发实力，部分重点出海游戏公司的技术研发费用投入增长至 78.53 亿元/年，增速达55.05%。以腾讯游戏为例，其成功研发出具有国际竞争力的游戏引擎技术，这些引擎不仅具备卓越的图形渲染和物理模拟功能，还支持跨平台开发，从而显著提升了我国游戏在画面表现、游戏机制以及交互体验等方面的水准。《原神》的母公司米哈游也对渲染管线、线程调度、IO等方面进行了大规模改造，并且针对不同平台开发了两条渲染管线。这些成果使得我国游戏行业与国际先进水平并驾齐驱，展现了我国游戏企业的创新能力和市场竞争力。

第二，云计算与大数据技术的应用也为我国游戏海外传播提供了有力支持。我国云游戏技术的专利数量一直保持高位增长，云计算技术赋予了游戏企业更为高效的数据处理能力，使海量数据的运算和存储变得更为便捷，从而显著提升了游戏的运行效能及用户体验。与此同时，大数据技术则以其强大的分析能力，为企业提供了更为精准的市场洞察和用户画像描绘，有助于企业深入了解目标市场的需求和特点。基于这些精准数据，企业能够制定出更加符合市场实际的营销策略，进而在国际竞争中占据有利地位。

然而，在技术层面，我国游戏海外传播也面临一些劣势和挑战。首先，网络延迟与稳定性问题是一个不可忽视的问题。近年来，国内和海外的网络游戏都曾出现过大范围的服务器崩溃事件，例如，2020年腾讯旗下《和平精英》服务器崩溃，2023年《鹅鸭杀》服务器崩溃，2021年和2022年暴雪旗下《守望先锋2》《使命召唤》的战网服务器崩溃等。放眼全球市场，由于网络环境和基础设施的差异，我国游戏企业可能会遇到网络延迟和稳定性问题，这会影响游戏的流畅度和用户体验。

其次，技术标准与兼容性问题更是一大挑战。不同国家和地区的游戏技术标准可能存在差异，我国游戏企业需要针对不同市场进行技术适配和优化。这不仅增加了企业的技术成本和时间成本，也可能影响游戏的推广效果。此外，知识产权保护问题也是我国游戏企业需要重视的一个问题。尽管我国在游戏技术研发方面取得了显著成果，但知识产权保护问题仍然是一个挑战。

因此，从政治、经济、社会和技术四个维度对我国"游戏出海"现状（优势和劣势）和前景（机遇与挑战）的分析可以简化呈现为以下矩阵模式（见表3）。

我国"游戏出海"的 PEST-SWOT 框架分析和建议

表3 我国游戏产业海外发展的 PEST-SWOT 分析

	政治(P)	经济(E)	社会(S)	技术(T)
优势(S)	①政府推出了一系列扶持政策和措施，鼓励国内游戏企业积极开拓海外市场；②提供了资金支持、税收、人才等方面的优惠；③推动中华文化的国际传播；④更广阔的市场空间和发展机会	①海外市场销售收入的增加；②我国经济"外循环"的提升，创造了大量的就业机会，并且我国在全球游戏产业链中具有一定的优势；③扩大品牌影响力，拓展国际市场	①我国政府对于游戏产业的扶持力度日益加大；②重视知识产权的保护工作，维护游戏企业的合法权益；③推动不同文化的融合与创新	①中国游戏企业在技术研发方面投入巨大，拥有许多创新性的技术和解决方案；②云计算与大数据技术的应用，提升游戏性能和用户体验；③利用先进的人工智能技术，提升游戏的吸引力和竞争力
劣势(W)	①国内外的游戏审查标准与制度流程存在差异，有可能在一定程度上限制"出海游戏"的国际竞争力；②不同国家保护法律法规上存在差异，数据游戏企业在出海过程中需要面对各种复杂的"合规性风险"	①市场竞争激烈，我国游戏企业在海外市场面临更激烈的竞争；②文化差异等，出海游戏需要本地化调适应存在难题，出海游戏需要适应不同市场需求；③汇率波动和不同国家的税务政策可能会造成一定的风险	①政策调整具有不确定性，在一定程度上可能对游戏创作的内容产生影响；②过于特色的游戏内容，可能会在跨文化传播中产生文化差异、文化折扣与文化误解等问题；③文化敏感可能引发争议与负面舆论	①网络延迟与稳定性问题可能会影响游戏流畅度；②技术标准与兼容性问题可能会造成用户游戏体验；③在游戏的开发工具运用非自主研发的开发工具上可能会存在着一定的知识产权保护问题
机会(O)	政府对游戏产业的扶持力度逐渐增加，出台了一系列鼓励游戏企业出海的政策措施，为游戏企业提供了税收、资金等方面的支持	海外市场游戏需求持续增长，为我国游戏企业提供了广阔的发展空间	"出海游戏"与出海游戏企业可推动中华优秀传统文化的国际传播，成为推进国际交流和理解的重要桥梁	我国在游戏技术研发方面拥有许多创新性的技术和解决方案，有助于提升游戏品质和用户体验
威胁(T)	不同国家和地区的政策法规差异较大，游戏出海过程中需要了解遵守当地的法律法规，避免因违规而引发的法律风险	国际市场竞争激烈，游戏企业需要不断提升产品质量和创新能力；同时，汇率波动、税务风险等因素也可能影响企业的海外收益	文化差异可能导致游戏在海外市场受到文化上的不适应和误解，游戏企业制定符合当地市场需求的游戏产品策略	随着技术的发展，游戏企业需不断跟进新技术趋势，加大研发投入，以保持竞争优势。同时，网络安全、数据保护等问题也需要引起企业的重视

注：本表为作者根据 PEST-SWOT 模型矩阵对我国游戏产业的分析结果。

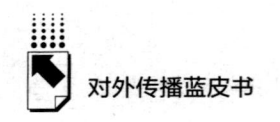

四 基于PEST-SWOT框架对我国游戏出海的建议

展望中国游戏出海的未来，可以预见其发展前景是广阔的。随着全球移动互联网用户的增长，尤其是在新兴市场，中国游戏的国际化步伐预计将进一步加快。基于对我国游戏海外发展的PEST-SWOT模型的分析，本文从政治（Political）、经济（Economic）、社会（Social）和技术（Technological）四个维度分别对我国游戏出海的未来发展提出一些建议。

在政治和政策层面，国家需要继续加强政策引导与支持，出台更具针对性的政策措施，提供税收减免、贷款优惠等实质性支持，降低企业出海成本。同时，助力企业加强与海外游戏产业的交流与合作，包括举办国际游戏展会、论坛等活动，搭建企业与国际市场对接的平台。

在经济发展层面，从业者需要提升新质生产力，实现多元化发展，加强与海外游戏企业的合作与交流，通过加强与上下游产业的合作与协同，形成完整的游戏产业生态链，推动游戏产业与相关产业的深度融合。

在社会文化层面，游戏设计者应当深度挖掘中华文化元素，提升游戏文化内涵，并在游戏中对特色的中国元素做出一定的说明和解读，帮助海外玩家了解、熟悉、学习中华文化的具体内涵，增强我国文化的国际影响力。

技术进步将是推动中国游戏出海的关键因素。在技术提升层面，企业需加强自主研发力度，提升游戏产品的核心竞争力，加强高校、研究机构与企业之间的合作，形成产学研用一体化的创新体系，共同推动游戏技术的研发与应用，提升游戏的趣味性和吸引力。

五 小结

展望中国游戏出海的未来，可以预见其发展前景是广阔的。暨南大学文化产业发展研究院副院长郑焕钊评价说，中国游戏出海呈现快速增长的趋势，并取得不俗的经济收益，但中国游戏在海外还没有真正建立起属于自己的游戏机制和规则，因此，中国游戏企业要在一定程度上调整游戏本土化出海的具体策略。

我国现阶段的游戏出海研究，虽然对游戏中文化表征的个案分析做出了深入的探讨，但在宏观层面对产业发展模式的探讨却略显单薄。这种宏观层面的分析不仅有助于我们更全面地了解产业的现状和未来趋势，更能为我们提供策略性的指导，使我们在全球化的大潮中更好地把握机遇，应对挑战。首先，我们必须深刻认识到，游戏出海不仅是文化交流和传播的重要途径，本质上更是一种经济行为。因此，我们应该将游戏产业的发展置于国家文化战略的高度，通过制定明确的战略目标和定位，推动游戏产业与文化产业的深度融合，让中华文化通过游戏这一载体走向世界。其次，技术创新和人才培养是游戏出海产业持续发展的两大核心驱动力。最后，政策支持和行业自律也是游戏出海产业不可或缺的重要保障。政府应出台一系列优惠政策，为游戏出海产业提供资金、税收等方面的支持；同时，加强行业自律和监管，规范市场秩序，打击不正当竞争和侵权行为，为游戏产业的健康发展创造良好的环境。

B.10
从"借船出海"到精品角逐[*]
——中国游戏出海发展剖析

蔡心仪 刘芸丽[**]

摘　要： 数字游戏通过模拟世界和提供角色扮演的机会，为来自不同国家的玩家在虚拟环境中体验和理解不同文化提供了契机，由此游戏出海成为传播国家文化的重要手段。经过十余年的游戏出海，中国已经成为全球重要的游戏生产输出国，实现了从"世界游戏代工厂"到"中国游戏梦工厂"的成长转变。然而，在海外游戏市场渐成"红海"的现状下，国产游戏的"精品化竞争"日趋激烈。中国游戏既需在技术端不断发力，赋能产品升级创新，亦需在内容端不断深入，为产品注入中国精神、中国价值与中国力量，让更多玩家在中国游戏中形成情感共鸣和文化认同，助力实现国际传播能力的立体化拓展。

关键词： 游戏出海　精品化竞争　文化传播　情感认同

一　中国游戏出海发展背景

（一）历程回顾：从版权出售到自主发行，中国游戏成功蜕变

中国游戏产业的出海历程，最早可追溯至20世纪90年代末，从最初的

---

[*] 本文系国家社科基金重大招标项目"媒体深度融合发展与新时代社会治理创新模式研究"（19ZDA332）的阶段性成果。
[**] 蔡心仪，暨南大学新闻与传播学院教科办主任，主要研究方向为国际传播、媒体融合；刘芸丽，暨南大学新闻与传播学院，主要研究方向为国际传播、媒体融合。

"借船出海"于边缘探索起步,逐步转为"造船出海"并发展为全球游戏IP的创造者。早期的游戏如《神鹰突击队》《生死之间》《傲世三国》等,通过一次性买断的方式进入海外市场,即国内游戏开发商将游戏版权出售给海外发行商,由后者负责后续的发行与运营。这种方式为中国游戏带来了初步的国际曝光,但也影响了中国游戏在全球市场的品牌建设,并进一步影响中国游戏的长期发展。

21世纪以来,国内游戏市场的蓬勃发展激励了中国游戏厂商主动拓展海外市场,从版权交易转向市场拓展,重视自主IP的打造,实现了从单一销售到品牌文化传播的转变。2014~2018年,中国游戏不仅实现"走出去",影响力还在持续扩大,从近邻的东南亚,慢慢过渡到了中东,甚至在传统游戏强国如日本和美国,也达到受人关注的水平,不少游戏进入了海外国家的畅销榜。

中国游戏厂商的出海战略全面加速。2020年,中国游戏出海的收入增速显著,达到了33.25%[1],进入高速增长红利期。《原神》和《阿瓦隆之王》等游戏在国际市场上赢得了广泛的认可和好评,成为中国游戏出海的新标杆。2022年,中国游戏出海风险积累和成本提升,游戏出海赛道成为"红海",走向"精品化竞争"。

(二)机会优势:国家积极鼓励游戏出海,政策支持力度大

2018年,游戏版号的停发等趋严的监管政策一度反推刺激着游戏朝海外市场发展,"不出海,就出局"的口号在中国游戏行业广为流传。当前国家层面积极鼓励文化出口,对游戏产业的扶持政策为中国游戏出海提供了有力保障。2021年11月,商务部、中央宣传部等17部门联合印发《关于支持国家文化出口基地高质量发展若干措施的通知》,提及鼓励优秀传统文化产品、文化创意产品和影视剧、游戏等数字文化产品"走出去"。2023年2

---

[1] 《2020年中国游戏产业报告》,https://download.caixin.com/upload/youxibaogao.pdf,2024年8月10日。

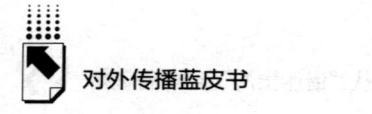

月中共中央、国务院印发的《数字中国建设整体布局规划》中，同样指出要"推进文化数字化发展，深入实施国家文化数字化战略"。

各地方政府结合当地情况实施政策，支持文化品牌出海、引育优质企业集聚。在全国游戏产业占据主导位置的广东省，通过出台扶持政策、建设产业园区等方式扶持游戏企业出海。2023年深圳市出台"游戏出海服务计划"，致力于协助企业在海外市场上实现稳定拓展。2023年，广东省游戏产值全国占比达到80.9%，腾讯游戏、网易游戏、三七互娱等公司已在全球市场推出多款自主研发的原创游戏。

（三）需求优势：东南亚等新兴市场潜力大，打造游戏出海新增长点

2023年，东南亚、拉美和中东等新兴市场因其游戏竞争尚未饱和，成为游戏厂商寻求增长的新兴市场，并展现引领市场复苏的趋势，具有长期增长潜力。据MeetGames数据，新兴市场获客量近四倍于成熟市场。2023年上半年手游下载量中六成以上玩家增量来自东南亚、拉美、印度及中东等新兴市场[①]。

近年来，东南亚地区的经济快速增长，人口红利初现，与中国移动游戏市场早期的发展模式颇为相似。宏观经济上，东南亚国家联盟2022年整体GDP增长5.7%。而东南亚地区人口年龄中位数低，互联网渗透率高，具有大量游戏适龄人群，成为新兴市场的"领头羊"。市场调研公司Newzoo预测，东南亚地区将成为亚太地区增长最快的移动游戏市场[②]。2023年第一季度，沐瞳科技的MOBA（多人在线战术竞技游戏）手游Mobile Legends：Bang Bang占据中国手游出海东南亚下载榜和收入榜榜首。

此外，地理位置的相近和文化背景相似性，为中国游戏在东南亚的本地化提供了便利。例如，东南亚市场对武侠文化有较高的接受度，以武侠小说

---

① 《2023，中国游戏出海，告别"躺赢"》，https：//www.thepaper.cn/newsDetail_forward_25722188，2023年12月21日。

② 《回眸2022，东盟经济展现强大韧性！》，https：//mp.weixin.qq.com/s/SzkwvrDVW-KHbmvgRTWFdA，2023年7月12日。

为背景的游戏《新射雕群侠传之铁血丹心》在新加坡、马来西亚取得较好的市场表现。

二 游戏出海发展现状

（一）出海面临更大压力，美日等传统市场逐渐饱和

《2023年中国游戏出海研究报告》显示，2023年，全球游戏市场规模11773.79亿元，同比增长6%[①]。然而，中国自主研发游戏在海外市场的实际销售收入为163.66亿美元，同比下降5.65%，连续两年呈现下降趋势[②]，表明中国游戏出海面临较大压力。

目前，游戏出海的成熟市场逐渐饱和，竞争格局相对稳定。根据《2023年中国游戏出海研究报告》，美国、日本、韩国是中国游戏出海收入中占比最高的三个国家，分别占比32.51%、18.87%、8.18%[③]。但成熟市场的老游戏产品萎缩，新品整体带来的增量有限。

（二）新发展趋势：多元化创新引领发展，开拓全球游戏新视野

海外市场竞争不确定性进一步加大，成熟地区竞争格局基本稳固，新兴市场已经加速布局。中国游戏出海已经进入"精品化竞争"的阶段，技术创新将成为全球性产品竞争力关键，细分领域或将成为出海发展新契机。

1. 游戏类型便捷化，H5小游戏异军突起

H5小游戏以其便捷性、跨平台兼容性等优势，在海外市场异军突起。个人独立站、门户网站和内置渠道等平台对游戏质量的严格要求，保证了用户体验的优质性。H5小游戏的兴起为中国游戏厂商提供了新的出海机遇，

---

① 《2023年游戏出海报告》，https：//www.opp2.com/336699.html，2024年1月30日。
② 中国音数协游戏工委：《〈2023年中国游戏产业报告〉正式发布》，https：//mp.weixin.qq.com/s/aRxt0_aJRUESRoSadgDZCQ，2023年12月15日。
③ 《2023年游戏出海报告》，https：//www.opp2.com/336699.html，2024年1月30日。

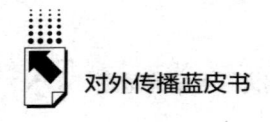

具有开发成本低、市场推广灵活等优势。随着Facebook、YouTube、TikTok等全球性社交平台的介入，H5小游戏的市场潜力得到了进一步的释放。

2. 技术赋能游戏创新，提供更多市场机遇

云计算技术的成熟推动了云游戏的发展，允许玩家在不同设备上无缝体验游戏，降低了硬件门槛，扩大了潜在用户群体，为游戏普及和市场拓展提供了新机遇。VR和AR技术的发展为游戏产业带来了沉浸式体验的新可能，创造了全新的玩法和体验。此外，人工智能大模型的快速应用正开拓新的市场机遇。目前，AI技术已能够在文案剧情策划、图像生成等方面提供辅助，从而显著降低了游戏的开发成本。

3. 细分领域成为新契机，精品化竞争成为新趋势

精品化竞争成为新趋势，游戏企业需在细分领域深耕，通过技术创新和市场策略，打造具有竞争力的全球性产品。近两年，玩法融合成为游戏创新的主要趋势，而其中"重度游戏轻度化"又是重要特点。"重度游戏轻度化"指的是将需要玩家投入较大时间和金钱成本的重度游戏进行简化调整，使其更适应移动平台用户的游戏习惯。如点点互动的WhiteOut Survival（《寒霜启示录》），就是重度的SLG（策略类游戏）与RPG（角色扮演类游戏）和模拟经营等游戏类型的结合，凭借其独特的美术风格、轻中度玩法的素材和循序渐进的玩法，在2023年的国外市场成为爆款。

此外，针对特定文化背景或兴趣群体的定制化游戏产品，也成为出海战略的重要组成部分。市场已全面进入"深度本地化"时代，需要在语言文化适配、艺术风格定制、活动策划执行、法规遵循以及客户服务等多个维度实现全面本地化，打造精品化游戏。

三　游戏出海优秀案例

（一）《原神》出海：打破文化中心主义，展现中华优秀传统文化创意性表达

作为目前全球最为火爆的电子游戏之一，《原神》无疑是中国新一代网络

游戏成功出海的典型案例。根据美国应用商店数据分析机构 Sensor Tower 的报告显示，《原神》自上线以来全球移动端营收超过 40 亿美元，其中只有 30% 由中国玩家贡献，剩下的 70% 均来自海外，全球月活跃用户超过 5500 万。《原神》海外官方视频号目前在 YouTube 上拥有 731 万订阅者，而与《原神》相关的视频在 TikTok 上的播放量已超过 400 亿次，许多国外知名游戏主播也会在 YouTube、Instagram、Facebook 等海外社交媒体平台上直播玩《原神》手游，进一步加快了《原神》手游在海外游戏玩家中的传播。

《原神》登陆海外市场的成功很大程度上得益于其对中华优秀传统文化的创意性表达和跨文化传播。《原神》的故事主线发生在一个被称作"提瓦特大陆"的七种元素交汇的幻想世界，玩家将扮演一位名为"旅行者"的神秘角色，在旅行中完成各种任务，从而解锁大陆上七个"国家"的支线剧情。"国家"之一的"璃月"就对应着中华传统文化。有关"璃月"的剧情存在着大量的中国式建筑与日常可见的中国文化符号，包括围棋、京剧、说书等。自《原神》"璃月"部分剧情上线以来，受到了海外玩家的一致好评。玩家们纷纷表示，"璃月"文化（中华传统文化）展现的神秘、大气的东方色彩打破了长期以来以《英雄联盟》（LOL）为代表的、西式游戏的审美疲劳，让他们真正感受到了让人"眼前一亮"的中式游戏美学。而由《原神》中角色"云瑾"创作的戏曲《神女劈观》在 YouTube 上的播放量更是达到了 1000 多万次，评论区无不感动、震撼于中国传统戏剧的魅力。

（二）《王者荣耀》首秀：打通海内外情感链接，因地制宜布局精细化市场

2023 年 3 月 8 日，由腾讯 Level Infinite 发行的《王者荣耀》的国际服 Honor of Kings 正式登陆巴西手游市场，标志着由中国自主发行的手游大 IP 在南美国家的正式首秀。Honor of Kings 自上线以来，获得了相当不错的反响。预注册 CG（Computer Graphics，计算机生成动画）《你好，巴西》仅在 YouTube 单平台播放量就超过 230 万次，后续以云缨、澜等英雄故事为主题的 CG 视频也吸引了众多国外玩家的关注和好评。截至 2024 年 7 月 31 日，Honor of Kings 已扩展至 57 个国家及地区，跻身多地免费应用榜前十名，甚至前三名。2024 年 2 月 19 日，《王者荣耀》与电竞世界杯（EWC）正式官宣合作，这也代表着腾讯游戏在赛事和产品国际化方面的同步推进。

考虑到不同文化背景的域外玩家对于中国网游的接受程度，一味强调本国文化往往会因为"文化陌生感"使玩家产生抵触心理。① 不同于《原神》以"中华传统文化的国际传播"为主旨的核心理念，《王者荣耀》的出海除了着眼于中国文化传播外，更多地聚焦于如何打通海内外玩家之间的情感链接，因地制宜地布局海外细分市场。《王者荣耀》在不同地区重点发行不同版本的游戏，依据当地用户特点，在游戏内容上做出差异化改动。以《王者荣耀》的欧美版 Arena of Valor 为例，国际服游戏在保留了峡谷地图、竞技格斗等基本游戏设定，以及部分以中国历史人物为原型的游戏角色的同时，在人物形象和名称上都根据欧美习惯进行了一定变动，也增加了许多欧美民众喜爱的漫威人物如神奇女侠、蝙蝠侠等②。这种基于原框架的调整将中国本土游戏 IP 与其他文化交流融合，进一步提高了《王者荣耀》对海外玩家的吸引力。

（三）《无尽对决》亮相：打造技术支撑体系，提升出海游戏跨服竞争力

中国本土游戏在打开海外市场、实现跨服游戏的长周期运营上，除了游戏产品本身拥有高质量的内容，能够为客户提供极致的场景代入之外，玩家也享受到了高质量的游戏体验。而优质的游戏体验和游戏生态又往往建立在完备性好、连续性强的技术支撑体系之上。中国游戏厂商在实现了云计算、画质渲染等方面的技术迭代后，已经逐步将眼光放在了 Gen AI（生成式 AI）在游戏的策划、研发，以及运营当中的全方位落实。

---

① 冯鸣、童威：《以网游为载体的中国传统文化输出研究——以〈原神〉云堇角色设计为例》，《新媒体研究》2022 年第 12 期。
② 林书羽：《跨文化传播语境下中国手游进军海外路径研究——以"王者荣耀"为例》，《视听》2019 年第 12 期。

上海沐瞳科技有限公司旗下运营的游戏《无尽对决》，在全球有超过10亿次下载量，月活跃用户超过1亿人次，是全球最受欢迎的MOBA（多人在线战术竞技游戏）类手游之一。这与沐瞳科技长期以来不断完善以XR、人机交互等前沿技术为支撑的玩法和体验升级密不可分。由于《无尽对决》的目标市场以东南亚各国为主，当地玩家在游戏中的交谈内容以东南亚本地小语种为主。为维持良好的游戏生态和用户体验，游戏厂商需要付诸大量人力进行辱骂识别、判罚，并根据这些数据资产进行舆情分析，响应时间长、处理效率低。2024年2月，沐瞳科技首次应用生成式AI工具Amazon Bedrock，成功将辱骂识别准确率提升至90%以上，大大解放了人工处理时间，也调优解决了翻译精度问题，一个游戏版本支持30多种语言显示，并允许用户自由切换，以帮助海外用户更好地理解剧情。除此之外，得益于高效的数据分析，沐瞳科技得以在游戏迭代中为本地玩家提供更加个性化的角色定制和剧情走向，加强了游戏用户的归属感和文化认同感。

四 游戏出海发展风险

在日趋复杂严峻的国际环境下，国内游戏企业出海的阻力增大、风险增高。从游戏出海的国家和地区来看，游戏出海风险点多分布于美国、韩国、印度、日本、欧盟与巴西。在游戏的内容层面，游戏出海风险相关事由以替代品威胁、成本攀升、政策违规、数据安全为主。

（一）游戏"产品出海"和"文化出海"存在效果悖论

近年来，我国游戏"产品出海"实现了国际贸易顺差，在多个游戏产业发达国家获得了市场成功；但在文化"走出去"方面，中国游戏却没有取得等量的成绩。[①] 目前，在国内游戏产业竞争日益激烈、政策管控逐渐严格、国

---

① 曾培伦、邓又溪:《从"传播载体"到"创新主体"：论中国游戏"走出去"的范式创新》，《新闻大学》2022年第5期。

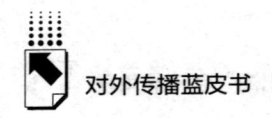

内市场增速放缓的背景下,"不出海,便出局"成为近几年不少国内游戏公司的口号。企业的这种呼声显然不是为了文化"走出去",而是面向海外新市场求生谋存。"产品出海"和"文化出海"的效果悖论背后,是搭载在产品维度上的文化符号的缺位。

因此,在"产品出海"的利益诉求和"文化出海"的价值诉求之间寻求平衡乃至共赢,是中国游戏厂商以及政府产业管理部门的重要课题。

(二)游戏IP储备不足,我国游戏出海面临着众多替代品的威胁

从2021年底开始,海外市场野蛮生长的红利期已经结束,此阶段出海游戏公司"一波流""堆新品"的打法,效果在不断减弱。2022年国内版号收紧,导致阶段性集中出海、买量成本"卷"式上升,游戏出海从"蓝海"变成"红海",即从"扩张化竞争"走向"精品化竞争"。海外市场竞争激烈,大部分中国游戏公司还处于全球化运营的早期,游戏IP储备不足。各国国情、文化有较大差异,随着出海区域的增加,我国游戏出海面临着众多替代品的威胁,核心技术成为竞争焦点。

(三)政策差异导致未成年人保护领域存在违规风险

许多国家和地区对游戏内容和适用年龄有不同的限制。在违法案例中,较为典型的违法原因就是相关机构认为该游戏有对未成年人造成危害的潜在风险,从而判定其违法。例如,2019年,英国游戏监管机构(UKGC)宣布中国游戏公司北京快乐时代网络科技有限公司旗下的《欢乐斗地主》涉嫌违反英国的法律,声称该游戏中存在虚拟货币的购买和使用,可用于博彩游戏,对未成年人构成了潜在风险。

(四)人工智能应用领域存在数据安全不合规的风险

2024年3月13日,欧盟通过了世界上第一部人工智能全面监管法律《人工智能法案》,该法案禁止某些威胁公民权利的人工智能应用,包括基于敏感特征的生物识别分类系统,以及从互联网或闭路电视录像中无针对性地抓取

面部图像以创建面部识别数据库等。iOS & Google play 研究专家邓淳表示，目前美国、加拿大、欧盟、日韩都有比较严格的数据隐私处置方面的法规，如果不符合当地要求，游戏会被强制下架。在此背景下，出海游戏中的情绪识别、社会评分、预测性警务以及操纵人类行为或利用人们弱点的人工智能也将被禁止。

五 游戏出海发展建议

（一）拓展游戏承载的文化主体内容，弥合游戏出海二元冲突

在游戏出海的过程中，不仅要注重产品出海，更要注重文化出海，在百年未有之大变局背景下，对外传播中华文化应当成为评估国产游戏出海社会效益的关键指标之一。然而，目前我国游戏及文化产品"走出去"都更加偏重传统文化，游戏厂商几乎穷尽了中国传统文化中的经典元素，《西游记》《三国演义》和武术仙侠等元素被反复使用[①]，同质化的游戏内容不仅会引起玩家的疲劳感，更有可能会带来具有刻板印象的"文化折扣"。

当前有关部门以及游戏厂商对于中国文化的认定较多局限于传统文化，游戏制作还停留在符号形象层面的传播。而反映中国当代文化建设、经济建设以及改革开放等的游戏较为欠缺。因此，有关部门可出台相关政策文件，扩大对于游戏出海中的文化内涵的认定，鼓励更多的厂商将现当代的优秀文化融入游戏制作的过程当中。

（二）打造精品文化 IP，加强游戏现实建构能力

《超级马里奥》受全球玩家追捧，成为日本当代文化的经典 IP；好莱坞电影的"美式英雄主义"叙事席卷全球，演化为西方文化传播的重要方式。这

---

① 曾培伦、邓又溪：《从"传播载体"到"创新主体"：论中国游戏"走出去"的范式创新》，《新闻大学》2022 年第 5 期。

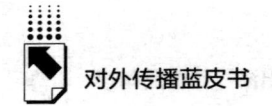

些都不是其传统文化的代表，但都受到了全球受众的欢迎，关键在于其基于现当代文化进行创新性创造与表达，利用游戏建构现实的能力。我国应着力打造标志性的精品文化IP，以此来达到打破西方的文化霸权，传递中国价值观的目的。

培育精品游戏IP需要从市场调研、定位与价值提炼、原创性与创新性、游戏品质提升、世界观与故事背景构建、跨媒介拓展与合作、社区建设与粉丝互动以及法律保护与版权运营等多个方面入手，同时也要关照游戏对于价值观和文化内涵的渗透，打好产品制作和文化传播的组合拳，让游戏的"产品出海"和"文化出海"的内在逻辑实现自洽。

（三）出台支持游戏出海的针对性政策，发挥文化传播基地服务功能

推动游戏出海，不仅要有文化融入等大方向的鼓励，更要立足地方特色进行针对性的政策扶持。例如，2019年北京市出台《关于推动北京游戏产业健康发展的若干意见》，提出要将游戏出海与助力全国文化中心的目标相融合；2021年福建省出台政策文件《福建省促进电竞产业发展行动方案（2021—2023年）》，基于企业专项资金的支持，鼓励在游戏制作的过程中融入福建当地的特色文化①。

此外，还可以发挥对外文化传播基地的作用，加快国产游戏"走出去"的进程。例如，2020年国家对外文化贸易基地（上海）推出"千帆计划"，针对中小游戏企业出海传播中华文化过程中的外汇金融和版权保护等瓶颈提供有针对性的服务共计40余项，有力推动了上海市的游戏出海。

（四）加强游戏内容合规设计，避开地区政策监管雷点

随着游戏出海范围的扩大，游戏厂商面临更加广阔而复杂的国情和文化

---

① 郭毅、董鸣柯：《国产游戏对外传播中华文化的现状、困境与对策》，《出版发行研究》2023年第1期。

差异，在国外许多地区，对于游戏产品的审核和监管更加严苛。游戏厂商应该更加注重内容和运营的合规性设计。运营合规，并非简单地与法律法规相契合，熟悉当地的政策和法律是最基础的，游戏厂商还应该注重不同国家的监管颗粒度和游戏玩家的文化敏感点，力求在游戏出海的过程中不踩雷、不踏坑。

以越南为例，越南地区在本土发行游戏必须要申请独立的版号，且该版号必须由在本地注册的公司申请注册。越南地区的支付渠道也比较特殊，无法通过 VISA 等国际通用方式支付。韩国地区对于涉及血腥、暴力、暴露内容的游戏产品具有特殊的法律监管规定。此外，社会大众的女权维护意识浓厚，社会组织会向当地政府投诉不当的海外游戏，且经常会责令游戏发行商改正。①

因地制宜、因时而变，游戏出海不仅考量战略布局的眼光，更考量游戏本土化落地的管理精细度和地方贴近性。为了尽可能地适应不同地区的落地政策以及运行规范，游戏厂商可以考虑组建专业的游戏出海调研部门，提早熟悉市场，适应不同国家玩家的期待和需求；同时积极建立有效的消费者反馈机制，及时收集并处理玩家的意见和建议。对于消费者的投诉和纠纷，应积极应对并妥善解决，以维护良好的品牌形象和口碑。

（五）注重数据安全，保护消费者隐私

在游戏出海过程中，数据安全合规也是重要的一环，一方面，游戏出海厂商需要符合《中华人民共和国网络安全法》《中华人民共和国数据安全法》《中华人民共和国个人信息保护法》等法律法规的要求；另一方面，网络游戏输出到其他国家、地区，也应满足当地的数据合规和保护要求，如欧盟《通用数据保护条例》、美国《加州消费者隐私法案》、加拿大《个人信息保护及电子文件法》、英国《数据保护法案》等。

部分国家对于数据安全的管制精细度较高，如美国和欧洲市场，其他国

---

① 《逐鹿五大洲，中国游戏出海黄金时代如何延续?》，https://mp.weixin.qq.com/s/XrqyHx6IQJkDxyISDnBl9w，2024 年 4 月 1 日。

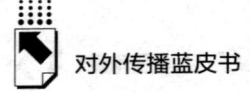

家在这两个市场发行的游戏数据只能储存在海外的服务器上,数据在任何情况下都不能回传到国内服务器,包括玩家用户数据、注册信息、账号信息等,特别是美国对数据合规的要求较为严格,且会定期抽查。

在近些年的游戏出海实践中,头部厂商应对数据合规逐步摸索出一套思路,如腾讯游戏背靠腾讯云全球部署的云技术设施,通过部署自建的服务器、使用符合当地法规的云服务厂商、对不同的运维人员设置不同的访问权限以及预先对数据进行脱敏处理等方法来降低数据违规的风险。此外,此类出海的游戏厂商还需要注重自身的信息披露与公开义务,防止对海外消费者造成损害,并引起不必要的法律风险。例如,需明确告知用户数据采集场景(如账号注册、支付行为、社交互动等),并以清单形式列明数据类型(地理位置、设备信息、行为日志等)。同时须说明数据使用目的(如个性化推荐、反作弊系统、广告投放等),避免超出用户授权范围等。

参考文献

冯鸣、童威:《以网游为载体的中国传统文化输出研究——以〈原神〉云堇角色设计为例》,《新媒体研究》2022年第12期。

林玉佳:《〈王者荣耀〉是怎样被海外玩家接纳的?——一项基于国产游戏出海的扎根研究》,《当代传播》2024年第1期。

荆学民、李圆:《论微观政治传播中的"游戏"形态》,《编辑之友》2023年第10期。

何天平、宋航:《电竞传播在中国:媒介框架变迁与社会认知重塑》,《上海体育学院学报》2022年第4期。

秦静、薛孟杰、邓元兵:《游戏化传播对区域形象的建构研究》,《中国编辑》2022年第12期。

裴永刚、索煜祺:《中华优秀传统文化走出去的创新路径探析——以数字出版中游戏出海为视角》,《出版广角》2022年第15期。

孙晓蓓、李泳志、李欣人:《全球游戏传播的前沿研究图景》,《新闻记者》2022年第5期。

平台篇

B.11
海外短视频平台上的中国功夫文化传播：
中华优秀传统文化海外传播案例分析

姬德强 周鑫鑫*

摘 要： 本报告以中国功夫文化为切入点，以 TikTok 平台为案例，分析探讨了海外短视频平台在推动中华优秀传统文化国际传播方面的作用。研究通过案例分析，讨论海外短视频平台上与中国功夫有关内容的传播机制和效果，主要发现：多模态要素是相关平台上推动功夫文化国际传播的重要内容特点，算法、短视频形式及用户内容生产则是助推功夫等中华优秀传统文化的技术优势，而平台本土化的文化适配运营策略则是推动中华优秀传统文化精准传播的关键举措。然而，若要借助 TikTok 等社交媒体平台持续推动中华优秀传统文化的对外传播，则需要面对单向度的叙事模式、扭转传播内容同质化的倾向等问题，通过情感化叙事的方式、促进"人与自然"话语的

---

* 姬德强，中国传媒大学媒体融合与传播国家重点实验室研究员，教育部国际传播联合研究院副院长，四部委铸牢中华民族共同体意识研究基地研究员，主要研究方向为传播政治经济学、国际传播和跨文化传播；周鑫鑫，中国传媒大学国际传媒教育学院，主要研究方向为国际传播。

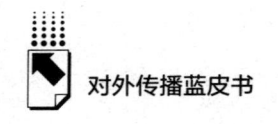

结合，不断提升平台公共性，从而促进中华优秀传统文化传播力的提升。

关键词： 功夫文化　中华优秀传统文化　文化传播　数字平台

一　引言

截至2024年，TikTok全球用户数已超过10亿，其中美国用户为1.4892亿。在主要的欧洲市场，如英国、德国和法国，TikTok的用户数量也在快速增长，合计超过2亿。据相关数据统计用户每日平均使用TikTok的时间超过50分钟，平台上的视频观看量和互动量（如点赞、评论和分享）持续增加。这些数据反映了TikTok在全球范围内被广泛接受和使用。TikTok平台的快速发展和全球化扩张使得中华优秀文化能够通过短视频这一形式，以更加生动直观的方式呈现给世界各地的用户。以传统中国功夫文化为例，在TikTok平台上，#Kungfu相关的话题浏览量达到了175亿次，用户"Zaraliang"凭借一身功夫走红海外，在TikTok上坐拥近500万的粉丝，他所拍摄的一段踢瓶盖的视频播放量更是突破了800万次。功夫文化是中华优秀传统文化的代表之一，功夫文化的国际传播是中华优秀传统文化国际传播的缩影。而在全球化的背景下，TikTok作为一个全球性的社交媒体平台，不仅能够打破传统国际传播路径的局限，同时也能为以功夫文化为代表的中华优秀传统文化的创新性传播提供空间，有助于形成更加多元化和丰富性的中华文化国际传播格局。

二　中国功夫文化在海外短视频上的传播状况

（一）功夫文化内容类型分析

在TikTok平台上，中国功夫的内容种类繁多，展示了中国功夫的多面性和吸引力，主要有动作演示和技巧教学，文化背景和历史讲解，功夫挑战和比赛，训练日常和幕后花絮四种类型。

动作演示和技巧教学是 TikTok 上最常见的中国功夫内容之一。创作者通过短视频展示各种传统武术动作和技巧，包括拳法、剑法、棍法等来展现中国功夫文化。这些视频演示中通常包括慢动作和分解步骤，能够帮助不同国家的用户模仿和学习中国功夫。同时一些视频创作者也会通过幽默和创意的方式演绎中国功夫，将传统武术与现代生活相结合。这类内容通常创新性地将中国功夫的经典动作与招式和搞笑元素、流行文化等相结合，创作出既有趣又具有一定教育意义的视频。例如，部分创作者会模仿经典功夫片中的动作，将武术动作融入现代舞蹈中。

文化背景和历史讲解也是功夫视频的主要类型，一些创作者会制作讲解视频，介绍中国功夫的历史渊源、各大流派的特点、武术哲学等。比如在 TikTok 上会有一些探索中国功夫的哲学基础和理论的视频，通过短视频的形式解释如"内功""气""阴阳"等概念是如何融入武术实践中的，这些内容有助于观众理解中国功夫的深层含义和文化背景。

功夫挑战和比赛通常展示了创作者在规定时间内完成特定动作或招式的能力。这些视频往往具有较高的互动性，视频创作者鼓励观众参与讨论和模仿，形成了良好的互动氛围。

日常训练视频会记录创作者训练的强度、训练器材的使用、训练环境等。这类内容不仅能让观众了解中国功夫的实际训练情况，还能在一定程度上展示武术家的辛勤付出和坚持不懈的精神。通过这些幕后花絮，观众可以更深入地了解功夫训练的真实面貌和精神内涵。

TikTok 上的中国功夫内容丰富多样，从技巧展示到文化讲解，从功夫比赛到训练日常，都展示了这一传统功夫文化的独特魅力。这些内容不仅帮助推广了中国功夫，也为全球观众提供了了解和学习中国功夫的机会。

（二）功夫文化传播主体

在 TikTok 平台上传播中国功夫文化的主体是多元的，主要包括个人创

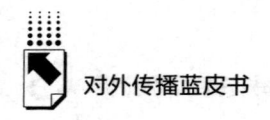

作者、武术学校、相关品牌和企业以及部分外国用户。每个主体在传播中国功夫方面扮演了不同的角色，形成了多样化的内容生态。

个人创作者通常是武术爱好者、教练或练习者，他们通过短视频分享自己的练功过程、技术要点和武术表演。通过精湛的技巧和创意的表现吸引观众关注，打造个人品牌。他们不仅展示了传统功夫，还将其与现代流行文化相融合，增强了观众的参与感和互动性。比如TikTok用户@littlekungfu，这个账号由一位年轻的武术爱好者运营，他会在账号上分享各种中国功夫的演示和教学视频，包括传统套路和现代动作，受到了广泛的关注。

许多武术学校和机构也利用TikTok平台进行推广。他们通过发布课程内容、教学视频和学生表演等，来展示自己的教学成果和学校文化。如用户@shaolinschool是由少林寺武术学校官方运营，分享少林功夫的教学、演示以及少林文化的介绍。这种做法不仅帮助他们吸引潜在学员，还能在一定程度上提升学校的知名度。

一些与运动、健康或与中国文化相关的品牌也会参与到中国功夫内容的传播中。品牌会通过合作推广、赞助相关内容或直接发布与功夫相关的广告来提升自己的市场影响力与知名度。在一定程度上丰富了TikTok上的中国功夫内容，也推动了其在全球范围内的传播和认可。

不仅如此，一些外国用户也构成了在TikTok上传播功夫文化的主要主体，在TikTok平台，一些外国用户会通过视频来展示自己练习和演绎中国功夫的过程。这些内容常常包括武术技巧的演示、表演和训练日常。同时部分外国用户也会发起或参与和中国功夫相关的挑战或比赛，如模仿经典动作或参与功夫挑战。此外，一些创作者可能会与中国武术师合作，共同制作视频，进一步推动国际交流与合作。

（三）功夫文化传播效果

从TikTok平台上的中国功夫文化观众接受度、内容创作者以及全球影响力等方面，能够对中国功夫文化的传播效果进行较为全面地分析。

海外短视频平台上的中国功夫文化传播：中华优秀传统文化海外传播案例分析

从观众接受度层面来看，观众对 TikTok 平台上的中国功夫文化短视频的接受度普遍较高，功夫的动作、技巧和历史故事通过简短而有趣的视频获得了广泛的关注。据统计，在 TikTok 平台上#武术#相关的视频曝光量已经超过 222 亿次，是目前 TikTok 上非物质文化遗产类视频中曝光量最大的类目。话题#Kungfu 的浏览量已超过 120 亿次，在#Kungfu#标签中，有大量外国人创作的作品。传统功夫也伴随着李小龙、成龙的电影而得到广泛传播。近年来，中国功夫相关视频的观看量、点赞量和评论量显著增长，功夫视频的评论区互动也很活跃，来自不同国家的用户会分享他们对功夫的看法，表达对功夫视频内容的欣赏，这表明相关的功夫内容不仅会引发用户的兴趣，还促使他们参与讨论和互动。

从内容创作者层面来看，TikTok 上的内容创作者不断涌现。这些创作者通过各种形式展示功夫，包括教程、表演、挑战赛等。数据表明，带有创意和高质量制作的视频更容易获得平台的推荐，进而获得更多曝光。例如，某些高互动的视频，涉及特定的功夫技巧或经典动作，往往能够在短时间内吸引数百万观众。

从全球影响力层面来看，TikTok 的全球化特性使中国功夫能够触及世界各地的观众。最新数据显示，来自美国、欧洲和东南亚的观众对中国功夫视频的观看量占总观看量的 50%以上。这表明，功夫文化在全球范围内的接受度不断提高。同时，这些视频也促进了跨文化交流，观众能够通过 TikTok 了解中国功夫的历史背景、文化价值和实际应用。这种文化传播不仅提升了中国功夫的国际认知度，还在一定程度上促进了中外文化的融合。

立足传播效果分析，TikTok 平台通过其短视频形式、强大的互动性和广泛的传播网络，为以中国功夫文化为代表的中华优秀传统文化的传播提供了有效的途径。观众的积极参与和全球性覆盖使以功夫文化为代表的中华优秀传统文化能够以更加生动和多样化的方式进入大众用户视野，提升了其在国际上的认知度和影响力。

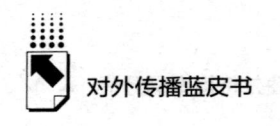

三 海外短视频平台推动功夫文化国际传播的影响因素

（一）内容特点：多模态要素共同推动文化国际传播

从语言模态的角度分析，TikTok平台上功夫视频之所以能够爆火，离不开其动词化与简洁化的表达，TikTok平台上的功夫视频中的语言通常以动词为主，这种动词化的表达方式能够突出动作的动态感和冲击力。动词如"打""踢""挥"等，这种动词化的表达方式有助于明确内容并突显行为主体，同时展示武术的行动感。在句式层面，功夫视频通常使用简洁的句式，如祈使句和陈述句。例如，"Focus on your practice""Master the basics first""The teacher teach you how to play kongfu, but you have to keep practicing it"。这样的句式能够直接传达核心信息，增强了语言的冲击力和感染力，使观众易于理解和接受，而且带有一定的强控制性和权威感。这种句式使观众不自觉地接受了武术试图传达的中国传统价值观，如"谦卑礼貌"和"勤奋刻苦"等价值观。同时功夫视频中的语言通常融合了励志或感悟的元素，如"Persistence is victory""Every practice brings you closer to your goal"这种具有号召力的句式能够引发观众的情感共鸣，增加视频的吸引力和分享率。

在非语言模态上，武术短视频通过近景、视线平角、近距离、慢镜头和高对比度等技巧，增加了功夫视频的视觉冲击力，强烈的视觉效果能够迅速吸引观众的注意力，一些视频甚至会使用一些特效，提升观众的观看体验，同时功夫视频常配以动感音乐，增强了视频的节奏感和观赏性，使功夫视频看起来更加有力和激动人心。

TikTok平台上的功夫视频通过多模态要素缩短了视频主体与跨文化受众的距离。在一定程度上降低了观众的心理防备，使功夫短视频能够潜移默化地影响观众。

（二）平台特性：技术优势推动中华文化传播

TikTok 在承载和传播以中国功夫文化为代表的中华优秀传统文化方面具备独特优势，这些优势可以从算法、短视频形式和用户生成内容三个方面进行分析。

TikTok 的推荐算法是其成功传播传统文化的重要因素。平台通过复杂的算法模型分析用户的观看历史、互动行为（如点赞、评论、分享等），以及停留时间等数据，进一步精准地为用户推荐他们可能感兴趣的内容，从而提高视频的曝光率和观看量。例如，当用户展示出对功夫相关视频的兴趣时，算法会优先推送更多类似的内容，增加功夫文化的曝光度。此外，算法还可以根据地域、语言和文化背景等因素，优化推荐内容，使不同地区的用户能够接触到符合其文化偏好的功夫视频，从而增强全球用户对中国功夫的认知和兴趣。

TikTok 的短视频形式本身也具备极大的传播优势。首先，短视频具有时间短、信息密集的特点，能够迅速抓住观众的注意力。这种形式特别适合展示功夫动作的精华部分，如高难度招式、快速的打斗场景等。在短时间内，观众可以获得视觉上的冲击和娱乐感，而无需长时间地投入。同时"短视频"作为一种传播形式可以克服因文字和语言差异造成的"文化折扣"，提升传播效率。例如，当观看成龙的功夫视频时，用户会被其高超的武艺所吸引，而忽略语言障碍带来的问题。

用户生成内容是 TikTok 的核心特征之一，这为传播中国功夫文化提供了广泛的平台。用户可以自由创建和分享与功夫相关的视频，包括练习教程、表演、挑战等。TikTok 平台的快速视频编辑功能和富有节奏感的背景音乐，让用户能够用简单的素材在短时间内制作有趣的视频，从而提升用户生成内容的效率。

结合算法、短视频形式和用户生成内容三个方面，TikTok 的传播优势是显而易见的。先进的算法技术能够精准推送相关内容，提升功夫视频的曝光率和观看量；短视频形式的高效传播特点和视觉冲击力，使功夫动作更加

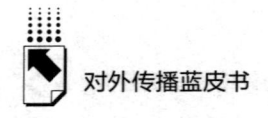

生动和吸引人；用户生成内容的多样性和互动性则推动了功夫文化的全球传播和文化交流。在这些因素共同作用下，TikTok能够在全球范围内有效推广以中国功夫文化为代表的中华优秀传统文化，并且吸引大量来自不同国家与不同文化背景的用户关注并参与其中。

（三）文化适配：平台本土化策略推动中华文化精准传播

在全球化背景下，文化的多样性和复杂性是文化交流不可忽视的特征，而在文化交流和传播的过程中，本土化策略是尤为重要的。为了能够更为有效地融入全球市场并与本地文化环境实现无缝对接，TikTok平台创新性地对其产品和服务进行本地化调整，从内容生产、内容推荐和人员管理等多个方面采取灵活的本土化策略，以适应不同地区用户的需求和偏好，从而提升文化交流与传播的效率。

在内容生产方面，TikTok不仅允许本地创作者生成符合地方文化特点的内容，还通过其平台的算法机制，确保这些内容能够被准确地推荐给当地用户。同时TikTok会根据不同地区的文化背景和节日活动开展本地化的营销活动，如在中国的传统节日如春节期间，TikTok会推出与中国功夫相关的主题挑战或比赛，鼓励用户参与和分享功夫表演。这种活动不仅能激发用户的参与热情，还能有效地将中国功夫文化推广到全球范围内。

在内容推荐方面，TikTok采用了差异化的处理策略，以满足不同地区用户的需求。平台的推荐系统优先考虑本地化内容，使用户能够看到与其文化背景、语言和兴趣相关的内容。此外，TikTok还在评论区实施了本地评论优先的策略，即使在同一视频下，不同地区的用户所看到的评论也会有所不同。这一设置能够让不同国家用户在观看中国功夫视频的时候产生一定的熟悉感和归属感，同时也能够提高本地社区的互动性。

在人员管理方面，为了更好地理解和满足本地用户的需求，TikTok特别选用了具有本地背景和经验的运营总监。这些本地化的管理者能够深入理解本地市场的特点、用户的行为习惯以及文化差异，从而优化平台的运营策略，更好地服务于当地用户的需求，在一定程度上也提升了文化传播的效率。

四　海外短视频平台传播中华文化的局限

（一）单向度的叙事模式削弱传播效果

在TikTok上，中国功夫视频的单向叙事现象尤为明显，主要表现为在内容上局限于动作表演，在形式上忽视互动性以及在表达上忽视观众的文化背景三个方面。单向度的叙事模式会限制中国功夫在TikTok上的传播效果，影响用户对中国功夫的全面理解和接受。

在功夫视频内容方面，过分强调动作表演会削弱传播效果，例如，一些功夫视频专注于展示少林寺的剑术或太极拳的基本姿势，却没有详细解释这些动作的历史背景或它们在武术训练中的意义。用户只能看到相关功夫动作，却不能理解这些动作是如何与中国传统文化、哲学甚至历史事件相联系的。在一定程度上会使用户对中国功夫形成一种刻板印象，认为中国功夫只是简单的打斗技巧，而忽略了其作为一种哲学和艺术形式的丰富内涵。在功夫视频内容上过分聚焦于动作与技术会限制功夫文化的传播效果，不同国家与文化背景的用户难以对中国功夫进行更全面地理解，从而降低功夫文化在全球范围内的吸引力和影响力。

在功夫视频的形式方面，TikTok上的中国功夫视频大多是单向传递内容，缺乏引导观众参与互动、评论或挑战，这种叙事模式在一定程度上会降低观众的参与感。例如，创作者仅仅发布高质量的功夫表演视频，却没有鼓励观众模仿或分享自己的练习成果，可能会错失与观众建立更深层次互动的机会。缺乏用户生成内容和互动讨论会减少功夫文化的曝光率和传播力度。

在功夫视频的表达方面，TikTok上的功夫视频大多按照中国本土的视角进行展示，却未考虑到国际用户的多元文化背景和个体兴趣点，这种单向度叙事可能会造成全球观众对功夫内容的接受和理解的障碍。例如，某些功夫视频可能包含大量中国本土的文化内容，但没有进行必要的解释或相关的背景说明。来自不同国家和文化背景的用户可能会因为无法理解内容的文化

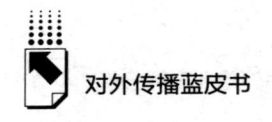

背景而对功夫产生困惑感或疏离感,从而降低了他们对功夫文化的兴趣和认同,进一步削弱了功夫文化在国际上的传播效果。

(二)传播内容同质化降低传播吸引力

内容同质化是TikTok上中国功夫视频的另一显著问题。在TikTok平台上,大部分短视频重复展示类似的功夫动作和招式,如少林寺拳法的经典招式或太极拳的基础动作。这种同质化的内容不仅让观众感到乏味,还降低了功夫内容的吸引力和教育价值。内容同质化会导致功夫视频在平台上的影响力减弱。创新性内容少则进一步加剧了这一局限性,在TikTok上许多功夫视频局限于传统的武术表演形式,视频创作者往往依赖已有的套路和标准化的表演,缺乏将功夫与现代元素结合的尝试。创新性内容的缺乏使功夫视频在平台上的表现变得单调,无法在与其他类型的创意内容竞争时获得优势,进而影响了功夫文化的多样性和传播效果。

内容同质化和创新性不足的问题不仅影响了功夫视频的观众吸引力,还限制了功夫文化的传播深度。功夫作为一种历史悠久且富有深厚文化底蕴的传统艺术,应该有更多的机会展现其多样性和现代化的创新。然而,由于大多数视频内容趋同,用户往往只能看到表面上的技术展示,而缺乏对功夫深层文化和哲学的认识。这种局限性阻碍了功夫文化的全面传播,也未能有效地将功夫文化与全球观众进行深度连接。

(三)西方国家政策限制传播途径

除功夫文化本身的表达局限外,以美国为代表的西方国家对TikTok平台的制裁对以中国功夫为代表的中华优秀传统文化的传播也产生了间接影响。西方国家对TikTok制裁主要出于数据安全、隐私保护和国家安全等方面的考虑,对TikTok的运营和内容传播产生了一定的负面影响。例如,美国对TikTok的制裁会导致TikTok在美国市场的运营能力被削弱,从而影响中国功夫文化视频在该市场的传播,这会直接影响中国功夫文化视频在美国观众中的曝光率和传播效果。同时由于制裁措施的影响,TikTok可能会受到更多的审查和监管。这种审查可能包括对某些类型内容的限制和过滤，从而影响中国功夫文化视频的推广。尤其是内容涉及文化和国家身份时，平台会采取更加谨慎的态度，减少或限制相关内容的推广。在这种情况下，中国功夫文化视频的曝光度会降低，使其在美国及其他国家的传播变得更加困难。面对制裁和运营困境，中国功夫文化内容创作者可能会面临更大的挑战。例如，他们需要寻找其他平台或渠道来推广自己的视频，这可能需要额外的资源和精力。由于 TikTok 在全球范围内的用户基础庞大，转移到其他平台可能无法获得同等的观众覆盖率和互动效果。因此，内容创作者的传播策略和收益也会受到影响。不仅如此，美国对 TikTok 的制裁也间接影响了中美之间的文化交流。中国功夫作为一种具有深厚文化底蕴的传统艺术，通过 TikTok 等平台可以向国际观众展示其独特魅力。制裁和限制可能使这种文化交流受到阻碍，降低了中美文化互动的机会，影响了中国功夫文化的全球推广。

以美国为首的西方国家秉持着"零和博弈"的思维对 TikTok 进行制裁，这对中华优秀传统文化的传播产生了多方面的影响。从平台运营限制到内容可见性降低，从创作者受限到文化交流全方位遭遇挑战，在这些因素的共同作用下，中国功夫文化在国际平台上的传播受到较大影响。

五 海外短视频平台中传播中华优秀传统文化的建议

（一）情感化叙事，寻找东西方文化交汇点

情感是跨越文化界限的桥梁，它能够帮助观众看到文化中的共同点，进而减少误解和偏见，而且情感化叙事通常比简单的事实陈述更加引人入胜，从而能够扩大文化的传播范围。创作者在传播以功夫文化为代表的中华传统文化时要注重情感化表达，通过讲述情感丰富的故事，让不同文化背景的观众不仅能理解文化的表面现象，还能感受到其中的情感和价值观，从而建立更深层次的文化认同感。例如，在传播中国功夫文化的过程中，创作者应该

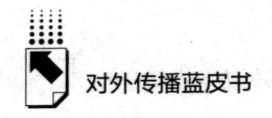

寻求其与"奥林匹克精神"的共通点,摒弃中国功夫文化与世界其他民族体育文化之间的对立观念,转而强调它们之间的互补性和协调性,从而提升中华优秀传统文化的传播力。

(二)结合"人与自然"话语,提升传播效果

"人与自然"的概念在全球文化中扮演着至关重要的角色,它不仅影响着人类的生活方式,还塑造了不同文化的价值观、哲学和社会结构。在传播中华优秀传统文化的过程中可以与"人与自然"的话语进行结合,从而提升中华传统文化在国际上的传播力与影响力。

一方面,在传播中国功夫文化的过程中,要突出功夫与自然的和谐关系。例如,中国功夫注重模仿自然界的动作和力量,如太极拳的柔和与稳定、少林功夫会模仿动物动作(如猴拳、虎拳)。在传播中国功夫文化的过程中,创作者可以通过短视频等形式详细介绍中国功夫如何从自然中获得灵感,展示其在保持人与自然平衡中的独特价值。另一方面,可以利用现代技术来展示中国功夫文化与自然的联系。例如,通过VR、AR技术让来自不同国家的用户能够体验在自然环境下的练功场景,为其提供身临其境的感受,从而吸引更多的关注。以上方式能够将中国功夫与自然进行结合,有助于提升其传播力和影响力。

(三)提升平台公共性,建立用户信任

在全球化和数字化的背景下,以各种方式推动提升TikTok平台的公共性和建立用户信任对文化传播至关重要。一方面,TikTok可以通过与文化专家、学者或当地社区合作,制作高质量和经过多元验证的内容,确保内容的准确性和真实性,避免传播误导性信息或产生文化误解,从而提升平台的公共性和用户信任,更为有效地传播中华优秀传统文化。另一方面,在全球化的背景下,TikTok面临着来自不同国家系统和文化的复杂挑战,各国在法律法规、政策和社会习俗上存在差异,这使得TikTok必须在全球运营中进行细致的调整。例如,一些国家对数据隐私和内容监管有严格要求,而另

一些国家则对文化表达和广告内容有特定的法律限制。因此，TikTok 不仅需要确保其运营符合各国的法律法规，还需深入了解并尊重不同国家用户的文化和习惯。包括为每个市场量身定制内容和服务，确保其符合当地的审美和需求，同时避免文化冲突和法规违规，从而提升平台公共性，建立用户信任，更好地推动中华优秀传统文化的传播。

综上所述，TikTok 作为一个国际化的社交平台，凭借其在全球广泛的用户基础、精确的算法技术以及创新性的本土化运营策略上的优势，能够突破地域限制，让以功夫文化为代表的中华优秀传统文化能够在全球范围内得到推广与传播，增加了中华优秀传统文化的国际认知度，在传播中华优秀传统文化的过程中发挥了重要作用，但同时也面临着一系列复杂的挑战，对此需要通过不断优化传播策略和提升内容质量，进一步推动中华优秀传统文化的传播。

参考文献

姬德强、张毓强：《谁的 TikTok：国际传播视野中的数字平台》，《对外传播》2024 年第 4 期。

敖永春、周晓萍、马鑫：《基于 TikTok 平台的中华文化国际传播创新路径》，《传媒》2022 年第 22 期。

高冉、史婧怡、林诗婧：《面向 Z 世代的法国 TikTok 传播机制研究》，《传媒》2024 年第 9 期。

王沛楠、尼克·纽曼：《TikTok 新闻业：全球新闻业的音视频转向探索》，《青年记者》2023 年第 1 期。

李莉、苏子棋、吕晨：《移动互联网产品全球化发展策略研究——以 TikTok 为例》，《管理现代化》2021 年第 1 期。

席志武、李姗姗：《我国对外传播力提升的挑战与对策：以 TikTok 平台出海为例》，《中国新闻传播研究》2022 年第 4 期。

李明洋、高英彤：《中国移动端社交媒体何以提升全球影响力：基于"文化走出去"战略的分析与思考》，《学术探索》2023 年第 2 期。

郭瑾：《发展数字文化产业与我国软实力提升研究——以 TikTok 为例》，《山东社会

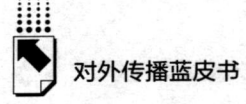

科学》2021年第5期。

施沛琳:《短视频社交平台与台湾地区青少年网络流行文化初探——以TikTok为例》,《电影评介》2018年第18期。

戴华东:《跨文化视域下中国社交媒体App的国际化探索与实践——以抖音海外版TikTok为例》,《传媒》2022年第21期。

B.12 海外短视频平台上的中国民间文化传播：
基于民间舞蹈"科目三"的案例分析

课题组*

摘　要： 作为海外短视频社交媒体平台的领先者，TikTok在全球化的传播中扮演着重要角色。本文基于多重接近性理论框架，聚焦TikTok平台上广西民间舞蹈"科目三"在2023年末至2024年中的病毒式传播现象，通过分析该传播现象在文化背景与符号、平台文化以及人员的文化接近性特征，揭示其已实现广泛触达而深度尚显不足的现状。以此为案例，本文提出"借船出海"，坚守中华文化根源；利用趣缘聚合特性，由浅入深推动文化传播；依托华文用户和草根群体，引领文化自觉的民间文化短视频跨文化传播的策略。

关键词： 海外短视频平台　"科目三"　多重接近性　跨文化传播

一　引言

党的十八大以来，党和国家高度重视国际传播工作。为贯彻落实党的二十大战略部署，党的二十届三中全会审议通过了《中共中央关于进一步全面深化改革、推进中国式现代化的决定》，在"深化文化体制机制改革"部分指出：推进国际传播格局重构，深化主流媒体国际传播机制改革创新，加快构建多渠道、立体式对外传播格局。在全球化与数字化融合的时代背景

---

* 课题组成员包括：伍铠澄、许诺、陈静如、洪佩燕，暨南大学新闻与传播学院，主要研究方向为媒介文化、国际传播、城市传播等；林学佳，暨南大学管理学院，主要研究方向为企业信息化、互联网商业模式。

下，互联网平台已成为组织和架构人们生活与社交的一项基础设施，给对外传播生态带来"革命性再造"。

TikTok 作为海外短视频平台新领军者，其庞大的用户基数和高度国际化的市场布局，为我国对外传播带来巨大机遇。Statista 数据库显示，截至 2024 年 4 月，TikTok 覆盖超 150 个国家和地区，在全球有 15.6 亿月活跃用户，稳居全球最受欢迎社交媒体平台前列。TikTok 用户群体年轻化与高度国际化特性，使其成为跨文化交流的重要窗口，不仅成为我国在世界舞台上"讲好中国故事"的新兴渠道，也为我国对外传播体系增添新的活力[①]。

在此背景下，民间文化特别是具有鲜明地域特色和民俗风情的草根文化，通过 TikTok 实现了前所未有的国际传播效果。以广西"科目三"舞蹈为例，2023 年末，这一起源于中国广西的舞蹈形式，在改编版歌曲《一笑江湖》的推动下，通过国内外社交媒体平台引发了全球范围的病毒式传播，掀起了世界各地网友的模仿和创作热潮，至 2024 年中仍保持热度，成为跨文化传播的现象级样本。截至 2024 年 7 月 31 日，TikTok 上以 "kemusan" 为关键词检索视频数约 4 万个，相关视频播放量超 8 亿次，其中热度最高的单个视频作品获得高达 400 万次点赞量，50 万次收藏量，引发超 7 万条评论互动。

二　研究理论与方法

（一）研究理论

文化接近性由美国学者斯特劳哈尔（Straubhaar）于 1991 年提出，指受众基于对本地文化、语言、风俗等的熟悉，较倾向于接受与该文化、语言、风俗接近的节目内容。[②] 后续研究中 La Pastina 和 Straubhaar 对文化接近性理论进行修正拓展并提出多重接近性，认为基于受众复杂、多重的文化身份认

---

① 戴华东：《跨文化视域下中国社交媒体 App 的国际化探索与实践——以抖音海外版 TikTok 为例》，《传媒》2022 年第 21 期。
② Straubhaar, Joseph D., "Beyond media imperialism: Asymmetrical interdependence and cultural proximity," Critical Studies in media communication 8.1 (1991): 39-59.

同,媒介产品的文化接近性实际上包含了:(1)语言、地域、历史上的接近性;(2)宗教、习俗方面的接近性;(3)节目类型上的接近性;(4)受众对媒介产品所呈现的现代性的向往(现代性的接近性)等多个层面。① 近年来,中国学者在跨文化传播研究中,日益重视结合本土实际和文化特色,探索多重接近性的应用和效果。章宏等揭示电影如何通过展示国际大都会场景、海外华人的核心生活等搭建起与国内观众之间的"多重接近性"②;胡晓梅认为实现媒介产品的跨文化输出,寻找媒介内容与目标受众间的"多重接近"是一种可行的策略③。以往的研究中,"文化接近性"和"多重接近性"理论多用来分析媒介产品的跨国流动和消费,本研究尝试拓展文化接近性的应用边界,创新性地从多重接近性视角下探索民间文化如何借助新兴数字媒介实现"出圈"出海的传播现象。

(二)研究方法

本研究采用目的性抽样方法,以"kemusan""kemusan dance""haidilao dance""naruto dance""科目三"为关键词在 TikTok 平台检索并抓取相关数据,借鉴清博指数中抖音互动指数的计算方法,将点赞量、评论量和转发量计算处理得到各短视频互动指数,筛选互动指数排名前 60 位的短视频及其评论作为样本。研究经过两名编码员讨论和检验,从发布主体、出镜主体、视频内容、空间关系四大维度、19 个指标对各视频进行编码统计,以揭示热门"科目三"短视频特征。经计算,编码结果 Kappa 系数均大于 0.75,两名编码员的分类结果具有高度一致性。将各国评论翻译成中文后,剔除空评论与无意义评论,对评论数据进行词频统计、语义网络构建及可视化处

---

① La Pastina, Antonio C., and Joseph D. Straubhaar, "Multiple proximities between television genres and audiences: The schism between telenovelas' global distribution and local consumption," Gazette (Leiden, Netherlands) 67.3 (2005): 271-288.
② 章宏、吴潇阳:《"多重接近性"视角下的国产电影跨国多地拍摄——以〈北京遇上西雅图〉和〈北京遇上西雅图之不二情书〉为例》,《当代电影》2017 年第 2 期。
③ 胡晓梅:《多重接近性视角下中华传统文化的跨文化传播——以中医题材电影为例》,《中华文化海外传播研究》2018 年第 1 期。

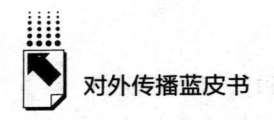

理,以揭示"科目三"的传播反响。

研究聚焦于"科目三"在TikTok平台的跨文化传播现象,以文化接近性理论构建理论框架,深入探讨在全球化与数字化融合的背景下,民间文化如何借助TikTok等新兴数字媒介成功"出圈"出海实现有效的跨文化传播,如何塑造文化符号与传播路径,如何深化其文化内涵以产生广泛而深刻的影响力。基于研究成果,为我国国际传播策略的优化,构建多元、立体的国际传播体系提供坚实的理论支撑与实践参考。

TikTok互动指数计算公式如下:

$$C_n = [0.17 l_n(A_n+1) + 0.37 l_n(B_n+1) + 0.46 l_n(X_n+1)] * 100$$

(其中C为传播互动指数,A为视频点赞数、B为视频评论数、X为视频分享数,n为样本序号,数据截至2024年7月22日)

各维度指标编码结果见表1。

表1 各维度指标编码结果

单位:个,%

维度	指标	释义	个案数	比例
发布主体	账号定位	0. 营销导流型	36	60.0
		1. 主题内容型	14	23.3
		2. 网红达人型	10	16.7
		3. 官方宣传型	0	0.0
	粉丝数	0. 普通用户:1000粉丝以下	0	0.0
		1. 微型网红:1001~10000粉丝	6	10.0
		2. 中小型网红:10001~100000粉丝	7	11.7
		3. 中型网红:100001~500000粉丝	24	40.0
		4. 大型网红:500001~1000000粉丝	4	6.7
		5. 超级网红:1000000粉丝以上	19	31.7
	活跃度*	0. 每周发布3次以上	46	76.7
		1. 每周发布1~2次	3	5.0
		2. 不定期发布	11	18.3
	原创/搬运	0. 原创	14	23.3
		1. 搬运	45	75.0
		2. 无法判断	1	1.7

* 统计时期为2024年1~3月。

续表

维度	指标	释义	个案数	比例
出境主体	出境主体数	0. 1人	28	46.7
		1. 2人	3	5.0
		2. 3人	6	10.0
		3. 3~10人	14	23.3
		4. 10人以上	7	11.7
		5. 无表演主体	2	3.3
	出境主体种族	0. 蒙古人种（黄种人）	47	78.3
		1. 高加索人种（白种人）	3	5.0
		2. 尼格罗人种（黑种人）	1	1.7
		3. 澳大利亚人种（棕种人）	0	0.0
		4. 其他	9	15.0
	年龄	0. 幼儿	2	3.3
		1. 少年	5	8.3
		2. 青年	41	68.3
		3. 中年	2	3.3
		4. 老年	3	5.0
		5. 其他（无明显年龄特征）	7	11.7
	性别	0. 男	28	46.7
		1. 女	17	28.3
		2. 男女皆有	9	15.0
		3. 其他（无明显性别特征）	6	10.0
	出境主体语言	0. 中文	13	21.7
		1. 英文	0	0.0
		2. 无语言	44	73.3
		3. 其他	3	5.0
	服饰	0. 常服	28	46.7
		1. 中华民族传统服饰	4	6.7
		2. 角色扮演服	8	13.3
		3. 团体服（校服、舞狮服、军装等统一着装）	15	25.0
		4. 其他	5	8.3

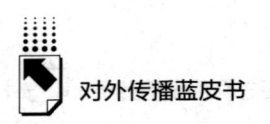

续表

维度	指标	释义	个案数	比例
视频内容	标题语言	0. 英语	8	13.3
		1. 日语	3	5.0
		2. 越南语	20	33.3
		3. 中文简体	8	13.3
		4. 中文繁体	12	20.0
		5. 其他	8	13.3
		6. 多种语言	1	1.7
	音乐风格	0. 流行(《一笑江湖》原版)	2	3.3
		1. 民族风	2	3.3
		2. 电音(《一笑江湖》"科目三"改编版)	54	90.0
		3. 其他	2	3.3
	配乐方式	0. 演奏	2	3.3
		1. 同期声	12	20.0
		2. 画外音	46	76.7
	实践形式	0. 模仿	31	51.70
		1. 改编	21	35.00
		2. 简化	2	3.30
		3. 无舞蹈动作	6	10.00
	视频时长	0. 15秒以下	4	6.7
		1. 15~30秒	14	23.3
		2. 31~60秒	39	65.0
		3. 60秒以上	3	5.0
	拍摄镜头	0. 有运镜（包括手动运镜、设置关键帧）	27	45.0
		1. 无运镜	33	55.0
	视频结构	0. 单视频有剧情(情节、换装、对决)	17	28.3
		1. 单视频纯舞蹈	36	60.0
		2. 单视频纯演奏	4	6.7
		3. 单视频纯科普	0	0.0
		4. 多视频混剪	3	5.0
	传播功能	0. 娱乐消遣	52	86.7
		1. 传递知识	2	3.3
		2. 传播文化	6	10.0

续表

维度	指标	释义	个案数	比例
空间关系	表演环境	0. 住所	12	20.0
		1. 海底捞餐厅	6	10.0
		2. 校园	5	8.3
		3. 一般公开场所（公园、街道或城市广场等）	17	28.3
		4. 标志性公开场所（旅游景点、城市地标、高铁站等）	7	11.7
		5. 活动或节庆现场（节日、婚礼等）	8	13.3
		6. 虚拟背景如绿幕	4	6.7
		7. 舞蹈工作室	1	1.7

三 "科目三"在海外短视频平台的"多重接近"传播现状

（一）文化背景与符号接近性：热度搭载与相似性解读

文化接近性理论指出，人们总是因相同或者相近的历史、地理、语言等文化因素而产生熟悉感、亲近感、认同感①。"科目三"在广泛传播中借助了不同领域文化的影响力，搭载其他热点走红的这一过程与文化接近息息相关。同日韩文化符号的相融在"科目三"的传播生态中反响强烈，长期以来中国与日韩两国存有较高的文化接近性，彼此间文化互通性强且文化接受落差小，因此在传播过程中，"科目三"易与日韩文化相结合，"科目三"视频的一大特色便是融合知名日漫形象。大量TikTok用户将"科目三"称为 Naruto dance（鸣人舞）或 Leaf village dance（叶村舞）。2023年9月，TikTok上开始出现"科目三"舞蹈的相关视频；2023年10月9日，首条将

① 郭镇之：《理论溯源：文化地理学与文化间传播》，《全球传媒学刊》2019年第2期。

"科目三"舞蹈与火影忍者相关联的视频发布于TikTok，视频内容是三位身穿火影忍者角色服装的中国年轻男子在人员密集的广场上跳"科目三"舞蹈。关于"科目三"舞蹈被叫作"Naruto dance"的原因，许多用户在评论区有所解答，可归为三类：（1）舞者穿鸣人服跳"科目三"视频走红；（2）Naruto dance是"科目三"的一个"Cosplay"版本；（3）部分网友总结韩国人和越南人称该舞蹈为Naruto dance而中国人称该舞蹈为"科目三"。因部分"科目三"舞蹈的服饰灵感来自火影忍者，因此除了"鸣人舞"，也有用户称其为"叶村舞"。

除日漫外，多条视频评论区提及曾进行"科目三"舞蹈表演的韩国男团Stray Kids成员Felix（李龙馥）。样本视频中出镜主体均非Felix，而评论词频统计显示，"Felix"一词共出现421次，大多表示喜爱之情。评论区提及Felix的样本视频均与Felix所在男团跳"科目三"舞蹈的视频存在相似性，即视频出镜主体均为团体，存在3~5名男性青少年出镜跳"科目三"的片段，且舞蹈动作与音乐一致，容易使熟悉韩国男团的用户产生联想。早在全球范围风靡的火影忍者动漫和男团概念作为世界范围里的共通符号，与"科目三"的融合为熟悉共同文化元素和拥有相似审美偏好的受众提供了共同的话题和兴趣点，建立起跨文化社区感，增强了舞蹈的吸引力和传播力。

"科目三"视频内容本身也成为产生文化接近的契机。非华文用户常以自身熟悉的事物或行为作为介质类比"科目三"，并向同文化的用户解释。这类相似性解读基于文化符号创造接近性，强化了用户对"科目三"的理解把握。如在一个空间背景为校园的"科目三"视频的评论区中，不少网友以日本学校"田奈高中"类比，称之为"田奈校につづくTikTok強豪校"（继田奈学校之后的TikTok强校）。田奈高中是日本的一所网红学校，其学生热衷于在社交平台展现自我，追求潮流热点，传播日本青年亚文化，收获了较高的关注度。而在"科目三"视频中，日本用户提取"校园场景"作为关联元素，认为这些跳"科目三"的中国学生与田奈高中的学生在对社交媒体欢迎度的追求上存在共性。部分欧美用户则从餐厅"小费文化"出发理解海底捞员工在其餐厅跳"科目三"舞蹈的行为，并且以此进行调侃，部分评论以小费数目表达对舞蹈的评价，如"Dawg I only tipped 5 $"；"the tip dance"等。根植于民间文化的"科目三"在发展壮大中容纳了许多雅俗共赏的文化基因，形成具有强大包容力的文化形式与符号，如特定的空间场景"校园""海底捞餐厅"等。这些形式与符号成为可供异文化接收者进行文化转译的端点，通过提取共通的文化元素，与本土文化元素产生链接，将异文化现象纳入自身文化语境，形成文化接近的关系，以此产生情感贴近和共鸣，"科目三"也在此实现了在不同文化背景下的传播。

（二）平台文化接近性：视听奇观与参与式文化

短视频平台，以国内的抖音、快手及国际的 TikTok 为例，重塑了媒介、文化与日常生活的多重奇观，通过强大的算法逻辑和交互机制，使用户在不断卷入中形成共创共享的全新文化样态，为当代受众的感知和欲望框架提供了妥适的文化样式。在这一过程中，用户逐渐形成了新的审美偏好和使用习惯，并拥抱新的文化身份。样本统计显示，截取国内短视频平台热门视频为手段创作的"搬运视频"在样本视频中占 75%。跨文化背景下不加翻译和转化的"原生内容"的直接流通，印证了"科目三"与 TikTok 平台传播特性和样式具有极高的契合度，不仅完全适应 TikTok 用户的跨文化内容消费与创作的使用特点，更进一步与平台用户所共享的数字文化融合，实现了与平台文化的深度接触。

短视频制造了视觉超载的极端景象①，在庞大的短视频信息流中，足够"吸睛"的视觉元素是争夺受众注意力资源的必要条件。"科目三"视频具有"鲜明猎奇"的视觉特征。融合了中国"社会摇"一类舞蹈的"科目三"舞蹈动作兼具强烈的视觉冲击力和可模仿性，因此对动作的直接模仿

---

① 刘丹凌、陶一晨：《短视频的围困："视觉内爆"与观看异化》，《现代传播》（中国传媒大学学报）2024 年第 1 期。

仍是主流，而根据情境改编舞蹈动作的样本视频占比为35%，丰富了舞蹈的视觉内容。28.3%的样本视频在舞蹈前设计剧情或换装等情节引入，样本中占比45%的视频使用了手动运镜或关键帧技术，丰富了记忆点，增强了视频的冲击力，让观众获得更为畅快的视觉体验。出镜主体上，青年群体作为内容主力军的占比为68.3%，年长者、少儿等其他年龄层的出现往往形成新的视觉爆点；出镜主体身着如火影忍者角色服、海底捞工作服、蒙古袍、汉服等特色服饰的占比接近半数，其中海底捞工作服、火影忍者角色服逐渐演变为"科目三"的文化符号和视觉标志。而中华民族传统服饰的出现不仅抓人眼球，也深化了"科目三"的中国印象。另外，生成式人工智能已然成为短视频生产应用的新焦点，"科目三"视频中也有创作者利用生成式人工智能技术创造出新异的动画效果。一则"小猪跳科目三"视频下相关的评论量近2.5万条，视频主要内容为一只AI生成的仿真粉红小猪站立着左右扭动模仿"科目三"舞蹈动作。生成式的"科目三"舞蹈内容不仅为观众带来新颖的视觉体验，也参与着当前数字媒介的生产变革。"科目三"的视觉元素在创作中不断演化，以此来契合平台受众的观看习惯，通过这些持续更新的视觉内容，构建起独特的视觉符号体系，进一步巩固了其在平台中的传播地位。

短视频也已经形成了自身独特的、标志性的声音景观①。音乐在"科目三"视频中同样是适应平台传播特点的关键因素，样本视频评论区中"歌"出现次数多达4465次，位列词频第一（见图1），90%的样本视频使用原曲《一笑江湖》的电子舞曲改编版，此类音乐本身适用于夜店、派对等娱乐性活动中，完美契合了短视频病毒式重复、快速更迭的声音迷因属性，具有极强的侵略性，极易调动受众的听觉感官，吸引其加入这场全球性的听觉狂欢。视觉爆点抢占注意力，听觉迷因推动病毒式扩散，"科目三"的视频语言在不断"平台化"的过程中获得极强的可感知性，因此视频语言各异的文案鲜少产生理解壁垒。"科目三"视频标题及标签使用语言常为单一语言

---

① 刘嘉：《无形的力量：短视频传播中的声音实践》，《中国电视》2024年第1期。

如越南语、中文、英语、日语等，然而相关视频的评论区始终是各种语言共存，各国各地的用户均能理解视频内容并做出反馈，评论使用的语言与视频文案无明显联系。

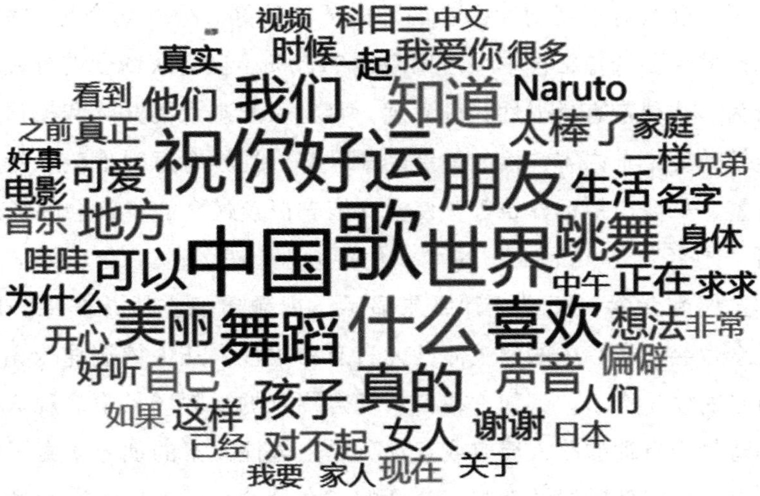

图 1　样本视频评论词云图

短视频平台为舞蹈的传播提供了新生态，使极具传播性和可复制性的"爆款"舞蹈视频占据流量中心。无论是国内短视频平台还是国际短视频平台 TikTok，高度互动的参与式舞蹈文化已然成型。[①] 作为此类文化产物的"科目三"，在进入 TikTok 平台时也能迅速找到其生长空间，与平台其他热点形成联动效应并相互促进。"科目三"舞蹈与部分样本视频评论区提及的另一首风靡 TikTok 的热歌"Beat da koto nai"的舞蹈片段有相似的动作特点，二者的舞者均需扭腰摆胯，膝盖左右扭动，同时增加手部动作，且在左右扭动的节奏上也极为相似。在"科目三"传入 TikTok 之后，部分用户将"Beat da koto nai"与"科目三"混用，如在前者的表演中加入后者舞蹈动作或以"Beat da koto nai"配乐"科目三"。在出海的过程中，热点的推动

---

① 陆佳漪：《数字时代舞蹈短视频的参与式传播——以抖音短视频平台为例》，《新闻世界》2024 年第 3 期。

使得"科目三"传播者有意或无意地抓住了平台参与式舞蹈文化的可接近性和可结合性,让"科目三"在国际平台焕发新的生命力。

在公众场合展现的非日常行为,结合引人注目的非主体性元素,巧妙契合了平台受众对于互动性内容的外向传播偏好。公众场合是"科目三"视频拍摄的主要选择,样本中占比高达71.6%。在公众场合进行跳舞等非日常行为,往往带有挑战性和刺激感,容易引起观众的共鸣和模仿,进而形成连锁效应,是内容传播的关键因素。部分视频有意识地截取特定的空间化标签,如城市地标建筑等,使受众依靠视频媒介的"社会临场感"而获得对"他者"与"地方"的"文化接近性"。① 公众场合也增加了视频中的非主体性元素,评论统计结果显示,视频出镜主体并非唯一的关注点,受众也会对视频中的非主体性元素有所关注,从中挖掘趣味亮点,以满足自身的娱乐需求。例如,在公众场合跳舞的视频场景中,观众往往会注意到背景中有趣的路人反应或互动。非主体性元素的加入丰富了视频的视觉亮点,形成新的视觉奇观。公开的、奇异的、标志性的空间场景赋能短视频的立体化价值,接近与适应平台受众的审美偏好,也通过短视频的"虚拟在场"建构异文化受众对于某一地域空间的形象认知,形成新的接近性。

(三)人员接近性:主体转变与"同体观"效应

人员的接近性是指传播者在信仰、民族、籍贯、专业、个性、情趣、距离上与受众接近或相似的特质。② 与我国官方传播主体相比,"科目三"传播受具有人员接近性的"营销导流型"海外传播者、具有跨文化生活经验的华人创作者与华文用户的重点推动,易致使海外受众产生一种"同体观"倾向,把传播者看作是"自己人",从而在传播中易造成传播者同受众意见一致的情境。

---

① 吴震东:《观像如迷:时间、空间与沉浸——微时代"Vlog"移动短视频的媒介人类学研究》,《西南民族大学学报》(人文社会科学版)2024年第5期。
② 吴飞、边晗、毕研韬:《美国国际传播战略的几个关节点》,《新闻界》2013年第8期。

海外短视频平台上的中国民间文化传播：基于民间舞蹈"科目三"的案例分析

　　海外受众熟悉的传播者加入，有助于受众产生认知亲近带来的心理接近性。"科目三"视频经由海外传播者的解释或简化进入并融合到他国文化中，从而减少"文化折扣"。视频样本中有 16 条视频源于名为"zcl65655"的越南传播者，且多条视频热度数据在样本中居于前列。其在 TikTok 平台发布了大量阐释"科目三"的视频。海外受众特别是越南受众，更亲近和信任"zcl65655"，倾向于相信和支持其所传达的内容，减少了由于不熟悉感可能带来的抵触或怀疑。然而，该海外传播者的视频选择呈流量导向，文化宣传质量参差不齐。总体而言，海外传播者对于"科目三"视频的"搬运"和"二创"突破单一视角表现，在制作环节即消除了较为激烈的文化冲突和文化障碍。

　　具有跨文化生活经验且熟悉国际短视频热点的华人创作者在寻找海外受众能够接受的表现形式方面具有优势。热度指数最高的样本视频来自华人创作者"angelinazhq"。"angelinazhq"具有在中国和加拿大的生活经历，是活跃于国内外社交媒体平台的翻唱类网红达人，TikTok 平台粉丝量为 99 万，抖音平台粉丝量为 356 万。"angelinazhq"以第一视角创造文化接近性，在切入角度和表现形式上具有优势。其身着中华民族传统服饰，并以中国戏腔演唱"科目三"舞蹈的未经改编的原曲《一笑江湖》。《一笑江湖》原曲带有鲜明的"仿古"风格，该风格常与古典乐器、古诗词意象等传统中国文化元素融合，运用现代音乐技术进行制作，兼具中国传统文化的美感和现代音乐艺术的流行性，是海外用户感受中华文化魅力的有效窗口。"angelinazhq"发布的"科目三"翻唱视频收获了超过 4560 万次播放量，海外用户在评论区中对其演唱技艺和《一笑江湖》歌曲表现出极大的欣赏，直接表达了对歌曲蕴含的中华文化意涵的浓厚兴趣和了解歌词含义的强烈意愿。

　　华文用户与中华文化具有天然的接近性，且与海外用户平等、频繁地交流，对海外用户而言具有人员的接近性。海外用户对"科目三"常产生认知偏差，引发华文用户自发答疑及澄清。根据评论形成的语义网络图（见图 2），"中国"作为"科目三"来源国常引发讨论，是评论网络的关键节点,并由此发散出"舞蹈""歌"等相关要素以及"日本""韩国""越南"等国家讨论。由于"科目三"舞蹈本身不具备明显的文化属性,难以在信息熵化的广泛传递中留下强有力的文化标签,因此其文化来源和更为深入的文化意涵等问题频频引发关注和疑问,主要体现为将"科目三"误称为naruto dance、haidilao dance;无法正确判断"科目三"来源国家;无法理解《一笑江湖》歌词含义等。面对海外用户的好奇、误解和戏谑,华文用户在舆论场中常表现出积极作为的姿态。其采取以英语或中文作为评论语言、将复杂的背景或词义简化的策略,对海外用户的提问进行解释,并及时澄清和驳斥海外用户的误解(见表2)。另外,华文用户对部分用户戏称"科目三"来自日本或其他国家的行为持严肃态度,拒绝将该话题视作玩笑。其及时释疑澄清的行为和严肃的态度彰显出守护中华文化的个体力量。

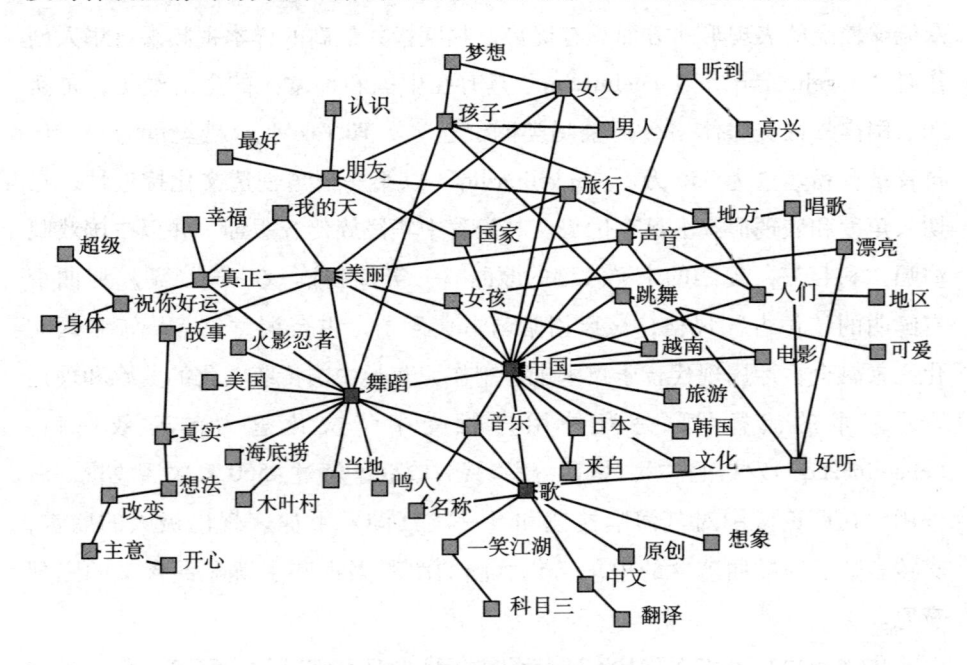

图2 样本视频评论语义网络

表 2　华文用户评论示例

评论类型	用户	评论内容
澄清"科目三"命名误解		
一级评论	xiao_cherri	The singing is so good but all I think of is the haidilao dance.
二级评论	Yrmummyfavgirl	Is ke mu san
澄清"科目三"来源误解,驳斥"玩笑"说法		
一级评论	TheRapist	The best Japanese traditional music I have seen
二级评论	廖	@TheRapist：It's Mandarin...
二级评论	Shin Soukoku Supremacy	@TheRapist：no wtf? she's literally singing in Mandarin.
二级评论	TheRapist	@Shin Soukoku Supremacy：don't take it seriously it just a joke
二级评论	Ric	@TheRapist：not funny
二级评论	#Heehee_cxjn#	@TheRapist：no Offense, pls stop, it is the Chinese who created this, pls don't use this as a joke pls
解释《一笑江湖》歌词含义		
二级评论	X	explanation pls?
二级评论	user3112819651923	the first 3 lines：the skies/heavens laugh but don't grow old. emotions they can. to the moon, a glass of loneliness.

相较于上述具有人员接近性的传播者和推广者,"官方宣传型"传播者在"科目三"的国际传播中影响力有限。样本视频发布主体中,"营销导流型"、"主题内容型"和"网红达人型"账号分别占 60.0%、23.3% 和 16.7%,发布主体为非华人或具有跨文化生活经验的华人。"官方宣传型"账号占比为零。一方面是此类账号在 TikTok 平台活跃度较低,产出相关作品数量有限;另一方面未经修饰的"草根"文化较正式精致的官方宣传存在天然张力,此类账号无法完全贴合受众对娱乐和自发性的需求。而具有人员接近性的传播者使"科目三"实现破壁的同时,存在对视频的解释简单、娱乐化倾向明显的现象。明确展示中华民族文化元素的"传播文化"类视频仅占 10%,舞蹈动作教学等"传递知识"类视频仅占 3.3%,"娱乐消遣"类视频占 86.7%。大众对"科目三"视频的偏好更多源于其带来的直接感

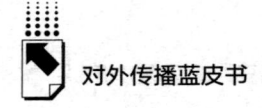

官享受和对流行趋势的跟随，追求的是即时的娱乐消遣，热度常常难以直接转化为对中华文化的喜爱。仅有少数娱乐消遣类视频的评论区中有用户直接表达对中国以及中华文化的向往，多数评论停留在对于这一视听奇观的好奇与调侃，部分用户对大量重复无差别的音乐和舞蹈动作表示反感。

"科目三"赢得了海外用户的高度兴趣，而面对热点，如何挖掘其中更具持久影响力的文化侧面，如何提升文化内涵的厚度和文化理解的深度，使文化的深层次内核得到全方位的解读、转译和融合，仍然是一个亟待关注的问题。

四　多重接近性视角下民间文化短视频跨文化传播策略

（一）借船出海，坚守中华文化根源

在TikTok这一国际化的短视频平台上，多元文化符号与复杂文化身份交织互动，辩证利用文化接近性在文化交融中的促进效应是"破圈"的关键。

"科目三"现象不仅体现了当代跨文化传播内容的高度开放性，同时也揭示了中华文化"借船出海"战略的可行性，这一战略正是基于对文化接近性的深刻理解。"借船出海"，即在本土文化与外来文化之间寻找共通之处，通过巧妙结合国际知名文化元素和网络流行曲目等，进行创新性的联动。这依赖于深入分析目标受众的文化背景，挖掘民间文化元素与之的文化接近性，对中华文化进行重新包装与演绎，以此建立文化认同感和亲近感。

在融合过程中，亦须避免文化杂糅的负面影响，坚守中华文化的主体地位。虽然利用文化接近性有助于促进文化交流，但也可能导致文化的误解和错认。因此，至关重要的是明确中华文化的根源，以避免在融合中失去其独特性。创作者在运用视听创意实现"借船出海"的同时，应在短视频中明确呈现中华文化的标志性符号，如身着传统服饰、搭配国风音乐、在具有象征意义的地点取景等，以此提升文化识别度，凸显中国的文化根源。此外，

海外短视频平台上的中国民间文化传播：基于民间舞蹈"科目三"的案例分析

空间元素是短视频文本立体化呈现的重要向度，一方面，在民间文化的传播中，特定的空间选择为受众带来更具刺激性的临场感，满足了受众的娱乐需求；另一方面，空间场景能够与特定文化身份相关联，成为不同文化群体交流的媒介。因此，创作者在空间选择与表达中可以有机融入鲜明的中国地域标志物，如山川风貌、城市地标、人文景观等地域意象，以实现对国家象征符号的合理展示与巧妙化用，进一步强化中华文化的传播效果。

（二）趣缘聚合，推动文化传播由浅入深

TikTok 等短视频平台以其独特的社交属性和互动性，为民间文化短视频的跨文化传播提供了独特的机遇。

基于短视频平台传播特性，充分利用浅层文化的强烈感染力，与受众建立广泛连接。抖音视频在 TikTok 上的成功搬运表明，浅层文化的内容具有跨平台的吸引力和极强的内容可移植性。"科目三"短视频等浅层文化对受众的信息处理能力不设限制，能迅速但短暂地吸引观众的眼球和注意力，在触达这一传播步骤上实现初步成功，让风格轻松活泼的中国浅层文化在传递文化表象的同时完成文化元素的累积，为进一步展现中华文化的丰富内涵提供情感认同的基础。因此，创作者应从表层的视听感官切入，强化视频的浅层感染力以推动视频广泛触达，而后引领评论风向、链接背景信息、强化观点输出，在浅层感染力的基础上实现情感的唤醒、共振与强化，最终形成深层持久的情感认同。

发起门槛较低的"挑战"活动和音乐话题，实现文化出海短视频内容全球共建。双向互动与趣缘聚合的短视频平台具有强大的社交属性，寄托了用户获取认同感和成就感的情感诉求。"挑战"活动是平台参与式舞蹈文化的"玩法"之一，可借助趣味化的"竞争"形式如模仿、改编，提升公众创作与传播中华文化相关短视频的热情，让创作者在创意输出的过程中快速获取成就感，同时也催生可引发病毒式传播的文化内容。引人入胜的背景音乐也使短视频视听表现更具感染力和趣味性，能在某种程度上作为一种话题标签连接不同时空内的参与者交流共同关注的焦点。链接可感性强的音乐话

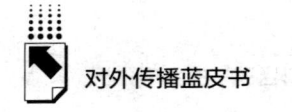

题，也可进一步推动病毒式扩散，在内容共建中推动文化出海。

利用生成式人工智能技术辅助人类创作，实现视频的个性化和创新性的内容产出。AI生成内容技术在"科目三"视频生成中的应用，彰显了其在文化传播领域的巨大潜力。生成式人工智能技术能够根据不同文化背景和审美偏好，生成符合目标受众认知的个性化舞蹈动作和视觉元素，突破传统民间舞蹈的局限。同时，AI根据不同语言环境，生成适配的背景音乐和文案，降低语言障碍，增强视频的跨文化传播效果也是提升视频质量的有效方式。

（三）草根共创，引领文化自觉

华文用户和"草根"群体对于海外社交媒体舆论场和海外受众审美取向有天然接近性，是短视频跨文化传播的重要推动力。

建立文化大使计划，推动"草根"网红出海。"草根"网红的内容更加贴近普通用户的生活，因此更容易消除传播隔阂、降低"文化折扣"并引起广泛共鸣。"科目三"短视频成功出海带来的文化效益，证实了民间主体和话语在跨文化传递中对国家形象的积极影响。为进一步创作和传播文化，输出短视频，可选拔或培养一批深刻理解中华文化的文化大使，围绕其构建中华文化的传播网络，将中国社交媒介文本特有的网络传播力和情感表现力，投射在以TikTok为代表的社交媒体平台。主流媒体则可着力拓展跨文化传播的主体形态，利用"共创"模式与文化大使共同创作内容，形成协同传播的格局。

引导华文用户关注话题的文化根源，强调华文用户在跨文化语境下的积极身份。华文用户在维护"科目三"文化来源、命名等议题中展现鲜明的集体性、自觉性、灵活性和广泛性特征，体现出新的媒介生态之下文化自觉意识的普遍萌发和生成。官方组织难以持续并深入地参与到每一个中华文化相关短视频话题之中，而了解海外受众的兴趣点、审美取向和文化背景，与海外受众建立了紧密联系的华文用户受文化自觉驱动而自发在国际平台上积极解释和传播中华文化相关视频的文化背景，能有效提升中华文化相关视频的文化内涵和教育意义，对于短视频文化传播来说是一种必要的、可持续性能力。鼓励华文用户自觉参与文化传播实践，成为跨文化传播中的主体因素和精神支撑，从而推动中国文化输出短视频从自在走向自觉。

五 结语

本研究基于并拓展多重接近性理论，聚焦数字媒体时代下民间文化短视频跨文化共创的这一新兴的传播现象，深入剖析"科目三"舞蹈在短视频平台的病毒式传播，揭示了其出海与"出圈"背后的复杂机制和多重维度。研究发现，"科目三"的成功并非偶然，而是源于其特有的文化背景与符号的接近性、平台文化的接近性与人员的接近性，这为民间文化在全球化背景下的传播提供了新的理论视角和实践路径。

在全球化与数字化深度融合的背景下，我们必须认识到，传播的广度和速度并不能完全代表文化的深度和影响力。真正的文化传播，应当是能够激发受众共鸣、深入人心的交流，而非仅仅停留在表面的模仿和短暂的热潮。展望未来，研究可进一步探讨不同文化背景下的受众在新媒介环境中的信息解读特点，短视频创作中如何平衡娱乐导向与深度输出，以及官方创作者如何提升海外短视频平台的号召力。通过引导受众将对文化的接触转化为对文化的关注、理解与认同，才能真正实现文化的有效传播和影响力提升，构建多元立体的国际传播体系。

参考文献

梁悦悦：《金砖国家经验与全球媒介研究创新——约瑟夫·斯特劳巴哈教授访谈》，《国际新闻界》2017年第3期。

彭修彬：《文化接近性与媒介化共情：新冠疫情中的数字公共外交探索》，《新闻大学》2020年第12期。

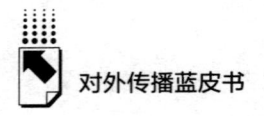

刘晓晔、王壮：《原创儿童图画书跨文化传播特点、影响因素与发展建议》，《出版发行研究》2019年第8期。

何明星、王丹妮：《文化接近性下的传播典型——中国网络文学在越南的翻译与出版》，《中国出版》2015年第12期。

马建荣：《从作品出海到文化感召——AIGC时代中国网文出海内容生产与传播机制创新》，《编辑学刊》2024年第5期。

郭恋东、解依洋：《中国网络文学在西班牙语世界的传播与接受——基于汉西翻译网站的调查和分析》，《当代文坛》2024年第5期。

Cattrysse, P., "Cultural Transduction and Adaptation Studies: The Concept of Cultural Proximity," Palabra Clave-Revista de Comunicación 20.3 (2017): 645-662.

Iwabuchi K. Becoming, "Culturally Proximate": The A/Scent of Japanese Idol Dramas in Taiwan. In Moeran B. Asian Media Productions [M], Surrey: Curzon, 2001: 58.

Lee, Chin-Chuan, "MEDIA IMPERIALISM" RECONSIDERED: THE HOMOGENIZING OF TELEVISION CULTURE, University of Michigan, 1978.

B.13 海外平台上的文化传播使者：新一代民间网红的跨文化传播行为特征及其风险研判

蔡心仪 汤君妍**

摘 要： 在全球化和数字化背景下，新一代民间网红作为跨文化传播的新使者，通过国际社交媒体平台如YouTube、TikTok等，传播中国文化并促进国际交流。本研究聚焦民间网红在跨文化传播中的行为特征、内容模式及其受众反响，同时探讨民间网红进行跨文化传播过程中的行为风险。研究发现，民间网红的跨文化传播具有草根性、多样性、互动性等特点；并在增加传播触点、搭建文化桥梁、创新内容样态等方面具有优势。而针对传播过程中的风险，文章提出了针对性建议，包括传播内容的理性化、传播策略的精准化、传播内涵的深层化、传播规范的审慎化、传播保障的预判化等，旨在为民间网红的跨文化传播提供指导和建议，推动民间主体成为跨文化传播中的替补性力量，让其与官方传播形成优势互补，助力开拓全方位、多层次、宽领域的国际传播新格局。

关键词： 民间网红 跨文化传播 国际传播 民间外交

---

* 本文系国家社科基金重大招标项目"媒体深度融合发展与新时代社会治理创新模式研究"（19ZDA332）的阶段性成果。
** 蔡心仪，暨南大学新闻与传播学院教科办主任，主要研究方向为国际传播、媒体融合。汤君妍，暨南大学新闻与传播学院，主要研究方向为国际传播、媒体融合。

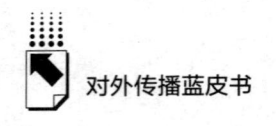

一 引言

习近平总书记在党的二十大报告中指出:"加强国际传播能力建设,全面提升国际传播效能,形成同我国综合国力和国际地位相匹配的国际话语权。"① 随着互联网技术的快速发展,尤其是社交媒体平台如 Facebook、Twitter、Instagram、YouTube、TikTok 等的全球普及,信息传播的渠道和方式发生了根本性变化。其中民间网红群体值得关注,他们作为新兴的文化传播使者,凭借自身的影响力和魅力,将不同文化背景的人们紧密联系在一起,他们的传播活动不仅是跨文化交流的体现,更成为民间外交的重要组成部分。民间外交,指的是区别于官方外交的民间国际交往(People to People Diplomacy)②,它与传统的官方外交相辅相成,共同推动国家间的相互理解和友好合作。民间网红通过社交媒体平台,以个人身份参与到跨文化交流中,他们的传播活动具有以下特点:草根性、多样性、互动性等,能够有效地打破文化壁垒,促进互信理解。然而,民间网红的跨文化传播也面临诸多挑战,如何避免文化冲突、保持信息的真实性和客观性、提升传播效果,都是亟待解决的问题。本文选取生活日常、美食文化、口语交流、流行娱乐等不同领域的民间网红博主代表,梳理民间网红跨文化传播的行为特征、内容模式及其传播效果,研判跨文化传播中存在的风险问题,以期了解国际传播的规律和民间网红的发展现状,探索更加有效的跨文化传播途径。

二 民间网红跨文化传播现状及特点

随着各类国际社交媒体平台的发展,越来越多在哔哩哔哩、小红书、抖音等国内社交媒体平台拥有一定粉丝流量基础的中国民间网红纷纷转战

---

① 习近平:《高举中国特色社会主义伟大旗帜 为全面建设社会主义现代化国家而团结奋斗——在中国共产党第二十次全国代表大会上的报告》,人民出版社,2022,第46页。
② 金桂华:《外交谋略:觥筹交错 折冲樽俎》,世界知识出版社,2003,第257页。

海外平台上的文化传播使者：新一代民间网红的跨文化传播行为特征及其风险研判

YouTube、Instagram、TikTok、Twitter等海外平台，通过对视频呈现形式的调整或视频内容的个性化制作，采用国际连麦、跨国婚恋、英文脱口秀、行脚类Vlog等形式，面向广大海外受众进行内容生产，在实现粉丝群体全球化扩张和互动的同时，逐步完成了跨文化交流与传播。整体来看，目前中国新一代民间网红在海外平台上的文化传播内容呈现多元化、独特性的向好趋势，赋予了跨文化传播实践全新的话语内涵。

本文选择了在YouTube、Instagram、TikTok等海外平台产出具有明显中华文化内涵且拥有较强影响力的新一代民间网红（见表1），根据短视频的内容模式，将民间网红在海外社交媒体平台上发布的跨文化传播内容主要划分为生活日常、流行娱乐、旅行美食、习俗文化、热点事件、发展成就等几大类型，对传播主体、内容模式的特征，以及受众反响等方面进行具体分析。

（一）传播主体特征

1. "草根"属性明显，生活气息浓郁

继以李子柒为首的第一代民间网红成功出海，并在YouTube平台上拥有超1810万粉丝、视频最高播放量达近2.1亿次后，国内的许多具有一定粉丝基础的民间网红为获得更多流量，纷纷模仿李子柒的跨文化传播方式，将自己打造成"下沉式"日常生活类短视频生产的主体。不同于李子柒具有强烈中式田园美学效应的传播主体构建，新一代出海的民间网红的"草根"属性表现更加多样。如在YouTube平台上拥有74.2万粉丝的"拜托了小翔哥"的账号标签就是简单的"好吃、好玩、好物"。从"来长沙当一天店员"到"原来街边1元的烤肠是这样烤的"，其视频内容多以"草根"普通人的视角，来体验和发现日常生活中的方方面面，具有强烈的亲切感、贴近性和真实性，视频的平均播放量达到几十万次。这使得"小翔哥"在海外平台拥有了大量的拥趸者，也引起了许多新入驻YouTube平台的中国博主效仿，一定程度上反映出"草根网红"试图通过泛化模仿实现流量变现的诉求。

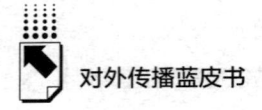

表 1 进行跨文化传播的不同类型民间网红博主代表

序号	网红账号名称	网红账号头像	发布平台	主要发布内容	粉丝数量
1	纳豆奶奶	纳豆奶奶 @nadounainai·42.7万位订阅者·203个视频 许凯阳先生给穿的旗袍外婆□在老家拍了一部温暖智谋新的幽默。	YouTube	生活日常	42.6万
2	拜托了小翱哥	拜托了小翱哥 @user-nv4mg6vet4g·74.27万位订阅者·525个视频	YouTube	生活日常	74.2万
3	Kevin in Shanghai	Kevin in Shanghai @KevininShanghai·40.8万位订阅者·247个视频 Just sharing some thoughts.	YouTube	流行娱乐	40.8万
4	老高与小茉 Mr & Mrs Gao	老高與小茉 Mr & Mrs Gao @laogao·605.万位订阅者·452个视频 大家好！这裏是《老高與小茉 Mr & Mrs Gao》频道。	YouTube	流行娱乐	605万
5	Henry 的小木屋	Henry的小木屋 @henryscabin·2.38万位订阅者·40个视频 大家好，欢迎来到Henry的小木屋，我将在这里分享一些半生面的正能量。希望大家喜欢！	YouTube	流行娱乐	2.38万
6	The Food Ranger	The Food Ranger @thefoodranger·587万位订阅者·392个视频 My name is Trevor James and I live to eat and travel. I live for street food and local food, and I'm travelling to taste it. I'm a...	YouTube、TikTok、Instagram	旅行美食	587万（YouTube）
7	盗月社食遇记 Chinese Food Discover	盗月社食遇记-Chinese Food Discover @DaoYueShe·36.67万位订阅者·465个视频 大家好我们是盗月社，让我们带你探访各地美景并挑战的美食以人情·小聚美味，章风都美。	YouTube	旅行美食	36.6万

续表

序号	网红账号名称	网红账号头像	发布平台	主要发布内容	粉丝数量
8	滇西小哥 Dianxi Xiaoge	滇西小哥 Dianxi Xiaoge @dianxixiaoge · 1070万位订阅者 · 462个视频 冬一霎群报,第二王珠球,四万美人豆世,此生是贝	YouTube、Instagram	美食文化	1070万（YouTube）
9	silkroad_journey	299 帖子　2.6万 粉丝　404 关注 Silk Road Journey silkroad_journey	Instagram		2.6万
10	阿木爷爷 Grandpa Amu	阿木爷爷 Grandpa Amu @GrandpaAmu · 178万位订阅者 · 617个视频 Hello everyone, I am Grandpa Amu, an old carpenter who specializes in woodworking. If you like my videos, please...	YouTube、Instagram	习俗文化	178万（YouTube）
11	Reports on China	Reports on China @ReportsOnChina · 6.19万位订阅者 · 270个视频 China is a complicated place, and there is definitely a lot of content out there that I don't think accurately or fairly represent...	YouTube、Twitter	热点事件	6.19万
12	歪果仁研究协会 Ychina	歪果仁研究协会 Ychina @Ychinamedia · 28.2万位订阅者 · 320个视频 Join us on a journey to answer the question: Why China?	YouTube、Instagram	热点事件	28.2万（YouTube）
13	Richard Aguilar	Richard Aguilar @RichardAguilarChannel · 18.8万位订阅者 · 586个视频 Are you looking for latest technology trends, new inventions and advancement shaping our modern world together with some...	Twitter、YouTube	发展成就	18.8万（YouTube）
14	Li Jingjing 李菁菁	Li Jingjing 李菁菁 @JingjingLi · 6.22万位订阅者 · 207个视频 A Chinese journalist. Have different perspectives? Let's TALK IT out!	YouTube、Twitter、Facebook、Instagram	发展成就	6.22万（YouTube）

资料来源：作者自行整理。

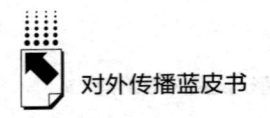

2. IP 身份建构多元化，激活文化触点

新一代的民间网红在海外平台上进行跨文化传播时，其身份构建已经超越了简单的"来自中国"或仅仅是"观察者/体验者"的角色。他们现在更加注重塑造一个融合多元文化背景和体现跨文化差异的个性鲜明的 IP 形象。这种转变意味着他们在内容创作和个人品牌塑造上，力求展现更加丰富和立体的跨文化视角，从而在国际舞台上建立起更加独特和有吸引力的个人或群体标识。随着越来越多的留学生涌入 YouTube、TikTok 等海外社交媒体平台，新一代民间网红在对其账号的运营上更加强化了"旅居""留学""跨国婚姻""跨国求职"等双重或多重的身份背景，其 IP 身份特征与视频内容产生一定的文化碰撞，进一步强化了 IP 的跨文化内容生产的独特属性。如在抖音和 TikTok 上拥有 100 多万国内外粉丝的"陈善福儿"以在日中国留学生的身份到日本人家中做中国菜；再如在 YouTube 上拥有大量粉丝的旅居日本的中国博主"纳豆奶奶"和旅居中国的加拿大博主"The Food Ranger"都是以旅居他国的经历为切入视角，在短视频中融合了留学、旅居、跨国恋爱等多种身份属性特征，在中国文化和他国文化的冲突和交融中实现跨文化交流传播。

（二）内容模式特征

1. 内容产出多样化，娱乐内容与专业解读并存

纵观前几年 YouTube 平台中国频道的前十名，超过一半的创作者立足于中华美食，主题定位局限在"美食+文化/旅游/教程"等①，但随着民间网红出海愈加频繁，博主们对短视频的主题选择也更加多样化。除了热度居高不下的中国美食、文娱内容以外，博主们也对中国功夫、古装剧、汉服等热门的中国文化作出了更加专业化的解读。如目前 TikTok 上有关#Kungfu 话题的浏览量已经超过 13 亿次，而中国专业武术教练"zaraliang"的武术教学视频平均播放量更达到 400 多万次；再如博主"silkroad_ journey"主要在

---

① 英颖、孟群：《中国网红在 YouTube 的跨文化传播》，《青年记者》2022 年第 4 期。

Instagram上发布中国古装电视剧中传统服饰与古画的对比图，通过英汉双语的方式，对中国古代服饰及礼仪作出了专业且深入地讲解、剖析，实现了中国传统文化的创意性表达。民间网红博主在注重内容生产的轻松性、娱乐性的基础上，也积极地通过专业解读的方式阐释中华优秀传统文化内涵，兼顾了跨文化传播内容的娱乐性与严肃性。

2. 传播内容个性化，第一视角亲切表达

不同于以李子柒为代表的第一代出海民间网红制作精良、第三视角拍摄的叙事策略，新一代民间网红在海外平台上多倾向于拍摄第一视角为主的Vlog或连麦类视频，虽然视频制作较为粗糙，但第一视角的叙事方式往往带给受众沉浸式的感官体验，有助于传播内容的个性化表达。如在YouTube上拥有40.8万粉丝的"Kevin in Shanghai"通过与不同国家的留学生连麦，聚焦于展现不同国家的人民在口语交流和人际交往方面个性化的差异；再如在YouTube上拥有36.6万粉丝的"Rose & Anzai Country Life"的第一视角Vlog类视频主要展现中国真实的乡村生活。整体看来，新一代民间网红在海外社交媒体平台上的视频个性化特征显著，多聚焦于对某一类视频题材内容的深耕和对账号IP属性的深度运营。

3. 叙事策略图像化，强调文化接近性

除选题要素外，语言风格、视觉要素、场景设置、视频文本符号等因素都影响了民间网红的作品产出在YouTube、TikTok等主要海外平台上的传播力。要有效激发外国受众的兴趣，关键在于文化接近性，这有助于建立情感共鸣和文化认同。通过展示与目标受众文化背景相似或易于理解的内容，可以更有效地吸引他们的注意力，并促进跨文化交流和理解。新一代民间网红在短视频创作时常采用"默片"的制作手法，弱化语言符号，多以配乐和环境音为主，缩小语言与语义带来的文化隔阂，但以图像为主的叙事符号又保留了基础的叙事功能。如"小高姐的Magic Ingredients"在YouTube平台上发布的中国传统美食的教学视频很少有旁白讲解，而是主要用英汉双语字幕和画面呈现整个制作过程，截至2024年8月该账号已拥有258万粉丝，成为YouTube上中国频道的头部博主。

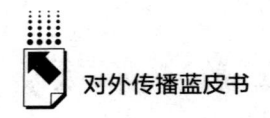

（三）受众反响

1. 基于跨文化情感共鸣的认同

通过分析YouTube、Instagram、TikTok、Twitter等海外社交媒体平台上的订阅量、点赞量、浏览量等关键指标，可以发现受众对中国文化内容的态度变化。早期，这些平台上的中国文化相关内容常常引起外国受众的惊叹、好奇，但同时也伴随着一定程度的怀疑和误解。然而，随着新一代民间网红的涌现，他们创作的视频内容更注重传递文化共鸣，外国受众对中国文化内容的接受度和好感度亦在持续提升。以YouTube拥有36.6万粉丝的美食博主"盗月社食遇记—Chinese Food Discover"2024年1月9日发布的"Harbin哈尔滨本地人带我们去吃东北菜啦！哪些才是本地人眼里的正宗东北菜？"为例，视频反响热烈，超过90%的评价都呈现褒义倾向。许多外国网友都在评论中表示便宜但量大的东北菜唤醒了他们对小时候美食和家人的记忆，愉悦了身心。"滇西小哥""盗月社"等新一代民间网红的这种搭建起与受众情感勾连的原创内容几乎每期都获得了大量海外粉丝的喜爱、赞美和催更。

2. 基于跨文化语境差异的误读

随着民间网红在海内外社交媒体平台上进行跨文化传播的活跃程度不断提高，发布内容也越来越趋向于展示客观真实、全面立体的中国形象，目前以YouTube、TikTok、Instagram为代表的媒体平台上对于中国文化的恶意解读和曲解大幅减少，但由于传播和解读语境的差异，依然在一定程度上存在着由文化差异、文化冲突所引起的误解和误读。这类误解和误读相对具有可协调性与妥协性，并不会在很大程度上影响受众对于中国文化的整体态度倾向。以"滇西小哥"在YouTube平台上发布的"红糖年糕"的视频为例，有外国网友就表示译为"cake"的"年糕"不应该是这种做法；再如在对许多展现中国古代文化的评价中，也有许多网友产生了"中国古代人只吃素食"这样的认知偏差。这类误读多来自跨文化传播过程中受众对高语境文化的汉字缺乏全面、正确的理解，因此该类误读在对以画面呈现为主,而较少旁白讲解的美食、风光类短视频的评论中较少出现。

三 民间网红跨文化传播优势

(一)传播触点增加,打破刻板印象

当官方主体在开展跨文化传播活动时,关切的是国家层面的跨文化价值的交流,难免会从国家和政府层面来进行工作统筹和利益规划,话语风格往往严肃而规范。当直接面向海外受众时,难免存在话语层级不对等的状况,况且国家宏大叙事与民间的生活化叙事之间本身存在话语壁垒。而民间网红在内容创作上享有更大的自由度。他们倾向于通过日常生活的细微之处和具体细节来吸引受众,从而在一定程度上弥补了官方媒体在展现中国多元文化和发展方面的局限性。民间网红通过展示不同地区和文化背景下的风俗习惯、价值观念和生活方式,以一种更为温和和贴近生活的方式,逐渐改变人们心中固有的刻板印象。他们提供的每一个关于中国的视角,虽然可能只是一幅大图中的一小部分,但当这些碎片汇聚在一起,与官方媒体的报道相结合时,能够共同构建出一个更加全面、立体和真实的中国形象。

以小红书博主"Regina_777"为例,她原是北京外国语大学的学生,后休学去欧洲留学,通过幽默又有活力的记录生活式Vlog展现了留学生和朋友的相处日常。博主本人拥有小麦肤色,掌握流利的英语,性格活泼,周边的人会因为对中国人的刻板印象而对她产生惊异,但惊异的同时,也产生了一种文化体验的新碰撞。这种个人化的叙事方式,不仅为国内外受众提供了一个全新的视角来看待中国和中国人,也丰富了他们对中国多元文化的理解。这表明,民间网红通过个人故事和经验的分享,能够有效地补充和扩展传统媒体的报道,促进跨文化交流和理解。

(二)搭建跨文化桥梁,打破文化垄断

民间网红在跨文化传播中扮演着重要的"文化桥梁"角色,不仅可以

将本地的文化特色、价值观和生活方式呈现给更广泛的受众，也能将外部世界的元素引入到本地文化中，这种跨文化的对话在社交媒体上的影响力正在逐渐扩大。同时这类新的文明交流方式也正在打破单一文化的垄断。一是因为民间网红创作过程中会融入不同文化元素。他们在展示本土文化特色的同时也借鉴和吸收着其他文化的精华，再结合自己的创意，打造特色传播风格，促进着不同文化的平等交融。二是由于民间网红对原有的文化符号进行着再诠释和创新。他们用自己的理解重新解读和呈现这些符号，使原本具有特定意义和内涵的符号在不同的文化背景下产生新的意义和解读，展现不同文化的包容性。如哔哩哔哩以记录阿楠与哒莎的俄罗斯乡村爱情故事为主的UP主"贝加尔阿楠"常更新带妻子体验中国美食或尝试将俄罗斯菜与中国菜结合的美食的视频，引发了评论区对于传统美食做法的讨论，如何把控火候更美味、加什么料更香等，不仅激发了受众的参与感和归属感，让不同文明间多了一个和谐愉悦的交流空间，让更多"中西合璧"创意产品增加现身的可能。

（三）内容样态创新，传播影响力持久

民间网红的崛起往往伴随着一定的影响力，他们具有较强的创新活力，能够快速捕捉社会热点并通过自己的方式呈现给受众，还能够通过自己的社交媒体账号与粉丝互动，及时了解受众的反馈和需求，进一步优化传播内容，建立稳定的情感连接。而这种影响力不仅体现在粉丝数量和关注度上，也体现在其对受众思维、行为和态度的影响上。如一个中国女孩在TikTok上跳中国舞播放量超千万次，引发评论区对中国舞的赞美"它是如此宁静而放松"，甚至带动了部分其他国家的爱好者开始学习中国舞。因而一个成功的民间网红，引领潮流和趋势的同时，也会在受众心中留下深刻的印象，产生持久的影响力。

在长期的传播过程中，民间网红不断接触和理解不同文化背景的受众，逐渐增强其在跨文化交流中的敏感性和适应性。这种能力提升也会反过来促进其跨文化传播的效果和影响力，形成由其粉丝构成的文化交

流网络，这样的文化交流方式相对成本更低也更容易让人接受以及主动参与。

四 民间网红跨文化传播风险研判

（一）黑"华"势力断章取义

不同文化之间的价值观和认知差异可能导致对同一件事物的不同解读。如果民间网红在跨文化传播中没有充分考虑到这些差异，可能会被某些势力利用，被曲解或被断章取义。

一些西方媒体或组织在报道中国时，可能会选择性地引用或解读中国民间网红的言论或行为，以此达到抹黑中国的目的。在中国拥有超过2000万粉丝的B站美国UP主"我是郭杰瑞"在2022年7月后断更正是受此影响。自由亚洲电台（RFA）、美国之音（VOA）及澳大利亚战略政策研究所（ASPI）等机构，因其疫情期间发布的视频内容，错误地将他标记为"中国的宣传工具"，而事实上，这些视频仅是客观记录事实的产物。郭杰瑞因此遭遇了因话题敏感性而引发的政治压力，被不公正地贴上了立场偏颇的标签。这一现象深刻揭示了，在跨文化交流领域，随着影响力的扩大，所面临的外部压力与挑战也相应加剧，风险水平显著上升。因此，对于所有参与跨文化传播的个体而言，增强文化敏感性，秉持客观公正的传播原则，以及有效应对潜在误解与偏见的策略，均显得尤为重要。

（二）品牌合作存在政治风险

不仅网红博主自身创作的内容存在风险，网红在选择合作品牌时也需要注意合作者的言论。合作对象发表的错误言论很可能破坏跨文化传播民间网红与粉丝之间的情感桥梁，传播错误的文化形象。例如，YouTube上的马来西亚华人博主"罗杰叔叔"，拥有22.5万订阅者，因未充分了解合作对象Mike Che的政治立场，导致合作视频在发布后迅速引起了争议。网友揭露了Mike Che过去在社交平台上的辱华反华言论,迫使"罗杰叔叔"在视频上架一天后撤下,并在微博上公开道歉,阐明合作时对合作方立场的无知以及视频内容本身并不涉及不当言论。跨文化民间网红承担着联结海内外受众、推动文化交流的责任,不仅在内容产出方面需要恰当创新,在合作交流方面更须审慎行事。

(三)算法机制下的差异化可见性分配

TikTok、YouTube、Instagram等海外传播平台通过算法来决定内容的可见性,这种算法驱动的分发机制对内容生产者的行为产生了显著影响。算法根据用户互动和偏好来调整内容的曝光率,这激励内容创作者去预测和迎合算法的偏好,以增加其作品的可见性。然而,这种对算法优化的追求有时会导致内容生产的同质化现象。当某一类型的内容在平台上流行时,许多创作者会蜂拥而至,生产相似主题的视频,从而使得中华文化的传播趋于标准化,缺乏创新和多样性。

此外,算法还可能将用户限制在所谓的"信息茧房"中,这是由算法推荐系统造成的,用户主要被展示与自己过往行为和偏好相匹配的内容。这种现象限制了用户接触和感知中华文化丰富性和多样性的机会,因为他们往往只能看到算法认为他们会感兴趣的内容。个性化推荐机制虽然能够提升用户体验,但同时也可能限制了用户视野的广度,减少了跨文化交流和认知的深度。因此,为了促进中华文化在全球范围内的多维度传播,需要对现有的算法推荐机制进行反思和优化,以鼓励内容的多样性和创新性,同时提供更广阔的文化视野给广大受众。

(四)跨文化传播中的本土化缺位

民间网红在通过短视频进行跨文化传播的过程中缺乏本土化,使得文化传播效果有所减弱。以美食视频为例,在TikTok上进行传播的中华美食类视频与抖音中的中华美食传播存在较高的重合度,在海外不同国家传播中华美食的短视频之间也并无显著差异。海外传播中的中华美食短视频大多仍以国内的叙事思维和表达方式进行建构，对海外国家的本土文化和传播语境缺乏深入考察，易导致跨文化传播的阻隔和编码、解码的错位。此外，在跨文化传播中，不少民间网红缺乏进行在地化传播的主体意识，文化传播效果受限。

（五）文化传播趋于表层化

为快速吸引受众注意力以及降低创作门槛，不少民间网红创作者会对内容时长有较为严格的限制。在短视频碎片化的传播模式和强刺激的传播策略下，跨文化内容生产者受制于视频时长和受众喜好而偏向于创作内容浮浅的强刺激娱乐型短视频，信息接收者也倾向于通过短视频进行浅层娱乐和消遣。在这种传播模式下，以短视频作为载体的众多中华文化内容作品明显缺乏对于中华文化的深度理解，其传播趋于表层化、肤浅化，对于中华文化的内涵缺乏深度挖掘和有效传达，更无法与受众进行深度的文化对话。

（六）知识产权保护困难

新媒体时代，进军社交媒体市场的难度已经极大地降低，作品产出的难度也在不断下降，且一经市场认可便快速复制，但大部分法律意识不强的"草根"网红在发现知识产权受侵犯时，一是不知道如何维权，二是维权难度极大。如主打田园牧歌风格的李子柒，在与 MCN 机构合作过程中，借短视频爆火的趋势，打造出"李子柒"品牌，但实际上受益人只有背后的 MCN 机构四川子柒文化传播有限公司，在停更 500 多天后，杭州微念发出《和解公告》，IP 归属权纠纷才最终落下帷幕。但等到李子柒归来，本名却已经提早被商标抢注，各种不同地区的乡村诗意雷同风格视频也不断涌现，同质化现象严重。当前，知识产权法律保护机制尚不完善，特别是在跨文化传播领域，民间网红不仅要面对不同文化背景下的受众，还要应对不同国家和地区的法律法规差异，这使得知识产权的维护工作变得更加复杂。为了有效保护民间网红的合法权益，促进其在国际舞台上的健康发展，需要加强知

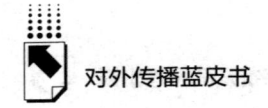

识产权法律意识的普及教育，完善相关法律法规，同时提供更加有效的维权途径和支持，以确保内容创作者的创新成果得到应有的尊重和保护。

五 民间网红跨文化传播启示与建议

（一）传播内容：从"诉诸情感"走向"诉诸理性"

在以往的传播实践中，情感导向的内容在引发共鸣和吸引观众方面表现出积极的效果，尤其是在跨文化传播中，借助故事和情感吸引观众的方式能够创造情感共鸣[1]，这对于建立受众的信任和认同至关重要。

如果想进一步提升跨文化传播效果、跨越文化隔阂，注重理性思考的传播策略也不可忽视。在内容制作层面，网红应深耕研究目标文化的特点和价值观。这不仅有助于确保传递的信息符合目标受众的情感需求，同时也能够满足其理性思考的期望。理性思考的内容更容易适应不同文化间的差异，有助于避免误解和文化冲突。同时网红的言辞和表达方式应更为理性和客观，采用更加严密和准确的语言表达，避免夸张和情感煽动，避免因文化差异而引发的误解，从而降低文化传播中的风险。

此外，诉诸理性还需要运用西方修辞资源，以对方的道理来论证中国立场，构筑受众可接受的修辞情境[2]。尽管西方对中国的社会制度等方面持批评的态度，但不管是何种文化，总能在其中找到共通部分。运用目标文化的思想和文化，解释和阐释中国的观点和立场，新一代民间网红应构建出一个受众能够接受的、乐意参与进来的、以合作为前提的修辞情境，处在这样的情境中，受众可以比较自然地认同编译者的观点，从而实现由"分裂"到

---

[1] 徐敬宏、张如坤：《何以圈粉？"转文化传播"的效果研究——以"洋网红"郭杰瑞为例》，《西南民族大学学报》（人文社会科学版）2023年第7期。
[2] 王飞、费爱华：《当代中国价值观跨文化传播的路径：道理、情感与人格》，《新闻知识》2020年第12期。

"凝聚"的转化①。只有从西方受众的文化传统角度出发来构筑立场，才有可能在深层次上影响与说服对象国的受众。

（二）传播策略：契合海外受众接受偏好，制定精准传播策略

在跨文化传播中要关注国际受众的信息需求，采用传播叙事"本土化"策略，提高对外传播的针对性和时效性，增强与受众的互动，实现精准传播。合理利用海外传播平台的算法数据分析，结合大数据，绘制精确到具体区域、具体国家乃至具体受众群体的用户画像，为国际传播精准化提供实证数据支撑。另外，要积极推动海外短视频内容垂直化生产，支持专门针对海外短视频的MCN机构设计及发展，提升内容的接近性和可持续性，推进中国故事的全球化、区域化和分众化表达。

（三）传播内涵：深挖优秀传统文化精髓，提升传播文化感染力

要想提升短视频传播效果，需要深耕内容，探索能充分体现中华美的内在价值。将中华传统文化融入短视频的故事基础，应该拓宽表现视野，丰富传播内容。当前在海外短视频中传播度较广的内容为中华传统美食、田园风光、传统服饰、传统节日等方面的内容，除此之外，其他标志性的中华文明成果也值得深入挖掘，并进行创造性地呈现，例如，中国画、诗词歌赋、中国戏曲、中国陶瓷等。此外，在顶层设计中应创设多种奖励、鼓励和激励机制，最大限度地激发和调动网民参与传播和学习优秀传统文化的积极性。

（四）传播规范：健全监管网络，审慎塑造账号人设

由于新技术的赋能，目前传播格局已经从"人人都有麦克风"转向"广泛连接""永久在线"的高度媒介化特征②。全程媒体、全息媒体、全

---

① 王飞、费爱华：《当代中国价值观跨文化传播的路径：道理、情感与人格》，《新闻知识》2020年第12期。
② 于涓：《2021年中国对外传播策略创新综述及展望》，《对外传播》2022年第1期。

员媒体、全效媒体使媒介化生活与真实生活更加融为一体，并以碎片化方式嵌入到日常生活领域中来①。大型社交媒体平台已成为国际传播实践的重要渠道和空间，对新一代民间网红的相关账号人设与创作内容的监管便成为跨文化传播的重中之重。

跨文化传播中容易遇到文化差异、法律差异等问题，民间网红博主应该审慎塑造账号人设，确保其形象在跨文化传播中与目标文化价值观契合，且符合当地法规与社会习俗；深度研究目标文化的文化底蕴、价值观念以及审美趣味，有助于规避因文化差异引发的传播风险。

相关部门应建立全面监管和内容审核机制，确保其在不同文化背景下不引发敏感性问题或触碰当地法规。在文化适应性调整时，需深刻理解目标文化的历史、社会制度、价值取向，以精准把握文化共鸣点。同时，对于可能引发争议的话题，应慎重处理，避免因文化误读而引发负面影响。通过严谨监管相关账号的人设和创作内容，有效降低文化差异带来的潜在风险，实现民间网红的跨文化传播目标。

（五）传播保障：预判舆情走势，规避舆情风险

新一代民间网红的跨文化传播不仅需要依赖其独特的魅力和内容，同时也依赖深刻的战略洞察和有效的舆情管理。为有效预判舆情走势，首先需全面了解目标文化的社会背景、价值观念、文化习惯等特征，以及该文化对互联网和社交媒体的态度。借助跨文化沟通理论，建立对不同文化中受众的心理和情感共鸣机制的深刻理解，以准确洞察目标文化受众的情感需求和敏感话题。

其次，可以通过大数据分析等手段监测目标文化社交媒体平台的热点话题和舆论动向②。及时获取并分析用户评论、转发和点赞数据，挖掘潜在的公共情绪，为新一代民间网红提供预警机制。借助机器学习算法建立预测模

---

① 于涓：《2021年中国对外传播策略创新综述及展望》，《对外传播》2022年第1期。
② 赵飞飞：《全球主流葡语媒体社会化传播分析》，《对外传播》2019年第8期。

型,精准判断可能引发舆情波动的因素和时机。

此外,在面对激烈的文化竞争环境中,应构建敏感度高、反应迅速的舆情管理体系。制定详实的危机公关预案,包括但不限于危机沟通方案、舆论引导策略等。① 同时,积极主动地参与社交媒体平台上的话题讨论,树立正面形象,提前化解潜在负面因素。有效运用社交媒体监测工具,第一时间感知潜在风险,以便迅速作出有针对性的反应。

通过预判舆情走势并提前应对,民间网红能够在跨文化传播中更为灵活、精准地把握文化差异,增强其影响力和可持续竞争力,使民间网红在文化多元化的背景下获得更为广泛的认同,从而在全球范围内实现更为成功的传播效果。

(六)传播风险:健全集体维权机制,加强知识产权保护

面对民间网红知识产权维护之困,有关部门应该从健全维权机制、加强监管力度、强化惩罚措施、创新商业模式等几个方面入手,夯实民间网红内容创作的护城河。

第一,应当建立一套完善的法律维权机制,为民间网红积极提供法律援助和维权支持,提高民间网红的维权意识和能力。具体而言,可以成立民间网红维权组织或协会,建立集体维权机制,增强与政府或企业的谈判能力。政府部门或第三方机构也可以成立调解中心,聘请专业的法律人士,为民间网红提供纠纷调解服务。

第二,政府部门应当加强对网络平台的监管力度,明确网络平台的义务和责任,加大对侵权行为的处罚力度,应当设立专门的监管机构,对网红经济进行定期检查和突击检查;此外,对侵权行为不仅要进行经济处罚,还应当在一定时间内禁止侵权者从事相关网络活动,并考虑将侵权行为纳入征信记录。

---

① 王灿发、陈琳琳:《涉全球公共卫生危机主流媒体国际舆论引导实践及引导力提升策略》,《新闻爱好者》2022 年第 3 期。

参考文献

郑亮、夏晴：《媒体国际传播能力建设中"国际—国内"议题互构研究》，《现代传播（中国传媒大学学报）》2022年第9期。

段鹏：《中华民族共同体意识传播中主流媒体融合发展的实践进路——以新疆为例》，《现代传播（中国传媒大学学报）》2020年第7期。

数 字 篇

B.14 数字赋能：传统文化对外传播的创新范式

林爱珺　徐佳惠*

摘　要： 本报告旨在探讨如何利用数字技术赋能传统文化的传承和创新，促进传统文化从封闭走向开放，推进国家文化数字化战略。研究使用案例分析的方法，通过对数字再造敦煌、云冈石窟、避暑山庄等实践案例的分析，主要从技术应用、传播路径、传播效果等方面探讨了数字化赋能传统文化的新范式。研究提出"文化+VR场景""文化+互联网短剧""文化+游戏"等均是数字赋能中华优秀传统文化对外传播的新范式。而持续打通多元互动传播路径、深化推动媒体融合的传播变革、协同构建多主体共享和互补的对外传播机制等手段，则是促进数字赋能传统文化对外传播的重要途径和手段。

关键词： 人工智能　对外传播　数字赋能　传统文化

---

* 林爱珺，暨南大学新闻与传播学院教授、博士生导师，主要研究方向为传媒法与新闻伦理、风险沟通与应急管理；徐佳惠，暨南大学新闻与传播学院，主要研究方向为传媒法与新闻伦理。

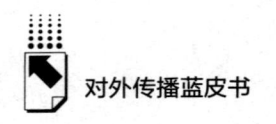

一 引言

在当今信息化与全球化的双重驱动下，对外传播在国际关系、文化交流和商业合作等领域中扮演着日益重要的角色。随着互联网和新媒体的快速发展，信息传播的速度和广度得到了前所未有的提升，这也带来了新的挑战和机遇。新兴数字技术，尤其是人工智能、大数据、虚拟现实等智能技术，正逐步成为推动中华传统文化对外传播创新的重要力量。

2022年上半年，中共中央办公厅、国务院办公厅专门印发《关于推进实施国家文化数字化战略的意见》，对国家文化数字化建设做出全局部署和战略安排。党的二十大首次将"实施国家文化数字化战略"写进报告。习近平总书记在报告中强调，推进文化自信自强需要"实施国家文化数字化战略，健全现代公共文化服务体系，创新实施文化惠民工程"。这标志着实施国家文化数字化战略已成为全党共识、全党任务。中国拥有着丰富的传统文化资源，蕴藏着无限的文化宝藏。国家文化数字化战略亟须充分激发传统文化资源活力，推动中华优秀传统文化创造性转化、创新性发展，实现中华文化强起来，中华文化走出去。党的二十届三中全会通过的《中共中央关于进一步全面深化改革、推进中国式现代化的决定》中明确提出了"构建更有效力的国际传播体系"的要求。关注当代国际传播出现的新变化，寻找国际传播的新途径，并基于此重构国际传播格局，改革国际传播机制，提升国际传播效能。

然而，当前我国传统文化的对外传播面临着信息过载、文化壁垒和传播效率低下等多重问题。首先，信息过载的问题日益严重。全球化带来了信息的海量增长，信息的泛滥不仅使目标受众难以筛选和获取有价值的信息，还增加了传播者信息传递的难度，降低了信息的传播效果。中华文化丰富多彩，但是大多数海外民众往往一叶障目，对中华文化的底蕴知之甚少。其次，文化壁垒依然是对外传播中的一大挑战。不同的文化背景和语言差异导致信息在跨文化传播过程中容易产生误解和冲突，使传播效果大打折扣。传统的文化交流模式难以为继，新的文化交流模式又尚未建立。最后，传播效率的提升也面临着瓶颈。在传统的传播模式下，信息的传递往往受到时间和空间的限制，难以实现实时、精准地传播。

基于国家文化数字化战略的政策背景，以及中华文化对外传播受阻的现实，本研究旨在探讨如何利用数字技术赋能传统文化的传承和创新，促进传统文化从封闭走向开放，推进国家文化数字化战略。具体而言，本研究将分析数字技术如何赋能传统文化，讲好中国故事。研究重点考察新技术赋能下中华优秀传统文化对外传播的新范式及其发展趋势，探索在未来的传播环境中，数字技术如何继续推动对外传播的创新与发展。

运用案例分析法，系统梳理和分析新技术在对外传播中的应用场景和实际案例，本研究试图回答以下几个核心问题：新技术如何影响中华传统文化对外传播的策略和手段？它们如何帮助克服当前传播中面临的挑战？新技术的发展又将如何塑造未来的对外传播模式？这些问题的探讨，不仅能够为对外传播的理论研究提供新的视角和方法，还能为实践中的传播策略制定提供有益的参考。

总之，本研究希望通过对数字技术赋能下传统文化对外传播新范式的全面分析，揭示数字技术在对外传播领域中的重要作用和发展潜力，为全球化时代的传播创新提供理论支持和实践指导。数字技术的不断发展和进步，将在未来继续推动对外传播的深化和拓展，带来更加丰富的传播形式和更加广阔的传播空间。

二　文化遗产数字化保护实践探索

文化遗产的数字化保护是当下世界范围内文化遗产保护的新途径，即通过虚拟现实技术（VR）、增强现实技术（AR）、三维信息捕捉等新型数字技术，将传统的文化遗产信息进行记录和加工，通过技术赋能文化遗产，将其转换为新兴的媒介表现形式[1]；打破时间和空间的局限，实现信息的交互

---

[1] 王耀希主编《民族文化遗产数字化》，人民出版社，2009。

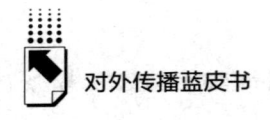

和云端的存储。

联合国教科文组织鼓励世界文化遗产的数字化保护，这包括扫描、数字模型、虚拟现实、增强现实等技术的使用，以保护那些受自然灾害、战争或其他人为因素威胁的文化遗产。其中，"Memory of the World"（世界记忆项目）①旨在保存和数字化全球有价值的档案和文件，以防这些文化遗产因时间或意外而丢失。这些文献资源的数字化让研究人员和公众能够随时访问和研究。文化遗产虚拟重建项目针对由于冲突或自然灾害受损的文化遗产，联合国教科文组织资助了一些虚拟重建项目，如叙利亚古城巴尔米拉的重建，通过3D建模等技术手段重现被破坏的古迹。在联合国教科文组织的带领下，世界各国都逐渐加入文化遗产数字化保护的热潮中。

在文化遗产保护过程中使用数字技术赋能中华优秀传统文化传播，是对外传播新范式的中国特色路径。这包括但不限于借助3D、VR、AR等技术修复与再现文物，建设数字博物馆。借助信息技术和计算机技术，对文物进行高清图像采集，实现文物信息的全方位储存和管理。这不仅保护了文物的历史价值，使我们能够更全面地了解和欣赏这些宝贵的文化遗产，还能令传统文化以更完整的形态、还原的面貌、上乘的质量进行对外传播。下文将通过数字敦煌、云冈石窟、承德避暑山庄等案例结合不同的数字技术手段，展开探究中国文化遗产数字化保护的具体路径。

（一）数字化保护珍稀文化遗产，建设数字敦煌

始建于公元366年的敦煌莫高窟，在悠久的中国古代历史长河中凝聚了彩塑、壁画、建筑和各个朝代的文化风俗，是国际上规模最大的佛教圣地，也是世界文化艺术史上独一无二的瑰宝。敦煌莫高窟被列为世界文化遗产，在世界文化艺术交流中起到了至关重要的作用。莫高窟规模庞大，囊括735

---

① 陈振旺、樊锦诗：《文化科技融合在文化遗产保护中的运用——以敦煌莫高窟数字化为例》，《敦煌研究》2016年第2期。

个洞窟，2000余座彩塑和4万余平方米的壁画，构成了独具特色的莫高窟文化①。石窟内保存的大量文字和图像资源为中国古代文化艺术和风俗民情研究提供了丰富的史料。敦煌莫高窟也成为我国石窟文化遗产的重点保护对象。

1993年，敦煌研究院开始利用数字技术保护敦煌文化②，"数字敦煌"概念首次被提出，即通过广泛运用现代科技手段和资源，永久保存石窟艺术，实现保护与传承并举。在建设"数字敦煌"过程中，研究人员利用数字技术广泛收集并存储了敦煌石窟以及有关的文物信息，整合汇总图片、三维模型等各项数据，为数字敦煌的建设奠定了数据基础。通过新型数字技术，全面建设起数字化敦煌，实现了文化遗产——建筑文化的数字化呈现和共享。

在"数字敦煌"项目中，敦煌研究院与华为AR地图合作，开展敦煌莫高窟的系列数据整理和扫描工作。借助AR地图和高精度识别技术、高存储云端数据库，成功制作了数字莫高窟。数字莫高窟打破了敦煌洞窟的物质载体限制，实现了敦煌文化跨时空传播。在数字敦煌场景中，游玩者可以参与场景互动，在互动之中了解洞窟的细节，走进敦煌莫高窟的悠久历史，和敦煌一起穿越到悠久的中华历史长河之中感受文化的波涛汹涌。

（二）数字化还原不可移动文物，再造云冈石窟

目前已经有文物保护单位开始尝试采用3D打印探索文物保存和利用的新路径。云冈石窟是中国早期佛教文化的重要代表，展示了佛教从西域传入中原后的融合与传播过程。它与敦煌莫高窟、龙门石窟并称为中国三大石窟。近年来，云冈研究院与浙江大学等高校合作成立"云冈数字中心"，利用3D打印和虚拟现实技术将不可移动的文物进行复制，实现跨区域可移动展示。目前云冈数字中心已利用3D打印技术成功完成对三座石窟的等比例

---

① 杜若飞：《基于数字技术的中国文化遗产保护与传播——以敦煌莫高窟为例》，《科技与创新》2022年第1期。
② 陈振旺、樊锦诗：《文化科技融合在文化遗产保护中的运用——以敦煌莫高窟数字化为例》，《敦煌研究》2016年第2期。

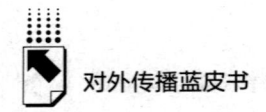

复制，其中一座石窟可拆装和运输，实现跨区域展出。

云冈石窟利用的3D打造技术是当前国内很多大型文化遗产保护工作中常见的技术手段①。运用3D打印和虚拟现实技术，实现文物复制和重现。3D打印使用三维模型描述要创建物体的几何形状、色彩和结构，是实现文物复活的重要手段之一。在3D打印复原文物的过程中，首先基于三维扫描技术和近景测量技术获取的文物数据，使用计算机辅助设计（CAD）软件创建文物的数字模型。随后，这个模型被分解成一系列薄层，每一层都代表文物的一部分。继而，将这些数据发送到3D打印机中，打印机使用特殊的材料，如塑料、金属或陶瓷等，利用喷嘴的移动逐层地将材料喷涂到构建平台之上，重复操作直至将文物模型打印出来。最后通过模型上色、拼接组合等调整使文物模型更加生动逼真、栩栩如生。这一技术可以高精度地复制文物，使文物原件得到保护，防止因频繁使用或运输而受到损坏。同时，打印的文物模型能够让文物在细节上得到更好地再现，有助于学者和公众更深入地研究和理解文物，助推更广泛的对外传播。

（三）数字化重建古代园林建筑，复活避暑山庄

承德避暑山庄是我国现存占地面积最大的古代帝王宫苑，也是我国第一批全国重点文物保护单位之一，被列入世界文化遗产名录。从1703年建成至今，承德避暑山庄历经三百多年的历史。在历史的演进中，避暑山庄有几十处园林损毁严重，修复困难。最近几年，承德市文物局联合中央美术学院组建针对避暑山庄的数字化复原研究课题组，正在采用数字化技术，使饱经历史风霜的园林风貌得以焕发新的光彩。

数字化复原避暑山庄是一项庞大且复杂的系统工程。在前期对山庄建筑、装修、陈设、景观布局等细致考证工作之后，课题组成功绘制出每一座单体古建筑的平面图、立面图、剖面图等，并进一步制作3D建筑模型。随

---

① 李忱阳：《科技赋能文化遗产保护》，https://baijiahao.baidu.com/s?id=1768004888216041469&wfr=spider&for=pc，2023年6月7日。

后，利用三维数字技术和虚拟现实技术还原古建筑，实现其数字化"复活"。承德避暑山庄的数字化建设提供了一个良好的示范，展示了如何通过数字化技术保护和复原古园林建筑。通过学习承德避暑山庄数字化复原的成功案例，不仅可以推广数字化技术和操作实践，更可以在全国范围内有序推动古典园林再现、历史文化名城复活的工作。这样在保护和传承这些珍贵文化遗产的同时，进一步焕发建筑类历史文化遗产的活力和生命力。

三 数字化生产驱动文化产品讲好中国故事

在全球数字化进程中，当代中国的数字化社会建设处于领先地位。这不仅表现在完善的数字基础设施上，更体现在繁荣的数字内容生产体系上。以网络文学、网络短视频、网络短剧、网络游戏为代表的网络文化产品，正在日益活跃地参与全球文化市场，并且形成了广泛的受众基础。中国的网络内容产业通过持续创新和数字赋能，产生了一系列高质量的文化产品，在国际传播中展现了中国式现代化与中华传统文化的独特魅力。

（一）文化+VR 场景：今月也曾照古人，历史故事沉浸体验

在探索文物与观众的跨时空对话过程中，虚拟现实、增强现实、混合现实技术逐步被运用到博物馆、历史遗产景区中。虚拟现实（VR）是一种计算机技术，通过模拟三维环境，使用户能够身临其境地感受虚拟世界。增强现实（AR）是一种将数字信息叠加到现实世界中的技术，通过将虚拟元素与现实场景相结合，增强用户的视觉体验。这两种技术都可以为观众提供更加真实的文化遗产体验。VR 技术可以带领人们身临其境地探索历史场景、艺术作品或古代文化遗址。AR 技术则可以将数字信息叠加到现实世界中，为观众提供更多关于文化遗产的互动信息。在博物馆内部借助数字多媒体技术设置交互设备，如触摸屏和声控仪，拉近观众和文物的心理距离；通过虚拟现实和增强现实技术模拟历史场景或古代文化氛围，呈现展品细节，观众可以更加深入地了解文化遗产的历史意义和价值。

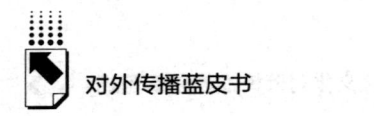

采用数字化交互技术，带领观众沉浸式参观。由国家文物局指导、中央广播电视总台、央视纪录国际传媒有限公司制作的文博探索节目《国家宝藏》将人文情怀与技术素养巧妙融合，成功赢得观众的口碑。《国家宝藏·展演季》利用"AR+VR裸眼3D"拍摄技术，在方寸舞台之间构建起无限延展的五维时空，讲述国家宝物穿越古今的文化故事。每场展演节目灵感都来自文物相关的历史人物和历史故事，运用独特的文化视角、先进的数字技术赋能文艺表演，才能打造出如此新颖出彩的精品节目。展演系列的节目利用虚拟展示技术突破文物实体的时空局限，带领观众进入一场场生动有趣的博物馆参观之旅。

（二）文化+互联网短剧：讲述中国故事，传递中国精神

互联网短剧借助数字技术与社交平台，打破了传统影视作品的传播壁垒。通过短小精悍、轻松易懂的形式，文化主题短剧能够快速吸引观众并引发互动。互联网短剧具备高互动性和传播力，通过社交媒体平台，观众可以随时观看、评论、分享。这种裂变式传播方式极大地扩展了受众的广度，使中华文化能够更快地进入国际视野。短剧创作者在内容制作过程中，也能够根据观众的反馈进行内容的迭代更新，不断优化文化对外传播的策略，提升传播效果。

以《逃出大英博物馆》为例，2023年8月，由自媒体博主"煎饼果仔"和"夏天妹妹"自制的网络微短剧《逃出大英博物馆》引发文化主题互联网短剧的热潮。该短剧运用拟人化的手法，关注流落他乡的文物，以文物对祖国的思念和对家国太平的祝福为主题，获得众多观众的喜爱。这种巧妙的叙事手法将历史与现实相结合，让国际观众更容易理解中国的文化背景和情感诉求，同时增强了中华文化的吸引力。

此外，文化主题的短剧还能促进全球观众对中国文化的深度理解。通过引入家国情怀、民族精神等中国文化中的核心价值观，这些短剧不仅在娱乐性上取得成功，还通过轻松自然的方式向全球观众传递了中华文化的精神内涵。这种潜移默化的影响力，使得中华文化在全球范围内获得了更大的认可

与尊重。随着数字技术的不断进步，互联网短剧将会在中华文化的传播中扮演更为重要的角色。短视频平台的发展和5G技术的普及，使得文化传播的门槛大大降低，内容的传播速度和影响力显著提升。未来，更多以中华文化为主题的互联网短剧将有机会进入国际主流文化视野，吸引全球受众关注中国故事。

（三）文化+游戏：中华传统文化游戏故事新体验

近年来，随着全球游戏产业的蓬勃发展，越来越多的中国游戏开发者开始探索如何将中华优秀传统文化融入游戏制作中，打造具有中国特色的游戏作品，以促进中国文化的对外传播。近期爆火的《黑神话：悟空》便是一个典型的代表，它通过创新性的艺术表现手法与富有深度的文化内涵，将中国传统文化以新的方式呈现给全球玩家。

《黑神话：悟空》以中国古典文学《西游记》为蓝本，主角选取耳熟能详的孙悟空。这一故事源自中国明代经典，不仅在中国家喻户晓，在东亚乃至世界范围内也具有广泛的影响力。游戏通过精美的画面、细腻的角色设计以及充满张力的剧情，将孙悟空这一经典形象进行了现代化的诠释。游戏中的神话元素、武术风格、东方哲学思想等，均是对中华优秀传统文化的深刻表达。与此同时，游戏还注入了西方流行的游戏机制与技术，使得这一具有中国特色的游戏作品更具全球吸引力。从视觉设计来看，《黑神话：悟空》大量运用了中国传统艺术风格，如山水画的审美取向、古代建筑的设计和中国传统服饰的元素。这种艺术表现形式不仅能够引起中国玩家的情感共鸣，也让外国玩家感受到中国文化的独特之美。在这一过程中，游戏不仅传递了中国独特的美学价值观，还通过游戏交互体验，让玩家感受到文化内涵的深度。

通过《黑神话：悟空》这样的高质量游戏，中华优秀传统文化能够以更加生动、具体的方式被全球用户所了解与接受。相比于传统的文化对外传播形式，如电影、文学等，游戏凭借其强烈的互动性和沉浸感，能够让玩家主动参与到文化体验中。玩家在游戏中不仅仅是"看"和"听"，更是通过扮演角色、与世界互动，直接感受到游戏中的文化氛围和历史背景。以中国传统文化为灵感的创意游戏不仅向世界展示了中国的游戏开发水平，也让全球玩家通过虚拟的游戏世界深入了解中国传统文化的魅力。从文化对外传播的角度看，游戏不仅是一种娱乐方式，更是一种新的文化表达方式。未来，随着游戏技术的不断发展，中华优秀传统文化将在更多的游戏作品中得到充分展现和传播。这不仅能增强中华文化在全球范围内的影响力，还能提升中国游戏产业的国际竞争力。将文化与科技相结合，中华文化的魅力将在全球化的语境中焕发出更加璀璨的光芒。

四 数字技术背景下的对外传播新范式

在数字技术的推动下，对外传播的范式正在经历深刻的转变。数字赋能中国传统文化，为对外传播开辟了更开放的新渠道。数字技术的广泛应用，使信息传播从传统的单向、线性模式向多元化、互动化方向发展。同时，传统媒体与新媒体的融合，线上与线下传播的结合，进一步构建了全媒体传播矩阵。此外，政府、企业、学术机构等多主体的协同合作，正在形成共建共享的传播平台，推动中国文化对外传播进入一个全新的阶段。

（一）多元互动的传播路径

随着数字技术的发展，信息传播的路径已不再局限于传统的单向传递模式。以往的对外传播，主要依赖于报纸、广播、电视等传统媒体，信息从传播者单向地传递给受众，缺乏互动性和多样性。然而，在数字时代，互联网和新媒体平台的兴起，使信息传播的方式发生了根本性的变化。新媒体平台，如社交媒体、视频网站、播客等，极大地拓展了信息传播的渠道，使传播过程更加多元化和互动化。例如，社交媒体平台如微博、推特、脸书等，允许用户不仅仅是信息的接收者，也成为信息的生产者和传播者。用户可以通过点赞、评论、转发等方式参与到信息传播的过程中，这种双向互动的传播模式，打破了传统单向传播的局限，使信息能够快速地在全球范围内扩散。

此外，数字技术还推动了跨平台、跨媒介的整合传播。一个新闻事件可以同时在网站、移动应用、社交媒体平台上进行传播，形成一个跨媒体的传播矩阵。这种多渠道、多平台的传播路径，使信息能够更为精准地触达目标受众，增强了信息的传播效果和影响力。

（二）媒介融合的传播模式

在新技术的背景下，传统媒体与新媒体的融合成为对外传播的重要趋势。融合传播模式不仅是指传统媒体与新媒体之间的简单叠加，更是通过技术和内容的深度整合，实现传播效果的最大化。首先，传统媒体开始积极拥抱新媒体，探索线上与线下相结合的传播方式。例如，电视台推出了在线直播服务，报纸开设了电子版和移动应用，广播电台推出了播客节目。这种线上与线下的结合，使传统媒体能够更好地适应数字时代的信息传播需求，扩大了其受众范围和影响力。其次，新媒体也在积极借鉴传统媒体的内容制作和编辑经验，不断提高内容的专业性和权威性。例如，许多新媒体平台与传统媒体合作，推出了联合报道、专题节目等，借助传统媒体的资源和经验，提升了自身的内容质量和传播效果。最后，融合传播模式还体现在传播平台的构建上。通过构建全媒体传播矩阵，传播者能够更好地整合各种媒体资源，实现信息的全方位覆盖和立体化传播。例如，一些大型新闻机构已经建立了自己的全媒体平台，集新闻报道、视频直播、社交媒体互动等功能于一体，形成了一个覆盖全面、功能齐全的传播体系。

（三）协同合作的传播机制

在数字技术背景下，政府、企业、学术机构等多主体的协同合作，正在成为对外传播的重要机制。这种协同传播机制，不仅有助于提高传播的效率和效果，还能够实现资源的共享和互补，形成对外传播的合力。

首先，政府在对外传播中发挥着重要的主导作用。通过制定政策、提供资金和技术支持，政府可以有效引导和规范对外传播的方向和内容。例如，政府可以通过与新闻机构、新媒体平台合作，推广国家形象和政策主张，增强对外传播的效果。其次，企业在对外传播中也扮演着重要的角色。作为信息传播的主要载体，企业不仅能够提供技术和平台支持，还能够通过品牌传播、市场营销等方式，推动对外传播的深入发展。例如，一些大型互联网公司，凭借其庞大的用户基础和先进的技术能力，已经成为全球信息传播的重要力量。最后，学术机构在对外传播中也具有独特的优势。通过开展研究、举办学术会议、出版学术著作等方式，学术机构可以为对外传播提供科学的理论支持和权威的信息来源。例如，许多高校和研究机构，已经开始通过互联网平台，向全球传播其研究成果和学术观点，扩大了其国际影响力。

综上所述，在新技术背景下，讲述中国故事，传递中国声音，对外传播正在向多元化、互动化的方向转变。通过融合传播模式和协同传播机制的构建，信息的传播路径更加多样，传播效果更加显著。在未来，对外传播将继续依托数字技术，不断探索新的传播形式和机制，推动全球范围内的文化交流与合作。

五 结论

厚积薄发，继往开来。在中国对外传播的过程中，融汇中华优秀传统文化与新兴人工智能技术，以坚实的文化根基为基石，充分展现中华文明的深厚底蕴与现代风采。通过数字技术的创新运用，中国不仅在国际传播中拓展了视野和途径，更以高度的文化自信，积极构建具有中国特色的传播模式，提升国家文化软实力。新时代的中国对外传播，不仅仅是信息的传播，更是文化的交流、思想的碰撞，以及价值观的对外传播。面对全球化背景下信息交流日益频繁的趋势，中国应不断探索和创新传播方式，充分利用人工智能、大数据、虚拟现实等新技术，将传统文化的智慧与现代科技的力量相结合，以更加生动、立体和多元的方式，向世界讲述中国故事。

参考文献

曲莹璞：《以数字技术赋能中华文化传播创新》，《对外传播》2023年第7期。

胡正荣、王润珏：《智能传播时代国际传播认识与实践的再思考》，《对外传播》2019年第6期。

方师师、邓章瑜：《对外传播的"ChatGPT时刻"——以〈中国日报〉双重内嵌式人工智能新闻生产为例》，《对外传播》2023年第5期。

张卓：《智能传播时代我国国际传播探究》，《传媒》2022年第5期。

Khoo, Christopher SG, et al., "Knowledge Graph Visualization Interface for Digital Heritage Collections: Design Issues and Recommendations," Information Technology and Libraries 43.1 (2024).

Hannaford, Ewan D., et al., "Our Heritage, Our Stories: developing AI tools to link and support community-generated digital cultural heritage," Journal of Documentation (2024).

B.15
数字化矩阵与多媒介叙事：泉州"海丝文化"对外传播的创新实践案例分析

课题组*

摘　要： 基于对福建省泉州市文博机构的田野调查与访谈，本报告聚焦泉州"海丝文化"的传承与对外传播的文化策略。报告分别从城市申遗、对外策展、数字化矩阵、多媒介叙事以及多元行动者实践等多条实践线索分析了泉州市文博机构对"海丝文化"的创造性转化与对外传播的创新性发展。研究指出，城市申遗的主题定位、申遗点位的叙事逻辑、文物出海的叙事创新、特展实践的跨文化联动、多元化的数字场景与数字叙事使用、多媒介的文化故事再现、多主体的文化传承讲述，均对中国优秀的地方传统文化的创造性转化与创新性发展具有重要意义。

关键词： 泉州市　"海丝文化"　对外传播　文博机构　中国新故事

---

* 课题组成员包括：孔一诺，暨南大学新闻与传播学院，主要研究方向为媒介文化、城市传播研究；王喆霖，暨南大学新闻与传播学院，主要研究方向为媒介文化、城市传播研究；莫非，暨南大学新闻与传播学院，主要研究方向为媒介社会学、媒介平台研究；陈艺铭，暨南大学新闻与传播学院，主要研究方向为媒介社会学、媒介平台研究；罗凯馨，暨南大学新闻与传播学院，主要研究方向为媒介文化、城市传播研究；赵甜芳，暨南大学新闻与传播学院网络与新媒体系副教授、硕士生导师，主要研究方向为网络动力学、计算传播；刘倩，暨南大学新闻与传播学院教授、博士生导师，主要研究方向为新媒体技术和博物馆文化、计算传播学。

数字化矩阵与多媒介叙事：泉州"海丝文化"对外传播的创新实践案例分析

一 引言

古代泉州，又称"刺桐城"，位于福建省的南部、晋江的下游，是古代著名的天然港口，海上丝绸之路的起点之一。公元13世纪，意大利旅行家马可·波罗对古城泉州有过此种描述："这是世界最大的港口之一，大批商人云集这里，货物堆积如山……"古代泉州的兴盛始于唐代，到了宋末元初，它已成为全国最大的对外贸易港口，与埃及的亚历山大港并称。泉州曾是10世纪至14世纪繁荣的亚洲海洋贸易网络东端的商贸中心。泉州港的发展得益于其自然条件的改善以及对外交流的加强，特别是在宋朝中期，广州的海外贸易消沉时，泉州港作为东海与南海的交汇处，成为南海诸商船舶停留的地方。此外，泉州港也是宋朝通往朝鲜、日本的沿岸港口，有着频繁的船只往来。

泉州的地理位置不仅在经济上具有重要意义，在文化交流方面也占有举足轻重的地位。宋元时代泉州的对外交通贸易空前繁荣，吸引了大量的外国人来到泉州经商、创业，甚至是长期定居。这些人与泉州人民和睦相处，互相融合，使泉州成为一个国际化的城市，拥有着丰富多彩的文化景观。多元、开放、包容成为这座城市的传统与特质，同时也激励着泉州人不断开拓进取、奋勇直前的精神源泉。可见，泉州的地理位置、文脉资源，都使其成为连接中国与世界其他地区的重要枢纽城市，对促进不同文明之间的交流与融合发挥了重要作用。这座城市的历史和文化遗产至今仍然得到精心保护和传承，一系列路径与策略为实现城市传统文化的可持续发展提供了宝贵的启示。

2013年，习近平总书记提出共建共享"丝绸之路经济带"和"21世纪海上丝绸之路"的倡议，强调各国经济合作、文明交流的重大意义。与此同时，泉州海丝文化也越来越受到当地政府部门和专家学者的关注。长久以来，泉州作为一座承载着海丝文化的文明古城，其文化遗产、城市风貌以及人文精神等都铭刻着古代海丝文化在泉州城中的传承与发展。近年来，泉州的城市文化单位与文博机构对发展建设具有地方特色的海丝文化做出了努力，泉州城作为文化遗产发扬与传承的载体，取得了显著成果。但目前，对于泉州着手开展的一系列海丝文化对外传播的实践，尚且缺乏从文博机构的实践切入，对其展开系统性的调研与梳理。为此，本调研报告从泉州文博机构的工作内容出发，在开展文献整理、走访调研、参观采访的基础上，围绕南外宗正司、市舶司、泉州博物馆、泉州海外交通史博物馆、世茂海丝博物馆等泉州市内的重要文博机构，展开充分的走访、调研，并对文博机构负责人、博物馆馆长、社会参与者，以及文博机构的参观者开展深度访谈，聚焦泉州海丝文化传承与对外传播的文化策略，分别从城市申遗、对外策展、数字化矩阵、多媒介叙事以及多元行动者实践多条实践线索，挖掘并提取泉州城市文化遗产保护传承的独特优势，进而探究泉州当地文博机构是如何在讲好新时代中国故事的基础上，实现海丝文化的本地化叙事与对外创新传播的。调研报告也在此基础上，进一步为未来泉州海丝文化的叙事与发展提供可持续建设与发展的可行建议与方案。

二 城市申遗：重建宋元泉州的申遗价值体系

2021年7月25日泉州成功申遗，随后被列入《世界遗产名录》，成为中国的第56项世界遗产。泉州申遗的项目名称为"泉州：宋元中国的世界海洋商贸中心"，这一项目体现了泉州在宋元时期作为世界海洋贸易中心的重要地位和其在文化交流中的突出作用。泉州的申遗成功不仅是对泉州文化资源的一次系统梳理，同时也是对其在推动文明交流互鉴、促进可持续发展、构建人类命运共同体方面的现实意义和历史价值的高度认同。以一座城市作为申遗对象，其具体工作的铺开与落地具有特殊性与在地性，其中主要包含申遗主题的确立、申遗点位的选择，以及泉州城市申遗叙事的完善等多个方面。

（一）城市申遗的主题定位

泉州申请世界文化遗产，走过了长达20多年的坎坷之路。实际上，早

数字化矩阵与多媒介叙事：泉州"海丝文化"对外传播的创新实践案例分析

在20世纪90年代初，泉州的对外文化交流与传播实践便已经为海丝文化的申遗事业埋下了伏笔。泉州申遗工作的第一阶段主要集中于20世纪90年代初至21世纪初期。1991年，联合国教科文组织组织海上丝绸之路的调研队到泉州考察；1994年，联合国教科文组织等机构在泉州召开"海上丝绸之路与伊斯兰文化"国际学术讨论会；1997年12月，联合国教科文组织"丝绸之路综合研究"十年庆典在泉州举办，并召开"中国与东南亚"国际学术研讨会。联合国教科文组织成员在泉州见到了保存的史迹、遗产等文化资源，给他们留下了深刻印象，这也为之后推进申遗工作打下了坚实的基础。随后，进入第二阶段的申遗工作，从2001年到2021年申遗成功，走过了近20年的路程。2016年初，由泉州牵头并联合广州、宁波、南京，全力推进中国海丝文化联合申遗的工作。除此之外还有漳州、福州、扬州、蓬莱等海丝之路沿线的城市一起联合起来，组织了城市联合申遗。2017年，泉州以古泉州刺桐史迹项目申报，但从国际专家的角度来看，世界文化遗产的标准一方面需要对在地的城市、国家有重要的贡献，另一方面，还需要对全人类的文明史起到完善与弥补缺憾的意义。专家认为当时的申遗故事还应在现有基础上，进一步发掘更深层次的、更独具特色的亮点，突出其普遍适用性。泉州申遗工作组会同申遗文本技术团队与国际权威专家团队展开了充分和深入的技术交流与创新探索，并于2019年4月、10月两度赴巴黎ICOMOS总部开展技术磋商，2019年5月协助来自英国、美国的ICOMOS咨询专家在泉州开展实地考察评估。这个过程中，国际专家提出，市舶司、南外宗正司在历史上也发挥了重要作用，但都仅仅存留在文献上，并未对其进行考古发掘。在国际专家的指导下发现泉州城的考古工作在这一方面还存在缺失，申遗工作进一步推动了泉州城市考古工作的进程，也开启了对具体史迹、遗迹实物的考古发掘。

随后，泉州为推进申遗工作，进一步明确了泉州申遗的主题。泉州自古以来便显示出鲜明的海洋商贸中心的特性。在目前国际上的申遗项目里，海洋类的项目并未受到大家的广泛关注，更多的是大陆的陆地文明。在这之前，我国的长城、故宫、兵马俑等文明古迹都已经被列入世界遗产，但是缺乏海洋视角，而泉州拥有海洋的属性，由此，便将申遗的主题聚焦在10~14世纪的宋元时期，泉州作为当时中国与世界交流的窗口，对世界贸易的推动与促进具有重大作用，因此，"宋元中国"的概念也能够成立。最终，选中"宋元""中国""世界海洋商贸中心"作为泉州申遗工作的主题词，确定"泉州：宋元中国的世界海洋商贸中心"为申遗项目的主题，以此明确宋元泉州的文化价值主题，并补充缺失的考古内容。

（二）申遗点位的叙事逻辑

泉州的遗产项目具有较高的历史、艺术、科学、社会和文化价值，反映了古代海洋贸易相关的生产、运输和销售的空间结构，以及关键的制度、社会和文化因素。在泉州申遗过程中，国家文物局支持泉州市与中国建筑设计研究院建筑历史研究所等机构合作，对项目原定位做出重大调整，并重新梳理申报点组合逻辑，提炼突出普遍价值。泉州申遗工作周期长、困难多，需要调动整个泉州的研究人员。可以说，如今泉州文博机构的很多管理者都曾服务于申遗工作，泉州海外交通史博物馆（以下简称"泉州海交馆"）副馆长林瀚在访谈中表示，这几年申遗对于泉州海交馆的发展有很大的推动作用，其中也包括对博物馆整体展陈水平的提升。林瀚副馆长曾全程参与了"泉州：宋元中国的世界海洋商贸中心"申遗项目的文献梳理的相关工作，充分开展遗产点清净寺的展厅设计、南外市舶司展览的大纲撰写工作。他详细回忆并讲述了当时开展申遗工作的难点与特点。

申遗团队在撰写申遗文本时面临的巨大挑战是如何向世界讲述泉州海丝文化的故事。泉州的申遗工作在不断探索、及时修正的过程中逐步明确其叙事逻辑。此外，泉州的申遗过程也是了解和把握申遗规则的过程。申遗团队从不知道申遗是什么，到深入且全面地讲好泉州的海丝故事，走过了漫长的道路。

泉州海交馆林瀚副馆长从申遗的工作要求、工作内容以及工作逻辑等多方面回忆了当时申遗工作开展的具体过程。

数字化矩阵与多媒介叙事：泉州"海丝文化"对外传播的创新实践案例分析

1. 具体工作内容

当时我们被借调去做申遗的工作，具体工作内容是在前期整理遗产地的相关文献资料。申遗的文本团队会整理出一些材料下发清单，发完清单之后可能几天之内就得把这些整理出来，我们需要团队合作，看大量的论文，梳理出一段文字给文本团队，然后他们从这段文字里面提出更高一层级的主题与核心观点。

2. 文本梳理逻辑

在开展文献梳理工作时，有特定的思路与工作逻辑。比如，我们选择洛阳桥作为22个遗产点之一，其中就有很多讲究。首先，我们需要在所有的桥中选出最突出的。洛阳桥便是最早的跨海梁式石桥，具有独特的建造工艺与技术；其次，需要提供恰当的叙事逻辑。一般来讲，我们会说修桥技术多好，但这在我们的申遗点的文本叙事中并不是最重要的。我们强调的叙事逻辑是，洛阳桥是北上的一个通道，强调它的功能性，而不强调它本体的作用；最后，工作团队需要依据此功能性逻辑，串联起其他相关的遗产点。例如，洛阳桥作为北上的交通枢纽，就一定有南下的枢纽，安平桥在此便成为相对应的另一个遗产点。

基于上述选择申遗点位的思路逻辑，最终申遗项目的遗产点选定了22处代表性古迹遗址，分别是九日山祈风石刻、市舶司遗址、德济门遗址、天后宫、真武庙、南外宗正司遗址、泉州文庙及学宫、开元寺、老君岩造像、清净寺、伊斯兰教圣墓、草庵摩尼光佛寺、磁灶窑址、德化窑址、安溪青阳下草埔冶铁遗址、洛阳桥、安平桥、顺济桥遗址、江口码头、石湖码头、六胜塔、万寿塔（具体遗产点位置如图1所示）。这些海丝文化的遗址分布在从海港到江口平原再到腹地山区的广阔空间内，包括了行政管理机构与设施遗址、多元社群宗教建筑和造像、文化纪念地史迹、陶瓷和冶铁生产基地，以及由桥梁、码头、航标塔组成的水路交通网络，完整地体现了宋元泉州富有特色的海外贸易体系与多元社会结构。

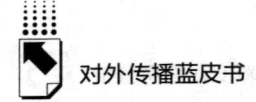

泉州的申遗成功不仅展示了其在历史上的辉煌，也为今天的文化遗产保护和利用提供了新的机遇，以新时代中国故事的对外传播影响力研究。

图1　"泉州：宋元中国的世界海洋商贸中心"22处遗产展示

资料来源：《泉州：宋元中国的世界海洋商贸中心》官方网站。

（三）"城市申遗"项目的在地经验

泉州作为一座城市开展申遗工作，在主题定位、申遗点位选择以及调动市民全员参与方面，都面临着巨大的挑战，但同时对于泉州这座城市而言，也是重新讲述泉州海丝文化，让传统文化走出国门的一次关键机遇。泉州文博机构作为推动、延续申遗项目的重要行动者，在此次城市申遗的工作中获取了丰富的"泉州经验"。

第一，泉州城市申遗项目具有高度的透明性与合法性。在前期申遗项目落地的过程中，泉州文博机构承担起重要的研究、挖掘与整理泉州文化遗产的工作。文博机构通过组织专家评审组和评审委员会，对推荐材料进行详细审阅和集体评议，产生市级非物质文化遗产代表性项目名录初选名单。此外，文博机构还负责组织对市级非物质文化遗产代表性传承人的认定工作，包括初步审核、专家评审、公示及最终的审定和公布。

第二，泉州文博机构在展示申遗项目内容、延续申遗项目成果方面，广

数字化矩阵与多媒介叙事：泉州"海丝文化"对外传播的创新实践案例分析

泛采纳意见，强调展示的多元性。世遗泉州将 22 处代表性古迹遗址及其关联环境和空间构成的"宋元中国的世界海洋商贸中心"活态样本与百万市民生活空间叠合，让老百姓生活在世遗古城里。从九日山祈风石刻到德济门遗址，从市舶司遗址到洛阳桥，这些跨越海陆的遗产点完整勾勒出古代"东方第一大港"的贸易网络①。调研团队也针对这 22 处代表性古迹遗址进行了调研和访谈。其中，"泉州：宋元中国的世界海洋商贸中心"展示馆位于泉州海外交通史博物馆主体楼一层，是一个全面展示泉州作为宋元时期中国乃至世界海洋商贸中心的重要历史地位和文化价值的展览。展览的主要内容包括 22 个遗产点的历史背景和丰富的遗产价值，通过 663 件珍贵的文物展品，结合图板、视频、互动触摸屏、景箱、场景等多种形式进行展陈，让参观者全方位地了解泉州在 10 世纪至 14 世纪世界海洋贸易中的中心地位和作用。此外，展览还利用多媒体创意展陈打造沉浸式体验，如动画投影形式展出的仿古画卷《刺桐梦华图》，以及运用现代信息技术让展陈内容更丰富、更直观，为市民游客营造沉浸式体验。通过这些展示手段，展览不仅传递了泉州深厚的历史文化信息，同时也促进了公众对海洋文明和世界文化遗产的认识与思考，从而实现泉州海丝文化申遗成果的可持续发展。

第三，文博机构还十分注重申遗项目的活化利用，进一步推动其保护成果的实用落地。文博机构策划并组织一系列展览进社区的活动，将文化遗产展示利用融入社区生活、校园生活等，赋予其实用功能，建立起遗产与社区共存关系，实现文化遗产的活化利用与可持续发展，公众的支持与共创是泉州申遗项目得以充分融入城市生活的重要经验。泉州市本地市民在采访中讲述道：

> 泉州申遗工作开展了好多年，最终在 2021 年申遗成功，这对我们泉州人来讲是很欢乐、很光荣的一件事情。今年是第三年了，泉州在每年 7 月 25 日都会有活动，有民俗"踩街"，还有我们泉州最具地方特色的民

---

① 千龙网：《"活着的古城"：世遗泉州的文明生长密码》，https://baijiahao.baidu.com/s?id=18298145341587215 02&wfr=spider&for=pc，2025 年 4 月 19 日。

俗文化活动，比如说南音，有各种地方特色的民俗文化展示都会在那天晚上在文庙广场布展，并开展连续几天的庆典活动，还会在几个重要的申遗点举办大型的庆祝活动。人们能够感受到全民欢庆泉州申遗成功的氛围。

综上所述，申遗项目的推动与落地充分激活了泉州这座活态城市博物馆。泉州申遗成功不仅提升了城市的文化地位和国际形象，也为当地居民带来了经济、社会和文化方面的多重积极影响，进一步提升了城市的海丝文化认同感，同时，也为今后世界文化遗产申报领域的国际合作提供了经验。泉州的文博机构在申遗点的申报、评定、保护、传承和活化利用等方面发挥着重要作用，通过规范化管理和多方合作，推动了泉州非物质文化遗产的系统性保护和创新性发展。

三　文化出海：泉州"海丝文化"的对外展示与联结

承接上一部分"城市申遗"中所强调的泉州申遗项目的特点，以泉州这座城市作为申遗项目，是因为泉州的海丝文化发源于古代历史上一系列商品贸易、人文交流活动，多年来，泉州海丝文化在不断发展演变的过程中形成了开放、包容的文化特征，泉州作为孕育海丝文化的沿岸城市，延续着对外传播、文化共享的主体精神。其中，泉州城市文博机构为文化出海打造了具有在地性特征的对外传播策略以及整体战略，藉由泉州海丝文化的遗产主题，通过文物、展览以及理念出海三重路径，多层次、全方位地向海外源源不断地输送并生动地讲述着中国的新"海丝故事"。

（一）文物出海的叙事创新

古代泉州的海外贸易范围广泛，涉及东亚、东南亚、南亚、西亚和东非等地区。当时的泉州不仅是商品交流的集散地，更是多元文化交融的中心城市，各种宗教建筑和造像，如清净寺、草庵摩尼光佛造像等，见证了不同信仰和文化在泉州的和谐共存。也正是基于此历史条件，泉州各大博物馆保留下来的遗产文物,都具有很强的国际性。泉州海交馆作为我国最早的海事类博物馆,从建馆的时候就有很强的对外联结的意义,或者说博物馆内的藏品本身就有世界性的属性。越是地方的,越是世界的,泉州海交馆的馆藏文物、展品的独特性正是保障文化出海具有长期活力的宝贵遗产资源。

泉州的文物出海能够在与海外文化对话或者交流过程中,延伸出不同的叙事方式。泉州海交馆内的文物所承载的历史信息通过文物出海与世界其他文化建立联结,书写新的海丝文化故事。在访谈中,泉州海交馆副馆长林瀚指出了博物馆文物出海的两种重要展示方式。

1. 展品外接,联动叙事

中国博物馆协会"丝绸之路"沿线博物馆专业委员会提出展览理念,计划在某一博物馆策划单独的展览,但是需要其他博物馆的文物支持。通过这样的形式,能够让博物馆的藏品纳入更大的叙事框架中。可能自己博物馆的文物在常规的展示过程中是一个亮点,而放到另一个叙事当中,它的价值也许会放大好几倍。比如,我们看到一些汉代的展,有一些汉墓不是帝王级的墓,而是地方的,但它某一件藏品刚好可以弥补王室墓的叙事缺环。这件文物便作为一个重要的展品,完美融入另外的叙事之中。

2. 展品出海,主导叙事

泉州海交馆会根据展览的主题,选择不同的展品,比如,如果去阿拉伯国家,会选一些阿拉伯的石刻;去欧洲国家则会选一些基督教、天主教的石刻;到印度、斯里兰卡,我们就会将一些侨民的墓碑送去展览。由此就可更大发挥文物遗产的文化联结作用。

博物馆采取的两种文物出海的方式,在具体的展示过程中都取得了良好的效果与反馈。由此可见,文化实际上是不同民族、种族之间很好的连结剂,博物馆中的文物也藉由文博机构之间的对话、交流实现出海展览,这意味着多年来的策展合作达成了一种异质文化间的软对话。

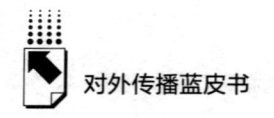

（二）特展实践的跨文化联动

泉州文博机构在文化出海方面的策展实践拥有独特且前沿的策展理念，在策划、落地以及宣传效果方面，取得了卓越的成果。实际上，海丝文化的形成与发展与我国古代发达的造船与航海技术密切相关，宋代以来，泉州的造船技术便发展迅猛，是重要的造船基地。1974年，在泉州湾渚港发掘出土了一艘宋代海船，这艘船被拆解完运到开元寺，也就是现在的古船馆的所在地，并将它拼装起来，于1979年10月对外展览。泉州海交馆的古船馆正是在文物考古的基础上，依船而建。此外，在展览策划方面，泉州海交馆策划展览了"中国舟船世界展"，这是首个反映中国传统舟船文明的专题展览。展览围绕中国舟船的起源与形成、千姿百态的江河舟船、中国造船技术的重大发明、海船与航海活动、船上的船民生活以及历代战船等进行展示。通过该展览，参观者可以深入了解中国舟船的发展历程和造船技术的高超技艺，以及它们在海上丝绸之路上的重要作用和对人类航海历史的贡献。展览中不仅有各种船模的展示，还包括了多媒体手段的运用，如3D打印制作的船模和郑和船队的三维影片播放，以及各种实船的展出，如雅美船、摩梭人独木舟等，这些船模和实船不仅展现了中国古代木帆船的独特成就，而且许多已成为绝版，具有极高的历史和文化价值。

泉州海交馆作为国内首个海事博物馆，也是反映海上丝绸之路历史的博物馆，不定期在海外举办展览，讲述泉州航海贸易开拓海洋的故事。自2014年"一带一路"倡议提出后，十余年来，泉州海交馆以船为媒，通过对外联合策展、文物巡展的形式，逐步实现了文化出海的落地。2014年12月，为庆祝中华人民共和国和坦桑尼亚联合共和国建交50周年，在坦桑尼亚达累斯萨拉姆的国家博物馆举办"牵星过洋——中非海上丝路历史文化展"，在此次展览中，来自泉州海交馆的41件组展品与坦桑尼亚博物馆的24件组馆藏文物同台展出，文物将古代海上丝绸之路的两端再次联结在一起，实现跨文化间的有效联动与交流。在这之后，泉州海交馆坚持文化出海的策展理念，于2015年，举办"碧海丝路，东方之舟——泉州'海上丝绸之路'展览",此次展览是由泉州海交馆和文莱海洋博物馆联合举办;2017年,海交馆与斯里兰卡国家博物馆局承办的"长风破浪——中斯海上丝路历史文化展"。近年来,泉州海交馆通常会策划、落地两个海外展览。船舶作为泉州海交馆发展考古的重要媒介,能够激发起海外公众的共鸣与文化认同。此外,泉州海交馆还以学术支持的方式,推动"海丝回响·石头记"展览在英国开幕,旨在展示海上丝绸之路的文化遗产以及泉州的传统手工艺。

这些展览不仅展示了泉州丰富的海丝文化遗产,同时也促进了与世界各地的文化交流与理解。通过这些海外展览,泉州海交馆成功地将泉州的海洋文明和历史文化介绍给全球观众,加深了人们对中国古代海上丝绸之路的认识。以泉州海交馆作为典型博物馆机构为主导,泉州的文博机构形成了成熟的展览出海的策展实践方式,也正是通过海外策展,真实地推动泉州在地性的海丝文化"走出去",在实现跨文化联动的过程中,激活泉州海丝文化的新时代活力,也为海丝文化注入全新的文化血液。

(三)"文化出海"理念的创生

泉州文博机构通过文物出海、展览出海等多重路径,逐步形成独具泉州文博机构特色的对外传播方式。泉州市海上丝绸之路申遗中心副主任苏志明作为唯一一名中国世界遗产地代表,受邀参加2024年首届国际遗产地管理者论坛,在发言中苏志明分享了泉州世界遗产的价值体系、保护管理过程中面临的挑战,与此同时,他强调了泉州文化出海的核心要义:

> 泉州海丝文化在当时的文化背景下,推动整个航海贸易的发展达到顶峰。相较于西方探讨海洋文明的时间,我们早了整整八年。泉州文化出海的意义主要有以下两点内容:第一,海丝文化提升了我们自己的文化自信;第二,将泉州的文化遗产传播至更广阔的文化语境中。文化出海的核心要义在于,泉州的海丝文化不仅是泉州的,更是世界的;它也不只是我们中国人的,还是世界人民的。

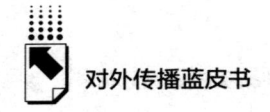

由此可见，泉州不断将有益的海丝文化保护与传承的理念输送至海外，在对外交流与分享的过程中，提升泉州海丝文化的国际影响力。实际上，泉州的"文化出海"理念是历史积淀与地域特色相结合的产物，它不仅代表了泉州的历史地位和文化自信，也对世界文明之间交流互鉴做出了重要贡献。随着21世纪海上丝绸之路的复兴，泉州在保持其多元性的同时，也成为中国与世界共商、共建、共享的典范。

四 数字化矩阵：海丝文化的数字保护与展示

（一）数字化的多元使用场景

本次调研，团队成员走访了泉州市博物馆、泉州海外交通史博物馆、南外宗正司陈列馆、世茂海上丝绸之路博物馆，除一家博物馆外，其他博物馆均有可圈可点的数字化表现。

1. 世茂海上丝绸之路博物馆

世茂海上丝绸之路博物馆的数字化形式多样，光影流动精美。其丝路山水地图数字展厅分国宝展示区、环幕影院区和五城游历区。人们可以先到环幕影院区站定最佳观看位，观赏360°视角、裸眼3D特效的《丝路山水地图》，再走入展厅体验嘉峪关、沙州城、撒马尔罕城、黑楼城、天方国等五地不同的文化内涵。其中，沙州城展区仿照敦煌莫高窟搭建实体"暗室"，并在顶部和墙壁上投射出裸眼3D特效的壁画等数字影像内容，人们可以在展厅内拿着提供的特制手电筒，照亮壁画探索未知，并通过感应功能与数字影像进行现场互动；也有敦煌飞天仙女的屏幕换装；还有海上丝绸之路各个国家不同语言的互动打分。

尽管世茂海上丝绸之路博物馆提供多种数字化体验，但整体的教育意义较弱、信息密度不高，难以让游客形成对海丝文化的深刻理解。密集的数字化互动对知识摄入存在影响，即人们更多地把有限时间投入到互动上而忽视策展的内容。

2. 南外宗正司陈列馆

陈列馆也属于博物馆的一类，但相比于狭义上的博物馆对数字化技术的组合应用，陈列馆在数字化上更加保守。例如，南外宗正司陈列馆仅使用传统声光，制作简单沙盘让游客厘清泉州古城的演进历史及南外宗的关系，其他展区仅使用传统的陈列手法，把信息清晰地输出即可，而非追求与游客的互动。

3. 泉州海外交通史博物馆

相比世茂海上丝绸之路博物馆数字化的"华丽"，泉州海交馆对数字化的实践更具参考价值。例如，泉州海交馆为展示不同历史时期的船只形态，便将动态的画作呈现在船模藏品前的通电玻璃上，讲解过程中将图像与实体船模对应，便于游客在脑海中形成印象；针对儿童群体，泉州海交馆开设儿童屏幕互动游戏，设定是开船出海挖宝，将海上用品的古代术语融入挖宝游戏中，寓教于乐。

整体而言，数字化的重要作用是将人们本不易理解、不感兴趣的文化知识转化成易于接受、有吸引力、有参与感的形式。需要考虑与策展内容的适配程度，并进行不同数字化技术的组合，并针对不同人群提出对应方案。

（二）数字化的多重困境

博物馆数字化也面临着种种难题，并非困于技术层面，更多的是资金层面与受众层面。

1. 难以养护的数字化设备

易损坏的数字化设备是首要的博物馆数字化难题。从博物馆从业人员的工作经验看，最常见的数字化形式——投影的设备稳定期只有前2~3年，而后设备就会陆续出现很多问题，如不定期出现故障以致蓝屏。年限较长的数字化设备的经常性故障为博物馆工作带来诸多不便，一方面，设备故障关停导致展区存在内容上与逻辑上的缺环，就算没有出现故障，很多数字化设备也并不灵敏或略显破旧，游客体验大打折扣；另一方面，博物馆的例行接待工作可能出现很多尴尬场面。

例如，泉州海交馆的世遗总展示馆某展区墙面布有《刺桐梦华图》。一般而言，基于数字化的大众样式与现今技术的可用性考虑策展，《刺桐梦华图》完全可以采用投影形式展陈，但海交馆却选择将其制成一幅动态画作。林副馆长表示，将《刺桐梦华图》做成"动静结合"的形式，是因为即使设备出现故障或博物馆突然停电，展厅墙上的内容也可供观看、讲解，不会影响游客的游览与博物馆的接待工作，相当于留了聪明的"后手"。

2. 困于资金的博物馆

数字化设备的养护困难伴生了博物馆数字化另一难题，即缺乏经费支持，并非由于购置的设备昂贵，而是维保费用难以负担。数字化设备易损坏，可以通过定期维护延长使用寿命。一般而言，博物馆的新设备有一年的免费维保期，一年后将需要进行大量的调试修理，产生大笔支出，属于博物馆预算之外的支出。对于高级别的博物馆，上级拨款可以随之增加，但对于地方级别的博物馆，年度经费极其有限，很难再从中拨款去养护设备。

博物馆的固定展陈是5~10年，即超过这个年限才会去大规模地重新策展。现阶段，很多拥有数字化展陈的博物馆还未满既定年限，由于没有多余经费养护数字设备，很多数字互动的选项就直接关闭或取消，而后需要重新走设备采购流程并调试。

3. 需求多元的受众

在泉州海交馆林副馆长的叙述中，声音作为展陈的数字化呈现形式中最基础、最微小的部分之一，深刻影响着游客的参观体验，游客的反馈促使展陈的不断调整，展陈的调整更新游客的体验与反馈。

例如，泉州海交馆的展厅中设有码头场景，李硕卿先生所绘制的国画被制作成动画形式，三台投影机进行组合投影。在策展时，为了真实地模拟海岸情景，让游客身临其境，展陈便添加了海浪声、海鸥叫声等音效。起初，游客多对海鸥的声音感到新奇。后续，很多游客反映，特殊设置的环境声容易遮盖讲解员的声音，难以听清其讲解的内容；也有大量游客认为，环境声带来的体验感不佳，该展陈并非适合突出听觉。博物馆在听取游客意见后，决定减小环境声音量，但新的问题也随之出现，音量随着步点位置而波动，游客的注意力总是被"若有若无"的声音吸引，开始寻找声音的发出点，很难专心投入博物馆的游览与知识摄入中。泉州海交馆由于无法找到所有群体需求的平衡点，最后只能将环境声音关闭。

总体而言，设置声音效果的目的是增加游客的沉浸式游览体验。但是在投入实践的过程中，由于游客需求不同，博物馆面临着来自游客的多种需求的优先级排序。博物馆的教育功能排在前列，即数字化形式是否能辅助文物、文化知识的输出，游客又是否能够清晰准确地输入知识。在上述例子中，多余声音会干扰讲解的知识传递形式，并分散游客注意力，故泉州海交馆最后选择优先关闭环境音以满足该需求；尽管较多数字化形式的出发点是增益游览过程的趣味性，增加文物、展览对于游客的吸引力，从而让游客产生更多的参观欲望与耐心，游客也的确有注重游览过程趣味性的需求，但是当数字化形式破坏博物馆基础功能时，该需求则可能被摒弃。不同的游客也存在不同的习惯，如有偏好的互动形式、容易被外界微小事物影响分心等，故所有群体的需求通常难以被同时满足。

（三）数字化：锦上添花的讲述方式

博物馆数字化具有能动优势面与客观劣势面。一方面，数字化确实使博物馆的展陈形式更多元，游客的参观体验与信息摄入体验更丰富；但另一方面，博物馆的数字化发展也存在困境，经费紧张与受众多元等问题在短时间内难以解决。那么，如何从二元事实中正确认识数字化呢？

1. 博物馆数字化的纵横向

纵向回顾博物馆数字化的历史脉络。早期，博物馆对数字化求新猎奇，抱着"人家有我也得有"的心态，看到其他博物馆做了数字化展陈便随即跟风；后续，博物馆逐渐开始形成数字化布展的新理念，摆脱"为了做数字化而做数字化"的想法，内容通过数字化呈现为观众提供更好的体验，而非一味追求数字化形式；现今，博物馆更多地对数字化"祛魅"，传统展陈与互动形式不再被放在数字化的后置位，而是更多地思考两者的创意适配程度，希望有效结合展陈、展览与数字化内容，实现多维度、多空间的组合推广。

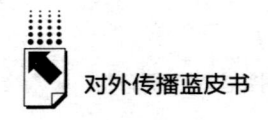

横向来看，很多相对顶级的博物馆，如卢浮宫、国家博物馆等就不太讲求数字化。因为这些博物馆本身具有高价值、多数量的藏品，不需要通过数字化技术去吸引游客前来参观。由此可见，数字化的功能之一是调平，它能够弥补博物馆本身藏品数量、价值方面的"硬伤"，为具有教育价值但相对有限的文化招徕受众。

2. 文化感受的局限与"锦上添花"的定位

泉州市海上丝绸之路申遗中心副主任苏志明认为，数字化形式带来的文化感受与情感交换只能是间接的、附加的。根据数字化的不同形式进行区分，对于博物馆展厅，数字化并不能跨越式增加参观游客的数量。一方面，如果不进行刻意宣传，很少有人会关注博物馆的数字化程度；另一方面，数字化形式是否能有效吸引游客到访存在一定偶然性，对于网络传播，即博物馆数字化的另一种形式，推文、短视频只能产生快速、短暂的印象，并无法产生直观切实的体会，因为文化需要感受，需要实地去观看，而数字化的内容只能提供辅助条件，并不能演变为人们的主流意识。

上述是较为真实的数字化观点，在苏副主任的叙述中，数字化也存在积极而不可磨灭的一面。林副馆长与苏副主任均强调博物馆叙事的重要性，而苏副主任认为数字化是实现博物馆讲述的有效方式之一，例如，数字化十分适用于引展厅的建设，如进展空间模拟人等。事实上，无准备参观群体很庞大，他们并不会在逛博物馆前做过多准备。引展厅就是为这部分人群设置的，不需要请导游，而是自己在参观前就能简单清晰地了解整个博物馆或展厅的策展内容脉络与故事框架。苏副主任表示，文化遗产传播最主要的是讲故事、讲历史、讲传承，去讲述来龙去脉，如果没有讲解的过程，文化的输出与输入过程必然是有所减损的，而数字化引展厅就能有效弥补讲解过程。泉州海交馆作为泉州的第一个博物馆，已基本实现引展厅建设，泉州各个世界非物质文化遗产点也会逐步推进引展厅的建设。

总体而言，博物馆数字化更多应起到"锦上添花"的作用，而非将其置于本位或"画蛇添足"。数字化并非博物馆得以运营的必要条件，而是若匹配相应的数字化形式，可能会在原有内容的基础上增色。

泉州地方博物馆通过多种数字化形式展现不同主题的海丝文化，存在部分可借鉴之处。同时，博物馆数字化存在资金短缺与受众多样的双重困境。如今，人们对传统展陈与数字化的认识逐渐成熟，以数字化为本位的展览往往存在文化感受的局限，更多地考虑数字化创意与展陈内容的适配程度，数字化的正确定位是"锦上添花"。

五 多媒介叙事：海丝文化故事的多维再现

（一）多元短视频传播矩阵

2023年，某女明星出镜的簪花短视频火遍抖音，播放量超过150亿次，为蟳埔渔村与泉州古城带来极高热度。带动当地人民从事簪花、摄影、餐饮等行业，泉州市全年增收5亿元左右，如此巨大的正向效应离不开多元短视频矩阵的搭建。

1. 政府为主、部门联动、社会参与的传播组合拳体系

为实现泉州文旅产业的可持续发展，泉州市政府构建了多方位、多层次的传播体系——以政府为主导，充分调动各部门的力量，同时鼓励社会各界的广泛参与。在这个体系中，"泉州发布"、《泉州晚报》、"泉媒体"等主流媒体公众号发挥核心作用，不仅传播官方信息，还为文旅产业提供宣传平台；海丝文旅之声和泉州文旅等专业文旅平台的参与，进一步丰富传播内容；社会资源得以巧妙整合，联动1000多个自媒体账号，包括知名网红达人、专业的文旅推荐官以及热心的本地网友，成功打造强大而多元的传播矩阵。该传播矩阵在今年初充分发力，当全国文旅行业纷纷开展各种"整活"时，这些账号在30分钟内全部改名，在昵称后添加后缀"泉州文旅上分"，形成强大的短视频力量。

2. "1+1+1"的传播机制

泉州文旅推出"世遗+非遗+演艺+美食+体育"等N个"1+1+1"传播机制："百城千团—万人海丝游"短视频活动取得了显著成效，登上抖音北

京同城热榜,暑期带动国内外200多所高校累计5万多名大学生来泉州研学,丰富学生课余生活,并为泉州带来可观的经济效益和文化交流机会;继赵丽颖后明星效应仍在继续,某知名演员在泉州少林寺体验非物质文化遗产的短视频一经发布,抖音平台播放量迅速突破1亿次,带动旅游热潮,在随后的"五一"假期期间,清源山和少林寺等景点的游客数量较往年增长了3倍;此外,"我在泉州学非遗"系列视频的推出,为泉州的入境游带来了新的增长点,仅2024年7月泉州就迎来了25万人次的入境游客,反映了泉州海丝文化的国际吸引力。在调研期间,也有欧洲国家、国内一线城市的学生到访进行实践交流。

(二)博物馆的网络传播探索

除了短视频、H5形式,博物馆也在积极探索网络传播的路径。目前,泉州市的博物馆正在建设线上博物馆,同时也惊喜地看到在地化、亲民化的非官方公众号初尝试。

1. 线上博物馆

现今,博物馆拓展时空边界,建设线上博物馆成为主流趋势。泉州市博物馆官网的首页是小学生到馆研学的结业展示,突出该馆重视中小学生的非遗宣教,社教板块中包含各种节日活动、主题研学的报名与回顾。其他板块中,藏品展示部分可按照类别与年代进行筛选,除藏品图片外,还设立了文物背后的故事板块但并未详细补充;展览展示板块包含对既往展览的回顾,以及360°全景展厅、3D文物、特色视频等;动态资讯板块包含公开信息,如节假日开闭馆时间、各类预算结算等。

泉州海交馆的线上博物馆建设更为完善,也有更为突出的数字化表现。首页轮播近期巡展;展览部分包括固定展览、临时展览、出境展览、展览宣传、线上展览等,线上展览形式多样,包括三维数字化场景导览、固定展览文图讲解稿线上导览服务、展厅视频导览服务、"泉州众神的世界"网上特别展、博物馆库房文物线上展示;教育部分包含社教活动与讯息、科普作品集成、手语导览等。科研也是泉州海交馆的特色之一,其办公区域设有出版社，线上博物馆的科研部分则着重强调学术会议举办情况、学术交流成果与项目成果；典藏部分对文物藏品进行分级，还有数字博物馆可以听讲解、放大文物细节等。

2.非官方公众号：亲民化的尝试

早期，线上博物馆尚未建成时，泉州海交馆的工作人员就捕捉到参观者的诉求，从自己的热爱与专业出发，创建非官方公众号。林副馆长提到，2017年时宣教同事在一线与很多游客互动的过程中，会发现很多问题，最显著的问题是研究与现实存在脱节。在研究人员看来，沉淀式、专业性强的研究往往能弥补事实上的缺环，以传统文献等史实材料为主要依据，撰写说明牌遵循极强的学术规范，以期通过讲解——这种单一的输出模式，把证据链梳理完整，但游客却很难提起兴趣。对游客而言，更关注背后的完全事实性的原因、原理，比如水密隔舱为什么呈现这种形态、优点又在哪里，并且这些原因、原理最好通过通俗易懂的形式呈现。研究与现实的分野使博物馆工作人员去思考如何拉近与游客的距离感，又通过什么样的语言形式进行讲述。

后续，林副馆长等四人创建"博物馆文学菌"的非博物馆官方的科普型公众号，每月更新四篇，每个人每月写一篇文章，保证公众号每周更新。文章采用科普文的形式，并邀请宣教同事进行配音。满足不爱浏览、更擅长声音接收信息的群体，只要把手机放在一旁即可听科普。例如，泉州海交馆《福船的故事：从泉州驶向马六甲》主题展览期间，便推送相应的推文《福船如是说：福船故事展览里的世界大观》，以福船第一人称的形式，对福船的身形、装饰、工艺、渊源、世界观进行解构，文笔精悍又幽默诙谐，相比传统科普文或博物馆讲解更加"亲民"，也具备了科普的关键要点。

（三）空间媒介：跨越千年的对话

1.博物馆裸展：近距离感的建构

调研过程中，调研人员注意到大部分石刻都是裸展。博物馆工作人员表示，从博物馆的角度，希望文物减少与游客的距离感，玻璃尽管是透明的，

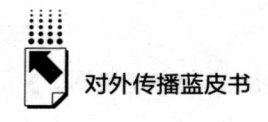

但是与游客中间有物理间隔,所以这些石刻大部分是裸展。西方也存在裸展的潮流,如大英博物馆、卢浮宫等,展品裸展的比例很高,雕塑也都是裸展的。

实质文物的展览观念曾经历过变迁。起初的观念是实质文物如遗址碑刻等展出时要用玻璃罩保护起来,而早期玻璃不是低反射的,难以看清文物上的文字,且水汽难以散出,文物会膨胀、损坏;而后建立起另一套观念,即再小的、再不完整的文物也是文物,它可以通过与人类的近距离交互来展现价值,是全人类发展史上独一无二的存在,无关乎存世量与作者名气等价值估算与社会评估,文物是平等无价的。

然而,游客众多,裸展的风险不言而喻,风险能否被规避要依赖博物馆的前置规定与藏品性质。一方面,为实现游客与文物近距离"对话",博物馆会尝试很多保障措施,如泉州海交馆在游客入馆时要求不携带饮料进入,因为碳酸饮料若喷到石刻上会造成破坏;另一方面,石刻的藏品性质支持其进行裸展,石刻不像瓷器金贵、易碎。例如,2001年时,泉州海交馆的船模以裸展形式展出,策展时多考虑人与物的近距离交互,但在实际展陈过程中,大部分船模被游客触摸,有些甚至被扯坏了。在此之后,船模作为精细化的工艺品检修完后全部入柜,这也是在尝试裸展过程中的经验教训。但在入柜后,很多游客便提出抗议,称玻璃的存在使拍照时有反射、玻璃存在线框棱角等不利于参观,但也实属无奈之举。

由此可见,文物与游客的边界现在可能是无解的问题。越来越多的文物破坏事件引起警觉。泉州海交馆的石刻裸展不仅是基于藏品类型与近距离愿景所做出的尝试,也表明博物馆工作人员对于文物的价值取向,即与其让游客走进历史文化,不如让文物走向游客。

2. 泉州古城:一个巨型博物馆

2021年,泉州的22个申遗点作为"泉州:宋元中国的世界海洋商贸中心"被列入《世界遗产名录》,泉州也成为我国唯一一座整体申遗成功的城市,也是世界上唯二整座城市申遗成功的城市(另一座是威尼斯)。某种程度上,泉州古城是一个更加巨大、底蕴更加深厚的博物馆。

泉州的世界非物质文化遗产之所以认可度高，是因为泉州的文化遗产可以走进去。如开元寺、清净寺、天后宫等遗产点均可以近距离地游览，如杖头木偶、南音等传统艺术均可亲身感受，就连脚下的砖瓦皆有历史痕迹，走过的道路皆有历史故事，口中的美食尽显地方特色。另外，泉州古城的考古发掘工作还在持续进行中，且近期较可能有新的考古发现。对于泉州市民与游客而言，可能偶然的驻足地底下就是下一个非物质文化遗产。泉州古城作为一个巨大的空间媒介与人产生互动，人们被遗产包围，立足遗产之上，就可感受传统文化与风土人情。

博物馆的数字化矩阵搭建也至关重要，多媒介、多主体的叙事实现不同面向、不同效果的传播，包括自媒体时代的短视频传播矩阵构建、博物馆的独特网络传播路径探索，以及将小至博物馆、大至整个泉州古城作为空间媒介，"人"与"地"产生交互、碰撞，也共同再现海丝文化故事。

六　行动者网络：社区化参与的文化实践路径

（一）城市亲历者的在地口述

泉州作为整体申遗成功的城市，泉州人民曾在过去的几十年间亲身参与到考古工作中，他们的经历对于年轻一代的泉州人具有深刻意义。

在泉州海交馆纪念宋船出土50周年活动策划中，博物馆寻访了50年前参与泉州湾宋代海船出土考古挖掘工作的人，他们的身份与经历各异，包括造船师傅、协助搬运的后渚村民、古船安装保护人员、民工等，他们通过口述史的方式，更为亲切化地呈现了考古工作的精彩片段与文献中没有记载的部分。例如，古船挖掘参与者陈建兴讲到在潮水中挖掘古船的经历："清理的时候会遇到潮水，一天遇两次，潮水来了人就撤掉，潮水过后用小时候种田用的桶舀水出去，最后是借海军的抽水泵抽水，不然一舱一舱舀水太费时间了"；古船运输者王泉水称，机动钓竿协助搬运古船出土的事迹在当时惊动全省，其他地方都来围观；古船早期保护者陈亦可称，每天的工作是巡视船的湿度情况，往木头上洒水以减慢木材干燥速度，并写了副对联"晨来掸沉尘，暮去巡沐木"。

口述史的灵感源于泉州海交馆林副馆长的网淘经历，他曾淘到泉州五中教研室编撰的《小论文选辑——文科班赴后渚社会调查》。书中讲到1986年泉州五中举办了一场研学，带着学生去后渚看码头，与他们讲述后渚往事，即在12年前该地曾发掘出一艘古船的故事，让学生自己撰写见闻笔记并合编成册，学生们记录着后渚港的淤积问题、泉州宋船的基本信息等。于是，泉州海交馆受此启发，在官方公众号发布宋船出土50周年故事征集通告，鼓励古船的发掘者、拼装者、首批观众分享故事。

值得一提的是，最后的口述史产出时使用的是闽南语，并且没有标注字幕。一方面，对于泉州老一代居民来说，使用闽南语来讲述会更加生动；另一方面，可以窥见亲历者口述的首要目的是在地传播，而非面向普通游客，是老一辈亲历者向新一代泉州人的传授。文化故事被在地人员理解并为之感到骄傲，才是向外传播的第一步。

（二）文博机构促进教育传承

对于青少年及儿童的传统文化教育是在地传播的重要组成部分，博物馆发挥了重要作用。

泉州市博物馆每周会举办固定的公益课程，获得家长与孩子的大力支持。例如，2024年7月是建党103周年，泉州市博物馆推出为期两天的"'泉博有迹可循'2024年红色主题研学活动"，泉州市博物馆与泉州古城均作为研学地点，包含红色主题手工社教课程、参观泉州市侨批馆、参观鲤城区侨批馆、参观清源山防空洞等。一位带孩子前来参加研学课程的家长表示，泉州市博物馆已成为其家庭出游的经常性选择，茶余饭后没事就来逛逛，每次仅游览部分展厅与孩子一起了解海丝文化的故事，自己作为老泉州人很热爱泉州文化，也希望年轻一代能了解泉州的传统文化；其孩子对于馆内的藏品故事也相当了解。

泉州海外交通史博物馆每年要走入校园举办百来场宣教活动，设计不同主题的课程包，每一次的宣教都是对原有知识点重新沉淀提炼的过程，需要不断研究如何用小学生能够听得懂的语言把事情讲明白。除此之外，泉州海交馆也会举办研学夏令营。例如，2023年举办的福船主题夏令营，除老生常谈的海神信仰、航海技术等外，还别出心裁构思创新性的研学主题，即了解船员的衣食住行，通过整理的早期影像资料引入课程，使孩子产生亲近感。宣教并不能使青少年立即产生对于海丝文化的全面理解，而是在日后的生活场景中出现有关海丝文化的线索时，曾学到的泉州文化知识能够立即被调用。也就是说，传统文化的传播与普及宣教并非一蹴而就，理论化的学习在日后屡次被现实触达，才能使人们逐渐形成对于海丝文化的完整认知。

（三）市民实践的动力：文化根脉与骄傲

泉州22个遗产点大多位于人口稠密的聚居区，泉州市民对于海丝文化的传播展现强大的责任感与生命力，形成老中青三代的梯队。文物及其保护离不开老一辈的热心讲解，而新一辈也应积极传承参与。

年愈八旬的吴秀满女士仍是"市舶司遗址文物保护小组"的重要成员。2002年，退休后的她主动守护这片历史遗产，与肖汉宝等志同道合的邻里共同成立了保护小组，义务保护并宣传泉州"古海关"——市舶司，发动社会人士捐款修复水仙宫、设置泉州市舶司专题展，向来自世界各地的游客讲述市舶司的故事。在她的带领下，水仙宫遗址得到修复，市舶司纪念室也建成开放。如今，又有十几位老人加入守护队伍，他们自己排了值班表，每天都有人到水仙宫扫地、擦桌、整理展厅、提供讲解。除此之外，78岁的陈德杉30年来时常为世界各地的专家学者和游客作义务讲解，讲解结合了史料与民间传说，并且花费三年时间翻阅有关洛阳桥的图书、档案，陆续整理成册、编著成书，并对一些工作人员、中小学师生、社会志愿者进行讲解培训。

新一代泉州人对于泉州文化遗产的保护也呈现着新的样态。例如，"85后"王玉茹也几乎每天到洛阳桥拍照，分享给世界各地的网友们；不少年轻市民也时常携爱人子女一同参观博物馆，去唤醒儿时的泉州记忆，也希望

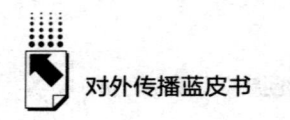

后辈对于泉州文化遗产有了解。文化根脉使他们守护文化遗产，而他们也对泉州文化遗产产生文化自信。

行动者网络构建具有较强的在地性、传承性。泉州海丝文化的传承与传播策略是首先取得泉州本地人民的认同，由父辈亲历者向年轻群体扩散；其次是以受众为中心展开叙事；最后再考虑其他方面。

七　结语

调研团队通过对泉州的文博机构展开深入地参观、调研，进一步发现泉州的文博机构充分践行城市文化的保护与传承职责，从参与城市申遗、推动文化出海、搭建数字化矩阵、支持多媒体叙事以及组建行动者网络六个方面，对泉州海丝文化的传承、发展以及对外传播做出了具有重大意义的努力。与此同时，众多文博机构以泉州海丝文化为主题，也在持续地提升着新时代中国故事的对外传播影响力。整体来看，泉州海丝文化之于文博机构的可持续发展具有重大意义，同时泉州文博机构也抓住了机遇，通过推动国际合作、增强文化自信、增强公众参与度与文化认同感，成功地将泉州的文化遗产引向了全球舞台。泉州海丝文化在实现现代化传承和创新传播的多维度实践方面，积累了丰富的实践经验。

随着泉州海丝文化逐渐为公众所熟知，也引发了泉州城市的商业化与在地性之间的矛盾。一方面，商业化会影响泉州古城居民的日常生活状态，在一定程度上会造成本地居民的流失；另一方面，"人"才是文化发展之本，世界遗产保护的本质是保护人的存在，因此，必须保证当地居民的舒适感。

面对泉州文博机构在全球化背景下如何有效地保护、发展并且延续这一独特的文化遗产的具体问题，政府与文博机构应当承担起首要职责，如提供陈列、地方特色服务，助力文化地区传播，博物馆最大的要义是面向公众，对外是科普、文化传承，对内是文化研究等。以当地居民为本、以受众为中心的理念在研究人员进行申遗工作时诞生，并运用于后续的各类管理工作中。此外，还需充分调动数字媒介平台的资源与传播效力，丰富泉州海丝文化的叙事模态，通过短视频、社交媒体等一系列推广与传播实践，进一步延续当下文化遗产的保护成果，推动新泉州海丝故事走向更广阔的国际文化体系中。

参考文献

卢允庆：《社会变迁语境下海丝文化的历史嬗变、生成逻辑与时代价值》，《东南学术》2024 年第 1 期。

郭鹏飞、李积普、杨璐，等：《福建沿海"海丝"文化旅游资源空间结构与开发潜力分析》，《世界地理研究》2022 年第 1 期。

赵莉：《"海丝"主题展览的跨文化叙事策略探究——以"在最遥远的地方寻找故乡：13~16 世纪中国与意大利的跨文化交流"为考察中心》，《东南文化》2021 年第 4 期。

陈李鹏：《泉州海上丝绸之路文化资源数字化发展研究》，《襄阳职业技术学院学报》2020 年第 6 期。

龚春英：《"一带一路"背景下泉州海丝非遗的推广与传播》，《五邑大学学报》（社会科学版）2020 年第 4 期

叶燕民、杨杰：《重视报道策划、深耕"海丝"文化，当好门户守望者——泉州晚报社"海丝"主题报道的策划与实践》，《中国记者》2017 年第 4 期。

蔡晓君：《面向数字人文的地方特色资源库建设——以泉州海丝文献资源库为例》，《泉州师范学院学报》2020 年第 4 期。

陈东军、谢红彬：《泉州民众的"海丝"文化认同研究》，《福建农林大学学报》（哲学社会科学版）2018 年第 5 期。

涂明谦：《关于福建海上丝绸之路文化交流与传播的思考》，《福建论坛》（人文社会科学版）2017 年第 10 期。

陈支平：《关于"海丝"研究的若干问题》，《文史哲》2016 年第 6 期。

B.16
数字化与符号化：共建"一带一路"背景下中国文化遗产的国际传播策略

陈 平*

摘　要： 本报告关注"一带一路"背景下中国文化遗产的国际传播策略。报告首先梳理了文化遗产的定义与价值，探讨了"一带一路"倡议中的文化遗产国际传播的重要意义。其次，报告围绕数字化与符号化两个核心概念，探讨了"一带一路"背景下中国文化遗产的国际传播的创新策略。报告指出，过度商业化与数字鸿沟、信息失真与文化误读，以及跨文化传播中的语言障碍是数字时代中国文化遗产国际传播中需要应对的主要挑战。报告提出，数字技术的创新性传播与文化遗产的符号化传播，可以打破时间空间的限制，增强国际受众对于中华优秀传统文化的理解和接受。而在"一带一路"倡议深入推进的过程中，数字化与符号化也应是我国文化遗产国际传播中需要坚持采用和推进的重要传播策略。

关键词： "一带一路"　文化遗产　国际传播　数字化技术　符号化传播

一　引言

"一带一路"倡议自2013年提出以来，已成为我国推动全球经济、政

---

* 陈平，暨南大学文化遗产创意产业研究院院长，教授、博士生导师，联合国教科文组织"世界传统手工艺传承与创新"教席首席主持，主要研究方向为文化遗产传播。

治和文化合作的重要战略。在这一框架下，文化的传播与交流成为连接不同国家和民族的重要纽带，而我国的文化遗产在这一过程中扮演着不可或缺的重要角色。文化遗产承载着一个国家和民族的历史记忆与精神追求，是国家文化软实力的重要体现。同时，在全球化日益加深的背景下，文化遗产的传播不仅是国内文化自信建设的一部分，更是国家文化外交战略的重要组成部分。习近平总书记多次强调"文化自信"的重要性，文化是一个国家、一个民族的灵魂，而文化遗产则是文化自信的核心载体。通过文化遗产的国际传播，我国不仅能够在国际舞台上展现独特的文化魅力，还能通过跨文化的交流，增强世界对中国文化的理解和认同。

二 中国文化遗产国际传播的背景

文化遗产作为国家和民族的文化象征，是对外展示历史与文明的窗口，文化遗产也因此成为各国文化外交的重要组成部分。本文将通过阐明文化遗产的定义、价值及其在国际传播中的角色，来强调文化遗产作为国家文化软实力的象征，对我国坚定文化自信和获得全球文化认同的积极作用。

（一）文化遗产的定义与价值

文化遗产作为一个国家精神与文化传承的核心载体，具有重要的象征意义。它不仅承载了国家和民族的集体记忆，还通过代代相传的形式，保存并展现了丰富的历史文化资源。文化遗产可以分为物质文化遗产和非物质文化遗产两大类。物质文化遗产包括历史建筑、古迹、文物等有形的文化实体，如故宫、长城等。这些物质遗产往往是历史的见证者，记录了中华民族的兴衰变迁。非物质文化遗产则包括口头传承的故事、表演艺术、传统手工艺、习俗仪式等，如中国的京剧、剪纸、针灸和传统的民间节日。这些非物质文化遗产不仅体现了中华民族的创造力，也展现了我们特有的生活方式和价值观念。

文化遗产作为文化多样性的证明和文明互鉴的桥梁，正在全球化进程中发挥着愈加重要的作用。它不仅是历史的遗存和智慧的写照，还是推动全球文化交流、民族相互包容与促进社会经济发展的催化剂。截至2024年8月，我国的世界遗产总数达到59项，名列世界第一。其中"文化与自然双重遗产"4项、"自然遗产"15项、"文化遗产"40项。[①] 这些文化遗产是中华民族千百年来智慧与精神的结晶，证明了我国文化内核的深度和广度。

（二）"一带一路"倡议中的文化遗产国际传播

"一带一路"倡议是"中国向世界提供的国际合作平台和公共产品，是一项开放包容的经济合作倡议"[②]。并且，该倡议绝非仅囿于经济领域或排斥其他领域，文化和人文领域的传播与交流也是其中的重要组成部分。"一带一路"倡议为我国文化遗产的国际传播提供了广阔的平台，让我国能将中国故事更好地传递给世界。

目前，我国开展了一些与"一带一路"相关的文化遗产国际传播活动。例如，作为丝绸之路沿线重要的历史文化遗产，敦煌文化依托于"一带一路"倡议，在全球范围内得到了广泛地推广。敦煌研究院搭建起国际化平台，邀请不同国家、不同文化背景的学者来共同研究、解读敦煌文化艺术。同时，丝绸之路（敦煌）国际文化博览会先后共举办了60余场次学术论坛和艺术展演，向国际社会充分展现了"一带一路"文化底蕴[③]。这种跨国文化合作与交流不仅展示了我国文化的博大精深，也为其他国家了解和借鉴我国的文化遗产保护经验提供了契机。

（三）文化遗产传播与坚定文化自信

习近平总书记曾指出："文化自信是一个国家、一个民族发展中最基

[①]《世界遗产名录》，https://whc.unesco.org/zh/list/?cid=31&lother=zh&cid=31&lother=zh&&mode=list，最后检索时间：2024年9月15日。

[②]《"一带一路"简明知识手册，知识点必备》，https://www.yidaiyilu.gov.cn/p/86670.html，最后检索时间：2024年9月15日。

[③]《敦煌文化对外传播的实践与探索》，https://www.gswbj.gov.cn/a/2022/01/21/12406.html，最后检索时间：2024年9月15日。

本、最深沉、最持久的力量"。① 这句话不仅揭示了文化在国家发展中的核心作用，也阐明了文化自信在国家繁荣和社会稳定中的重要性。坚定文化自信，意味着我们要坚定对自身文化的信念，增强对自身文化价值的认同与弘扬。这不仅是面对全球性挑战时保持文化独立性的基础，更是中华民族在世界舞台上立得住、站得稳、行得远的重要支撑。

在其中，文化遗产作为中华文明的重要组成部分，承载着中华民族的智慧、精神和历史。通过文化遗产的传播，我国不仅能够展示自己作为文明古国的历史底蕴，还能参与国际文化对话，进而塑造自身的国际形象，提升文化外交的影响力。文化遗产作为独特的文化符号，能够帮助我国在国际舆论场中讲述好自己的故事，为全球受众提供易于理解、充满本土特色的中国故事。无论是通过文化遗产展览、文物的国际巡展，还是通过数字技术对文化遗产进行展示，都为全球观众提供了了解我国文化的窗口，这也是推动文化自信、构建我国国际话语体系的重要途径。

（四）文化遗产传播与国家软实力提升

文化遗产作为中华文明的重要象征，具有深厚的历史文化底蕴和独特的审美价值。在全球化进程中，文化遗产不仅是国家形象的象征，也是构成国家软实力的核心要素②。随着中国国际地位的提高，文化遗产的国际传播成为增强我国文化软实力、提升全球文化认同的关键手段之一。

首先，文化遗产的国际传播能够增强中国的文化吸引力。在全球文化市场中，具有强大文化吸引力的国家更容易赢得国际社会的尊重和认同。通过展示独特的文化遗产，能够增强国际受众对中国文化的兴趣和理解。这种文化吸引力不仅有助于提升我国的国家形象，还能够在跨文化交流中促进不同

---

① 《习近平：在全国抗击新冠肺炎疫情表彰大会上的讲话》，https：//china.huanqiu.com/article/40IMACcSWNV#：~：text=%3C/p%3E%3Cp%3E%3Ci，最后检索时间：2024 年 9 月 15 日。

② 陈平、郭梦垚、高泽：《利用数字媒体和多元化途径助推中国文化遗产的国际传播》，《西北工业大学学报》（社会科学版）2024 年第 2 期。

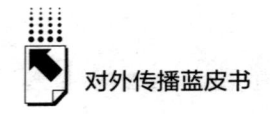

国家之间的相互理解与合作。其次，文化遗产的国际传播还为我国提供了强大的文化话语权。在国际文化交流与传播中，掌握话语权的国家能够更有效地传达自身的文化价值观和政治主张，而面向国际社会传播文化遗产，能使我国更频繁地参与到全球文化讨论中，以不断增强我国在国际舞台上的发言权。

同时，我国文化遗产的国际传播有利于构建具有中国特色的话语体系，提升我国的文化软实力。在全球化背景下，拥有强大文化软实力的国家能够更好地在国际事务中表达自我，影响他国对我国的认知和态度。在国际舞台上展示和传播文化遗产，不仅是传递我国历史悠久的文化成就，更是展示中华文化在当今世界中的重要地位与影响力。

三　数字化技术带来的文化遗产传播变革

随着信息通信技术的快速发展，新兴的文化遗产传播模式较传统来说已经发生了巨大的变化。虚拟现实（VR）、增强现实（AR）、人工智能等数字技术为文化遗产的国际传播提供了新的助力，在打破地域和时空限制的前提之下，还为文化遗产的传播提供了多样化、沉浸式的体验，这使全球受众可以通过网络平台接触、认识、了解我国的文化遗产。

（一）超越时空和地域的文化遗产传播

数字技术给文化遗产的传播带来了许多新的改变，其中最明显的一个特征就是使文化传播能够超越时空和地域的限制。在传统的传播模式中，文化遗产多依赖于实体场馆或实地场景进行展示，再辅以文字、图片、视频等有限的形式进行传播。然而，随着互联网平台的普及，文化遗产的传播途径得到了极大的扩展，全球任何位置的受众在任何时间都可以通过数字平台浏览我国的历史文物与文化资源，虚拟展览和数字化展示也极大地提升了文化遗产传播的广度和深度。

目前，在我国已有的文化遗产传播案例中，围绕"故宫"展开的一系列线上传播极具典型性。故宫博物院已开展了包括"数字故宫"网站和故宫博物院 App 在内的数字化项目，通过这些数字平台，受众可以在线欣赏故宫的珍贵文物和建筑艺术，并通过官方解说或介绍形成对这些内容的正确认识。① 这种方式一方面打破了时间和空间的限制，大大扩展了受众范围；另一方面也能够确保文化遗产传播的准确性。除此之外，2024 年 8 月推出的游戏《黑神话：悟空》，以迅雷般速度席卷全球的游戏市场，不仅吸引了游戏爱好者，同时还受到众多观众的关注与追捧，其影响力远远超出传统文学形式（原著）以及其他艺术形式所具有的范围。

（二）打破现实与虚拟界限的文化遗产传播

在各类数字技术中，虚拟现实（VR）和增强现实（AR）技术的应用为文化遗产的传播带来了革命性变化。其中，VR 技术又被称为"灵境或幻真"技术，通过计算机所生成的三维虚拟环境，使用户可以从"第一人称"视角出发，获得"身临其境"的体验感。② 而 AR 技术则把重点放在实现"虚实结合"，通过计算机将多层次的数字信息引入现实世界中，对真实事物进行丰富与完善。③

简而言之，使用 AR 技术能够为文化遗产的传播提供更为丰富的呈现形式，而 VR 技术的使用则能为受众提供沉浸式的体验。因此，受众不仅可以沉浸式地体验历史文化，还可以"穿越"到文化遗产的场景之中，获得更为直观和真实的体验。例如，使用 AR 技术可以帮助观众在参观遗址时了解其原貌或功能，提供更加直观的历史体验。这种技术在许多世界文化遗产地已得到应用，例如，西安的秦始皇帝陵博物院利用 AR 技术让游客体验到兵马俑的制作过程和历史背景。

---

① 《中国古代可移动文物知识图谱》，https：//digicol.dpm.org.cn/specialTopic/knowledgeGraph?single=1，最后检索时间：2024 年 9 月 15 日。

② 史安斌、张耀钟：《虚拟/增强现实技术的兴起与传统新闻业的转向》，《新闻记者》2016 年第 1 期。

③ Billinghurst, Mark, Adrian Clark, and Gun Lee. "A survey of augmented reality." *Foundations and Trends© in Human-Computer Interaction* 8.2-3 (2015)：73-272.

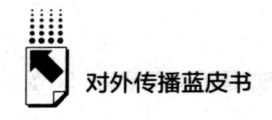

（三）人工智能赋能文化遗产传播

近年来，日趋成熟的人工智能（AI）技术在多方面对文化遗产国际传播的开展进行了赋能。首先，AI 技术对文化遗产的赋能体现在文物管理方面，通过对文化遗产的大规模数字化存档，AI 技术能对文物的历史背景、艺术风格等信息进行梳理与分析，进而帮助研究人员、展览策划人员对文化遗产进行分类和解读。这既能大大提高文化遗产管理和展示的效率，同时也为受众提供更为精准的介绍、推荐。①

其次，AI 技术的赋能还体现在多语言翻译这一方面。如何将文化遗产的介绍、解说较为精准地翻译为其他语言，一直是文化遗产的国际传播过程中所面临的难题之一。AI 可以通过自然语言处理技术对文化遗产进行多语言的解说和翻译，为全球观众提供完善的解说服务。目前，这项技术在全球各大博物馆和文化机构中已得到广泛应用，这有助于提升文化遗产传播的范围和效率。最后，文化遗产国际传播的精准性也是 AI 赋能的表现之一。在传播过程中，AI 技术可以基于大数据分析广泛收集不同受众群体的喜好和搜索记录，并对其进行分析，形成较为精确的用户画像，从而为不同的群体提供个性化的传播内容，尽可能地提高受众对我国文化遗产的兴趣。

四 文化遗产的符号化传播策略

符号化是传播文化遗产的重要方式之一，即将复杂的、抽象的文化内涵转化为易于不同文化背景的受众理解的符号。而在跨文化传播的实践中，文化符号的适应性和接受度是决定传播效果的关键，这就需要传播者结合不同文化背景的受众特点，对文化符号进行有效的解读和解释。本部分将围绕符号化这一主题，探讨我国文化遗产在国际传播过程中的符号化传播策略。

---

① 陈平、郭梦垚、高泽：《利用数字媒体和多元化途径助推中国文化遗产的国际传播》，《西北工业大学学报》（社会科学版）2024 年第 2 期。

（一）跨文化传播中的文化符号

文化符号是将复杂的文化内容、文化内涵进行简化、视觉化和具象化，使其变得易于理解和接受。[①] 因此，符号化的传播方式可以将一个民族或国家的文化内涵转化为具有全球共通性的象征符号，以保证跨文化传播的效果。例如，龙凤、丝绸、瓷器等元素已成为中国文化在海外受众眼中的象征，它们成为中国文化的标志性符号，并在全球范围内得到认可和接受。

此外，符号化的传播方式能让外国受众在初步理解中国文化内容的基础之上，进一步引发其对我国文化的认同和共鸣。其中的典型案例就是已成为中国传统文化典型符号的"红色"，由于每年春节期间许多国家的唐人街都会挂上红灯笼、贴上红色的"福"字，因此在全球范围内中国传统文化中的"红色"所代表的喜庆和团圆意义已被广泛认可。

（二）文化遗产符号的跨文化适应性

在跨文化传播的过程中，受到不同文化背景下的受众对文化符号的理解存在一定差异这一现象的影响，文化符号的跨文化适应性决定了其在不同文化中的传播效果。可见，成功的跨文化传播不仅需要精准的符号化策略，还需要根据不同文化的社会背景和认知特点进行调整，以确保我国的文化内涵能够被正确解读和接受。

首先，在双方文化对同一符号理解差异较大时，避免文化误读是保证跨文化传播效果的关键。例如，红色在中国文化中象征喜庆、吉祥和繁荣，但在某些西方文化中，红色可能象征危险、警告或禁止。这意味着在将"红色"符号化来推广中国文化时，就需要传播者根据目标受众的文化背景，选择合适的解读角度。其次，在将复杂文化内涵进行符号化时，应采取多维度的方式，以避免简单粗暴的符号化处理。以中国传统文化之一的书法为

[①] 《陈平 | 文化遗产价值：传播途径与实施策略》，https://ccjd.jnu.edu.cn/2022/1224/c23041a733815/page.htm，最后检索时间：2024年9月16日。

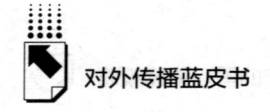

例，由于其象征意义和背后的文化内涵较为复杂，其他文化背景下的受众难以直接理解其内在价值，因此传播者可以通过拆解书法的艺术价值、着重展示书法的视觉美感等方式，来增强书法在跨文化传播中的适应性。

（三）全球化背景下的文化符号创新

在全球化背景下，文化遗产的符号化传播也需要创新，以适应不断变化的国际文化环境。目前，文化符号已与现代时尚设计产业、影视文娱产业相结合，不断扩充传播形式，吸引更多其他国家的年轻人对我国的文化遗产产生兴趣和深入了解的意愿。

汉字作为表意文字，其本身具有丰富的文化意涵，近年来汉字经常作为艺术符号被广泛应用于全球时尚设计中。许多设计师将汉字元素融入服装、饰品和广告设计中，创造出了具有独特美感和富有象征意味的作品。这种将文化符号与现代设计相结合的方式，增强了文化符号的时尚吸引力，并让全球年轻受众对我国文化产生了兴趣。

同时，影视和数字媒体也为文化符号的创新传播提供了平台，通过影视剧、动画片和游戏等影视文娱作品，传统文化符号以新的展现形式被全球范围内的受众所熟知。以中国武术为例，功夫元素在全球影视作品中已成为我国文化的重要象征，诸如《卧虎藏龙》《功夫熊猫》等影片不仅向全球观众展示了武术的魅力，还通过符号化传播将我国武术文化中的"尚武崇德""武以德立"等价值观传递给世界。

值得一提的是，游戏《黑神话：悟空》更是通过精美的场景设计、丰富的道教与佛教元素、融入中国古典诗词和文学作品的剧情和对话，以及结合中国传统武术精髓的战斗系统，展现了中华文化的独特魅力。海外玩家的热烈反响和对中国文化的浓厚兴趣，证明了《黑神话：悟空》在传播中国文化方面的成功。这款游戏不仅让海外玩家了解了孙悟空的故事和《西游记》的经典情节，还激发了他们对中国神话、传统文化和美学设计的兴趣，为中国文化的海外传播开辟了新的途径。

五 数字时代文化遗产国际传播的挑战与应对

尽管数字技术为文化遗产的传播带来了机遇，但随之而来的也有不可忽视的挑战，包括文化遗产过度商业化、数字鸿沟的影响、文化遗产信息传播失真、文化误读、跨文化传播的语言障碍等。本部分将对这些挑战进行分析，并以"提升文化遗产国际传播的准确性和全球受众对我国文化遗产的认同"为核心原则提出相应的应对策略。

（一）过度商业化与数字鸿沟

数字技术的发展为我国文化遗产的国际传播带来了新的展现方式和渠道，特别是社交媒体给全球受众从多元的信源了解文化遗产的机会。其中，非官方账号在社交媒体中发布相关信息时，容易为了吸引更多的流量，而过于强调娱乐性或视觉效果，以追求实现商业化的目标。这种现象不仅会导致我国文化遗产被表面化和简单化，更严重的是可能导致在传播过程中遗失我国文化遗产的精神内核。因此，官方账号在进行文化遗产国际传播的过程中需要做到形式与内容并重，在采用数字技术进行创新性传播时，也要兼顾对文化遗产内涵的深度解读。

此外，数字鸿沟也是我国文化遗产在数字时代进行国际传播时所面临的一个不可忽视的挑战。数字鸿沟本质上是一种因个体或某一群体在数字技术及其相关服务的获取和使用方面存在的差距，这种差距会导致信息落差、知识资源失衡和贫富分化等诸多现象，并且这些差距会随着数字技术的发展而进一步扩大。目前，全球不同地区的信息通信技术基础设施情况差异较大，数字鸿沟依旧广泛存在于国际社会中。在某些发展中国家或地区，网络基础设施不完善，使当地民众很难接收到我国通过数字平台所传播的文化遗产相关内容，这种"数字鸿沟"不仅影响了我国文化遗产传播的广度，还可能加剧全球文化接触的不平等问题。

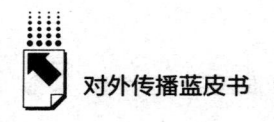

（二）信息失真与文化误读

以社交媒体为代表的数字化媒体极具开放性，每个人都可以在其中浏览信息、生产信息、传播信息，这一方面有利于信息的广泛传播，但另一方面信息的准确性难以得到保障。我国文化遗产的国际传播尤其面临着信息失真的风险，信息失真是指"信息偏离了客观事物的真实状况和相应衡量标准"①。受众在社交媒体上通过短视频、图片、表情符号等形式了解到我国的文化遗产，但这些展现形式无法提供足够多的背景信息和文化解释，这给受众留下了解读和想象的空间，容易引发误解并导致受众传播出错误的信息。因此，在通过数字媒体进行我国文化遗产国际传播的过程中，要确保相关信息的准确性和完整性，在官方对外传播时要明确文化遗产的含义和关键信息。

此外，信息失真也会导致文化误读这一问题，文化误读不仅限于语言和符号的误解，还涉及文化价值观的冲突。在跨文化传播中，某些文化遗产的价值观和象征意义可能与受众所在国的文化产生冲突。例如，中国的龙文化象征着权力、吉祥和尊贵，但在一些西方文化中，龙被视为邪恶的象征。因此，为了减少国际传播过程中的文化误读问题，传播者一方面需要在内容的生产和传播过程中更加注重文化遗产相关历史人文背景的补充，另一方面也需要特别关注文化符号在不同文化中的解释和接受度。

（三）跨文化传播中的语言障碍

文化遗产的国际传播离不开语言的精准翻译，在数字媒体时代，跨文化传播的频率和规模都在不断扩大，其中语言障碍仍然是影响传播效果的关键因素。尤其是在我国文化遗产的国际传播过程中，许多文化符号、典故和历史事件难以通过直接的语言翻译将含义准确无误地传递给外国观众，这导致

---

① 张彬、黄莹莹、石佩霖：《基于竞争性信息传播模型的信息失真治理研究》，《中国管理科学》2021年第2期。

文化遗产所蕴含的精神内核无法被全面理解。例如，书法艺术在中国具有悠久的历史和深厚的文化意义，而简单的语言翻译会抹去其背后的文化内涵、哲学思想以及审美价值，如何向外国观众准确地传播这些内容是我国文化遗产国际传播过程中面临的一个巨大挑战。

为了克服语言翻译障碍，传播者可以采取人工智能辅助翻译以及多样的传播策略。例如，可以通过与语言翻译专家和文化学者合作，确保语言翻译的准确性和文化内涵的完整性①，并在此基础上采用人工智能技术来提高翻译的效率和用词的准确性。同时，还可以多媒体展示、互动体验等方式，用画面来补充翻译所难以准确传达的部分内容。

六 结论与展望

首先信息通信技术的广泛应用打破了传统文化传播的渠道和形式限制，使我国文化遗产国际传播的策略和途径更加多样。通过社交媒体、虚拟现实技术、增强现实技术以及人工智能技术在传播过程中的运用，全球受众可以打破时空和地域的限制，身临其境地感受我国文化的独特魅力。然而，数字技术的应用也伴随着一系列挑战，特别是在国际传播的过程中如何平衡商业化与严肃性、如何避免文化误读等问题。为应对这一挑战，传播者应始终坚持以传播我国文化的精神内核为原则，在此基础之上再结合数字技术进行创新性传播，确保传播受众能够扩展至全球范围，并能够保持我国文化的完整性。

其次，符号化传播也是进行文化遗产国际传播的重要方式之一。通过符号化传播，中国文化不仅在全球范围内获得了认知，还可以通过提高符号的全球适应性来增强国际受众对中国文化的理解和接受度。然而，符号化传播也面临跨文化传播中的信息失真和文化误读等问题，不同文化背景下的受众

---

① 陈平、郭梦垚、高泽：《利用数字媒体和多元化途径助推中国文化遗产的国际传播》，《西北工业大学学报》（社会科学版）2024年第2期。

可能会对同一文化符号产生不同的理解。同时，如何提高语言翻译的精准度也是影响我国文化遗产国际传播的关键问题。为此，传播者需要根据不同的文化背景调整传播策略，以确保我国文化遗产能够被全球受众正确解读和欣赏。

展望未来，随着"一带一路"倡议的深入推进，我国文化遗产的国际传播将进入一个更加规范和成熟的阶段。通过信息通信技术的广泛应用，我国文化遗产不仅可以在全球范围内获得更高的认知度，还能够通过跨文化交流实现不同文明之间的互鉴和共生。

参考文献

Billinghurst M, Clark A, Lee G. A survey of augmented reality [J]. Foundations and Trends© in Human-Computer Interaction, 2015, 8 (2-3): 73-272.

闫民：《脱钩背景下体育非物质文化遗产国际传播的现实困境及纾解路径》，《北京体育大学学报》2024年第6期。

苏畅：《"世界方法"与"中国表达"：数智时代非遗国际传播之道——以成都市非物质文化遗产为例》，《四川戏剧》2023年第12期。

周怡乔、杜洁：《传统工艺的国际传播与表达：路径创新与策略研究》，《四川戏剧》2024年第1期。

张馨予、黄葵：《中华优秀传统文化国际传播战略路径研究》，《贵州民族研究》2022年第5期。

袁建涛：《"讲好中国故事"语境下非物质文化遗产的创新性表达》，《湖湘论坛》2021年第5期。

王闯、毕建录、高阳：《中国非遗题材纪录片国际传播策略》，《电视研究》2021年第11期。

Abstract

Digital culture is the mainstream trend of contemporary cultural development, while promoting digital culture to the sea is an important part of building a strong socialist cultural country and promoting the great rejuvenation of the Chinese nation. This report combs and summarizes the development achievements, trend characteristics, problems and future path of China's digital culture overseas communication since 2023 from the perspectives of online literature, games, audiovisual, platforms and technologies. The report suggests that, driven by the dual engine of policy support and industrial innovation, China's digital culture overseas communication has witnessed vigorous development between 2023 and 2024. Among them, "Overseas Platforms" provide solid support for the global communication of digital cultural content; "Overseas Online Literature" has become a valuable source of China's digital cultural IPs; "Overseas Games" have become the most important source of China's digital cultural IPs with their highly interactive and innovative features. As a popular content, "Overseas Animation" has boosted the dissemination of China's digital culture; "Overseas Film and Television" has continuously deepened the international audience's understanding of Chinese culture with its wonderful plots, superb production and unique cultural charm. With wonderful plots, superb production and unique cultural charm, "film and television" continuously deepens the international audience's understanding and knowledge of Chinese culture; "audiovisual" has become an important window for China's digital cultural creativity by virtue of its innovative program mode and high-quality original content. In addition, the international dissemination of digital cultural heritage has also shown a booming trend.

However, the development of China's digital culture overseas communication is not all smooth, still facing the risk of uncertainty brought about by global geopolitics, the imperfection of international digital culture trade rules, the impact and subversion of the AIGC technology wave on the production process of digital cultural products, as well as China's digital culture overseas enterprises international comprehensive competitiveness of relatively low and other practical problems. In the future, China needs to actively participate in the construction of a new international cultural trade order, build and improve the domestic digital culture foreign trade governance system, layout and build a closely coordinated digital culture overseas industry ecosystem, deepen the implementation of overseas localization strategy, reasonably utilize cutting-edge media technology to promote the prosperity of China's modern and contemporary culture, and realize the creative transformation and innovative development of China's outstanding traditional culture.

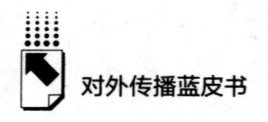

Keywords: Digital Culture Overseas Communication; Cultural Trade; Media Technology; International Communication

Contents

Ⅰ General Report

B.1 Situation and Prospect of China's Digital Culture Overseas Communication, 2023~2024

Lin Zhongxuan, Jing Gaohong / 001

Abstract: Driven by the dual engine of policy support and industrial innovation, China's digital culture overseas communication sees a booming development between 2023 and 2024. Among them, "Overseas Platform" provides solid support for the global dissemination of digital cultural content; "Overseas Online Literature" has become a valuable source of China's digital cultural IP; "Overseas Games" has attracted a large number of overseas players with its highly interactive and entertaining nature. As a popular content, "Overseas Animation" has boosted the dissemination of China's digital culture; "Overseas Film and Television" has continuously deepened the international audience's understanding of Chinese culture with its wonderful plots, superb production and unique cultural charm. With wonderful plots, superb production and unique cultural charm, "Overseas Film and Television" continuously deepens the international audience's understanding and knowledge of Chinese culture; "Overseas Audiovisual" has become an important window for China's digital cultural creativity by virtue of its innovative program mode and high-quality original content. In addition, the international dissemination of digital cultural heritage has also shown a booming trend. However, the development of China's digital culture overseas communication is not smooth, still facing the risk of uncertainty brought by global geopolitics, the imperfection of the international digital culture trade rules, the impact and subversion of the AIGC technology wave on the production process of digital cultural products, as well as China's digital culture overseas enterprises international comprehensive competitiveness of the relatively low and other practical problems. Looking ahead, the sustainable development of China's digital culture going overseas needs to focus on many aspects: first, we should build and improve the governance system of digital culture foreign trade; second, we should lay out and build a closely coordinated and efficiently operated digital culture going overseas industrial ecological chain; third, we should deepen the implementation of overseas localization strategy; fourth, we should strengthen the in-depth integration of cutting-edge science and technology, such as AI technology, with China's profound cultural resources; and fifth, we should actively participate in the construction of a new international cultural trade order, and contribute to the construction of a new cultural trade order. Fifth, we should actively participate in the construction of a new order of cultural trade to create a more favorable international environment for China's digital culture going overseas.

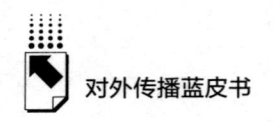

Keywords: Digital Culture Overseas Communication; Digital Culture; Foreign Trade

Ⅱ Chinese Online Literature Overseas Communication

B.2 The Current Situation and Suggestions on the Overseas Communication of Chinese Online Literature

Fan Tingting, Wei Rongrong, Xu Xiaoke and Wu Ye / 056

Abstract: China's online literature has shown a general trend of continuous growth in scale and overseas influence, wide market distribution, continuous improvement of industrial ecology and rapid updating of development mode, and online literature overseas communication has presented features such as platformisation, diversification, youthfulness and integration. In terms of the existing situation of online literature overseas communication, Chinese online literature has its unique advantages, such as its cultural core with appeal, popular and differentiated narrative style, community culture to meet social needs, and technological application to empower going overseas. However, it still faces difficulties such as imperfect translation technology, homogenisation and stereotyping due to traffic risk, fierce competition in the global soft culture industry, and difficulties in monitoring copyright loss and infringement. In this regard, it is recommended to reduce cultural discounts through localisation, diversify production services to enhance user stickiness, expand diversified development paths through hierarchical industrial layout, and establish systematic operation and management to strengthen copyright protection and combat piracy.

Keywords: Online Literature; International Communication; Chinese Culture; AIGC

B.3 Report on the Development of Chinese Online Literature Going Overseas, 2023-2024

Huang Feiran, Chen Ruiqi and Liu Zhiquan / 071

Abstract: At present, China's web novel overseas market has broad prospects, and there have been fruitful results, but there are still certain bottlenecks: First, the current net article market tends to flow, heavy entertainment light ideological, and net article "boutique" contrary to overseas communication; Second, AI translation has become one of the trends of overseas net article overseas, but it is difficult to break through the cultural bottleneck to effectively cross-cultural communication. Secondly, AI translation has become one of the trends of web novel overseas communication, but it is difficult to break through the cultural bottleneck in the future, and effective cross-cultural communication may lead to the substantial influence of net article greatly reduced; Thirdly, the real realization of net article going abroad needs to be realized from the mode of "IP+paid reading", which is different from the development trend of China's current net article which emphasizes on the flow, and is light on the connotation; Fourthly, there is still a cultural bottleneck of net article going abroad. Corresponding measures and suggestions are: first, to respect the readers' vote in the net article market, and encourage net article creation to move towards "boutique"; second, to take "generalized" themes as the breakthrough point of net article overseas, so as to further expand China's overseas literary influence; third, to take the cultural and cultural materials popular with overseas audiences as the breakthrough point; and third, to take the cultural and cultural materials popular with overseas audiences as the breakthrough point of web novel overseas communication. Thirdly, we should incorporate cultural elements that are popular with overseas audiences into the content of the overseas market, so as to do a good job of localization and break down cross-cultural barriers; fourthly, we should open up the strategic transformation of new forms of adapting web novel copyrights to the overseas market, so as to further expand the scope of China's web novel radiation and communication; fifthly, we should strengthen the assessment and evaluation of netizen authors who have the potential to go overseas and the incubation system, so as to break down the bottlenecks in publishing.

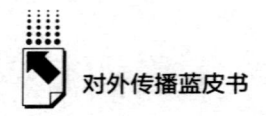

Keywords: Overseas Online Literature; Sustainable Development; Overseas Literary Influence; Localized Dissemination

B.4 Analysis of the Current Situation and Future Prospects of Chinese Online Literature Going to Sea

Liu Jiawei, Wang Shiyu / 087

Abstract: In recent years, the influence of Chinese online literature overseas has increased significantly, the market scale has continued to expand, and it has gradually become an important window for the dissemination of Chinese culture. The number of works and the group of authors of Chinese online literature going overseas have been growing, and the creative vitality has been continuously improved, attracting a growing group of overseas readers. This success is attributed to a number of advantages: the policy support of the Chinese government has provided a solid foundation for online literature to go overseas, and the development direction has been clarified through special funds and translation projects; the huge and high-quality content resources cover a wide range of themes, such as wuxia, fantasy, romance, etc., which satisfy the diversified needs of overseas readers; in addition, the potential of online literature in intellectual property rights development offers a broad space for diversified operations, such as film and TV drama adaptations, game development, and so on. In addition, the potential of online literature in the development of intellectual property rights provides a broad space for the adaptation of movies and TV dramas, game development and other diversified operations. However, there are also challenges in the process of going overseas, such as the frequent occurrence of piracy due to unsound intellectual property protection mechanism, the homogenization of themes and contents that weaken the attractiveness, the "not suited to the local conditions" caused by cultural differences, and the lack of business model innovation. At the same time, some new development trends are bringing opportunities for the internationalization of Chinese online literature, such as the wide application of artificial intelligence translation technology to reduce language barriers, global co-creation and social co-reading to enhance user interaction, and industrial integration with games, film and television to expand commercialization paths. In the future, with the advancement of technology and the deepening of cultural exchanges, Chinese online literature is expected to further expand its influence in the international arena, and realize a double breakthrough in cultural dissemination and commercial development.

Keywords: Chinese Internet Literature; Overseas Communication; AI-enabled; Social Reading; Global Co-creation; Industry Integration

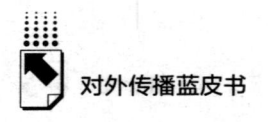

III Overseas Communication of Chinese Short Dramas

B.5 The Current Situation and Development Path of China's Online Micro-Short Dramas Overseas Communication

Wang Yuwei, Zhou Zhibo / 109

Abstract: As a leader in digital cultural exports, Chinese online micro-dramas, together with online literature and games, constitute a powerful driving force for Chinese culture to go overseas. In recent years, its internationalization process has welcomed unprecedented opportunities and faced many challenges. The opportunities lie in the huge potential user base, increasing willingness to pay and retention rate, and rapid expansion into international markets, especially in Southeast Asia, while the rise of platforms such as ReelShort has also shaped a new competitive landscape. However, cultural differences, audience demand adaptation, culture clash risk, content regulation obstacles, technical bottlenecks and brand building problems have added complexity to the road to overseas. In order to cope with the challenges, it is necessary to start from the aspects of content innovation and diversification, technology-driven dissemination, international cooperation and talent cultivation, and strengthening the awareness of law and ethics, to deeply explore the needs of global audiences, to rely on platforms and big data analysis, to promote transnational cooperation, to strengthen the protection of intellectual property rights, and to promote the sound development of the international dissemination of China's microshort dramas.

Keywords: Culture Going Abroad; Online Micro Drama; Content Innovation; Intellectual Property Protection

Contents

B.6 Current Situation Analysis and Future Prospects of Chinese Micro Short Dramas' Overseas Communication

Lin Jialin, Hou Shaojie and Liu Ban / 125

Abstract: This report focuses on the current overseas popular micro-dramas, and analyzes the content characteristics, dissemination effects and problems of micro-skit dissemination by analyzing the audio-visual and interactive data of different types of micro-skit works on the mainstream micro-drama platforms such as ReelShort and DramaBox. In terms of content, audio-visual structure and dissemination method, overseas popular micro dramas basically inherit the main features of domestic micro dramas, for instance, the sense of excitement as the main spiritual core, vertical screen, shallow focus and heavy sound as the main audio-visual language, and algorithmic recommendation as the main dissemination method; in terms of theme selection, themes such as mansion, love and adversity against European and American societies are more likely to be favored by the audience, and the dissemination effect of micro dramas set against the Chinese society is more favorable than that of micro dramas set against the Chinese society. In terms of theme selection, themes such as luxury, love and adversity are more likely to be favored by viewers, while the content of short dramas based on Chinese society has poor communication effects. At the same time, there are problems such as negative value orientation, homogenization of content and infringement of works in the communication of overseas micro-dramas. On the one hand, there is still a huge potential for the development of overseas micro-drama, and on the other hand, there is still a need to regulate and control it in order to make it a tool and a bridge for China's overseas communication.

Keywords: Micro-drama; Overseas Communication; "Cool" Core; Overseas Communication of Chinese Culture

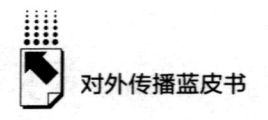

B.7　Chinese Animation, Games and Microshorts' Overseas
　　　Exposure and Overseas Influence　　*Chen Xizi et al.* / 141

Abstract: This report focuses on China's animation, gaming, and micro-sketch dramas, takes a look at their overall industry development between 2023 and 2024, and summarises their respective overseas presence and influence. According to the report, China's animation industry should give full play to the profound heritage of Chinese culture in content creation, grasp the current trend of streaming media platforms collectively going to sea, and develop original popular IPs in order to achieve curving road overtaking; while China's game industry has already made great achievements in handheld games going to sea, but with the emergence of the first breakout 3A console game 'Black Myth: Wukong,' the leading game enterprises should invest more resources in the creation of games for non-mobile terminals to achieve the goal of game going to sea. More resources should be invested in non-mobile game creation to achieve new breakthroughs in genre, content and culture; finally, as a successful example of China's emerging culture going overseas, micro drama has dominated major overseas markets including the United States, Japan and Southeast Asia, and it is necessary to achieve a more diversified presentation of creative themes while further exploring the potential market in the Middle East region.

Keywords: Chinese Animation; Game Industry; Micro-drama; Culture Going Overseas

Ⅳ　Chinese Video Games Overseas Communication

B.8　The Current Situation, Problems and Countermeasures of
　　　Chinese Game Overseas Communication
　　　　　　　　　　　　　　　　　　　Luo Xin, Xu Jiaxin / 182

Abstract: Digital games have become a global industry with multiple attributes, covering multiple fields and influencing multiple industries. As for the current situation of Chinese games going overseas, although China's game makers have maintained a steady progress in mature markets and actively expanded into emerging markets, they are still facing the challenge of a general decline in industry revenues in recent years; China's games going overseas are of various types, and the head enterprises have a significant competitive advantage; the people in the destination countries have a generally positive evaluation of China's games, while the attitude of the governments of the destination countries is uncertain. Currently, from the SWOT analysis of games going overseas, high-quality content and refined operation are the significant advantages of Chinese games going overseas; cultural barriers to products, the Matthew effect of manufacturers, and the increasing tightening of overseas regulation have limited the competitiveness of Chinese games overseas. In the future, China's games going overseas can respond to the opportunities and challenges of the international game market by strengthening technological innovation, consolidating the strategy of product excellence, creating cultural IPs to tell China's story and the world's story well, and optimising the overseas compliance strategy.

Keywords: Online Game; Game Overseas; Overseas Communication

B.9 PEST-SWOT Framework Analysis and Recommendations for Chinese Game Overseas Communication   *Xu Xinzhi* / 204

Abstract: This study focuses on the unique role of games as cultural carriers in carrying and spreading China's traditional culture in the context of globalisation. Based on the PEST-SWOT analysis model, the report comprehensively analyses the strengths and weaknesses of China's 'games going overseas' in terms of policy support, economic development, social and cultural development, and technological development in the current environment from the perspectives of politics, economy, society and technology. The study points out that providing more policy support for game enterprises to go overseas, incubating, cultivating and perfecting the industry chain of games and related upstream and downstream industries, exploring the 'playability' of Chinese cultural elements, and promoting the overall improvement of game technology can not only promote China's game industry in the wave of globalisation, but also enhance the development of the game industry. This will not only promote the deep integration of China's game industry with the original cultural industry in the wave of globalisation, but also promote the Chinese culture to the world through the carrier of games, and comprehensively enhance the dissemination and influence of the excellent traditional Chinese culture.

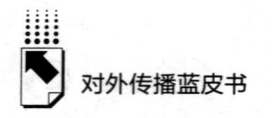

Keywords: Game Overseas Communication; PEST-SWOT; Cross-Cultural Communication; Game and Business

B.10 From "Borrowing a Boat to Go Overseas" to Competition for Excellence

—*An Analysis of the Development of Chinese Games Going to Sea*

Cai Xinyi, Liu Yunli / 220

Abstract: By simulating the world and providing role-playing opportunities, digital games provide players from different countries with the opportunity to experience and understand different cultures in a virtual environment, thus making games going overseas an important means of spreading national culture. After more than ten years of overseas game production, China has become an important global game producer and exporter, and has realised the transformation from 'the world's game foundry' to 'China's game dream factory'. However, under the status quo of the overseas game market becoming a 'red sea', the 'high-quality competition' of domestic games is becoming more and more intense. Chinese games not only need to make continuous efforts in the technical end to empower product upgrading and innovation, but also need to go deeper and deeper in the content end to inject Chinese spirit, Chinese values and Chinese power into the products, so as to let more players form emotional resonance and cultural identity in Chinese games, and help realise the three-dimensional expansion of international communication ability.

Keywords: Game Overseas; Boutique Competition; Cultural Communication; Emotional Identity

V Chinese Social Platform Overseas Communication

B.11 Chinese Kungfu Cultural Communication on Overseas Short Video Platforms: A Case Study of Overseas Communication of Chinese Excellent Traditional Culture

Ji Deqiang, Zhou Xinxin / 233

Abstract: Using Chinese Kung Fu culture as an entry point, this report analyses and discusses the role of TikTok in promoting the international dissemination of Chinese traditional culture. The study discusses the dissemination mechanisms and effects of Chinese kungfu-related content on the TikTok platform through case studies, and the main findings are that: multimodal elements are important content features on the TikTok platform to promote the international dissemination of kungfu culture, algorithms, short-video formats, and user content production are the technological advantages that help promote kungfu and other outstanding Chinese traditional cultures, and the platform's localised and culturally-adapted operation strategies are the The localised cultural adaptation operation strategy of the platform is the key measure to promote the accurate dissemination of Chinese excellent traditional culture. However, if TikTok and other social media platforms are to continue to promote the dissemination of Chinese outstanding traditional culture, they need to face the problems of unidirectional narrative mode, reverse the tendency of homogenisation of communication content, and break through the limitations of the platform policies of Western countries, and promote the combination of the discourse of 'human beings and nature' through the way of emotional narratives, so as to continuously improve the public nature of the platform. TikTok Kung Fu is a platform for the promotion of traditional Chinese culture through emotional narratives and the combination of 'human and nature' discourses.

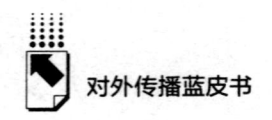

Keywords: Kung Fu Culture; Chinese Excellent Traditional Culture; Cultural Communication; Digital Platforms

B.12 Chinese Folk Culture Dissemination on Overseas Short Video Platforms: A Case Study Based on Folk Dance "Subject Ⅲ"
Wu Kaicheng, Xu Nuo, Chen Jingru, Hong Peiyan and Lin Xuejia / 247

Abstract: TikTok, as a new leader of overseas social platforms, is an important position for China's foreign communication. Based on the theoretical framework of multiple proximity, this paper focuses on the viral communication phenomenon of Guangxi folk dance 'Subject 3' on TikTok platform from late 2023 to mid-2024, and analyses the cultural proximity characteristics of this communication phenomenon in terms of cultural background and symbols, platform culture, and people, to reveal the current situation of its wide reach but insufficient depth. By analysing the cultural context and symbols, the platform culture and the cultural proximity of the people, the phenomenon reveals that it has achieved wide reach but still lacks depth. Taking this as a case study, this paper proposes the strategies of 'borrowing a boat to go to sea', sticking to the roots of Chinese culture; making use of the aggregation characteristics of interest to promote cultural dissemination from shallow to deep; and relying on Chinese users and grassroots groups to lead the cross-cultural dissemination of folk culture short videos with cultural self-awareness.

Keywords: Overseas Short Video Platforms; Subject Ⅲ (Kemusan); Multiple Proximity; Cross-Cultural Communication

B.13 Cultural Communication Messengers on Overseas Platforms: Characteristics of Cross-cultural Communication Behavior of the New Generation of Folk Netroots and its Risk Research and Judgment *Cai Xinyi, Tang Junyan* / 267

Abstract: Under the background of globalisation and digitalisation, a new generation of folk netizens, as new messengers of cross-cultural communication, spread Chinese culture and promote international exchange through international social media platforms such as YouTube and TikTok. This study focuses on the behavioural characteristics, content patterns and audience reactions of folk netizens in cross-cultural communication, and also explores the behavioural risks in the process of cross-cultural communication by folk netizens. The study finds that folk netizens' cross-cultural communication is characterised by grassrootsness, diversity and interactivity, and has advantages in increasing communication contacts, building cultural bridges and innovating content patterns. In order to address the risks in the process of communication, the article puts forward targeted recommendations, including rationalisation of communication content, precision of communication strategy, deepening of communication connotation, prudence of communication norms, and anticipation of communication guarantee, etc. The article aims to provide guidance and suggestions for the cross-cultural communication of folk celebrities, and to promote the folk subject to become an alternative force in cross-cultural communication, so that it can form an advantageous complementarity with the official communication, and to help develop a comprehensive, multi-layered, and wide-ranging intercultural communication platform. The aim is to provide guidance and suggestions for folk netizens to become a substitute force in cross-cultural communication, so that they can complement official communication and help open up a new pattern of all-round, multi-level and broad international communication.

Keywords: Folk Netizens; Intercultural Communication; International Communication; Folk Diplomacy

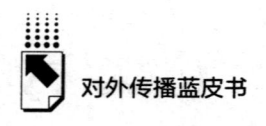

Ⅵ Chinese Digital Culture Overseas Communication under the Perspective of Technological Enablement

B.14 Digital Empowerment: An Innovative Paradigm for the Overseas Communication of Chinese Traditional Culture

Lin Aijun, Xu Jiahui / 285

Abstract: This report aims to explore how to use digital technology to empower the inheritance and innovation of traditional culture, to promote traditional culture from closed to open, and to promote the national cultural digitalisation strategy. The study uses the method of case study, and through the analysis of practical cases such as digital re-creation of Dunhuang, Yungang Grottoes, and Summer Resort, the report explores the new paradigm of digitally empowered traditional culture mainly in terms of technological application, dissemination path, and dissemination effect. The study suggests that 'culture + VR scene', 'culture + Internet short drama' and 'culture + game' are new paradigms of digitally empowered external communication of Chinese outstanding traditional culture. Means such as continuously opening up the communication path of multiple interactions, deepening the communication change of promoting media integration, and collaboratively constructing the external communication mechanism of sharing and complementarity among multiple subjects are important ways and means to promote the external communication of digitally empowered traditional culture.

Keywords: Artificial Intelligence; Overseas Communication; Digital Empowerment; Traditional Culture

B.15 Digital Matrix and Multi-Media Narrative: A Case Study on the Innovative Practice of Quanzhou's Overseas Communication of "Sea Silk Culture"

Kong Yinuo, Wang Zhelin, Mo Fei, Chen Yiming,
Luo Kaixin, Zhao Tianfang and Liu Qian / 298

Abstract: Based on fieldwork and interviews with cultural and museum institutions in Quanzhou City, Fujian Province, this report focuses on the cultural strategies for the inheritance and dissemination of Quanzhou's 'Haisilk Culture'. The report analyses the creative transformation and innovative development of Quanzhou's 'Haisilk Culture' in terms of urban heritage, external curation, digital matrix, multi-media narratives and multiple actors' time. The study points out that the thematic positioning of the city's heritage, the narrative logic of the heritage sites, the narrative innovation of the cultural relics going to the sea, the cross-cultural linkage of the special exhibition practice, the use of diversified digital scenarios and digital narratives, the multi-media reproduction of the cultural stories, and the multi-subject narrative of the cultural inheritance are all of great significance to the creative transformation and innovative development of the excellent local traditional culture in China.

Keywords: Quanzhou City; Hai Si Culture ; Overseas Communication; Cultural and Museum Institutions; New Chinese Stories

B.16 Digitisation and Symbolisation: International Communication Strategies for Chinese Cultural Heritage in the Context of the Belt and Road Initiative   *Chen Ping / 324*

Abstract: This report focuses on the international communication strategy of China's cultural heritage in the context of the 'Belt and Road' initiative. Firstly, the report examines the definition and value of cultural heritage, and discusses the significance of international dissemination of cultural heritage in the context of the Belt and Road Initiative. Secondly, the report focuses on the core concepts of 'digitisation' and 'symbolisation', and explores innovative strategies for the international dissemination of China's cultural heritage in the context of the Belt and Road Initiative. The report points out that over-commercialisation and digital divide, information distortion and cultural misinterpretation, as well as language barriers in cross-cultural communication are the main challenges that need to be tackled in the international dissemination of Chinese cultural heritage in the digital era. The report suggests that the innovative communication of digital technology and the symbolic communication of cultural heritage can break the limitations of time and space, and enhance the understanding and acceptance of international audiences of China's outstanding traditional culture. In the process of further promoting the 'Belt and Road' initiative, digitisation and symbolisation should be the important communication strategies that China's international cultural heritage communication needs to insist on adopting and promoting.

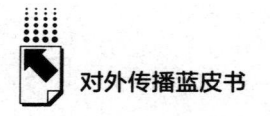

Keywords: The Belt and Road Initiative; Cultural Heritage; International Communication; Digital Technology; Symbolic Communication

社会科学文献出版社

皮 书
智库成果出版与传播平台

❖ 皮书定义 ❖

皮书是对中国与世界发展状况和热点问题进行年度监测,以专业的角度、专家的视野和实证研究方法,针对某一领域或区域现状与发展态势展开分析和预测,具备前沿性、原创性、实证性、连续性、时效性等特点的公开出版物,由一系列权威研究报告组成。

❖ 皮书作者 ❖

皮书系列报告作者以国内外一流研究机构、知名高校等重点智库的研究人员为主,多为相关领域一流专家学者,他们的观点代表了当下学界对中国与世界的现实和未来最高水平的解读与分析。

❖ 皮书荣誉 ❖

皮书作为中国社会科学院基础理论研究与应用对策研究融合发展的代表性成果,不仅是哲学社会科学工作者服务中国特色社会主义现代化建设的重要成果,更是助力中国特色新型智库建设、构建中国特色哲学社会科学"三大体系"的重要平台。皮书系列先后被列入"十二五""十三五""十四五"时期国家重点出版物出版专项规划项目;自2013年起,重点皮书被列入中国社会科学院国家哲学社会科学创新工程项目。

皮书网

（网址：www.pishu.cn）

发布皮书研创资讯，传播皮书精彩内容
引领皮书出版潮流，打造皮书服务平台

栏目设置

◆ 关于皮书
何谓皮书、皮书分类、皮书大事记、
皮书荣誉、皮书出版第一人、皮书编辑部

◆ 最新资讯
通知公告、新闻动态、媒体聚焦、
网站专题、视频直播、下载专区

◆ 皮书研创
皮书规范、皮书出版、
皮书研究、研创团队

◆ 皮书评奖评价
指标体系、皮书评价、皮书评奖

所获荣誉

◆ 2008年、2011年、2014年，皮书网均在全国新闻出版业网站荣誉评选中获得"最具商业价值网站"称号；

◆ 2012年，获得"出版业网站百强"称号。

网库合一

2014年，皮书网与皮书数据库端口合一，实现资源共享，搭建智库成果融合创新平台。

皮书网

"皮书说"
微信公众号

权威报告・连续出版・独家资源

皮书数据库
ANNUAL REPORT(YEARBOOK) DATABASE

分析解读当下中国发展变迁的高端智库平台

所获荣誉

- 2022年，入选技术赋能"新闻+"推荐案例
- 2020年，入选全国新闻出版深度融合发展创新案例
- 2019年，入选国家新闻出版署数字出版精品遴选推荐计划
- 2016年，入选"十三五"国家重点电子出版物出版规划骨干工程
- 2013年，荣获"中国出版政府奖・网络出版物奖"提名奖

皮书数据库　　"社科数托邦"微信公众号

成为用户

登录网址www.pishu.com.cn访问皮书数据库网站或下载皮书数据库APP，通过手机号码验证或邮箱验证即可成为皮书数据库用户。

用户福利

- 已注册用户购书后可免费获赠100元皮书数据库充值卡。刮开充值卡涂层获取充值密码，登录并进入"会员中心"—"在线充值"—"充值卡充值"，充值成功即可购买和查看数据库内容。
- 用户福利最终解释权归社会科学文献出版社所有。

数据库服务热线：010-59367265
数据库服务QQ：2475522410
数据库服务邮箱：database@ssap.cn
图书销售热线：010-59367070/7028
图书服务QQ：1265056568
图书服务邮箱：duzhe@ssap.cn

卡号：478178989191
密码：

S 基本子库
SUB DATABASE

中国社会发展数据库（下设 12 个专题子库）

紧扣人口、政治、外交、法律、教育、医疗卫生、资源环境等 12 个社会发展领域的前沿和热点，全面整合专业著作、智库报告、学术资讯、调研数据等类型资源，帮助用户追踪中国社会发展动态、研究社会发展战略与政策、了解社会热点问题、分析社会发展趋势。

中国经济发展数据库（下设 12 专题子库）

内容涵盖宏观经济、产业经济、工业经济、农业经济、财政金融、房地产经济、城市经济、商业贸易等 12 个重点经济领域，为把握经济运行态势、洞察经济发展规律、研判经济发展趋势、进行经济调控决策提供参考和依据。

中国行业发展数据库（下设 17 个专题子库）

以中国国民经济行业分类为依据，覆盖金融业、旅游业、交通运输业、能源矿产业、制造业等 100 多个行业，跟踪分析国民经济相关行业市场运行状况和政策导向，汇集行业发展前沿资讯，为投资、从业及各种经济决策提供理论支撑和实践指导。

中国区域发展数据库（下设 4 个专题子库）

对中国特定区域内的经济、社会、文化等领域现状与发展情况进行深度分析和预测，涉及省级行政区、城市群、城市、农村等不同维度，研究层级至县及县以下行政区，为学者研究地方经济社会宏观态势、经验模式、发展案例提供支撑，为地方政府决策提供参考。

中国文化传媒数据库（下设 18 个专题子库）

内容覆盖文化产业、新闻传播、电影娱乐、文学艺术、群众文化、图书情报等 18 个重点研究领域，聚焦文化传媒领域发展前沿、热点话题、行业实践，服务用户的教学科研、文化投资、企业规划等需要。

世界经济与国际关系数据库（下设 6 个专题子库）

整合世界经济、国际政治、世界文化与科技、全球性问题、国际组织与国际法、区域研究 6 大领域研究成果，对世界经济形势、国际形势进行连续性深度分析，对年度热点问题进行专题解读，为研判全球发展趋势提供事实和数据支持。